KB118512

직장인의 *웰빙*을 위한
기업상담의 통합적 접근

Andrew Kinder · Rick Hughes · Cary L. Cooper 공저

김선경 · 왕은자 · 김수임 공역

EMPLOYEE WELL-BEING SUPPORT
A Workplace Resource

학지사

역자 서문

1990년 전후 우리나라에서 시작된 기업상담은 30년의 역사를 지나면서 이제는 어엿하게 상담 영역의 한 축을 담당하고 있다. 상담이라는 단어가 낯설었던 당시, 기업이 근로자의 정신건강에 관심을 갖고 상담 서비스를 제공하는 기업상담은 상담전공자들에게 도전의 장이기도 했지만, 기업이라는 새로운 장면에서 우리가 "무엇을 할 수 있을까?" "무엇을 해야 할까?"라는 의구심도 갖게 했다.

그렇게 시작된 기업상담은 사회와 조직의 변화라는 물결 속에서 진화하고 있다. 이제 기업상담은 기업의 구성원뿐만 아니라 조직 전체를 조망하고, 위기와 응급상황에서 전문적 식견과 기술로 대처하며, 심리적 건강을 위한 다채로운 접근을 시도하는 등 한층 넓어진 스펙트럼을 지니고 우리의 새로운 도전을 기다리고 있다.

『직장인의 웰빙을 위한 기업상담의 통합적 접근』의 원저『Employee Well-being Support: A Workplace Resource』는 조직심리학과 근로자 지원 분야에서 일한 경력을 지닌 약 30명의 심리학자와 직업의료 전문의가 공동으로 저술한 책이다. 이 책은 세 개의 파트로 구성되었는데, 제1부인 '조직행동 이슈와 웰빙'에서는 경영 코칭, 행동 위험 관리, 대처 전략 개발 등 조직을 지원하기 위한 예방적이고 대응적인 개입 전략을 다루었다. 제2부인 '조직의 특수한 도전과제에 대응하기'에서는 조직에서 발생하는 트라우마, 자살, 돌연사, 괴롭힘 등에 어떻게 대응할 것인가에 대한 내용이 담겨 있다. 근로자 지원 프로그램, 기업상담, 코칭을 상세히 다루고, 조직건강 의료인의 역할을 제시했다. 마지막 제3부인 '정신건강, 정서 그리고 일'에서는 근로자의 정신건강, 스트레스 관리, 직장 갈등과 같은 이슈에 초점을 맞추고 있으며, 명상, 상담, 코칭, 멘토링도 포함했다.

　역자들이 이 책을 번역하기로 한 이유는 기업상담 영역의 변화를 체험했기 때문이다. 기업상담이 기업이라는 장소를 중심으로 심리상담을 제공하는 과거의 조망이었다면, 현재의 기업상담은 근로자의 웰빙을 위한 보다 포괄적이고 전문적인 서비스의 제공을 요구하고 있다. 역자들은 책의 한국어 제목을 정할 때 고민이 많았다. 원저를 그대로 번역하기에는 책의 내용을 품기 어렵고, 기업상담의 새로운 변화를 강조할 수 없다는 아쉬움이 있었다. 오랜 고민 끝에『직장인의 웰빙을 위한 기업상담의 통합적 접근』이라는 제목으로 정했다. 원저의 '웰빙'을 영어 표현 그대로 살려서 부제로 싣고, 기업상담의 포괄적인 역할을 강조하기 위해 '기업상담'을 제목에 넣었다. 또한 직장인의 웰빙을 위한 조직과 리더의 역할, 그리고 관련 분야 종사자들의 전문성을 강조하기 위해 '통합적 접근'을 제목에 포함하기로 했다.

　『직장인의 웰빙을 위한 기업상담의 통합적 접근』은 기업상담에 대한 기본적인 지식을 갖춘 상담전공자가 조직과 근로자의 웰빙을 위해서 어떤 관점을 가져야 하는지를 배울 수 있는 책이다. 이를 통해 상담전공자는 기업장면의 상담전문가로서 개인에게 미치는 조직의 영향을 이해하고, 인접 분야의 학문을 습득하며, 상담 이외에 적절한 개입을 시도할 수 있는 역량을 갖출 수 있다. 또한 상담을 전공하지 않았으나 근로자 웰빙 영역에서 일하는 심리학자, 인사팀 관리자, 중간 관리자, 조직건강 의료전문가들과 같은 인접 분야의 전문가들도 직장인의 웰빙을 위한 각자의 역할을 통합적으로 이해할 수 있는 책이다. 무엇보다 기업상담에 대해 배울 수 있는 교재를 기다렸던 분들에게 기업상담의 최신 경향을 알리고, 함께 공부할 수 있는 책을 세상에 내놓았다는 점에서 기쁘게 생각한다.

세 명의 역자는 모두 상담전공 박사과정 동안 혹은 학위를 마치고 기업상담이라는 일터에서 일한 경험이 있다. 이후의 커리어는 학교에서 학생들에게 상담을 가르치고, 다양한 장면에서 상담을 하는 전문가로 바뀌었지만 기업상담에 대한 관심과 애정이 여전한 것은 아마도 기업상담 자체가 지닌 다채로움과 가능성 때문이었던 것 같다. 경제적인 목적 이외에도 우리는 일터에서 하루의 많은 시간을 보내고, 각자 자신의 삶을 그려 가며, 여러 관계 속에서 다양한 정서적 경험을 하며 살아간다. 역자들은 가정에서의 삶처럼 일터에서의 삶도 행복할 수 있다는 믿음이 있었고, 이러한 믿음을 직장인 내담자들을 통해 확인했던 기업상담 장면에서 짜릿한 보람을 느낄 수 있었다.

책 번역은 좋은 책과 마주할 때 생기는 지식에 대한 호기심과 갑자기 폭발하는 의욕으로 시작되는 것 같다. 그 마음은 마치 선물을 받고 집으로 뛰어가는 어린아이처럼 설레고 흥분된다. 그러나 막상 한 줄 한 줄 번역하는 시간들은 절대 녹록지 않았고, 번역에만 몰두할 수 없는 상황이 아쉽기도 했다. 무엇보다 상담 관련 심리학 지식에만 익숙했던 역자들에게 경영학과 조직심리학의 낯선 개념들을 공부하고 이해하면서 번역하는 것은 더욱 어려운 과정이었다. 그래도 함께해 준 역자들이 있어서 시작할 수 있었고, 결국은 이렇게 마무리했다.

모쪼록 이 책이 기업상담에 관심이 있는 상담전공자들의 성장에 작은 디딤돌이 될 수 있기를, 그리고 기업상담 영역에서 일하는 많은 전문가에게 지향점을 찾을 수 있는 계기가 되기를 바란다.

2019년 1월 역자 대표
김선경

EMPLOYEE WELL-BEING SUPPORT
A Workplace Resource

제4의 물결

데이빗 페어허스트(David Fairhurst)[*]

'일하러 가는 것'이 비교적 최근의 새로운 현상이라는 점을 우리는 쉽게 망각한다.

1703년 영국의 농부이자 발명가인 이드로 툴Jethro Tull이 자신의 저서 『제초기 농사(Horse-Hoeing Husbandry)』에서 처음으로 기계식 파종기를 광고했을 때만 해도 영국인의 3/4 이상이 농업에 종사하고 나머지 1/4의 대부분은 소규모 제조업과 서비스업에 종사하고 있었다. 대부분의 사람에게는 그들이 사는 곳이 그들이 일하는 곳이었으며, 그들이 하는 일의 성격은 계절의 순환을 반영했다. 그러나 툴의 파종기가 산업혁명을 이끈 촉매제가 되어 19세기 초반에는 1/3만이, 그리고 20세기 중반에는 4%만이 농업에 종사하게 되었다.

하지만 농업에서 산업경제로의 이행은 종사자들에게 힘든 일이었다. 자연

북유럽 맥도널드 레스토랑 수석 부사장 CPO

의 섭리를 따르는 수천 년이 흐른 이후 도래한 신생 기계화 산업의 요구로 인해 전적으로 자연스럽지 않은 전환과 근로 패턴이 도입되었고, 그 결과 사람들은 적응에 어려움을 겪게 되었다. 이에 대한 반응으로 고용주들은 지각과 결근에 대해 벌금을 부과했다. 그들은 또한 굶주린 배가 더 열심히 일하도록 할 것이란 기대로 저임금을 유지하였다.

이런 면에서 지난 세기 동안 직장이 보다 인간적인 장소가 된 것은 분명하다. 그러니 진정으로 직장이 근로자 중심의 장소가 되었는가?

직장은 가능한 한 효율적이고 효과적으로 일이 진행되게 하는 곳이다. 이는 상업적 회사뿐 아니라 공공조직이나 자선단체에도 적용되는 진실이다. 지난 300년에 걸쳐 일어난 조직 효율성과 효과성에 있어서의 혁명은 극적이었다.

제1의 물결은 기계로부터 도래하였다. 툴의 파종기는 10명의 사람이 하던 일을 1명의 기계조작자가 수행하게 하는 큰 변화를 가져왔다. 그러나 기계가 점점 더 정교화됨에 따라 큰 변화를 찾기란 쉽지 않게 되었다. 수행 향상이라는 제2의 물결이 등장하였다. 이른바 '과학적 관리'다.

1895년에 테일러F. W. Taylor는 처음으로 노동분화와 시간동작time-and-motion 연구에 대한 아이디어를 제안하였다. 이는 헨리 포드Henry Ford의 움직이는 조립라인이라는 당연한 결과를 가져왔다. 큰 변화는 극적이었다. 포드는 하일랜드 파크Highland Park 공장의 생산성을 1913년 13시간당 차 한 대꼴에서 1914년 93분에 한 대꼴로 증가시켰다. 그래서 단기간 동안은 프로세스가 왕이었다.

그러나 너무 긴 프로세스가 정돈되기 전에 조직은 다시 새로운 큰 변화의 원천을 찾고 있었다. 그리고 제3의 물결인 정보혁명Information Revolution이 세계 최초의 다목적 전자 디지털 컴퓨터인 전자식 숫자 적분 및 계산기, 에니악Electronic Numerical Integrator and Calculator: ENIAC에 의해 예고되었다. 길이 40피트에 높이 20피트인 에니악은 1946년에 처음 작동하였을 때 필라델피아의 전깃불이 희미해질 정도의 전력을 소비하였다. 그러나 에니악은 1946년부터 작동을 멈춘 1954년까지 8년 동안, 1945년 이전에 전 인류가 풀었던 것보다 더 많은 수학 문제를 풀었던 것으로 추정된다.

오늘날 이 서문을 쓰기 위해 내가 사용하고 있는 컴퓨터는 매 초당 에니악이 8년간 했던 것보다 더 많은 계산을 한다. 이러한 관찰만으로도 나는 제3의 물결이 끝나 가고 있다고 제안하고 싶은 충동을 느낀다. 그러나 제4의 물결은 어디에서 발견될 것인가? 조직의 수행에 있어서 큰 변화 향상을 가져올 수 있는 자원으로 직장에 충분히 활용되지 않은 채 남아 있는 것은 무엇인가?

2001년 갤럽 조사에 따르면, 미국 근로자의 26%가 자기 일을 '열심히 한다', 55%는 '열심히 하지 않는다', 그리고 19%는 '매우 한가하다'(갤럽에 의하면 이 집단은 심리적으로 이미 직업을 떠난 사람들이다.)고 답하였다. 그리고 영국에서 이루어진 유사한 조사에 따르면, 19%가 '열심히 한다', 61%가 '열심히 하지 않는다', 20%가 '매우 한가하다'로 나타났다.

만약 조직이 최적의 수준에서 이러한 인적 자원이 일하도록 할 수 있다면 조직의 성과가 향상될 것을 상상하기란 어렵지 않다. 이런 이유로 나는 조직에서 구성원 관리 방식을 향상하는 것이 제4의 물결을 가져올 것이라고 확신한다. 그러나 제4의 물결은 쉽게 탈 수 있는 것이 아니다.

기계, 프로세스, 정보기술 모두 공통적으로 한 가지를 공유한다. 그것은 직장에서의 역할을 완수하도록 고안된 영혼도 마음도 없는 실체다. 또한 사람들은 수렵 채집인과 농부의 역할에 적합하도록 수천 년에 걸쳐 그 기능이 하드웨어에 내장되어 왔다. 결과적으로 사람들은 대부분의 직장 역할에 적합하지 않다. 나는 이것이 왜 (조직의 단일 자원으로는 가장 비싼 자원인) 사람들이 항상 둘째가 되는지를 설명하는 데 어느 정도 도움이 된다고 생각한다. 결국 조직이 주문 제작되거나 순응적인 자원을 사용해서 성과 향상을 얻을 수 있다면, 왜 노동인력만큼 제멋대로이고 영혼이 있으며 목적에 적합하지 않은 무언가로부터 수행 향상을 얻기 위해 씨름하는 불필요한 노력을 쏟겠는가?

그것이 정확히 우리가 제4의 물결에서 당면하는 도전이다. 그리고 그것은 바로 이 순간 많은 조직이 씨름할 준비가 제대로 되어 있지 않은 도전이다.

제2의 물결이 테일러의 '과학적 관리'에 대한 아이디어를 적용하도록 했던 것처럼 제4의 물결은 우리가 현재 표준적인 관행standard practice으로 여기는 것을 재평가하도록 할 것이다.

21세기 초의 관점에서 우리는 오늘의 조직을 형성해 온 세 가지 혁명의 물결을 돌아보고 규명할 수 있다. 동시에 우리는 또한 조직이 과거에 사람들을 대해 왔던 비인간적인 방식이 무엇인지를 규명하고 규탄할 수 있다.

그러나 나는 직장에서 제4의 물결이 충분히 자리 잡았을 때 역사가 오늘날의 조직을 어떻게 판단할지 의문이다. 높은 수준의 스트레스로 고통받고, 따돌림받거나 괴롭힘당하며, 혹은 직장의 요구를 감당하지 못하는 구성원을 지원하는 데 실패한 조직이, 구성원들이 순응하도록 하기 위해 벌금을 매기거나 굶주리게 했던 이전 세대의 조직들처럼 비정상적이라고 여겨지지는 않을까?

나는 그럴 거라 생각한다. 이 점 때문에 나는 이 책이 중요하다고 생각한다. 이 책은 제4의 물결을 정의하는 여러 아이디어를 담고 있다. 그리고 결국 이 물결은 사람들과 그들이 속한 곳인 조직의 심장부로 흘러갈 것이다.

변화에 적응하기

앤드류 킨더(Andrew Kinder), 릭 휴즈(Rick Hughes), 캐리 L. 쿠퍼(Cary L. Cooper)[*]

오늘날 조직의 삶에서 변화는 항상 일어나고 있다. 경제가 요동치면서 조직이 자신의 문화, 프로세스, 시스템을 변경하여 이러한 경제변화에 적응하려고 할 때 조직의 핵심 자원은 역시 사람이다. 근로자를 보호하고, 근로자의 권리를 옹호하며, 근로자에게 유리한 방향으로 고용법이 바뀌고 있지만 어느 정도의 장기적 결과는 모든 직원을 돌볼 수 있는가에 달려 있다.

경쟁적인 시장상황에서 가능한 한 인간 자원을 통해 조직을 성공적으로 운영하기 위해서는 근로자를 지원하고 성장시켜야 한다는 것을 조직은 잘 알고 있다. 직장생활은 지난 10년 동안 가늠할 수 없을 만큼 변화했다. 작업시간은 크게 증가했고, 평생직장은 더 이상 없으며, 대부분의 가족은 맞벌이를 하

아토스 헬스케어(Atos Healthcare), 기업상담협회 부회장(Association for Counselling at Work), 랭카스터대학교(Lancaster University) 부총장

고 있다. 고용 유연성job flexibility과 임시채용adaptive employment이 어떤 사람들에게는 도움이 되지만, 기업 내 압력은 여전히 남아 있다. 스트레스가 없는 직업은 있을 수 없다.

스트레스의 비용

미국 내 기업들의 스트레스 총 비용은 1년에 총 1,500억 달러(한화 170조 원)로 추정된다. 유럽 국가의 경우 스트레스 비용은 1년에 GNP의 약 5~10%에 해당된다. 연구에 따르면, 다른 어떤 요인보다 직업 스트레스가 장기간 병가의 결정적인 원인으로 밝혀졌다. 근로자의 결근은 결국 작업량 및 작업시간 증가, 사기 저하, 실수와 사고 증가, 생산량 감소를 가져왔다.

우리는 현재 전 세계적으로 확대되고 있는 유럽의 '미국화Americanisation'를 보고 있다. 영국에서 시작된 소위 '유연성 있는flexible' 인력이라 불리는 유형은 1980년대 유럽의 공공부문을 사유화했다. 영국의 노동인구는 1980년대 후반과 1990년대 초기의 불경기 동안 그 수가 크게 감소했다. 조직 기능의 대부분을 아웃소싱함으로써 1990년대 초기에 유럽의 다른 경쟁 국가들에 비해서 빨리 불경기에서 벗어날 수 있었다. 그러나 '날렵한leaner' 최소의 조직, 내재된intrinsic 직업 불안정성, 보다 길어진 노동시간의 문화는 오히려 근로자의 태도와 행동에 부정적인 영향을 주기 시작했다. 가장 빠른 접근 혹은 조직 '핵심 특성X-Factor' 신드롬으로 인해 단기간에 회사가 비용을 절감할 수 있었으나, 궁극적으로 볼 때 더 많은 비용을 지출하게 될 것이다.

스트레스 요인들

장시간 일하는 문화로 변화하는 데 있어서의 문제는 그로 인해 근로자 자신과 가족에게 미치는 손해를 근로자 자신이 어떻게 지각하는가다. 지난 5년간 장시간 노동에 대한 변화가 있기는 했다. 하지만 관리자 1만 명으로 이루어진 새로운 코호트cohort 집단을 대상으로 실시한 직장생활의 질Quality of Working Life 에 관한 차타드 경영연구소Chartered Management Institute: CMI의 조사연구를 보면 관리자의 56%는 장시간 노동이 건강을 심각하게 해쳤고, 54%는 자녀와의 관계에 부정적인 영향을 미쳤으며, 60%는 배우자와의 관계에 손상을 주었고, 46%는 생산성을 감소시켰다고 보고했다. 또한 보다 적게 일했지만 생산적이라고 느낀 관리자들은 1년에 2.5일 병가를 쓴 데 반해, 자신이 '덜 생산적'이라고 느낀 관리자들은 1년에 평균 10일의 병가를 쓴 것으로 확인되었다.

또 다른 증거는 직업 불안정성 수준의 증가다. 역사적으로 볼 때 유럽의 사무직 근로자이자 관리자 혹은 전문가들은 매우 높은 수준의 직업 안정성을 지니고 있었다. 해고된 육체 노동자들도 상황이 좋아지면 재취업을 쉽게 하였다. 우리가 가져야 할 질문은 바로 이것이다. '인간은 영구적인 직업 불안정성을 극복할 수 있는가?'

'변화를 위해 변화를 꾀한다change for change sake.'라는 기업정신은 근로자의 정신적 웰빙mental well-being을 해치기 시작하고 있다. 최근의 CMI 조사에 따르면, 모든 수준의 관리자 중 63%는 자신이 속한 조직이 상당한 비용 절감 프로그램, 즉 36%는 희망퇴직 프로그램을 운영하고, 57%는 기업이 단기 계약으로 직원을 채용하며, 25%는 상당한 정도의 아웃소싱을 실시하고 있다고 답변했다. 이러한 지속적인 변화와 상황 속에서 고용주와 근로자 간의 심리적 계약 파기로 인해 동기 저하(57%), 직업 안정성 감소(66%), 사기 저하(61%), 근로자 웰빙 저하(48%), 조직 충성심 저하(47%) 등이 나타나고 있는 것으로 밝혀졌다.

변화하는 노동인구의 스트레스 관리 전략

직장에서의 스트레스를 예방하고 관리하기 위해서 다음의 세 가지 접근은 광범위한 전략적 틀을 제공할 수 있다. 1차 예방(스트레스 원인 제거), 2차 예방(스트레스 관리), 3차 예방(근로자 지원 프로그램 혹은 기업상담).

- 1차 예방은 작업환경 내에 존재하는 스트레스의 원인을 줄이거나 없애기 위한 조치를 취해서 근로자 개인에게 미치는 부정적 영향을 줄이는 것이다. 1차 개입의 초점은 환경을 개인에 '맞게' 조절하는 것이다.
- 2차 예방은 스트레스를 경험했을 때 즉각적으로 감지하고 관리하는 것이다. 이를 위해서 직원은 훈련과 교육을 통해 스트레스 증상을 빨리 알아차리고, 개인적인 스트레스 관리 기술을 기른다.
- 3차 예방은 스트레스로 인해 건강이 심각하게 나빠진, 혹은 나빠지고 있는 사람들의 치료, 재활, 회복과정이다.

이 책의 각 장에서는 이러한 예방 단계 각각을 소개하고, 각 예방 단계가 축적되어 최종적으로는 근로자 지원을 위한 원형template을 제공하게 될 것이다.

이 책에 관해서

이 책은 독자에게 최신 근로자 지원이론과 실제에 대한 광범위한 통찰과 최선의 실제best practice를 위한 지침을 제공하기 위해서 출간되었다. 이 책은 스트레스와 변화에 취약한 조직의 경쟁력을 유지하기 위한 기회를 제공한다.

우리는 전 세계에서 존경받는 전문가들을 모아 그들의 전공 분야를 근로자 지원이라는 주제 내에서 나눌 수 있도록 했다. 최고의 전문가, 탁월한 학자와 비즈니스 리더들이 집필함으로써, 이 책은 정서적으로 긍정적이고, 심리적으로 건강한 직장을 만들 수 있는 기회를 독자에게 교육하고 알리고자 했다.

중요한 포인트를 알리기 위해서 요약과 사례 연구가 포함되었고, 독자에게 실제적인 지침을 줄 수 있도록 고안되었다. 이 책은 최고 경영자와 대표뿐만 아니라 HR 담당자, 인력개발, 복지, 직업 건강, 산업보건 등과 같은 사업 영역과도 관련이 있다. 조합 대표, 근로자 지원 전문가, 상담자, 직업 치료사, 코치, 멘토, 훈련가, 자문가에게도 이 책이 유용한 근로자 지원 해설서가 될 수 있음을 알게 될 것이다.

이 책의 구조

이 책은 다음의 세 영역으로 이루어져 있다.

• 조직행동 이슈와 웰빙

직장에서 사람들이 어떻게 행동하고 다른 사람이 그들을 어떻게 대하는가는 생산성에 큰 영향을 미친다. 조직의 내부 구조와 문화는 근로자가 일하는 틀mould을 형성하게 된다. 근로자와의 소통에서 자문적consultative 접근을 선호하는 보다 개방적인 문화에서는 직원들이 사업의 성장business improvement을 위해서 자신의 관점을 표현하고, 창의적인 대안을 제안할 수 있는 더 많은 기회를 제공받는다. 반면에 독재적인 문화에서는 융통성이 적고, 의사소통의 흐름이 제한된다.

제1장에서는 근로환경을 해롭게 하는 것이 무엇인지 평가한다(고무하고 동기화하는가? 아니면 소모하고 억제하는가?). 제2장은 지지적인 조직을 만드는 것이 무엇인지를 다루며, 제3장에서는 근로자의 심리적 웰빙에 대해서 언급한다. 실제로 효과적인 지지는 조직행동 혹은 조직 스타일(제4장)에서 비롯되지만, 운영의 규모에 따라 달라질 수도 있다(제5장). 적극적인 개입 전략은 조직이 잘 운영되도록 도울 수 있다. 여기에서의 적극적 개입 전략이란 관리자의 코칭(제6장), 행동 위험 관리(제7장), 긍정적인 대처 전략 개발하기(제8장)가 될 수 있다. 반면에 조직이 잘 운영되지 못한다면, 조직의 재편성을 위해 효과적인 보호 의무 접근(제9장), 다양성 학습하기(제10장), 정신건강 이슈에 대해 충분한 지식을 갖추기(제11장)와 같은 보다 적극적이면서 반응적인 개입 전략이 도움이 된다.

• 특정한 조직적 도전에 대한 반응

제2부에서는 조직 내에서 발생하지만 적절히 다루어지지 않을 때 근로자에게 상당한 영향력을 미칠 수 있는 특수한 조직의 도전들을 검토하게 된다. 이는 외상 사건(제12장), 자살 및 돌연사(제13장), 직장 내 따돌림과 괴롭힘(제14장) 등이다. 근로자 지원 프로그램과 같이 근로자들을 위한 효과적인 지원 체계를 만드는 것은 이러한 어려운 도전들로 인한 고통을 줄이는 데 매우 중요하다. 상담과 코칭이라는 심리적 접근을 사용해서 조직을 돕게 되면 조직이 어떻게 움직이는가를 이해하려고 할 때 매우 유용할 수 있다(제15장). 연구에 따르면, 기업상담이 실질적으로 긍정적인 비용 절감을 이룰 수 있다고 보고하고 있는데, 이는 직원들에게 상담 서비스를 제공할 때의 이득이 비용

보다 더 크다는 것을 뜻한다(McLeod, 2001, 2007). 실제로 상담은 근로자 복지를 위해서 결정적인 역할을 하고 있다고 여겨진다. 상담 혹은 근로자 지원 프로그램을 도입한 조직들은 어떻게 하면 서비스의 효과를 극대화할 것인지를 이해할 필요가 있다(제16장). 남성 중심 문화를 없애면 근로자 지원과 조직 변화 관리organisational change initiatives가 결합되면서 이것이 어떻게 조직을 크게 변화시킬 수 있는지 이해할 수 있다(제17장).

• 정신건강, 정서 그리고 일

근로자가 지원을 필요로 할 때는 문제의 원인을 확인하고, 그다음 처방적 조치를 위해 어떤 선택이 가장 적합한지를 결정하는 것이 중요하다. 제3부는 휴직 후 일터로 복귀하는 사람들을 지원할 때의 정신건강 이슈(제18, 19장)와 스트레스를 어떻게 다룰 수 있을지(제20장) 살펴본다.

갈등은 긍정적인 조직 에너지의 원천이 될 수 있지만, 적절히 활용되지 못하면 파괴적인 영향을 줄 수 있어서 중재와 같은 갈등 해결 프로그램을 필요로 할 수 있다(제21장). 명상은 적극적인 개입방법 중 하나인데, 이외에 상담(제22장), 코칭(제23장), 멘토링(제24장)도 있다. 제25장에서는 조직의 회복탄력성을 개발하는 것이 조직의 정신건강과 웰빙을 증진하는 데 효과적인 전략이 될 수 있는지를 탐색한다.

근로자 지원 전략을 반응적 접근으로 할 것인지 아니면 적극적 접근으로 할 것인지는 크게 중요하지 않다. 조직(그리고 구성원)을 위한 가치는 이에 적합한 근로자 지원 전략 패키지를 선택하는 것으로서, 긍정적인 정서적 건강과 이윤의 시너지를 만들어 낸다.

결국 중요한 것은 직장생활이 본질적으로 나쁘지만은 않다는 것이다. 따라서 근로자 지원을 위한 개입을 한다는 것이 곧 조직이 스트레스에 대해서 잘못했다거나 공범임을 의미하는 것은 아니다(오히려 그 반대다). 정신건강 연구가 동의하는 것은 일과 고용이 정신건강의 중요한 예언 인자라는 것이다. 결근과 실직은 정신건강에 부정적인 영향을 미친다. 일은 우리에게 구조, 일상, 경계를 제공한다.

근로자 지원은 근로자들이 자신의 일과 직장에 최선의 기여를 할 수 있도록 안내하고 육성하는 데 도움을 주는 일련의 실제와 제도다. 그것은 최상의 생산성 향상 전략이다.

차례

🔷 제1부 조직행동 이슈와 웰빙

제1장 유해한 일터에 대한 고찰: 치료에 적합한 장소 • 31

제2장 건강한 직장 조성 • 51

제10장 다양성 관리 · 161

제11장 정신건강의 이해: 근로자용 지침 · 173

🔷 제2부 조직의 특수한 도전과제에 대응하기

제12장 외상 사건에 대한 조직의 대응 · 193

제13장 조직 내에서 일어나는 자살과 돌연사 다루기 • 211

제14장 직장 내 따돌림과 괴롭힘: 관리자를 위한 예방 및 관리법 • 233

🔷 제3부 정신건강, 정서 그리고 일

EMPLOYEE WELL-BEING SUPPORT
A Workplace Resource

EMPLOYEE
WELL-BEING
SUPPORT

제 1 부

조직행동 이슈와 웰빙

유해한 직장에 대한 고찰: 치료에 적합한 장소

마이클 월튼(Michael Walton)[*]

　모든 직장은 어느 정도 유해하고 또 유해할 수 있기 때문에 조직 생활의 당연한 특징으로 여겨야 한다는 점을 이 장에서 언급한다. 따라서 조직의 리더 위치에 있는 사람들은 유해한 직장의 역동, 특징 그리고 성격을 보다 개방적이고 솔직하게 예측하고, 준비하며, 다루어야 한다.

　리더십이 조직의 웰빙에 결정적으로 영향을 미치기는 하지만 조직의 건강과 상태를 좌우하는 것이 리더십만은 아니다. 따라서 조직 유해성을 고려할 때 리더십 행동과 함께 조직 문화와 외부 환경을 함께 살펴보는 것이 매우 중요하다는 것도 이 장에서 제안한다.

---

[*] 엑스터 대학교, 리더십 스튜디오 센터, 연구원(Fellow in the Centre for Leadership Studieo at the University of Exeter), 영국 (주)'조직 내 사람들' 이사(Director, People in Organizations Ltd, Uk)

도입

유해한 조직이란 해롭고, 파괴적이며, 부정적이고, 착취적이며, 역기능적인 행동이 도처에서 일어나고 있는 조직을 말한다. 예를 들면, 다양한 형태의 직장 내 따돌림과 괴롭힘, 기만과 사기, 비현실적인 작업량의 강제, 파괴적인 내부 경쟁으로 인해 고통스럽고 유해한 싸움을 만들어 내는 것을 말한다. 이와 같은 환경에서는 다른 부서와 역할 간의 싸움으로 인해 결국 과도한 경쟁과 공격적인 대인 행동이 발생하고, '남 탓'하는 문화, 잘못된 정보와 잘못된 전달이라는 악순환이 생긴다.

파괴적이고 이기적인 방식으로 권력을 사용하게 되면 조직은 내적으로 점차 분열되고, 이긴 사람과 진 사람의 경쟁적인 '권력 연합power blocs'으로 이루어진 조직이 생기게 된다. 진 사람들은 명예를 잃고 포로가 되어서 파괴 · 억압된 채 숨어 버린다. 이를 '전쟁지역war-zone' 조직이라고 할 수 있는데, 이 조직에서 사용하는 무기는 군대와 다르지만 치명적일 수 있다. 이러한 형태의 조직은 점차 건강하지 않게 되며, '지배 엘리트ruling elite'를 방어하기만 할 뿐 결국 조직은 효과적인 기능을 못하게 되고 만다.

립먼-블루먼(Lipman-Blumen, 2005: 18)은 "부패, 위선, 방해 행위, 조종 그리고 다른 비윤리적, 불법적, 범법 행위들은 모두 해로운 리더의 유해한 레퍼토리 중 하나다."라고 주장했다. 그에 따르면, 해로운 리더는 자신의 파괴적 행동과 역기능적인 개인적 특성 혹은 자질로 인해 자신이 이끄는 개인, 집단, 조직, 커뮤니티, 심지어 국가에 이르기까지 심각하고 지속적인 해를 미칠 수 있는 사람이다.

리더십 산업에서 조장하는 많은 '긍정적인' 과대광고에도 불구하고, 최근 유해한 리더십과 행동을 보이는 리더가 많다는 것에서 알 수 있듯이 리더가 항상 선하거나, 윤리적이거나, 옳은 것은 아니다. 엔런 앤 월드컴Enron and

WorldCom과 같은 회사에 존재하는 세간의 주목을 끌었던 유해한 리더십의 예에서 볼 수 있듯이, 리더십의 유해성을 보다 잘 기술하고, 검토하고, 이해하고, 예측하는 것이 중요하다(Anand et al., 2004; Frost, 2003; Hogan & Smither, 2001; Kellerman, 2004; Sankowsky, 1995; Smith & Quirk, 2005; Thomas & Herson, 2002; Wright & Smye, 1996).

이 사례들은 '리더십의 부정적 측면'에 대한 근거로 기술되어 왔는데, 부정적 측면이란 현재에 존재함에도 불구하고 전통적인 리더십 실제에서는 다루어지지 않았으나 직장인의 웰빙에 강력한 영향을 미치는 측면들이다(Babiak, 1995; Cavaiola & Lavender, 2000; Conger, 1990; Frost, 2003; Furnham & Taylor, 2004; Babiak & Hare, 2006; Gabriel, 1999; Hogan & Hogan, 2001; Kellerman, 2004; Kets de Vries, 1985; Lipman-Blumen, 2005; Zaleznik & Kets de Vries, 1985). 세간의 주목을 끌었던 이러한 예들은 어쩌면 여러 조직과 기관에서 나타나는 리더의 행동에 비하면 빙산의 일각일지 모른다. 모든 조직은 어느 정도는 유해할 수 있다고 생각해야 하며, 우리가 경험하는 일상의 고통과 왜곡perversity을 고려하면 오히려 그렇지 않다고 생각하는 것이 순진하고, 허황되며, 비현실적이다.

유해한 직장을 고려할 때 리더의 행동을 검토하는 것이 중요하지만, 내부 문화('우리가 여기에서 어떻게 일을 하는지'의 차원)와 '풍토'(거기에 존재하고 일하는 경험이 무엇인지)를 살펴보는 것도 필요하다(Osrin, 개인적인 대화에서, 2006).

조직의 특이성

조직에서 일하는 것은 매우 생소한 경험이면서, 예상치 못한 즐거움에서부터 깊은 우울감에 이르는 강한 감정과 긴장을 일으키기도 한다. 그렇다면 왜 그런가? 일상적으로 자신의 일에 대해서 이야기할 때, 조직에서 일하는 것은 과연 어떤 의미일까? 복종, 익명성, 집합성, 힘과 권력 그리고 직장에서 우리가 흔히 볼 수 있는 차단, 부정성, 어리석음과 폐쇄적 사고, 이기심과 자만을 만들어 내는 리더십과 팔로우십은 무엇인가? 볼든과 고슬링(Bolden & Gosling, 2006)이 관찰한 것처럼 리더는 화려한 고립 속에 존재하지 않는다. 리더는 다른 사람과 의미 있는 관계를 갖고 싶어 하지만, 이 바람은 비생산적이고 파괴적인 직장의 현실로 인해 영원히 그리고 지속적으로 이루어지지 않는다. 그런 행동은 왜 만연하며, 건설적이고 생산적인 일의 토대를 약하게 하는가?

직장에서 사람과 관련된 문제는 왜 그렇게 많고, 왜 모두가 지속적으로 경험하는지 당신은 궁금할 것이다. 왜 사람은 늘 화목하게 일할 수 없을까? 직장에서 흔히 나타나는 경쟁, 적개심, 대항, 질투, 기 싸움을 일으키는 것은 무엇인가? 일의 노예가 되어 버린 수많은 사람이 스콧 애덤스$_{Scott\ Adams}$의 만화 주인공 '딜버트$_{Dilbert}$'[1] 그리고 만화에 나오는 개 '독버트$_{Dogbert}$'에 공감하는 것은 왜일까? 애덤스(1996a, b)가 문제를 제기한 이후, 직장에서 반복적으로 경험하는 역기능적이고 유해한 특성에 대해 무엇을 공개적으로 논의하고 고려해야 할까?

애덤스의 만화에서 언급한 내용을 지지하는 공식적이고 논리적인 근거가 있든 없든, 비즈니스 조직은 여전히 사회적 구성체로 남아 있다. 비즈니스 조직은 구체적인 목적으로 이질적인 집단의 사람들을 결합시킨다. 그로 인해 사람들을 자유롭게 만나고 사귀는 데 거의 관심이 없었을 사람들과 함께 있게 한다. 변혁적 오리엔테이션이 아니라 거래적 오리엔테이션은 사람들이 왜 직장에 있으며, 왜 각자가 자신이 할 수 있는 최선을 다해 스스로를 보호하고 지키고 싶어 하는지를 설명한다(Avolio, 1999).

---

1) '딜버트(Dilbert)'는 스콧 애덤스의 인기 만화인 '딜버트'의 주인공 이름이다. 30대인 주인공 딜버트는 MIT에서 전자공학을 전공한 유능한 하이테크 회사의 직원이다. 딜버트는 똑똑하고 심성은 착하지만, 직장생활에서 여러 가지 어려움을 겪고 있으며, 독버트라는 개와 함께 살고 있다. 이 만화에서는 한 미국 기업에서 실적과 이익만을 중시하며 욕심으로 가득 찬 비인간적인 경영자와 의욕 없이 하루하루를 보내는 직장인의 초상을 보여 주고 있다(역자 주).

리더는 다르게 믿고 싶겠지만 근로자들은 조직 내 자신의 직위와 지위를 지키고 싶다고 해도 조직에 깊이 관여하지 않는다. 더욱이 조직의 내부 규칙, 커뮤니케이션과 고충을 일반 독자들을 위해 설명할 수는 있겠지만, 어떤 특정 조직에서 일한다는 것의 의미에 대한 보편적인 체험은 있을 수 없다. 실제로 조직 내부의 보편성이라는 겉모습은 부여된 흥미, 숨은 의제, 경쟁적 동맹 그리고 개인적 목적과 서로 얽혀 있고, 일률적이지 않으면서 얇고 부서지기 쉬운 것일 뿐이다. 이처럼 개인적이고 파벌적인 관심이 혼합될 때 조직의 커뮤니케이션은 액면 그대로 해석될 수 없고 개인적 · 전문적 · 기능적 필터를 통해서만 해석될 수 있다. 그런 역동 속에서는 오해, 갈등, 오지각, 내부 계략, 힘과 정치의 상호작용 그리고 조직 내 변화에 대한 저항이 자주 출현하는데 이것은 보다 더 정확히 예측되고, 보다 더 공개적으로 거론되어야 한다.

이러한 역동으로 인해 개인의 정서적 애착과 직장 내 지위 및 직위에 도전이 생기면 취약성, 혼란, 충격과 불안감을 막기 위해 방어적이고 자기보호적 반응들이 생긴다(Roberts & Hogan, 2002). 지위가 높을수록 그런 반응은 보다 분명한데 왜냐하면 그들은 자신이 잃을 것이 더 많다고 생각해서 현 상태를 유지하기 위해 훨씬 더 노력하기 때문이다. 고위 경영진이 위협이나 비판을 받았다고 느낄 때 왜 그렇게 과도하게 방어적이고 공격적으로 반응하는가 하는 것도 이것으로 설명할 수 있다. 이러한 반응은 결국 직장의 유해성을 의미 있게 증가시킨다. 조직생활의 중요한 또 하나의 차원이 있는데, 이것은 조직 내 변화가 강한 저항과 역기능적 반응을 일으키는 이유 그리고 사람들이 위협을 느낄 때 그런 감정을 지닌 채 행동하는 이유를 설명하는 데 도움이 된다. 조직은 모호하고 변화하는 세상에서 안전, 지속성, 보호라는 환영받는 조치들을 제공한다고 믿는 '보유적 조직containing institution'[2)]으로 간주될 수 있다.

---

2) 'containing institution'을 '보유적 조직'이라고 번역했다. 대상관계이론가인 비온(Bion)에 따르면 유아가 감당할 수 없는 감각이나 감정에 의해 압도될 때 그런 감정을 어머니에게 방출하는 환

그 결과, 현 상태에 대한 도전과 위협들 그리고 내적 불확실성의 기간으로 인해 내적 긴장이 증가하고, 자기보호적 반작용이 생긴다. 결과적으로 방어적 반작용이 생기고, 앞에서 언급한 유해한 몇몇 행동도 나타나게 된다.

복합적이고 다층적인 맥락 내에서 개인과 집단이 자신의 이득과 유익을 지켜야 할 필요가 있다고 느낄 때, 유해행동과 역기능적 현상이 존재하게 된다. 바람직하지는 않지만 조직 내에 그런 방어적인 개인 및 집단 반응이 존재할 것은 예상할 수 있고 실제로도 그러하며, 심지어 조직이 '온전히 살아 있다'는 증거라고 의미를 부여할 수도 있다. 그러면 도전이라고 하는 것은 곪은 것들을 생산적인 한계 내에서 유지하는 것으로 재정의될 수 있고, 다른 한편으로는 변화의 긴장 속에서 생산적인 작업을 압도하는 무감각, 내적 무질서, 상당한 직장 내 독성을 피하는 것이라고 재정의될 수 있다. 케이스와 고슬링(Case & Gosling, 2006)이 "실제로서의 논리는 주관적 감정(예컨대, 조직 내 상호작용으로 인해 생겨난 것)에 좌우되지 않는 것에 달렸다."라고 지적했지만, 조직 내 대인 간 상호작용이 원활하다고 지각하는 것도 이미 주관적일 수 있다.

조직 내 상호작용이 '논리적으로' 보여도, 그렇게 보이는 모습이 얼마나 깊이 있고 얼마나 잘 유지될 수 있는지는 관련된 사람들이 공격받고, 소외되며, 위협받고, 긴장감을 느끼는지에 따라 달라질 수 있다. 그러나 비논리적이고 심지어 상식에 맞지 않는 직장 내 행동의 예를 보면(겉보기에는 사소하고, 사건 자체와는 상관이 없을 수 있는), 관련된 사람들이 위협을 느낄 때 조직 내 상호작용이 얼마나 심각하게 영향을 받는지 알 수 있다. 우리 모두 직장에서 일어나는 일에 크게 좌우되기 쉽고, 자신이 위협받는다고 느낄 때는 방어적 행동을 하게 되며, 그 결과 '논리'는 사라져 버린다. 조직이라는 온실 속에서 우리는 사람들의 상호작용을 세밀히 조사하고 해석하며, 상황이 변하지 않기를

상을 갖는데, 어머니는 이러한 유아의 투사를 수용적으로 공감하면서 유아를 이해하는 과정을 containing(담아낸다)라는 용어로 설명한 바 있다(역자 주).

기대하고, 특히 자신의 위치가 위협받는다고 느낄 때 책략을 사용하기 시작한다. 그다음에는 가능한 '공격'을 물리치기 위해서 우리는 무의식적으로 자신을 준비시킨다. 조직 그리고 조직 내 역동은 흥미롭기는 하지만 숙고해 보아야 할 독특한 것이다.

유해성과 역기능을 잘 파악할 수 있는 한 가지 방법은 조직의 다른 측면에 초점을 맞추면서, 다른 맥락적 필터들(내부조직 문화와 풍토, 이해관계자들 간의 네트워크, 드러난 우세한 규칙과 기능들, 주요 시장과 생산되는 상품 및 서비스)을 통해 조직을 살펴보는 것이다. 이렇게 해서 나온 결과들은 보다 구체적인 진단과 조합되어 무엇이 일어나고 있는지에 대하여 보다 통합된 '관점'을 제공한다.

'맥락'이 중요하다

직장의 분위기, 느낌, 문화, 조직 '내부'의 구성원들이 어떻게 느끼는가는 그들로 하여금 자신의 일을 수행할 수 있게 하기도 하고 없게 하기도 한다. 이것은 구성원들이 어떻게 경험하는가를 결정하며, 주변에서 그들이 본 것을 이해하는 방식에도 영향을 미쳐서, 자신의 행위, 책무, 태만을 정당화하기도 한다. 또한 이것은 구성원들이 말하고, 관찰하고, 행동하는 데 있어서 무엇이 기대되고, 무엇은 하면 안 되는지를 알려 준다. 맥락은 무엇이 필요하고, '건강하고', 수용 가능하며, 무엇은 그렇지 않은지를 규정한다. 또한 맥락은 경영진executives의 행동을 좋거나 나쁜, 건설적이거나 파괴적인, 돌보거나 이기적인, 착취적이거나 가족적인, 위협적이거나 환영할 만한, 기능적이거나 역기능적인, 무해하거나 유해한 것으로 규정한다.

그러나 그럼에도 불구하고, 각자의 과업 성취, 승진, 카리스마 있는 변혁적 리더십 행동 습득, 기술 개발, 전문성 발달, 직장에서 한발 앞서려는 행동의 성공적 배치 등을 강조한 물질적인 것들과 비교할 때, 조직 내부의 맥락을 평가하는 것은 비교적 관심을 받지 못했던 것 같다. 따라서 다음과 같은 질문을 던질 수 있다. '왜 조직 기능의 그러한 중요한 측면이 지속적으로 무시될까?'

내부 조직 맥락과 그것이 경영진의 수행에 미치는 영향을 검토하기보다는 인상관리, 책임 회피, 자기홍보 기술이 경영진의 성공과 근로자 웰빙에 영향을 미치는 중요한 매개 요인으로 더 관심을 끄는 것 같다.

조직을 숫자로 평가하는 것이 아니라, 내부 맥락을 검토하고 '변화라는 도전'을 해결하려고 노력하려면 시간이 많이 들고, 미디어의 관심을 받기 어려우며, 그리 매력적이지 않고, 만약 조직에 문제가 있다는 것이 밝혀지면 투자가들을 우려에 빠뜨릴 수도 있다. 따라서 비록 그런 요인들이 조직의 성공과 실패에 결정적인 영향을 준다고 해도, 문화와 맥락에 대해서는 관심을 덜 갖게 될 수 있다. 그러나 상황이 어려워지고, 리더 개인에 대한 매력이 사라지거나 다른 전지전능한 구원자가 가능하면, 리더는 운동 코치처럼 쉽게 대치될 수 있기 때문에 성공과 실패를 책임지는 리더를 확보하는 것이 맥락을 검토하는 것보다 더 간편하고 매력적인 방법이 될 수 있을 것이다.

조직 내부 맥락과 문화는 경영진의 취약성이 어떻게, 어떤 방식으로 생기게 되는지에도 영향을 준다. 우리 모두는 불안, 실패와 조롱에 대한 두려움, 경쟁, 질투와 역기능적 경쟁, 모욕, 조직에서 방출되는 위협에 취약하다. 그렇다면 우리는 그때 무엇을 조심해야 하는가? 우리는 어떻게 스스로를 지켜야 하는가? 고위 경영진과 핵심인물의 행동이 맥락을 결정하는 데 얼마나 영향을 미치는가? 또한 고위 경영진과 핵심인물의 행동은 개인의 성공, 순응, 수용을 평가할 기준이 되는 행동유형(그중 일부분은 유해할 수도 있다.)을 결정하는 데 어느 정도의 영향력을 미치는가? 영향력 있는 위치에 있는 사람들이 자신과 다르게 행동하는 것을 참을 수 있는 정도 그리고 국기에 대한 충성처럼 행동적 순응을 요구하는 정도는 직장 내 유해성 정도를 가늠하는 단서가 될 수 있다(Harvey, 1988; Janis, 1982).

　　그렇다면 우리는 무엇을 조심해야 하는가? 켈러먼(Kellerman, 2004)은 '무능한' '융통성 없는' '무절제한' '무신경한' '타락한' '편협한' '사악한'이라는 7개 유형의 그릇된 리더십을 제안했고, 립먼-블루먼(Lipman-Blumen, 2005)은 유해한 리더십이 주는 매혹이 얼마나 위험한지에 관심을 갖고, 유해한 추종자의 행동에 주목했다(Janis, 1982; Finkelstein, 2003; Kets de Vries, 1989; Lowman, 1993; McCalley, 2002; Offermann, 2004; Sperry, 2002; Stein, 2005; Sulkowicz, 2004; Zaleznik, 1970 참조). 리더와 부하 이외에, 프로스트와 로빈슨(Frost & Robinson, 1999)이 '유해한 참모'라고 칭한 사람들에 대해서도 관심을 기울여야 한다. 유해한 리더와 추종자의 행동이 만연하게 되면 이는 스스로를 재난과 이혼, 역기능, 죽음의 지휘자로 칭하면서에도 불구하고 현재의 상태를 벗어나지 못하는 내담자들처럼, 자신의 자리를 유지하고자 하는 사람들에게도 압력으로 작용하게 된다.

유해한 작업환경의 지표

　　가장 확실하고 분명한 지표는 '책임자people in charge'의 행동과 관련된 것이다. 문헌에 따르면 가장 자주 보고되는 경영진의 파괴적인 행동은 극적이고, 꾸민 듯 하며, 정서적으로 요구적이고, 자기애적이며, 공격적이고, 다소 과장된 리더십 행동이다(Babiak, 1995; Conger, 1990; Hogan & Hogan, 2001; Kets de Vries, 1979, 1985, 1989; Khurana, 2002; Levinson, 1978; Lubit, 2002; Maccoby, 2000, 2004; Price, 2000; Sankowsky, 1995).

　　앞에 나열된 연구 결과는 창조적 리더십 센터the Center for Creative Leadership: CCL의 중요한 공헌과 비슷한데, 경영진의 탈선에 관한 CCL의 연구는 학대적인 행동패턴, 타인의 요구에 둔감, 냉담하고 초연하며 거만한 행동 방식, 불필요하게 침범하는 관리 방식, 상황의 조작 그리고 이러한 탈선을 일으키는 이기적 행동들(유해한 리더십 문화)을 강조하고 있다(Kofodimos, 1989, 1990; Lombardo & Eichinger, 1989; McCall & Lombardo, 1983).

최근 리더십에서 카리스마가 매력적으로 등장하면서 영웅적 리더십 스타일에 열광하게 된 반면, 리더의 덜 분명한 행동 스타일에 대해서는 비교적 관심이 줄어들었다. 맥콜(McCall, 1998)은 경영진이 고위직으로 올라갈 때, 생길 수 있는 과대 자기이미지에 대한 해리 레빈슨Harry Levinson의 말을 다음과 같이 인용하였다. "경영진들은 부하직원을 하대하고, 업신여길 수 있는 권리를 가지고 있다고 생각한다. 그들은 자신이 특권과 특별한 대접을 받을 만한 권리가 있다고 여긴다." 맥콜은 다음과 같이 결론지었다. "요약하면, 자만은 고위직이 되면서 가장 서서히 나타나는 궤도이탈의 하나다. 자만은 긍정적인 것에서 생기는 부정적인 것으로서, 실제적 재능과 성공에서 기인한다."(1998: 46)

과도한 카리스마는 유해한 리더십의 가능성을 생각할 때 특별히 그 위험성에 주목해야 하는데, 그 이유는 지나치게 '영웅적이고' '변혁적으로' 리더십에 접근하는 자기확대의 강화 수준이 급속하게 과도해질 수 있기 때문이다(Khurana, 2002; Lubit, 2002; Maccoby, 2000, 2004; Tourish, 2005 참조).

유해한 작업환경은 주로 다음의 경우에 나타난다.

- 조직 핵심 인물의 행동을 통해서
- 사람들의 행동과 작업방식을 지배하는 공식적으로 확립된 규칙과 규정에 의해서
- 이러한 규칙이 실제로 실행되는 방식에 의해서

직장이 유해하게 된 것에 대한 모든 책임이 조직 핵심 경영진의 행동에 있지는 않지만, 핵심 경영진이 어떻게 행동하는가(그리고 무엇을 지지하는가.)는 조직에서 무엇이 건설적이고, 무엇이 '파괴적'인지를 나타내는 지표가 될 것이다.

그러나 이게 전부는 아닌데, 왜냐하면 직장에서 유해성을 언급할 때의 어려움 중 하나는 비난하거나, 반대하거나, 도전하거나, 부인하기에는 어려운 방식으로 '유해한' 요구가 나타나기 때문이다. '미래를 건설할' 필요, '죽은 나무를 거둬 내고 20세기 사고를 시작할' 필요, '경쟁에 이길' 필요, '장기적 이득을 위해 고통을 견딜' 필요, 그리고 '더 열심히 더 영리하게 일할' 필요는 모두 합리적으로 들릴 수 있지만, 냉담하고, 학대적이며, 유해한 행동들을 일으키고 촉진시킨다(심지어 정당화한다). 이러한 요구는 가혹하지도 않고 거칠지도 않지만, 이러한 요구가 행해지는 방식은 그럴지도 모른다. 따라서 착취가 적절한가 아닌가보다는 '착취가 실제 어떻게 일어났는가?'가 더 중요하다. 유해한 특징들을 보이는 조직에서는 **목적**이 아무리 좋다고 해도 수단이 정당화될 수는 없다.

행동(현재 점차 유해하고 폭력적이라고 여겨지는)을 변명하거나, 부인하거나 혹은 조장할 때, 직장 상황은 훨씬 더 복잡해질 수 있고, 그 결과 직장 상황은 시간이 지남에 따라 다음과 같이 변화된다.

- 현재 유해하다고 여겨지는 리더십 행동을 늘리고 강화한다.
- 사람들로 하여금 자신이 체험했던 수용될 수 없는 행동에 대해 말하지 못하게 한다.
- 깊이 배어 있고, 변화에 저항하는 그 조건에서의 집단사고 혹은 수용 가능한 사고방식을 만들어 낸다(Harvey, 1988; Janis, 1982; Milgram, 1974; Zimbardo, 1969, 2007).

유해한 조직행동은 조직의 '여백white space'(현재 일어나고 있는 것과 논의할 만하다고 보이는 것 사이)과 '오메르타omerta'(말하지 않는다는 약속)의 문화가 정착된 곳에서 존재한다. 그 결과, 이솝우화『벌거벗은 임금님』에서처럼 선동자가 드러날 만한 주제에 대해서 논의하는 것은 어려운 일이다. 여기에서의 선동자란 직장 내에서 집단적으로 가장하고 있는 많은 사람과 반대로, 실제 일어나고 있는 사건을 보다 중립적이고 객관적으로 관찰하고 있는 사람을 말한다. 이런 입장을 적용해 보면, 순진한 관찰자들은 쉽게 다음 같은 상황에 빠지게 된다.

- 극복할 능력이 없다는 비난을 받을 가능성이 있음
- 일에 적합하지 않으며, 믿을 만한 사람이 못됨
- 거부하는 사람이 됨
- 동료를 배신함
- 문제 직원이 됨
- 관찰 대상자, 즉 믿을 수 없는 사람, 첩자 혹은 내부 고발자가 될 가능성이 높은 사람으로 낙인찍힘(Alford, 2001; Wright & Smye, 1996)

권력과 영향력을 미칠 수 있는 위치에 있는 사람들의 행동이 중요하기는 하지만, 그것은 조직의 유해성을 보여 주는 단서가 될 뿐 그것이 전부는 아니다.

상황을 재검토하기

내가 아는 바에 따르면 이것이 주목적은 아니지만, 7-S 모델[3](Peters & Waterman, 1982)과 갈브레이스(Galbraith, 1977)의 '적합$_{fit}$' 모델[4]과 같은 틀은

---

3) 7-S 모델은 조직 내부의 역량을 일곱 가지 측면에서 분석하는 모델이다. 일곱 가지 측면 중에서 상위 3S는 전략(strategy), 공유된 가치(shared value), 기술(skills)이며, 상위 3S를 지원하는 하위 4S는 시스템(system), 구성원(staff), 스타일(style), 조직구조(structure)다(역자 주).

4) 갈브레이스(Galbraith)는 조직의 구조(규칙, 부문 간의 관계, 정보처리 도구의 활용 등을 포함하는 커다란 의미에서의 조직구조)가 보유하는 정보처리 능력과 정보처리의 필요성(과업수행을 위해

조직의 다양한 측면이 어떻게 지지적으로 작동하는지 혹은 조직의 방향과 기능을 왜곡하는지 아닌지를 검토할 때 사용될 수 있다. 실제로 이러한 틀은 조직이 내적으로 조화를 이루는지 아니면 작동하는 방식이 서로 경쟁적이고 대립하는지를 중시한다. 예를 들어, 강화구조가 조직의 생존에 필요한 성과를 격려하는 데 실패하는지 혹은 파괴적이고 이기적인(그러나 아마도 일부에게는 도움이 되는) 행동을 강화하는지를 검토하는 것이다.

이 절에서는 경영진의 행동을 검토하고 과도한 유해성에 쉽게 영향받는 조직을 고려할 때 사용될 수 있는 실제에 기초한 또 다른 방법을 다음 세 가지에 초점을 두어 소개한다.

- 영향력을 미치는 핵심 인물들
- 조직의 내부 상태
- 조직이 작동하고 거래하는 외부 환경의 조건

조직 성과의 성공과 실패를 모두 리더에게 돌리는 것이 그럴듯해 보이지만, 그렇게 하면 경영진 수행의 성공과 실패 그리고 조직의 성공과 실패에 영향을 미치고 이를 결정하는 광범위한 요인을 충분히 고려하지 못하게 된다. 비록 핵심 경영진의 개인적 특징, 행동, 경력은 조직의 수행에 영향을 미치고, 작업환경의 분위기와 느낌을 결정하지만, 나의 연구에 따르면 다른 촉진적 요인들도 조직의 유해성에 영향을 미친다(Walton, 2005). 자문 사례를 리뷰해 보면, 고위직의 행동과 그것이 내부 작업 풍토와 웰빙에 주는 영향을 검토할 때 다음의 세 가지 차원이 중요한 것으로 나타났다.

연관된 부문 간 관계의 복잡성이나 과업에 관련된 내·외부 환경의 특성과 불확실성이 수반하는 정보처리의 필요성) 간의 적합(fit)이 조직 생존의 관건이라고 보았다(역자 주).

- 경영진의 행동
- 조직의 내부 맥락(조직의 내부 문화와 풍토)
- 조직이 스스로를 인식하게 하는 외부 환경('외부' 세계)

첫 번째 차원: 경영진의 성격 특징

최고 경영진의 심리 구조가 조직에 중요한 영향을 미치기는 하지만, 몇몇 성격 특징이 내가 목격하고 연구한 역기능을 만들어 내지는 않는다. 예를 들어, 어떤 조직에서 문제를 유발시키는 '유해한' 행동이 다른 곳에서는 문제를 유발시키지 않았다. 긍정적이지만 크게 도움이 되지 않는 성과를 만들어 내는 '영웅적인', 그러나 '악하다'고 묘사되는 사람들의 예를 알고 있다. 나는 카리스마가 있는 외향형과 내성적인 사고형도 알고 있는데, 그중 몇몇은 도움이 되는 리더십을 보여 주었고, 또 몇몇은 도움이 되지 않는 리더십을 보여 주었다. 또한 나는 직접적이고 보다 변혁적인 접근을 제공하지만 그 효과는 다양했던 경영진의 예도 알고 있다(Avolio, 1999; Burns, 1978; Kellerman, 2004; Lipman-Blumen, 2005; Lowman, 1993).

책임 있는 위치에 있는 사람들의 성격 특징으로 유해한 직장을 설명하는 것은 충분치 않아 보일 수도 있다. 나의 연구에 따르면 사례의 내부 맥락과 문화를 고려할 때 논리적인 설명이 가능했다.

두 번째 차원: 조직의 문화와 풍토 속에서 일하기

경영진의 행동은 진공상태에서 나타나지 않고 리더십이 정의되고 수행되는 방식을 결정짓는 맥락과 조건 내에서 나타난다. 미학을 제외하면 기능이 없는 형태는 그 자체로 어떤 의미도 지니지 않는 것처럼, 경영진의 성격과 겉모습이 직장에서 어떻게 나타나는지를 알지 못한 채 그것을 검토하는 것은 불완전한 그림을 보는 것일 뿐이다.

경영진이 모든 결과를 만들어 낸다는 견해와는 반대로, ① 내부 맥락에 의
해서 경영진이 실제로 할 수 있는 것이 어떻게 달라지는지, ② 맥락이 경영진
의 성공과 실패를 어떻게 규정하는지를 탐색하는 것이 보다 정확할 수 있다
(Ackroyd & Thompson, 1999; Cavaiola & Lavender, 2000; Giacalone & Greenberg,
1997). 현재 문헌에서는 조금 간과하고 있지만, 효과적인 리더십을 결정하는
맥락을 보다 상세하게 탐색하는 것이 필요하고, 과도한 유해 리더십 현상을
피하는 데에도 도움이 될 수 있다.

유해한 직장의 가능성을 촉진시키는 것처럼 보이는 맥락 조건은 다음과
같다.

- 오래된 내부의 과정과 절차의 파괴
- (그 장소의 '지혜와 역사'를 경험한) 동료관계의 상실
- 직원들의 너무 잦은 부서 간, 부서 내 이동
- 책임 있는 위치로의 너무 빠른 승진
- 편의주의 그리고 '과도기적인' 구조의 풍토
- 조직의 내적 통합과 미래에 대한 신뢰의 상실

그러한 내부 '붕괴'가 영향력과 권력을 악용하고 조작하는 심리적 경향성
을 지닌 경영진과 결합되면 유발될 수 있는 유해성의 가능한 정도는 극적으
로 증가한다. 그러나 연구 결과, 세 번째 차원이 조직을 심각한 수준의 위험
수준에 놓이게 할 수도 있음을 제안하고 있다. 리더와 직장의 유해성에 영향
을 줄 수 있는 세 번째 차원은 조직 외부 환경의 항상성이다. 만약 조직의 외
부 환경이 불안정하면 외부 환경은 유해행동을 촉진시키고, 극단적인 내부
유해성에 대한 내성은 상당히 감소될 것이다.

세 번째 차원: 외부 환경의 조건

외부 환경의 파괴적이고 강제적인 조건들은 내부의 파괴와 유해한 리더 행동을 결정하는 세 번째 차원이다. 예를 들면, 시장 붕괴, 지역재난, 응급정보, 연방사찰의 위협, 적대적 입찰, 제7~8장에서 언급할 파산보호, 외부 감사의 위협, 미디어 압력, '월 가Wall Street'와 '시City'의 개입, 고위관계자의 압력 등이다.

내가 생각한 가설은 세 가지 차원에서의 연합으로 역기능과 유해성이 생길 때, 유해행동과 내부 불안정성은 심각해질 가능성이 상승할 것이라는 점이다.

경영진 역기능의 가능성은 다음의 조건이 존재할 때 증가된다.

- 잘못된 작업을 하려는 개인적 경향성
- 잘못된 행동이 일어나도록 허락하거나 격려하는 내부 맥락
- 유해행동이 일어날 수 있는 맥락을 제공하고, 덮어 주거나, 여지를 주는 외부 환경들

따라서 세 가지 조건이 함께 나타날 때 잠재적으로 부정적이며, 유해하고 파괴적일 가능성이 있는 경영진의 행동을 일으킬 수 있는데, 그 결과 점차 유해 작업환경이 생겨나게 된다.

[그림 1-1]에 제시된 'ACE-R' 틀을 통해서 우리는 조직의 상황을 보다 전체적으로 이해하고, 경영진의 역기능과 극단적인 유해 작업환경이 드러나는 외부 환경의 조합이 무엇인지를 알 수 있다.

요인 4는 세 가지 차원이 역기능적일지라도 경영진이 그런 행동이 너무 위험하다고 판단되면 그 행동을 하지 않을 수 있음을 제안한다. 세 가지 차원의 조합은 〈표 1-1〉에 요약되어 있는데, 이들이 어떻게 유해행동을 막거나 혹은 일어날 가능성을 높이는지를 설명하고 있다.

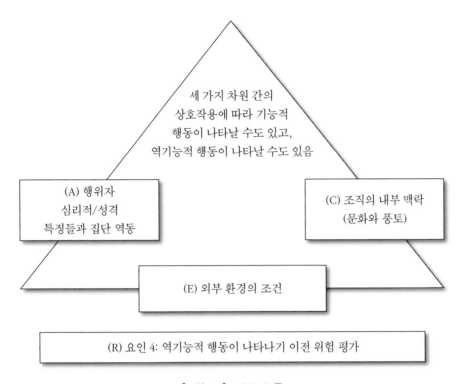

[그림 1-1] ACE-R 틀

〈표 1-1〉 유해성의 발현 가능성을 평가하기

ACE-R 틀	행위자: 핵심 인물의 개인적 성향(A)	내부 맥락: 조직의 풍토와 문화(C)	외부 환경(E)
상황 1: 역기능의 잠재적 가능성 있음. 그러나 기회를 기다림	가능	가능	적합치 않음
상황 2: 경영진은 이득을 취할 준비가 되어 있음. 그러나 문화가 이를 허용하지 않음	가능	가능하지 않음	적합
상황 3: 경영진이 상황을 이용할 준비가 되어 있지 않음	가능하지 않음	가능	적합
상황 4: 경영진의 역기능적 행동 가능성 높음	가능	가능	적합

ACE-R 틀은 유해 작업조건을 악화시킬 수 있는 조건을 줄이기 위해서 세 가지 차원 각각이 어떻게 고려되어야 하는지를 강조하기 위해 사용될 수 있다. 유해하고 역기능적인 행동의 원인을 조직의 리더십으로 쉽게 돌리게 되면, 그 결과 앞서 지적했던 내적·외적 맥락상의 특징들이 생긴다.

ACE-R 틀을 통해서 경영진의 성공과 실패, 그리고 유해한 작업방식을 조장하거나 방해할 수 있는 맥락상의 조건들이 왜 생기는지를 광범위하게 고려할 수 있다. ACE-R 틀은 '상황 4'가 나타날 가능성이 있을 때, 적시에 방어적·보호적 조치를 신속하게 수행하는 데에도 사용될 수 있다.

결론과 생각할 것들

토머스와 허슨(Thomas & Hersen, 2002)은 다음과 같이 제안했다. "여러 조직 내에는 우리 대부분에게 오랫동안 '건강한 것' 말고도, 높은 수준의 지속되는 긴장, 기대, 스트레스, 활력이 존재한다."(Kahn & Langlieb, 2003; Tobias, 1990 참조) 그렇다면 이런 질문을 던질 수 있다.

• 경영진은 그런 건강하지 않은 상황에서 어떻게 잘 준비할 수 있는가?
• 그런 압력이 경영진의 외현 행동과 그들이 이끄는 조직 및 부서에 미치는 영향은 무엇인가?

비즈니스 조직은 구조적·법적으로 만들어졌지만, 구성원들이 자신의 개인적 목표를 다양한 역동을 통해 만족시키고자 하는 사회적 구성체다. 구성원이 만족시키고자 하는 목표 중 몇몇은 서로 조화를 이루지만, 몇몇은 조직의 필요와 서로 상반될 수도 있다. 결론적으로 연구 결과에 따르면 경영진의 성공은 그들 자신의 행동(혹은 심리적 특성)에 의해 주로 결정되는 것이 아니

라, 경영진이 일하는 조직의 맥락과 조직에 영향을 주는 광범위한 외부 환경
이라는 두 가지 모두에 의해서 좌우되고 제약받는다.

리더(그리고 부하)의 유해행동은 은밀히 작용하고 있으며, 사람들로 하여
금 그 이슈를 꺼내지 못하게 하고, 만약 꺼냈을 때 꺼낸 그 사람에게 벌을 주
기 때문에 소리 없는 살인자라고 할 수 있다(Beer & Eisenstat, 2000). 유해한
리더, 약하고 비열한 부하, 이것을 조장하는 맥락은 건강하지 않은 '유해 트
라이앵글'을 만들어 낸다(Padilla et al., 2005; Paulhus & Williams, 2002). 조직의
성공을 위협하는 그런 힘이 있음에도, 리더십의 어두운 측면과 조직적인 힘
의 오용에 대한 연구가 조직 연구에서 중요한 주제가 아니라는 것은 여전히
놀라운 일이다(Dotlich & Cairo, 2003; Schell, 1999).

분명한 것은 공식적 리더십을 가졌다고 해서 긍정적이고 건설적인 리더
십 행동을 보장할 수는 없다는 것이다. 리더도 인간이기 때문에 직책, 전문
적 배경, 경험과 상관없이 다양한 인간의 강점과 약점에 쉽게 영향을 받는다
(Zimbardo, 2007). 모든 작업환경은 어느 정도는 유해할 수 있다. 따라서 핵심
질문은 우리가 그런 상황을 어떻게 준비하고 그 속에서 어떻게 통찰력을 가
지고 건설적으로 목적을 지니며, 윤리적으로 성숙하게 관여할 수 있는가 하
는 것이다(Walton, 2007).

EMPLOYEE WELL-BEING SUPPORT

A Workplace Resource

건강한 직장 조성

E. 케빈 켈로웨이, 마이크 티드, 멧 프로서(E. Kevin Kelloway, Mike Teed and Matt Prosser)[*]

리더가 구성원의 웰빙에 영향을 미친다는 생각은 새로운 것도 놀라운 것도 아니다. 구성원의 웰빙에 대한 리더십의 효과를 입증하고 있는 연구들이 30여 년 이상 이루어져 왔다(Day & Hamblin, 1964). 이 연구들의 결론은 일정 기간 직업을 가져 본 성인이라면 누구라도 그리 놀랄 만한 것이 아니다(Gilbreath, 2004). 부실한 리더십은 구성원의 스트레스(Offerman & Hellman, 1996; Richman et al., 1992) 및 소외(Ashforth, 1994, 1997)의 증가 수준과 상관이 있고, 보복과 같은 반생산적 행동을 자극할 수 있다(Townsend, Phillips, & Elkins, 2000). 리더십이 개인의 웰빙에 얼마나 광범위하게 영향을 미치는가 하는 점은 매우 놀랍다. 이 장에서 우리는 리더와 그들의 리더십 스타일 및

* 세인트 메리 대학교, 헬리팩스, 노바 스코티아, 캐나다(Saint Mary's University, Halifax, Nova Scotia, Canada) 교수

리더십 행동이 직장이 건강한지 여부를 결정하는 데 핵심적 요소라는 입장에 대해 논의할 것이다. 이를 위해 먼저 세 가지 리더십 유형(변혁적, 수동적, 착취적)에 대해 기술하고, 이러한 리더십 스타일과 안전, 스트레스, 건강 등을 연결 짓는 문헌에 대해 개관하고자 한다.

리더십과 건강한 직장

건강한 직장에 대해 정의할 때 물리적 환경(직업의 건강 및 안전의 전통적인 영역), 심리사회적 환경(직무 스트레스), 건강한 행동의 실제(예, 생활양식 요인, http://www.nqi.ca/nqistore/product_details.aspx?ID=63 참조) 등을 포괄하는 것이 유용하다. 이는 다양한 형태의 건강한 행동과 조건을 포괄하는 정의다. 조직의 리더십은 건강한 직장이 가져야 할 모든 측면과 관련되어 있다. 다음의 개관을 통해 리더십 스타일이 직장의 건강, 궁극적으로는 직장에서 일하는 근로자들의 건강에 영향을 미치게 되는 여러 방식에 대해 검토하고자 한다.

리더십과 스트레스

여러 연구는 리더의 행동이 구성원의 웰빙에 영향을 미친다는 것을 발견해 왔다. 연구들은 리더십이 웰빙에 미치는 두 가지의 상반되는 효과에 대해 보고하였다. 우선, 긍정적인 리더십 행동은 웰빙에 긍정적인 영향력을 갖는다. 반대로 부정적인 리더십 행동은 개인의 웰빙에 해로운 결과를 낳는다.

예를 들어, 길브레드와 벤슨(Gilbreath & Benson, 2004)에 따르면 연령, 생활양식, 동료와 가정으로부터의 사회적 지지, 스트레스가 많은 일과 생활사건 등의 효과와는 별개로 긍정적인 관리감독(예, 직원통제employee control의 증가, 의

사소통의 향상, 직원의 웰빙에 대한 배려, 직원에 대한 공정한 대우 등)이 구성원의 웰빙을 예언하였다. 이와 비슷하게, 반 디에렌동크 등(Van Dierendonck et al., 2004)은 탁월한 리더십 행동이 구성원의 웰빙 증가와 관련이 있다는 것을 발견하였다.

또 다른 연구들은 변혁적 리더십의 개념에 초점을 맞추고 있다. 아놀드 등(Arnold et al., 출판 중)은 두 연구에서 변혁적 리더십과 웰빙 간의 관계에 대한 근거를 제공하였을 뿐 아니라 이러한 관계가 발생하는 메커니즘에 대해 연구하였다. 구체적으로 살펴보면, 아놀드 등은 변혁적 리더십이 구성원으로 하여금 작업환경에서 더 많은 의미를 경험할 수 있도록 하며, 이러한 의미에 대한 지각이 개인의 웰빙을 예언해 준다는 점을 발견하였다. 다른 잠재적 메커니즘 또한 설득력이 있다. 예를 들어, 최근의 한 실험연구는 '카리스마적 리더가 부하들로 하여금 긍정적인 정서를 경험할 수 있도록 한다.'는 것을 보여주었다(Bono & Ilies, 2006: 331). 또 다른 연구는 변혁적 리더십 행동이 멘토링과 정적 상관이 있으며, 직업 관련 스트레스와 부적 상관이 있다는 것을 발견하였다(Sosik & Godshalk, 2000).

효과적인 리더십의 긍정적인 효과는 스트레스와 연관된 신체적 결과로까지 확장된다. 예를 들어, 칼린, 브론돌로와 슈와츠(Karlin, Brondolo, & Schwartz, 2003)는 스트레스가 많은 직업인 뉴욕시 교통 단속국을 조사하여 상사로부터의 즉각적인 사회적 지지가 수축기 혈압과 부적 상관이 있음을 발견하였다. 이러한 결과는 효과적인 관리감독이 웰빙을 직접적으로 증진시킬 뿐 아니라, 개인으로 하여금 직업적 스트레스에 잘 대처하도록 돕는다는 것도 보여 준다.

부실한 관리감독에 대한 스트레스는 신체적으로도 나타난다. 웨이저, 필드먼과 허시(Wager, Fieldman, & Hussey, 2003)의 연구에서 표본이 된 간호사들은 공정하다고 여겨지는 감독자 밑에서 일하는 날에 비해 처벌적이고 불공정하다고 여겨지는 감독자 밑에서 일하는 날 수축기 혈압이 15mmHg 증가하고, 이완기 혈압이 7mmHg 증가하는 것을 경험하였다. 이러한 결과는 불공정한 감독자 밑에서 일하는 것이 심혈관 질환의 발생 가능성을 높인다는 점에 대해 직접적인 근거를 제공해 준다. 이와 유사하게, 화이트홀Whitehall의 연구를 확장한 최근 연구에서 키비마키 등(Kivimaki et al., 2005)은 직원이 상사에게 어떻게 대우받는지가 9년에 걸쳐 관상동맥질환의 발생을 예언한다는 것을 보여 주었다. 상사의 대우 탓으로 돌릴 수 있는 관상동맥질환의 위험은 전통적인 직무 스트레스나 생활양식 위험 요인에서 기인할 수 있는 위험과는 상관이 없었다.

리더십과 안전

조직 리더가 직장의 안전에 영향을 미치는 데 있어서 핵심적인 역할을 수행한다는 것을 보여 주는 연구는 상당히 많다. 예를 들어, 크리와 켈로웨이(Cree & Kelloway, 1997)는 건강과 안전에 대해서 관리자와 상사가 노력하고 있다고 지각할수록 위험에 대한 자각도 높고 안전 프로그램에 대한 참여도 높았다는 점에 주목하였다. 이와 유사하게, 멀른(Mullen, 2005)에 따르면 건강과 안전에 대한 상사의 감수성을 부하가 어떻게 지각하느냐가 직장에서의 안전 문제를 제기하고자 하는 부하의 의지를 예언하였다. 호프먼과 모제슨(Hofmann & Morgeson, 1999)은 우수한 리더-구성원 교환exchange이 안전을 위한 의사소통과 노력의 향상에 기여하였고, 그 결과 사고의 발생이 감소하였다는 것을 발견하였다. 특히 직업적 건강과 안전에 대한 예언변인으로서 리더십이 갖는 중요성과 관련하여 발링, 로린과 켈로웨이(Barling, Loughlin, & Kelloway, 2002)는 감독자의 안전 관련 변혁적 리더십에 대한 인식이 개인의 안전의식 및 안전풍토에 대한 인식과 관련이 있으며, 이러한 개입변인들을 통해 안전사고 및 실제 상해와도 관련이 있는 것으로 보고하였다.

전반적으로 자료들을 통해 볼 때 리더가 적극적으로 건강과 안전을 촉진할 때 조직의 안전기록이 향상되고 보다 긍정적인 안전 성과도 경험하게 된다 (Hofmann, Jacobs, & Landy, 1995; Shannon, Mayr, & Haines, 1997; Zohar, 1980; 2002b). 리더에게 안전교육을 하는 것이 구성원의 사고 건수에 영향력을 미쳤다는 점(Zohar, 2002b)은 특히 흥미롭다.

리더십과 건강한 생활양식

조직의 리더십이 직무 스트레스나 직무안전과 연결된다는 주장은 전혀 놀라운 일이 아니지만, 리더십이 건강한 생활양식과도 연결될 수 있다는 주장은 많은 이에게 받아들여지기 쉬운 것은 아니다. 그럼에도 불구하고, 비록 드물긴 하지만 연구 자료들은 그러한 연결을 뒷받침해 준다. 직장에서의 물질사용은 널리 퍼져 있고 이러한 물질사용의 관리에 있어서 감독자가 갖는 역할에 대해서는 연구가 많이 되어 있다. 예를 들어, 프론(Frone, 2006)은 국가(미국) 유병율 자료에 근거하여 근로자의 14% 이상이 불법적인 약물사용에 관여하였는데 그 가운데 3.9%는 근무 중에 불법적인 약물을 사용하였다고 보고하였다. 그가 언급하였듯이, 이는 전반적인 추정치일 뿐이며 어떤 분야의 근로자들에게는 불법적인 약물사용이 상당히 더 많을 수 있다. 감독자들이 약물사용 관련 문제를 감지하게 될 때 이들에게는 이 문제에 대한 개입이나(Ames, Grube, & Moore, 2000) 정책의 강화(예, Bamberger & Donahue, 1999)가 기대된다. 보다 최근에는 감독자의 행동이 약물사용에 있어 선행 요인이 된다는 증거가 있다. 밤베르크와 바카라흐(Bamberger & Bacharach, 2006)는 감독자가 착취적 관리감독을 할 때 직원들이 음주 문제에 관여될 가능성이 더 커진다는 것을 발견했다. 이와 유사하게, 직원을 불공정하게 대하는 감독자는 수면부족과 같은 건강 관련 행동을 촉발할 수 있다. 그린버그(Greenberg, 2006)는 불공정하게 대우받는 근로자들이 불면증을 보일 가능성이 더 높고 감독자들에게 상호작용 공정성interactional justice을 훈련하는 것은 이러한 부정적인 결과들을 상당히 감소시킨다고 보고하였다.

　이는 부적절한 리더십이 구성원의 건강하지 못한 행동을 일으키는 데 기여할 수 있다고 제안하는데, 또한 긍정적인 리더십 행동이 건강한 생활양식 행동을 촉진할 수 있다는 사례도 될 수 있다. 예를 들어, 리더십은 건강증진 프로그램의 성공과도 상관이 있다. 미 해군의 건강증진 프로그램 평가에서 화이트먼, 스나이더와 래글랜드(Whiteman, Snyder, & Ragland, 2001)는 프로그램을 통해 담배 사용이 감소하였고 이 같은 프로그램의 성공은 군의 리더십과 명령이 관여되었기 때문에 가능했음을 발견하였다.

　리더는 여러 경로를 통해 건강행동에 영향을 줄 수 있다. 첫째, 리더는 직원들이 건강행동에 참여할지 말지에 대해 금지하거나 장려하는 조건을 창출할 수 있다. 근로자 지원 프로그램(EAP; Mio & Goishi, 1988)이나 직장 건강증진 프로그램(Fieling, 1984)에 관리자들의 지원이 분명히 필요하다는 점은 잘 연구되어 왔다. 둘째, 리더는 조직에서 의사소통을 수행하는 역할 모델이다. 관리자들이 안전하게 일하는 것의 중요성에 대해 소통하는 것처럼(Kelloway et al., 2005), 관리자들은 또한 자신의 행동을 통해서도 건강증진 활동의 중요성을 소통할 수 있다. 그렇게 할 때, 몇 가지 부가적인 이점이 있다. 어떤 연구는 정기 운동 프로그램에 참여하는 리더가 리더십 스타일 측정에서 더 높이 평가되었다고 보고하였다(McDowell-Larson, Kearney, & Campbell, 2002). 건강증진 활동에 참여함으로써 리더는 자신의 건강과 리더로서의 평판 모두를 증진시킬 수 있다.

조직의 리더는 건강한 직장에 어떻게 기여하는가

　조직의 리더는 두 가지 기본적인 방식으로 직장의 건강에 영향을 미친다. 첫째, 리디는 조직 내 지위와 권력이 있기 때문에 건강 관련 성과를 이끌어 낼 수 있는 조직의 여건을 창출할 수 있다. 둘째, 개개인에 대한 리더의 행동이나 '리더십 스타일'은 성과와 관련되어 있는 개인의 건강에 영향력을 행사할 수 있다.

근본 원인으로서의 리더

켈로웨이 등(2005)은 리더가 구성원 건강 성과의 근본적인 원인이라고 주장하면서 전통적인 직업상의 건강 및 안전 분석과 비교하였다. 이는 리더가 안전이나 건강과 관련된 성과를 이끌어 낼 수 있는 여건을 창출한다는 점을 말한다. 리더는 일상적으로 흔한 직무 스트레스 원인(예, 업무부담 및 속도, 역할 스트레스, 경력에 대한 고민, 업무 일정, 대인관계, 직무내용 등)의 통제에 직접적인 영향을 줄 수 있다(Sauter, Murphy, & Hurrell, 1990). 초기의 경험적 연구(Skogstad et al., 2007)가 이러한 주장을 뒷받침해 준다.

이와 유사하게 길브레드(2004)에 따르면, 리더는 (조직에서 리더십이 가장 즉각적으로 드러나는) 업무자율성이나 요구, 통제, 균형, 자기효능감 등을 포괄하는 다양한 심리사회적 직무조건에 영향을 준다. 그런 가운데 리더들은 직장에서 구성원의 긍정적인 건강 관련 행동을 증진시키거나 반대로 감소시키는 여건을 창출함으로써 개인의 웰빙에 직접적인 기여를 한다.

리더십 스타일: 좋은 리더십, 나쁜 리더십, 추한 리더십

리더십 개발 프로그램에 대한 자신들의 경험을 언급하면서, 켈로웨이와 발링(2000)은 집단 구성과 상관없이 프로그램의 모든 참여자가 리더가 보이는 일련의 행동을 두 가지로 뚜렷하게 구분해 낸다고 하였다. 하나는 좋은 리더십을 구성하는 행동이고 다른 하나는 부실한 리더십을 구성하는 행동이

다. 이들은 이러한 행동의 모음이 직관적으로 일반화할 수 있는 것이라고 주
장한다. 좋은 리더십 행동 모음은 '변혁적 리더십'(Avolio, 1999; Bass & Avolio,
1990; 1994)으로 불리는 스타일로 구성한 것들이다. 반면, 켈로웨이 등(2005)
은 부실한 리더십 행동 모음이 나쁜 리더십인 수동적인 유형과 추한 리더십
인 폭력적인 유형 두 가지 중 하나로 분류될 수 있다고 제안하였다. 수동적인
리더는 적절한 리더십과 사회적 기술 중 어느 하나 혹은 둘 다 결여되어 어떠
한 리더십 행동에도 관여하는 것을 회피한다. 폭력적인 리더는 모욕적이고
공격적이며 폭력적이거나 처벌적이다. 특히 중요한 점은 변혁적, 수동적, 폭
력적 이 세 가지의 리더십 행동(즉, 결혼관계에서의 긍정적 행동, 철회적 행동, 분
노행동 등; MacEwen, Barling, & Kelloway, 1992)이 다른 맥락에서의 대인 상호
작용 스타일과 일치한다는 사실이다.

좋은 리더십: 변혁적 리더십

과거 10년 동안은 다른 어떤 리더십 이론보다 변혁적 리더십에 대한 연구
가 많이 수행되어 왔다(Judge & Bono, 2000). 연구 결과들은 변혁적 리더십이
핵심적인 조직의 태도와 성과에 긍정적으로 영향을 미친다는 점을 분명하게
보여 준다(Avolio, 1999; Bass, 1998). 변혁적 리더십은 리더가 "구성원의 흥미
를 확장하고 높일 때, 집단의 목적과 사명에 대해 자각하고 수용하기 시작할
때, 구성원으로 하여금 자신의 이익을 넘어 집단의 이익을 보도록 촉구할 때"
발생하는 탁월한 리더십 수행으로 정의되어 왔다(Bass, 1985: 21). 경험적 연
구 자료들은 그러한 행동의 효과성을 광범위하게 뒷받침해 준다.

예를 들어, 리더가 변혁적 리더십 행동을 많이 하는 것은 부하의 만족도
(Hater & Bass, 1988; Koh, Steers, & Terborg, 1995), 조직에 대한 관여(Barling,
Weber, & Kelloway, 1996; Bycio, Hacket, & Allen, 1995; Koh et al., 1995), 관리
에 대한 신뢰(Barling et al., 1996), 조직시민행동(Koh et al., 1995) 등과 상관이

있다.

실험실기반 실험연구들은 변혁적 리더십 스타일이 보다 높은 업무 성과를 낳는다는 것을 보여 준다(예, Howell & Frost, 1989; Kirkpatrick & Locke, 1996). 현장연구들 또한 변혁적 리더십의 수행이 갖는 영향력을 뒷받침한다. 예컨 대, 하월과 아볼리오(Howell & Avolio, 1993)는 종단연구를 통해 변혁적 리더 십을 사업부의 재무성과와 연결시켰다. 이와 유사하게 발링 등(Barling et al., 1996)은 상사의 변혁적 리더십에 대한 부하의 지각이 조직에 대한 정서적인 관여를 높였고, 높아진 정서적 관여로 인해 집단의 성과가 높아졌다는 것을 보여 주었다. 발링 등(1996)은 현장 실험연구를 통해 리더를 변혁적 리더십으 로 훈련하는 것이 지점branch-level의 재무성과를 향상시켰다고 보고하였다.

변혁적 리더는 교환관계를 넘어 다른 사람이 더 많이 성취하도록 동기를 부여할 수 있다고 여겨진다(Bass, 1998). 배스와 아볼리오(Bass & Avolio, 1990) 는 변혁적 리더십 스타일이 네 가지 차원, 즉 이상적인 영향력, 영감적 동기 유발, 지적 자극, 개별적 배려 등으로 구성된다고 제안하였다. 이상적인 영향 력은 리더가 올바른 일을 하고 그것을 통해 역할 모델이 됨으로써 구성원의 신뢰와 존경을 불러일으킬 때 일어난다. 영감적 동기유발을 하는 리더는 구 성원으로 하여금 그들 자신이 기대하는 것 이상의 수행을 할 수 있도록 격려 하면서 구성원을 위해 '기대치를 높인다'. 지적 자극은 구성원이 자신의 가정 에 도전하게 하고, 낡은 문제에 대해 새로운 방식으로 생각하게 하면서 구성 원의 합리성에 관여하는 것을 포함한다. 마지막으로, 개별적 배려는 구성원 들을 개인으로 대하고 그들이 자신의 필요를 충족할 수 있도록 돕는 것을 다 룬다.

이러한 행동을 보여 줄 때, 변혁적 리더는 구성원에 대해 놀라운 영향력을 발휘할 수 있다. 이러한 논의에서 특히 중요한 것으로 샤미르, 하우스와 아서 (Shamir, House, & Arthur, 1993: 578)는 변혁적 리더십이 '도덕적 목적과 헌신 을 일에 불어넣음으로써 일에 의미성을 부여한다'고 하였다. 뿐만 아니라, 변혁적 리더는 구성원들에게 일과 자신에 관하여 직장에서 중요한 것이 무엇인지 암묵적 또는 명시적으로 말한다(Salancik & Pfeffer, 1978; White & Mitchell, 1979). 그렇게 함으로써 변혁적 리더는 의미를 창출하고, 그 결과 이는 구성원들 사이의 웰빙 증진으로 이어질 수 있다(Arnold et al., 2007).

나쁜 리더십: 수동적 리더십

앞서의 논의는 변혁적 리더십의 개념에 초점을 맞추었지만, 여기서부터는 긍정적 리더십을 발휘하지 못하거나 가장 기본적인 리더십 행동을 하지 않는 것이 개인에게 스트레스의 원천이 될 수 있다는 점에 대해 말하고자 한다. 이렇게 긍정적인 리더십을 발휘하지 않는 것을 수동적 리더십이라고 부른다(Kelloway, Mullen, & Francis, 2006). 우리는 수동적 리더십을 변혁적 리더십 이론에서 설명된 자유방임주의와 예외 관리[1](수동적) 스타일에서 나온 요소를 포함하는 것으로 정의한다(Bass & Avolio, 1994). 자유방임주의 스타일의 리더는 자신들의 지위와 관련된 의사결정과 책임을 회피한다(Bass, 1985; Hater & Bass, 1988). 예외 관리(수동적) 스타일의 리더는 문제가 사람들의 주의를 끌거나 조치를 요구할 만큼 충분히 심각하게 되기 이전에는 그 문제에 개입하지 않는다(Bass, 1985).

피드백을 제공하지 않거나 직원을 대표하지 않는 리더(Neuman & Baron, 2005; Skogstad et al., 2007)는 수동적 리더십을 보인다. 어느 정도 그러한 행동은 수동 공격적 성격 특성의 일부일 수 있다(Buss, 1961).

수동적 리더십이 일반적으로 비효과적이라고 여겨지는 것은 놀라운 일이 아니다. 예컨대, 하월과 아볼리오(1993)는 예외 관리(수동적)가 사업단위 성과와 부적으로 관련되고 자유방임주의는 일반적으로 가장 비효과적인 스타

---

1) 계획 표준에서 그게 벗어난 일만 관리자에게 보고하도록 하는 관리 방식(역자 주).

일로 설명된다고 보고하였다(Bass & Avolio, 1994). 프리셔와 라슨(Frischer & Laarson, 2000)은 리더의 주도성 결여가 부하의 만족도 및 능률과 부적으로 관련이 된다는 것을 발견하였다. 켈로웨이 등(2006)은 수동적 리더십이, ① 변혁적 리더십과 구별되며, ② 변혁적 리더십이 결여된 탓으로 볼 수 있는 것 이상으로 부정적인 효과를 가지며, 이에 대한 개념적·경험적 근거가 있다고 주장하였다.

배스(Bass, 1985)는 적극적 리더십과 수동적 리더십을 리더십 측정 시 각각 구별되는 상위요인으로 구별하였다. 이후 연구자들은 이러한 구별을 탐색하면서, 배스와 아볼리오(1990)의 예외 관리(수동적)와 수동적 자유방임주의 차원을 '수동적' 리더십이라는 단일한 상위차원으로 묶곤 하였다(예, Bycio et al., 1995; Den Hartog et al., 1997). 가먼, 데이비스-레네인, 그리고 코리건(Garman, Davis-Lenane & Corrigan, 2003)은 예외 관리(수동적)가 변혁적 리더십과 부적 상관이 있으나 자유방임주의와는 정적 상관이 있다는 것을 발견하였다. 동일한 연구에서 능동적 예외 관리와 수동적 예외 관리는 독립적인 구인으로 나타났고, 이로 인해 능동적 리더십과 수동적 리더십을 구별하는 경험연구들이 발전되었다.

수동적 리더십이 조직성과와 부적으로 상관이 있고, 변혁적 리더십이 정적으로 상관이 있다는 것은 일반적으로 인정되는 점이다(Den Hartog et al., 1997; Howell & Avolio, 1993). 그러나 얼마 전까지 수동적 리더십의 해로운 효과가 긍정적인 리더십 행동의 결여 때문인지 수동적 리더십이 그 자체로 리더십의 파괴적인 형태를 구성하는 것인지는 명확하지 않았다. 실제 조직의 성과에 미치는 수동적 리더십의 영향을 구체적으로 검토한 연구는 거의 없었다(예외적으로 Zohar, 2002a 참조). 오히려 현재 연구들은 보다 능동적인 형태의 리더십이 조직에 미치는 긍정적인 영향에 초점을 맞추어 왔다.

최근의 연구들이 수동적 리더십이 개인 및 조직의 성과에 미치는 파괴적인 영향에 대해 입증하면서 이제까지 강조되어 오던 것에 변화가 일어나기 시작했다(예, Kelloway et al., 2006; Stogstad et al., 2007). 첫째, 최근 연구에서 켈로웨이, 멀른, 그리고 프란시스(Kelloway, Mullen, & Francis, 2006)는 변혁적 리더십과 수동적 리더십이 안전 성과에 미치는 영향에 대해 탐색하였다. 발링, 로린, 그리고 켈로웨이(Barling, Loughlin, & Kelloway, 2002)의 앞선 분석을 따라 리더십과 안전 관련 성과 간의 상관을 검토하였다. 이 연구 결과에서는 수동적 리더십이 변혁적 리더십과 경험적으로 구별되는 동시에 안전 성과와는 부적으로 상관이 있는 것으로 나타났다. 더욱이 수동적 리더십은 변혁적 리더십으로 설명할 수 없는 성과 변량을 설명하였다. 켈로웨이 등(2006)은 또 다른 리더십 관련 성과와 관련하여 변혁적 리더십이 설명할 수 있는 것 이상으로 수동적 리더십이 변량을 설명하는 것으로 보고하였다.

이와 유사하게, 스코그스태드 등(Skogstad et al., 2007)은 수동적 리더십이 직장 스트레스의 근본적 이유일 수 있다는 켈로웨이 등(2005)이 했던 주장을 경험적으로 확인하였다. 이러한 주장과 일관되게, 스코그스태드 등(2007)은 한 명의 리더에 의한 방임적 리더십이 동료와의 갈등 및 역할 스트레스(갈등과 모호성) 경험을 유발한다는 점을 발견하였다. 이어서, 역할 스트레스와 갈등은 직장 내 괴롭힘과 심리적 불신의 경험을 예언하였다. 저자들이 언급한 바에 의하면, 그들의 자료는 방임적 혹은 수동적 리더십이 리더십의 '중립적' 형태가 아니라 개인의 웰빙에 해를 끼치는 파괴적 리더십이라는 견해와 일치한다. 나아가 수동적 리더십은 회피나 철회 같은 특별한 리더십 행동으로 규명될 수 있다. 말하자면 수동적 리더십은 단순히 리더십 행동의 부재를 의미하지 않으며, 오히려 수동적 리더십에 의해 표출되는 행동들은 관찰 가능하고 정량화할 수 있는 것들이다.

추한 리더십: 폭력적 리더십

상당히 많은 연구의 관심이 직장에서의 공격적이고 폭력적인 행동에 초점을 두었다(Kelloway, Brling, & Hurrell, 2006). '직장 내 괴롭힘'(예, Rospenda, 2002), '정서적 학대'(예, Keashly, 1998, 2001; Keashly & Harvey, 2006), '따돌림' (예, Einarsen, 1999; Hoel, Rayner, & Cooper, 1999; Rayner & Cooper, 2006), 직장 내 단순공격(리뷰를 위해서는 Schat & Kelloway, 2005 참조) 등 다양한 용어로 이야기되는 이러한 행동들이 개인과 조직 모두에 해로운 결과를 낳았다 (Schat & Kelloway, 2005). 폭력적 리더십은 공식적인 리더 역할을 하는 개인이 구성원을 향해 공격적이거나 처벌적인 행동을 할 때 발생한다(Tepper, 2000). 이러한 행동들로는 구성원에게 고함을 지르거나 욕설을 하고 구성원을 조롱하며 비하하는 것으로부터, 구성원에게 정보를 주지 않거나 일자리를 없애고, 감봉하겠다고 위협하거나 구성원을 직장에서 고립시킴으로써 두렵게 만드는 것까지 매우 다양하다. 애쉬포스(Ashforth, 1994, 1997)는 이러한 행동들이 조직에서 '좀스러운 폭군'을 만든다고 주장하였다.

감독자로부터의 물리적 폭력의 발생 정도는 매우 낮은 반면(LeBlanc & Kelloway, 2002; Schat, Frone, & Kelloway, 2006), 감독자로부터의 비물리적 공격행동은 보다 일반적이다. 예를 들어, 피지노(Pizzino, 2002)에 따르면 노동조합원이 보고한 공격행동 건수 중에서 공격행동의 38%를 일반 구성원이 차지한 데 비해, 감독자들은 20%를 차지하였다. 그러나 감독자에 의한 공격행동이 일반 다른 구성원에 의해 행해지는 공격행동의 영향보다 직원 성과에 더 해로운 효과를 미칠 수 있다는 점은 주목할 만한 가치가 있다. 이러한 자료는 폭력적 감독에 노출된 사람들이 스트레스를 더 심하게 받고, 불만족스러워하며, 직장을 그만두기 쉽다는 것을 보여 준다(Zellars, Tepper, & Duffy, 2002).

폭력적 감독의 역효과를 강조하는 데는 여러 가지 이유가 있다. 우선, 가해자 리더십 역할과 같은 조직의 맥락은 직장에서의 혐오행동이 갖는 효과를 이해하는 데 핵심적인 역할을 한다(Barling et al., 2002; Fitzgerald et al., 1997). 예컨대, 리더는 자신을 공격하지 못할 것이라는 생각 때문에 다른 사람들보다 폭력적 행동(예, Keashly, Trott, & MacLean, 1994 참조)을 더 하는 경향이 있다(Dekker & Barling, 1998). 게다가 이러한 행동들은 조직의 규제와 보상을 통제할 수 있는 공격자의 능력 때문에 공격 대상에게 더 커 보일 수 있다. 뿐만 아니라 폭력적 감독은 리더의 권위주의적 리더십 스타일(Aryee et al., 2007)에 대한 의존과 상관이 있으며, 이는 폭력적 행동이 직원들의 생활에 자주 출현할 수 있음을 말해 준다.

르블랑과 켈로웨이(LeBlanc & Kelloway, 2002)는 공격을 누가 하느냐에 따라 공격의 효과가 다양하다는 증거를 제공하였다. 특히 리더를 제외한 구성원의 공격이나 폭력이 성과에 미치는 영향은 향후 폭력이 일어날지도 모른다는 두려움을 매개로 하여 간접효과를 나타내었다(Barling, Rogers, & Kelloway, 2001; Rogers & Kelloway, 1997; Schat & Kelloway, 2000, 2003 참조). 그러나 리더로부터의 공격을 포함한 동료 공격은 개인과 조직의 성과에 직접적인 효과를 미쳤고, 이는 리더의 행동이 리더가 아닌 구성원의 행동보다 개인의 웰빙에 더 강력한 영향을 미친다는 점을 보여 준다.

결론

조직의 리더가 구성원의 웰빙에 전반적으로 영향을 미친다는 점은 의심할 여지가 없다. 연구 자료는 건강한 직장에 대한 물리적 안전, 심리사회적 환경, 건강한 생활양식의 세 가지 차원에서 조직의 리더가 구성원의 직무 스트레스, 직무안전, 건강한 생활양식의 실천에 영향을 미친다는 점을 일관되게 보여 준다. 이러한 효과는 법적으로도 관리감독 행동의 질이 위험 요인이 될 수 있음을 인정할 만큼 널리 알려져 있다. 예를 들어, 법원은 관리감독 행동이 직장에서 스트레스의 원인이라는 점(예, Hollis & Goodson, 1989)을 인정하였다. 직무안전과 관련해서는 여러 사법체계에서 적절한 안전 절차의 결여로 인해 일어난 업무사망에 대해 관리자 및 상사에게 형사적 · 법적 책임이 있다는 입장을 보임으로써 기업살인corpoate homicide [2]이라는 개념을 적용하고 있다(예, Kelloway, Francis, & Montgomery, 2002).

길브래드(2004)가 언급하였듯이, 이러한 관찰은 직업을 가져 본 사람이라면 누구에게나 놀라운 것이 아니다. 그러나 연구는 이제야 이러한 효과의 범위와 성격에 대해 입증해 가고 있다. 더 중요한 것은 리더십의 개입이 조직의 웰빙을 고양하고 진정으로 건강한 직장을 창조해 가는 데 효과성을 가짐을 연구들이 보여 주기 시작한다는 점이다.

감사의 글

이 글은 캐나다 사회과학 및 인문학 연구 위원회Social Sciences and Humanities Research Council of Canada, 노바스코샤 건강연구기금the Nova Scotia Health Research Foundation, 그리고 세인트 메리 대학교의 지원을 받아 이루어졌다. 글과 관련한 교신은 제1저자 (kelloway@smu.ca)에게 연락하면 된다.

---

2) 기업과실치사 및 기업살인법—영국에서 시행되고 있는 기업의 노동자에 대한 법적 책임에 관한 법 (역자 주).

EMPLOYEE WELL-BEING SUPPORT
A Workplace Resource

제3장

개인 및 조직 효과성을 위한
심리적 웰빙의 이해와 증진

이반 로버트슨과 고든 틴라인(Ivan Robertson and Gordon Tinline)*

'건강하고 행복하여 생산적인 근로자(직원)' 사례를 제시하여 정당함을 밝혀야 한다는 것은 언뜻 납득이 잘 되지 않기도 한다(예, Cropanzano & Wright, 2001). 개인적인 의견을 말하자면, 사람들 중에 누가 건강하지도 않고 불행하며 비생산적인 상태를 즐기겠는가? 사람들이 이러한 상태에서 최선을 다할 것이라고 누가 믿겠는가? 아무리 현실적이고 상업적인 경영 철학을 가진 조직이더라도 소속된 직원들을 불행하게 만들면서 긍정적인 성과를 낼 수 있는 조직이 얼마나 되겠는가? 그럼에도 불구하고 심리적 웰빙psychological well-being이 단지 감상적인 이슈가 아니라 조직이 스스로를 위하여 관심을 가질 필요가 있는 사안이며 그 이득은 분명히 실재하고 중요한 것임을 증명할 필요는

* 로버슨 쿠퍼 주식회사 관리이사, 임원, 리드 대학교 경영대학(Robertson Cooper Ltd and Leeds University Business School)

여전히 남아 있다.

사기업 및 공기업의 주요 목적은 가능한 최선의 결과를 성취하는 것에 있다. 최선의 결과를 얻는 핵심은 조직 구성원, 즉 직원에 달려 있다. 성공하는 조직은 조직을 위해 일하는 사람들의 에너지에 방향을 제시하고 유지하는 데 능숙하며 그래서 결과를 산출한다.

성공이냐 아니냐를 판가름하는 기준이 결과이긴 하지만 일반적으로 조직은 다양한 범위의 핵심적인 성과를 기대한다. 특히 조직은 다음을 추구한다.

- 높은 생산성
- 낮은 수준의 병가/결근율
- 많은 수의 우수한 직무 지원자
- 좋은 인재의 유지
- 고객에 대한 훌륭한 행동
- 높은 수준의 조직 시민 행동
- 효과적인 학습과 문제 해결

앞에서 언급한 모든 기준을 조직이 달성할 수 있다면 그 조직은 성공할 것이라는 것은 조직의 전략적인 목적과 사명이 잘 설정되어 있는 한 어느 정도는 자명한 일이다. 반대로 말하면 이러한 성과들을 달성하는 데 실패한다면 조직은 어느 정도 시간이 흐른 후 위험에 처할 것이다. 실제로 성공한 조직은 위에서 제시한 모든 필요조건을 아주 잘 관리하고 있다. 예를 들어, 낮은 수준의 병가/결근율과 높은 수준의 조직 시민 행동, 효과적인 학습과 문제 해결로 인한 높은 생산성은 고객들에게 인상적이고 일관적인 수준으로 반응할 수 있게 한다. 좋은 인재의 모집과 유지는 조직이 경험이 풍부하고 효과적인 노동력을 보유할 수 있도록 하여 경쟁에서 살아남을 수 있고 경쟁력 있는 장점이 될 수 있다.

이러한 필요조건들의 핵심은 조직의 목적과 사명에 부합하는 방식으로 긍정적으로 일하고 열심히 몰입하는 직원을 확보하는 것이다. 조직은 긍정적이고 몰입하는 직원을 확보하는 것의 중요성을 점점 더 인식해 가고 있으며 중요한 요인들을 다루기 위해 열심히 노력한다.

시도와 개입의 현황

실제로 조직이 이러한 성과를 달성하기 위해 할 수 있는 활동에는 어느 정도 제한이 있다. 대략적으로 모든 시도들은 다음처럼 분류될 수 있다.

- **구성**composition: 인력의 모집, 선발, 직무 배치에 사용되는 절차들
- **훈련과 개발**training and development: 학습과 개발을 위한 프로세스
- **상황적 엔지니어링**재설계, situational engineering: 예를 들어, 업무설계, 조직이 작동하는 구조와 과정, 문화 및 풍토와 같이 보이지 않는 요인을 포함하는 작업환경

많은 조직은 이 모든 항목에서 열심히 작업한다. 좋은 인재를 위해 모집과 선발의 프로세스를 설계하고, 훈련과 개발의 요구를 찾아내는 전략적인 접근을 취하며, 이러한 노력이 조직의 전략적 목적과 부합하도록 정렬하고, 직무설계, 조직구조, 변화 관리 등의 이슈를 해결하기 위해 전문성을 개발한다.

조직이 사용하는 모든 접근은 직원이 조직의 목적과 사명을 위해 열심히 몰입하여 긍정적으로 일하도록 하기 위해 고안된다. 조직이 성공하기 위해 몇 개의 공통적인 접근이 현재 사용되는 것으로 보인다. 예를 들어, 성과 관리가 개발되면, 조직 관리자는 이를 훈련받고 현장에 성과 관리를 적용하도록 격려받는다. 물론 성과 관리는 효과적으로 작동할 수 있다. 자신의 목표에

대하여 분명히 알고 있고 진전에 대한 풍부한 피드백을 받는 조직 구성원들이 더 효과적으로 일한다는 것을 지지하는 증거는 많다. 그러나 높은 수준의 성과를 유지하기 위하여 성과 관리 프로세스를 적용하는 데에도 배려는 필요하다. 엄격하고 강력한 성과 관리는 조직 구성원들로부터 부정적인 반응을 불러일으킬 수 있다. 최근의 법적인 판례는 구성원들이 서로에게 하는 나쁜 행동에 대한 책임이 고용주에게 있음을 분명하게 보여 주고 있으며, 이는 설령 고용주가 구성원들이 다르게 행동하도록 훈련시키는 시도를 했더라도 예외가 되지는 않는다.

조직의 성과(이 경우 병가/결근율의 사례)를 향상시키도록 고안된 개입의 흥미로운 예는 근태 관리다. 근태를 관리하기 위한 프로세스(면담 등)는 병가/결근율의 감소를 낳을 수 있다. 그러나 추수 작업이 더 이루어지지 않는다면 병가/결근의 원인은 사라지지 않을 것이다. 적절하게 실행된다면 근태 관리 프로세스는 병가/결근을 일으키는 잠재된 원인에 대한 정보 또한 줄 수 있다. 점점 더 강화된 근태 관리(결국에는 혐오적인 반응을 불러일으킬 뿐인)에 의존하지 않으면서 낮은 결근율을 유지하기 위해서는 잠재된 원인을 확인하고 해결해야만 한다.

이 예는 두 가지 중요한 점을 조명한다.

- 조직 구성원이 몰입하여 열의를 갖고 일하도록 하는 데 일선 관리자의 역할이 핵심적이다.
- 조직 구성원의 행동이 조직의 목표와 일치하도록 고안된 관리 프로세스는 구성원의 반응에 의해 성과가 좌우된다.

이 중에서 두 번째 중요한 점은 이 장에서 말하는 핵심적인 이슈를 지지한다. 즉, 조직은 조직 구성원의 몰입된 긍정적 태도 및 반응이 필요하며 만일 그렇지 않다면, 조직이 달성하고자 하는 시도가 무엇이든지 간에 어떠한 변화나 개입도 직원에게 긍정적인 반응을 얻지 못할 것이고, 결국 아무런 효과가 없을 것이다.

조직은 열심히 일하는 직원을 원한다: 개인은 무엇을 원하는가

이 질문에는 간단하게 대답할 수 있다. 개인이 원하는 것은 행복feel good이다. 모든 동기이론의 핵심에는 사람은 더 행복한 상태가 되기 위해 동기부여된다는 전제가 있다. 물론 한 사람을 어떤 순간에 행복하도록 만드는 것은 사람마다 다르고 특수한데, 말하자면 처한 상황, 배경 요인들, 개인사, 그리고 그 외 다른 많은 요인에 따라 다르다. 어떤 사람에게는 특정 시점에서 최소한의 돈을 얻는 것이 상당한 심리적인 고양을 가져다주지만, 다른 사람에게는 많은 양의 돈을 포기하는 것이 같은 효과를 줄 수 있다. 그러나 본질적으로 행복하고자 하는 것은 우리 모두에게 핵심동기다. 사람들은 행복하다고 느낄 때 기본적으로 심리적 웰빙 상태를 경험한다. 따라서 행복의 목적은 이후부터는 심리적 웰빙이라고 언급될 것이다.

사람들이 열정적이고 일에 몰입하며 헌신하는 조직에서는 조직이 요구하는 행동과 사람을 행복하게 하는 활동(예를 들어, 심리적 웰빙을 고양시키는)이 일치한다. 몰입하고 헌신하는 직원이 되게 하는 것은 심리적 웰빙을 고양시키고 유지하면서 무엇보다도 심리적 웰빙에 손상을 주지 않는 관리 행동, 조직 프로세스, 업무 현장 등을 설계하는 것과 관련된다.

심리적 웰빙은 사람들에게 동기를 부여하는 핵심 목표다. 이는 조직은 직원들에게 자신이 하는 일을 통해 심리적 웰빙을 높일 수 있도록 하는 방법을 찾을 필요가 있음을 의미한다. 사람은 목표나 성취, 추구가 결여되어 있을 때 높은 수준의 심리적 웰빙에 도달하지 못한다는 것을 강조하는 것이 중요하다. 다른 말로 하면 사람들은 도전이 없다면 심리적 웰빙을 경험하지 못한다. 물론 사람들은 때때로 일을 멈추고 충분히 이완하고 쉬길 원한다. 하지만 이 방식이 대부분의 사람들이 자신의 삶을 살기를 원하는 방식은 아니며 '행복을 느끼게'도 하지 않는다. 실제로 사람들은 중요한 도전에 성공한 후에 최고의 상태에 있음을 느낀다. 어려운 목표에 도달한 후 오는 최고의 행복한 상태를 생각해 보자. 도달 가능한 도전과 중요하다고 여기는 목표를 성취하는 것은 사람들에게 이롭다. 직장은 도전을 제공하고 성취감을 느낄 수 있는 좋은 장소다.

가장 성공적인 동기이론 중의 하나인 목표 설정이론(예, Locke & Latham, 1990)은 이러한 관점을 지지하는 증거를 제시한다. 개인이 목표를 설정하는 과정에 참여할 수 있다면 가장 효과적인 목표는 쉽기보다는 어렵고 도전적인 경우다. 목표를 설정하는 그 자체만으로도 사람들은 상당한 심리적인 보상을 얻는다(외적인 물질적 보상이 없이)는 상당한 증거가 있다. 목표가 어려울수록(불가능하지만 않다면) 더 행복해진다. 물론 목표가 불가능하거나, 혼란스럽거나, 가치가 없다면 사람들은 매우 다르게 반응한다. 관리와 조직적인 프로세스가 심리적 웰빙을 고취하기 위하여 긍정적으로 작동되어야 하는데 그렇지 않다면 심리적 웰빙을 갖고자 하는 사람들의 노력에도 불구하고 위험에 처할 것이다.

심리적 웰빙이 중요한 이유

심리적 웰빙은 사람들에게 중요하다. 그러나 사실 고용주와 조직에게는 더 중요한데 그 이유는 다음과 같다.

• 첫 번째 이유는 앞에서 설명한 바 있다. 심리적 웰빙은 사람에게 주요 동

기 요인이므로 조직의 프로세스와 체계는 구성원의 심리적 웰빙을 유지할 수 있게 하는 방법으로 작동될 필요가 있다. 목표 설정의 프로세스와 분명하고 보상이 있는 피드백의 제공은 조직이 심리적 웰빙의 이득을 끌어올릴 수 있는 중요한 영역의 좋은 예다.

• 두 번째 이유는 심리적 웰빙이 그 자체로 많은 바람직한 특성과 연관된다는 것이다. 예를 들어, 심리적 웰빙이 낮은 사람은 모호한 사건을 위협적으로 지각할 가능성이 높다(Seidlitz & Diener, 1993; Seidlitz et al., 1997). 변화가 생기는 상황에서 심리적 웰빙이 낮은 사람들은 이러한 상황을 부정적이고 위협적으로 지각하기가 쉽다. 또한 호의적이지 않은 피드백은 심리적 웰빙이 낮은 사람에게 더 상처가 되며 호의적인 피드백은 효과가 덜하다. 이 사람들은 논쟁을 초래하는 대인관계 전술을 더 많이 사용한다(Larsen & Ketelar, 1991; Derryberry & Read, 1994). 심리적 웰빙이 높은 사람은 더 효과적으로 학습하고 문제를 해결하며 변화에 대하여 좀 더 열정적이고 쉽게 수용하며 다른 사람들과 긍정적으로 관계한다. 이와 같이 일과 관련 기술을 떼어 놓고 조직의 성공에 중요한 또 다른 특성들을 생각하기는 쉽지 않다.

• 세 번째 이유는 심리적 웰빙은 역동적이며 주기가 있고 움직인다는 것이다. 심리적 웰빙을 연구한 대부분의 연구자는 심리적 웰빙이 고정되어 있거나 안정적이지 않다는 것을 인정한다. 심리적 웰빙은 시간이 흐르면서 고양될 수 있고 손상을 입을 수도 있다. 개인은 심리적 웰빙의 저장소를 지니고 있다. 보유하고 있는 심리적 웰빙을 사용하거나 심리적 웰빙에 손상을 입히는 사건이나 관계 문제는 해가 된다. 물론 어떤 사람들은 다른 사람보다 더 탄력적이고 사람들의 심리적 웰빙은 개인마다 다른 것에 의해 고양되거나 손상될 수 있다. 그러나 어느 누구도 심리적 웰빙을 보충하지 않고서는 오래 버틸 수 없다.

• 가장 주목할 만한 마지막 이유는 조직 구성원의 심리적 웰빙이 높을수

록 조직은 더 잘 기능한다는 점이다(예, Harter, Schmidt, & Hayes, 2002; Wright & Cropanzano, 2004; Donald et al., 2005). 즉, 심리적 웰빙은 직접적인 이득을 제공한다.

심리적 웰빙의 이득

심리적 웰빙은 높은 성과를 보이는 성공적인 조직과 관련이 있는데, 조직이 핵심 성과들을 내는 데 중요한 역할을 한다. 심리적 웰빙이 높은 개인은 리더, 관리자, 구성원으로서의 장점을 많이 가지고 있다. 연구에 의하면 심리적 웰빙은 생산성 변량의 약 25%를 예언하는 것으로 나타났다(조직에 대한 관여, 자원, 의사소통과 관련되었으며, 이러한 변인들은 심리적 웰빙의 유지요인으로 작용한다.)(Donald et al., 2005). 36개 회사에 있는 8000개의 사업부에서 얻은 자료를 가지고 연구를 한 결과를 보면, 몰입engagement/웰빙은 사업부의 성과와 관련되어 있었는데, 말하자면 고객 만족도, 생산성, 수익률, 이직률, 병가/결근율 및 다른 핵심 성과들을 예언하였다(Harter, Schmidt, & Hayes, 2002).

심리적 웰빙은 병가/결근율을 낮추고, 적정 수준의 이직율을 유지하며, 높은 생산성을 위한 기반이 된다. 더욱이 인재 관리의 측면에서 직원들을 위한 심리적 웰빙에 주목한다고 알려진 조직은 인재를 유인할 수 있는 가능성이 높은데, 왜냐하면 사람들은 심리적 웰빙 및 일과 삶의 균형을 경제적 보상과 같은 요인과 대등하게 고려하는 경향이 점점 더 늘고 있기 때문이다.

오늘날의 정치와 경영 분야의 리더들을 간략히 훑어보더라도 사람들이 행복하길 원한다는 인식이 점점 더 강해지고 있다는 것이 분명해진다. 경제적이고 물질적인 요인이 사람들에게 여전히 매력적임에도 불구하고, 사람들은 심리적 웰빙을 물질적이고 경제적인 요인과 함께 상대적인 비교를 하면서 평가하는데, 이러한 경향은 이전 세대에서는 하지 않았던 방식이다. 이와 같은 경향이 증가함에 따라 이를 무시하는 조직과 리더들은 그들의 직원들과 점점 더 소원하게 될 것이다.

앞서도 강조했지만 심리적 웰빙은 나태가 아니라 성취로부터 오는 것임을 다시 한 번 강조한다. 이 책에서 제안하는 조직 장면에서의 심리적 웰빙에 대한 관점은 구성원들이 성취를 경험할 수 있게 하는 수준의 도전을 제공하는 것과 관련되는 것이지 사람들이 좀 더 헌신하도록 만들기 위한 시도로 '행복한 직장인 되기_{happy clappy}' 이벤트를 고안하자는 것이 아니다. 심리적 웰빙은 이보다는 좀 더 깊은 것이며 사람들이 유대감을 형성하고 서로 대화를 하면 좋은 시간이 될 것이라는 주최 측(조직)의 계획에 영향을 받는 것은 아니다.

[그림 3-1]은 몰입을 지지하는 심리적 웰빙의 역할과 심리적 웰빙의 저장소에 피해를 주는 압력의 주요 근원을 보여 주고 있다. 이 그림에는 또한 심리적 웰빙을 지지하고 향상시키기 위해 작동될 필요가 있는 주요 조직 프로세스가 제시되어 있다.

[그림 3-1]은 새로운 요인을 소개하고 있는데 조직의 전략적 목표를 달성하기 위해 요구되는 리더십과 관리 행동이다. 이러한 활동은 다양한 접근을 포함하고 조직의 우선순위에 따라 달라진다. 변화를 일으키고, 성과와 생산성을 증가시키며, 구성원의 조직에 대한 유대를 향상시키는 것 등과 관련되어 있다. 어떤 한 조직에 필요한 전략적 초점과 행동은 조직의 목표, 역사, 조직 문화와 다른 많은 요인에 의존한다. 중요한 점은 리더십과 관리 행동은 조직의 성공에 핵심이라는 것이다. 이러한 행동이 중요한 이유는 높은 수준의 심리적 웰빙에 의해 뒷받침되는 향상된 몰입이 자동적으로 바람직한 성과를 가져오는 것은 아니기 때문이다. 이 요인들은 조직의 성과를 향상시키기 위해 관리자와 리더에게 핵심적인 기반을 제공한다. 관리자와 리더는 구성원들이 성장의 기회에 좀 더 반응하도록 하게 할 수 있을 뿐 그들의 성장을 만들어 내는 것은 아니다. 조직의 관리와 리더십은 조직의 성공에 핵심적이며 효과적인 리더십과 관리는 조직의 전략적 목표에 초점을 맞춘 주요 행동을

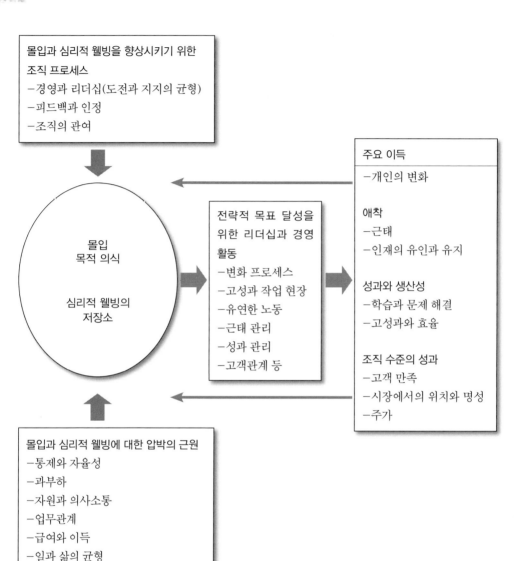

[그림 3-1] 심리적 웰빙의 이득

만들고 지지하는 것과 관련된다는 것을 인식하는 것이 중요하다. 이것이 조
직의 성과를 향상시키는 실제적인 요소다.

　　연구자와 실무자들이 조직 수행의 보완점을 언급할 때 리더십과 관리는 다

른 어떤 요인들보다도 핵심 요인으로 자주 확인된다. 자신의 역할을 효과적
으로 수행하기 위하여 리더와 관리자들은 직원의 심리적 웰빙과 몰입을 어떻
게 만들어 낼 수 있는지를 이해해야 한다. 이것은 단순히 심리적 웰빙과 몰입
을 향상시키거나 유지하기 위하여 해결해야 할 필요가 있는 요인을 이해하는
것을 넘어선다. 이는 또한 자기알아차림을 개발하고 리더는 팀원들에 대한
자신의 영향력에 대하여 명료한 관점을 갖는 것을 포함한다.

  긍정 심리학의 연구 결과들은 이 영역을 어떻게 접근할 것인지에 대한 정
보를 제공하고 있다(예, Fredrickson, 1998; Fredrickson & Joiner, 2002; Seligman
et al., 2005). 심리적 웰빙의 발달은 '목적 의식'을 가지고 있느냐에 달려 있는
데, 목적 의식은 개인의 행동에 대한 방향과 의미를 부여한다. 이것이 조직의
입장에서 심리적 웰빙이 얼마나 중요한지를 설명할 때 리더십의 영역에 초점
을 두고 설명하는 이유다. 조직의 리더는 직원들에게 목적 의식과 방향을 제
시할 책임을 가지고 있다.

조직 프로세스와 심리적 웰빙

  조직 프로세스를 통해 심리적 웰빙을 최대화할 수 있는 방법은 크게 두 가
지가 있다.

  첫 번째는 조직의 일선 관리자와 리더의 행동에 초점을 두는 것이다. 일선
관리자와의 관계는 조직 구성원 누구에게나 매우 중요하다. 조직을 떠나는
사람들의 3분의 1은 일선 관리자가 조직을 떠나게 만든 주요 원인이라고 언
급한다. 일선 관리자는 조직의 목표 및 사명과 구성원의 일상 행동을 연결한
다. 심리적 웰빙의 측면에서 말하자면 관계에서의 핵심 이슈는 일선 관리자
가 구성원을 지지하면서도 도전하게 하는 것을 얼마나 성공하느냐에 있다.
적절한 수준의 도전과 목표의 달성가능성에 대한 지각은 심리적 웰빙과 자기

확신을 만드는 중요한 요인이며 이는 직장뿐만 아니라 어느 곳에서도 중요하다. 그러나 도전이 너무 높거나 목표가 도달할 수 없는 경우에 사람들은 지지를 필요로 한다. 도전과 지지의 균형이 가장 핵심적인 관리 기법일 것이다.

심리적 웰빙을 구축하는 조직 프로세스의 두 번째 방법은 구성원들이 심리적 웰빙을 최대화할 수 있는 의사결정을 하고 이 선택에 최선을 다하여 전념해야 하며 또한 이 선택에 조직도 최대한 관심을 가져야 한다는 것이다. 이 의사결정의 결과가 어떠한 방식으로든지 구성원의 심리적 웰빙의 저장소에 피해를 주거나 손상을 입힌다면, 구성원들은 이러한 결정을 받아들이기가 힘들 것이다. 유사하게 사람들도 심리적 웰빙에 손상을 줄 가능성이 있는 과업보다는 심리적 웰빙을 보상받을 수 있는 과업에 노력을 기울일 것이다. 조직이 요구하는 행동과 심리적 웰빙을 향상시키는 행동의 일치는 선순환을 생성하여 심리적 웰빙의 고양은 조직의 성공을 향상시킬 수 있을 것이다.

심리적 웰빙의 이득을 측정하기

낮은 수준의 심리적 웰빙은 개인과 조직에 피해를 준다. 앞서 살펴보았듯이 심리적 웰빙은 사람들의 행복에 중요하며 타인에 대한 행동, 자신감, 문제해결 능력, 정신적 강인함과 유연성 같은 긍정적인 행동의 기초가 된다. 사람들이 심리적 웰빙의 저장소를 보충하고 유지할 수 없게 하는 상황에서 살거나 일할 때 심리적 웰빙의 손상이 발생한다. 심리적 웰빙이 높으면 개인적으로나 조직적으로 이득을 얻을 수 있다(Cropanzano & Wright, 1999). 이러한 이득은 긴밀히 연결되어 있다. 행복한 사람들은 상황이나 일에 긍정적으로 접근하며 도전과 변화를 긍정적으로 바라보고 좀 더 행복해하고 잘 적응할 가능성이 높다.

〈표 3-1〉 평가 센터 점수와 심리적 웰빙의 이득에 대한 비교
(평가 센터 점수와 심리적 웰빙의 점수는 모두 성과와 0.3의 상관을 갖는다는 것에 근거함)

	고성과자의 비율	평균 이하의 성과자의 비율
낮은 심리적 웰빙	35	65
높은 심리적 웰빙	65	35
낮은 평가 센터 점수	35	65
높은 평가 센터 점수	65	35

높은 심리적 웰빙을 가진 사람들은 직장에서 더 많은 기여를 하며 조직 성과(예, 낮은 병가/결근율, 낮은 이직률, 높은 고객 만족도, 높은 생산성과 성과)를 더 향상시키도록 이끌 수 있다.

심리적 웰빙과 주요한 조직 성과의 관계는 통계적으로 유의미함이 분명하기 때문에 심리적 웰빙이 만들어 내는 성과를 추정하는 것이 가능하다. 예를 들어, 심리적 웰빙과 직무 성과의 상관관계는 0.3에서 0.4로 나타난다(Wright & Cropanzano, 2004). 이 상관관계가 갖는 효과 크기를 가늠하기 위해서는, 리더십 개발이 리더십 성과에 미치는 영향 혹은 선발과정에서 평가한 성취와 실제 업무 성과 간의 상관을 참고해 볼 필요가 있다. 이러한 상관관계의 대부분은 유사한 수치를 나타내고 있다(예, 0.3에서 0.4의 상관). 현재 얼마나 많은 조직이 리더십 개발과 평가 프로세스를 위해 노력하고 있는지를 고려해 보자. 심리적 웰빙을 향상시키기 위한 투자는 그에 상응하는 성과를 가져오며 비용이 훨씬 덜 들기도 한다. 〈표 3-1〉은 평가 센터Assessment Center: AC로부터 얻는 이득이 심리적 웰빙의 고양으로부터 얻는 이득과 얼마나 비슷한지를 보여 주고 있다.

물론 평가 센터의 이득은 이 접근을 실시할 때 선발되는 사람들에게만 적용될 수 있다. 반면에 심리적 웰빙의 향상으로 인한 이득은 조직 구성원 전체에게 갈 수 있다.

여러 개입의 이득을 추정하는 다양한 분석 절차가 개발되었고 심리적 웰
빙에 개발된 분석 절차의 방법을 적용하는 것은 비교적 쉽다. 간단히 말해서
0.33의 상관을 가지고 보면 심리적 웰빙의 1 표준편차의 증가는 성과의 향상
에서 1 표준편차의 3분의 1에 해당하는 향상을 가져온다. 이러한 향상은 보
통의 성과자가 상위 40% 내의 성과자로 움직인다는 것을 의미한다.

심리적 웰빙의 향상은 비교우위의 장점을 가져올 수 있다. 이득을 설명하
자면 200명의 조직 구성원을 가진 조직에서 상위 50%를 고성과자로 하위
50%를 저성과자로 분류할 수 있다. 심리적 웰빙도 마찬가지로 심리적 웰빙
이 높은 집단과 낮은 집단으로 구분할 수 있다. 심리적 웰빙과 성과의 상관관
계가 0.3이라는 것을 고려해 보면(연구 결과에 기초해서 기대되는 수치임), 초기
조직의 상황은 〈표 3-2〉와 같이 설명될 수 있다.

〈표 3-2〉 초기 조직의 상황

	저성과	고성과	합계
높은 심리적 웰빙	35	65	100
낮은 심리적 웰빙	65	35	100
합계	100	100	200

〈표 3-3〉 심리적 웰빙을 증진시키는 개입 후 조직의 상황

	저성과	고성과	합계
높은 심리적 웰빙	45	95	140
낮은 심리적 웰빙	39	21	60
합계	84	116	200

200명의 조직 구성원 중에 65명은 심리적 웰빙과 성과가 높은 집단이다.
고성과자이면서 심리적 웰빙이 낮은 구성원은 35명이다. 이러한 관계는 심
리적 웰빙과 성과가 상관이 있지만 이 관계가 완전히 일치하지는 않는다는

것을 의미하며 평가 센터에서의 점수와 실제 직무 성과의 관계도 마찬가지다. 전체 조직 구성원의 심리적 웰빙 수준을 향상시키는 개입은 일부 조직 구성원을 저성과에서 고성과로 이동하게 만들 수 있다. 예를 들어, 심리적 웰빙 향상을 위한 개입으로 전체 조직 구성원 중에 20%가 높은 심리적 웰빙 상태에 도달하게 되고, 그 결과 심리적 웰빙과 성과의 상관관계에 따라서 이는 좀 더 높은 수준의 성과를 만들어 낼 수 있게 된다. 실제로 높은 심리적 웰빙의 집단이 20% 증가함에 따라 고성과자는 16명이 증가하였다(〈표 3-3〉 참조).

앞의 사례에서와 같이 심리적 웰빙에서의 변화는 조직에게 더 나은 성과로 되돌아온다. 앞의 예에서는 성과에만 초점을 맞추었으나 실제에서는 심리적 웰빙의 변화가 병가율, 조직 구성원 모집, 이직율, 고객 만족과 같은 다른 핵심 성과에 영향을 미칠 것이다.

심리적 웰빙: 더 나은 개인과 조직의 성과를 위한 긍정적 접근

심리적 웰빙은 낮은 병가율, 적정 수준의 이직율, 높은 생산성을 위한 기반이 된다. 심리적 웰빙과 관련된 개입에 대한 근로자의 반응이 긍정적임을 다시 한 번 강조하고 싶은데 그 이유는 개입의 목적이 근로자들을 행복하게 일하도록 하기 때문이다. 이것이 조직의 성과를 향상시키기 위한 다른 개입들과는 다른 점이다. 조직의 성과를 향상시키기 위한 다른 개입들은 방어적이거나 심지어는 부정적인 반응을 불러일으키곤 한다. 이러한 현상은 심리적 웰빙 접근을 취하는 것과 관련된 또 다른 이득의 측면이다.

EMPLOYEE WELL-BEING SUPPORT
A Workplace Resource

직원의 웰빙:
긍정적 조직행동의 핵심

데보라 L. 넬슨, 로라 M. 리틀, M. 랜스 프레이저(Deborah L. Nelson, Laura M. Little and M. Lance Frazier)[*]

　조직에서 긍정성을 강조할 것을 요청하는 움직임이 조직행동과 관리 영역에서 점차 시작되고 있다. 흔히 긍정적 조직행동positive organizational behavior: POB이라고 불리는 이 움직임은 긍정심리학에 그 뿌리를 두고 있는데, 조직에 긍정적인 성과를 가져오는 긍정적인 상태, 특질, 과정을 강조한다(Nelson & Cooper, 2007). 프레드 루단스(Fred Luthans, 2002a, 2002b)는 조직행동에서 긍정적 접근을 처음 시도한 사람으로서 직장에서 개인의 약점을 관리하기보다는 강점을 향상시킬 것을 제안했다. 킴 캐머런Kim Cameron과 동료들(Cameron, Dutton, & Quinn, 2003)은 조직에서 중요한 것은 인간의 강점을 확인하고, 탄력성을 계발하며, 활력을 기르고, 인재를 양성하는 것임을 연구를 통해 확인했다. 이들과 다른 많은 연구자는 무엇이 긍정적인지를 연구하여 지금까지 부

[*] 오클라호마 주립대학교(Oklahoma State University) 교수

정적인 측면을 관리하는 데 강조점을 두어 왔던 경향성에 균형을 제공했다.

이 장에서는 점차 중요하게 여겨지고 있는 긍정적 조직행동 운동을 근로자 지원과 웰빙에 대한 함의를 통해 구체적으로 검토한다. 우리는 넓고 가장 광범위한 의미로 웰빙을 조망하고, 웰빙의 포괄적 지표로서 인간의 진정한 잠재력 실현인 아리스토텔레스의 행복을 참고했다(Rothman, 1993). 웰빙의 또 다른 부분은 휴식, 일 그리고 감정affection[1]으로 정의되는 러셀(Russell, 1958)이 기술한 행복과 행복의 근원이다. 리프와 싱어(Ryff & Singer, 1998, 2002)는 건강이라는 개념을 보다 포괄적으로 개념화할 것을 제안했는데 이것은 마음-몸 상호작용과 웰니스 모두를 포함하는 것이다. 따라서 우리는 웰빙을 단지 부정적인 것이 없는 것으로 보기보다는 긍정적인 것이 존재하는 것으로 본다.

긍정적 조직행동은 긍정적인 상태, 특질, 과정을 포함하고 있는데 각각은 웰빙과 관련되어서 논의할 것들이 많이 있다. 여기서 모두 다루기는 어렵기 때문에 적절한 만큼만 제시할 것이다. 설명이 중요한 목적이기 때문에, 각각의 카테고리마다 하나를 선정했는데, 긍정적인 상태는 긍정적 정서emotions와 기분mood, 특질은 핵심 자기평가, 그리고 과정은 좋은 스트레스다. 각각은 조직에서 중요한 긍정적 성과로서의 웰빙에 대한 함의를 지니고 있고, 직원의 웰빙을 지원하는 일을 하는 사람들에게 긍정적 조직행동이 무엇을 줄 수 있는지에 대한 힌트를 제공할 수 있다.

---

1) 한국심리학회 심리학 용어사전(http://www.koreanpsychology.or.kr/psychology/glossary.asp)에 근거하여 'affection'은 '감성' 'emotion'은 '정서' 'mood'는 '기분'으로 번역하였다(역자 주).

긍정적 정서와 기분: 건강한 상태

조직 연구에서 기분과 개별 정서에 대한 연구가 활발하게 이루어지고 있는데, 이는 1980년대와 1990년대에 시작된 '감정적 혁명affective revolution'에서 비롯되었다(Brief, 2001). 이 시기에 연구자들은 기분과 정서는 작업환경의 필수적인 부분이기 때문에 일터의 성과에 기분과 정서가 미치는 영향력을 인정하고, 웰빙이 구체적으로 연구되어야 함을 강조했다. 개별 정서distinct emotions란 보다 강력하고, 짧게 지속되며, 분명한 원인을 갖는 데 반해서(Russell, 2003), 기분 혹은 상태 감정mood or state affect은 어떤 분명한 선행 원인 없이 비교적 지속적인 느낌의 상태를 말한다(Watson & Clark, 1992). 기분은 전형적으로 좋다 혹은 나쁘다와 같은 생각이고, 위계상 기분은 정서 위에 위치하는 반면에, 정서는 특정 대상에 대해서 나타나는 분노, 자부심, 기쁨, 만족과 같은 뚜렷한 구인이다. 따라서 짧게 지속되는 정서는 어떤 특정 대상에 대한 반응으로 경험되며, 일정 기간 동안 어떤 사람이 느끼는 다양한 종류의 정서보다 오랫동안 지속되는 그 사람의 기분에 영향을 줄 것이다.

기분은 웰빙과 관련하여 많이 연구되었는데 연구 결과 긍정적 기분은 웰빙과 정적으로 관련이 된 반면, 부정적 기분은 웰빙과 부적으로 관련되었다. 예를 들어, 긍정적 기분은 주관적 건강과 정적으로 관련되었고(Benyzmini et al., 2000), 통증 호소와 부적으로 관련되었다(Gil et al., 2003). 또한 긍정적 기분은 보다 객관적인 건강 수치들과도 관련되는 것으로 확인되었다. 연구에 따르면 긍정적 기분과 면역체계 기능 간에도 상관이 발견되었고(Stone, Cox, Valdimarsdottir, & Jandorf, 1987; Stone, Neale, Cox, & Napoli, 1994), 긍정적 기분은 적은 빈도의 의료기관 이용과 관련이 있었다(Gil et al., 2003). 긍정적 기분은 결혼 행복도, 우정에 대한 만족, 자존감, 작업 활동과 같은 성공 관련 변인들에도 정적으로 영향을 미치는 것으로 확인되었다(Glenn & Weaver, 1981;

Lucas et al., 1996; Erez & Isen, 2002). 한편, 부정적 기분을 느끼는 날 통증도 더 많이 느끼는 것으로 나타났고(Gil et al., 2003), 건강하지 않다고 더 자주 보고 했으며(Benyamini et al., 2000), 에반스와 에거튼(Evans & Egerton, 1992)은 부정적 기분일 때 감기에 걸릴 확률이 높다는 점도 발견했다.

개별 정서는 기분보다 덜 연구되어 왔지만 방대한 이론적 법칙들은 긍정적 정서와 웰빙 간에 왜 정적 상관이 나타나는지를 설명하고 있다. 예컨대, 프레드릭슨(Fredrickson, 1998)의 긍정적 정서의 확장과 수립 모델Broaden and Build Model of Positive Emotions에서 부정적 정서는 여러 부정적 결과들과 관련이 되었는데, 왜냐하면 부정적 정서는 인간의 사고-행동 레퍼토리를 좁혀서 문제에 과도하게 집중하게 만들기 때문이다. 프레드릭슨에 따르면 긍정적 정서는 웰빙과 정적 상관을 갖는데 그 이유는 긍정적 정서가 주의, 활동, 인지의 범위를 넓히고, 사회적·신체적·지적 자원을 늘리기 때문이다. 특히 프레드릭슨은 기쁨, 흥미, 만족과 같은 긍정적 정서가 인간의 사고-행동 레퍼토리를 증가시켜서 부정적 정서의 부적 감정을 느끼지 않게 도울 수 있다고 주장했다. 따라서 긍정적 정서를 경험하는 것은 기쁨, 흥미와 같은 느낌을 느끼도록 해서 웰빙에 즉각적인 영향을 주면서, 동시에 조망을 확대하고 자원을 늘리려는 욕구가 생겨 보다 장기적인 영향력을 발휘한다.

예를 들어, 기쁨 혹은 행복은 웰빙과 관련된다고 알려졌는데 그 이유는 기쁨 혹은 행복이 유희의 욕구를 만들어 내기 때문이다. 유희는 검토, 발견 그리고 놀기를 포함한다. 유희는 인간의 사고-행동 레퍼토리를 증가시켜서 기술 습득을 촉진하는 것으로 확인되었다. 따라서 기쁨은 인간의 순간적 사고-행동 경향성을 확대시키는 것은 물론, 인간으로 하여금 이후에 사용될 수 있는 기술을 습득하게 한다. 흥미 혹은 호기심은 자신을 자극하는 사람 혹은 대상과 관계가 있다는 느낌을 만들어 낸다. 흥미는 개인으로 하여금 나중에 사용될 수도 있는 새로운 정보를 탐험하고 찾게끔 만든다. 만족은 안전하고, 확실성이 높다고 판단되는 상황에서 생긴다. 연구에 따르면 만족은 "개인으로 하여금 자신의 현재 삶의 조건과 최근의 성공을 음미하게 만든다."
(Fredrickson, 1998: 306) 따라서 만족은 개인으로 하여금 즐거움을 느끼고, 새
로운 자기감을 만들어 냄으로써 최근의 사건과 경험들을 자기감에 동화시킬
수 있게 한다. 지금까지의 예가 설명하였듯이 긍정적 정서는 웰빙에 즉각적
이고 지속적인 영향력을 미치기 때문에 직장에서 촉진되어야 한다.

　긍정적 기분과 정서가 웰빙과 관련된다면 관리자는 직원들이 긍정적으
로 느끼도록 어떻게 도울 수 있을까? 기분과 정서 그리고 그 두 가지가 웰빙
에 미치는 효과의 가장 두드러진 측면 중 하나는 기분과 정서가 모두 변화가
능하다는 점이다. 따라서 관리자들은 직원이 이러한 느낌을 경험하도록 하
는 데 큰 영향력을 미칠 수 있다. 긍정적인 경험을 지원하고, 근로자로 하여
금 이전의 성공을 되새길 수 있는 근무환경을 만듦으로써, 관리자들은 일터
에서의 기쁨과 같은 긍정적 기분과 정서를 조성할 수 있는 것이다. 또한 직원
이 안전하고 탐구할 수 있다고 느낄 수 있는 환경을 조성함으로써, 직원이 보
다 즐겁고 흥미롭다고 느낄 수 있게 한다. 긍정적 정서는 위계상 기분보다 하
위에 위치하기 때문에, 직원이 여러 가지 긍정적 정서를 느끼는 상황을 만들
게 되면 긍정적 기분이 촉진되고 이는 결국 웰빙에 영향을 주게 될 것이다.

핵심 자기평가: 건강한 특질

　이번에는 핵심 자기평가core self-evaluation, 이하 CSE라는 일반적인 성격특질과
이것이 직무만족 및 직무활동과 어떤 관련성을 갖는지에 대해서 논의한다.
이 장을 시작할 때 우리는 웰빙이란 긍정성의 존재로 규정되어 왔다고 언급
한 바 있다. 긍정성이란 직장에서의 업무 성과job performance와 직업 만족도job
satisfaction와 같은 긍정적인 성과가 포함되고, 긍정적 성과는 근로자 웰빙에 영
향을 미치는 요인으로 인식되어 왔다. 예를 들어, 하트와 쿠퍼(Hart & Cooper,

2002)는 근로자 웰빙에 대한 모델을 개발했는데 이 모델의 핵심은 직업 만족도다. 만약 직원이 자신의 일에 만족하면 행복하고 직장에서 보다 생산적일 수 있다. 또 다른 웰빙 연구에 따르면 웰빙은 업무 실적과 관련이 되는 것으로 확인되었다. 워(Warr, 1999)의 리뷰에 따르면 근로자 웰빙은 업무 성과와 의미 있게 관련이 있다. 웰빙에 대한 우리의 정의와 이전에 이루어진 웰빙 연구에 따르면, 직원이 자신의 직무에 보다 만족하고 성과가 좋을 때 웰빙 또한 증가될 것으로 예상된다.

직업 만족도와 업무 성과에 대한 연구 결과 이러한 성과와 성격 특질 간에는 의미 있는 관련성이 있었다. 따라서 비록 긍정적 기분과 정서가 이러한 성과에 영향을 미친다고 해도 성향적인 요인들 또한 직업 만족도와 업무 성과에 영향을 미친다. 실제로 도먼과 자프(Dormann & Zapf, 2001)는 안정적인 성격 특질을 가진 사람이 직업 만족도가 높을 수 있음을 예상했다.

핵심 자기평가란 사람들이 자신의 훌륭함, 유능성, 능력에 대해서 내리는 기본적 평가라고 정의된다(Judge, Locke, & Durham, 1997). 저지 등(Judge et al., 1997)이 소개한 핵심 자기평가는 자존감self-esteem, 일반적 자기효능감 generalized self-efficacy, 신경증적 경향성neuroticism, 통제 소재locus of control라는 4개의 자기평가 특질로 구성된다. 자존감은 개인이 사람으로서의 자신에게 내리는 가치이고(Harter, 1990), 가장 광범위하면서 가장 일반적인 자기평가다(Judge et al., 1997). 밴듀라(Bandura, 1982)의 연구를 인용하여 저지 등은 일반적 자기효능감이란 어떤 상황도 극복하고, 수행할 수 있으며, 성공할 수 있는 자신의 능력에 대한 스스로의 평가라고 정의했다. 'Big Five' 성격 특질 중 하나(Barrick & Mount, 1991)인 신경증적 경향성 점수가 높은 사람들은 걱정이 많은 사람(자기의심으로 인해 괴롭고, 신경이 과민한)이라고 설명된다. 이 특질은 또한 정서적 안정성이라고도 불리는데, 이들은 신경증적 경향성이 낮은 사람을 말한다. 마지막으로 통제 소재란 사람들이 자신의 환경을 통제할 수 있나고 느끼는 정도, 그리고 통제 소재와 관련된 결과다.

　핵심 자기평가를 구성하는 개인적 특질들과 직업 만족도 간의 관계를 검토한 경험연구에 따르면 이들 간에 강한 관계가 있음이 확인되었다. 예를 들어, 저지와 보노(Judge & Bono, 2001)는 핵심 자기평가의 네 가지 특질 간의 관계를 연구한 결과, 4개의 각 특질과 직무 만족도 간에 정적 관계가 있음을 발견하였다. 예컨대, 일반적 자기효능감은 다양한 상황에서 수행할 수 있는 자신의 능력에 대한 그 개인의 관점을 말한다. 자기효능감과 직무 만족도 간에 정적 상관이 있다는 것은 직원이 자신의 능력에 대한 신념이 강할 때 직원은 자신이 활동하고 있는 업무에 대해서 더 만족할 것임을 시사한다. 그러나 보다 최근에 연구자들은 핵심 자기평가라는 중요하고 일반적인 특질과 직무 만족도 간의 상관을 검토한 뒤 다음과 같이 결론지었다. 즉, 핵심 자기평가의 네 가지 특질이 함께 고려될 때 핵심 자기평가와 직무 만족도 간의 관계는 보다 강해지기 때문에 핵심 자기평가는 일반 성격 구인으로 볼 수 있다. 다른 말로 하면 핵심 자기평가가 높은 직원은 핵심 자기평가를 구성하는 개인적 특질 중 어느 하나가 높은 직원보다 자신의 업무에 대해서 보다 만족할 것이다. 핵심 자기평가와 업무 만족도 간의 정적 상관은 문화에 따라 차이가 없었다. 저지, 반 비아넨 그리고 드 페이터(Judge, Van Vianen, & De Pater, 2004)는 네덜란드인 표집을 사용한 연구에서 업무 만족도와 핵심 자기평가 간에 강한 정적 상관이 있음을 보고했다. 일본인 표집을 사용한 연구에서도 유사한 상관이 나타났다(Piccolo et al., 2005).

　핵심 자기평가에 대한 연구의 대부분이 업무 만족도와의 관련성을 확인하였지만, 핵심 자기평가는 업무 성과와 의미 있는 정적 상관을 보였다(Erez & Judge, 2001). 핵심 자기평가가 높은 개인은 스스로를 가치 있고, 여러 상황에서도 수행 능력이 있다고 평가하였으며, 자신에게 발생한 일을 통제할 수 있고, 도전적인 상황에서도 침착할 수 있다고 느꼈다. 다른 말로 하면 핵심 자기평가가 높은 직원은 더 나은 성취를 이루는 것으로 나타났다(Erez & Judge, 2001). 직원이 자신을 긍정적으로 볼 때, 역경을 이겨 내고 새로운 도전과 기회가 왔을 때 성공할 수 있는 자신의 능력을 믿을 것이다.

관리자들은 핵심 자기평가를 왜 중요하게 생각해야 하는가? 지금까지 확인된 바에 따르면, 긍정적인 자기평가를 하는 직원들은 업무에 보다 더 만족하고 더 나은 성취를 이루는 사람이 될 가능성이 높았다. 또한 핵심 자기평가는 직무 소진과 부적으로 관련되는 것으로 나타나서(Best, Stapleton, & Downey, 2005) 신규 채용률을 감소시켰다.

또한 핵심 자기평가는 시간이 지나도 안정적인 것으로 나타났다. 도먼, 페이, 자프 그리고 프레즈(Dormann, Fay, Zapf, & Frese, 2006)의 연구에 따르면, 핵심 자기평가는 2년 동안 변하지 않았다. 이것은 핵심 자기평가가 성과와 직무 만족을 일관되게 예측한다는 것을 의미한다. 관리자는 개인이 성공할 수 있는 환경을 조성해야 하지만, 핵심 자기평가가 안정적이라는 점은 직원을 선발하고 채용할 때 핵심 자기평가를 확인하는 것이 매우 중요할 수 있음을 시사한다.

오늘날 직원의 업무와 책임은 지속적으로 변화하고 있으며 직원들은 이러한 변화에 적응해야 한다. 지속적인 변화에 적응할 수 있고, 변화에 흔들리지 않으며, 다양한 상황에서도 성공적으로 일할 수 있다고 스스로를 평가하고, 업무에 만족하는 직원은 관리자에게는 큰 자산이다. 변화하는 직무환경 속에서 시간이 지나도 안정적인 핵심 자기평가는 직원과 관리자 모두의 웰빙을 보장한다.

좋은 스트레스: 건강한 과정

스트레스는 직장생활에서 피할 수 없다. 스트레스의 부정적 형태인 나쁜 스트레스에 대한 상당한 지식 근거와 그로 인한 부정적인 의학적·심리적·행동적 결과가 있지만, 스트레스의 긍정적 형태인 좋은 스트레스와 그로 인한 긍정적 결과에 대해서는 덜 알려져 있다. 좋은 스트레스eustress란 스트레스 자극에 대한 긍정적 반응을 의미하며, 긍정적인 심리적 상태가 나타난다 (Nelson & Simmons, 2004). 좋은 스트레스를 경험하면 직원은 활기차고, 동기화되며, 생산적이게 된다.

스트레스를 부정적으로만 보면 그림을 절반만 보는 것과 같다. 즉, 하나의 수도꼭지(나쁜 스트레스)만 있는 욕조와 유사하다. 우리는 찬물이 어디에서 흘러나오는지에 대해서는 잘 알고 있고, 욕조에 찬물의 흐름을 어떻게 줄이는지 혹은 찬물의 흐름을 어떻게 늘리는지에 대해서는 누구에게도 말해 줄 수 있다. 다시 말해서, 우리는 나쁜 스트레스에 대한 노출을 제한하고, 줄이며, 없앨 수 있는 방법을 잘 알고 있다. 또한 우리는 찬물로 가득 찬 욕조에 오랫동안 노출되었을 때의 부정적인 결과에 대해서도 잘 알고 있다. 그러나 이러한 관점이 욕조 안의 물(스트레스)에 대한 충분한 이해를 주지는 못한다. 스트레스에 대한 보다 전체론적 모델은 욕조가 진짜로 2개의 수도꼭지(뜨거운 물-좋은 스트레스와 찬물-나쁜 스트레스)를 가지고 있으며, 샤워를 하기 위해서는 두 가지 모두 필요하다는 점을 설명해 주어야 한다.

좋은 스트레스에 대한 초기 연구는 좋은 스트레스란 스트레스를 주는 자극 자체가 아니라 스트레스에 대해서 개인이 어떻게 반응하는가에 따라서 달라진다는 인지적 평가 접근이었다. 인지적 평가 접근에 따르면 개인은 스트레스가 웰빙에 도움이 되는지 안 되는지를 기준으로 스트레스를 검토한다. 스트레스 자극이 건강을 해치지 않거나, 건강을 촉진시킬 것으로 기대하면 그 스트레스에 대해서 긍정적 평가를 하는 것이다(Lazarus, 1966; Lazarus & Folkman, 1984). 활기찬 느낌은 그런 긍정적 평가와 함께 생긴다. 스트레스 자극을 긍정적으로 평가하면 부정적으로 평가할 때보다 긍정적인 심리적 · 생리적 반응들이 생긴다. 그 결과 좋은 스트레스는 웰빙을 떨어뜨리는 것이 아니라 증가시키는 결과를 낳는다(Nelson & Simmons, 2006). 여러 연구 결과에 따르면 좋은 스트레스와 건강 간에 직접적인 관계가 있음이 증명되고 있다(Edwards & Cooper, 1988; Simmons & Nelson, 2007 참조).

좋은 스트레스를 경험한다는 것은 '그 순간에', 그 자리에in a zone, 혹은 몰입의 상태에 완전히 존재하는 것이다(Csikszentmihalyi, 1990). 시간이 멈추고, 집중은 마음챙김 상태에 있으며, 개인은 건강한 흥분 상태에 놓여 있다. 아주 고된 업무를 하는 간호사들 중에 직장에서 좋은 스트레스를 경험하는 경우가 있는데 이때 그들은 자신의 업무와 그 결과에 적극적으로 몰입하고, 이 두 가지는 그들이 웰빙을 느낄 수 있도록 했다(Simmons, Nelson, & Neal, 2001). 과도한 업무나 환자의 죽음과 같은 스트레스 자극에 노출되었음에도 불구하고 자신의 업무에서 의미를 찾고, 업무와 정서적으로 연결되어 있는 간호사는 긍정적인 스트레스를 경험하고 그 결과 건강상 이득을 얻었다. 따라서 좋은 스트레스는 건강 및 웰빙과 관련되고, 이것은 다시 업무 성과와 관련된다.

나쁜 스트레스에 관한 연구는 심리적 혹은 생리적 질병과 같은 역기능적인 결과를 막기 위해서 부정적 스트레스를 극복하거나 관리하는 데 초점을 맞추어 왔다. 좋은 스트레스를 경험하는 과정은 음미하는 것으로서, 감사하면서 무언가를 즐기거나 혹은 큰 기쁨으로 무언가를 곰곰이 생각하는 것이다. 직원들은 좋은 스트레스를 선호하거나(실제로 음미함), 혹은 감사하면서 즐기는데, 이때 직원들은 직무에 대해서 긍정적으로 반응하는 것이다. 운동선수가 결승전에 나갔을 때 혹은 오페라 가수가 무대에서 관객과 조율하면서 완벽하게 몰입하고 있을 때가 바로 좋은 스트레스를 경험할 때다. 이러한 상태에서 개인은 긍정적이고 생산적인 상태를 보다 자주 혹은 더 오랫동안 음미하고 싶은 욕구 또한 함께 생긴다.

좋은 스트레스를 선호하고, 그것의 긍정적 결과를 원하며, 그런 경험을 음미하고 싶은 욕구가 강하다면, 리더는 직장에서 좋은 스트레스를 촉진시킬 수 있는 방법을 고안해야 한다. 고통에 대해서 논의할 때, 리더가 해야 할 일이 고통의 방지라면, 좋은 스트레스의 경우 리더의 과제는 좋은 스트레스를 만들어 내는 것이다. 리더는 좋은 스트레스를 어떻게 만들 수 있을까? 한 가지 방법은 좋은 스트레스 반응을 경험할 수 있는 기회를 개인에게 제공할 수 있는 문화와 작업환경을 만드는 것이다. 변화가 빠르고, 상황이 어려울 때에는 조직 구성원으로 하여금 희망을 가질 수 있게 하는 것이 특히 중요하다. 희망은 좋은 스트레스의 중요한 지표로서, 희망이 있을 때 직원들은 목표를 성공적으로 이룰 수 있는 의지(자기효능감)와 방법(자원)을 자신이 지니고 있다고 믿는다. 사람들은 자신의 활동이 긍정적인 결과를 가져올 것이라고 믿을 때, 어려운 도전을 기꺼이 받아들이려고 할 것이다. 관리자들은 개인이 자신의 직무를 성공적으로 해낼 수 있는 적절한 자원을 제공하고, 직원들과 영감을 주는 대화를 하면서, 모든 구성원에게 도전이 되는 목표를 세움으로써 희망을 불러일으킬 수 있다.

관리자들은 가장 의미 있고, 매력적이며, 기운 나게 하는 일의 요소가 무엇인지를 찾아서, 이러한 활동들을 할 수 있는 직무를 만들어 내야 한다. 이러한 조치는 직원의 웰빙이 투자하고 노력할 만한 가치가 있으며, 직원의 직장 내 경험을 향상시키려는 시도가 중요하다는 점을 보여 준다.

관리자가 할 수 있는 또 다른 것은 직원이 불필요한 간섭 없이 자신의 일에 완전히 몰입할 수 있는 환경을 제공하는 것이다. 좋은 스트레스의 방해물은 바꾸어야 될 정책, 절차, 물리적 작업 조건이다. 몰입의 방해물을 제거함으로써 직원들은 좋은 스트레스 경험을 음미하거나 연장시킬 수 있다. 직무에서 모든 부정적인 스트레스를 없애는 것은 불가능하지만, 더 많은 좋은 스트레스를 주는 것은 가능하다.

긍정적 조직행동과 웰빙

긍정적 조직행동 운동은 조직에서 웰빙을 촉진시키고자 하는 연구자와 관리자에게 지침을 준다는 의미에서 많은 것을 시사한다. 관리자와 연구자가 함께 탐색해야 할 많은 상태(활기, 관여, 희망), 특질(상호 의존, 회복탄력성, 겸손함), 과정(몰입, 긍정적 일탈, 용서)이 있다. 넓은 의미에서 웰빙은 긍정적인 개인적 성과의 핵심이며 웰빙을 경험할 때 직원은 직장, 팀, 그리고 조직 수준에서 긍정적 성과를 만들어 낸다.

긍정적 조직행동이 맹목적 낙관주의에 찬성하는 것은 아니라는 점이 중요하다. 그러나 긍정적 조직행동은 직원의 웰빙을 촉진하는 측면만을 강조해서는 안 된다. 과업의 일부는 증상을 관리하고, 건강을 유지하지 못하게 하는 부정적인 것들을 제거하는 것이다. 긍정적 조직행동에서 강조되고 있는 과업의 다른 일부는 강점을 키우고, 웰빙, 관여, 직무 만족과 성과를 촉진시키는 긍정적인 직장을 만드는 것이다. 예외적 성과를 인식하고 강화하는 것은 낮은 성과를 수정하는 것과 함께 진행되어야 한다. 우리는 긍정적 정서를 촉진하고, 긍정적 핵심 자기평가를 내리도록 하며, 긍정적 스트레스를 만들어 내는 것이 직원의 웰빙을 촉진시키고자 하는 사람들에게 결정적인 작업이 될 것이라고 믿는다.

제5장

대기업에서의 근로자 지원 전략

스티브 부어맨(Steve Boorman)*

'좋은 건강good health＝좋은 기업good business'은 영국 보건 안전청the Health and Safety Executive이 주도하는 캠페인의 기저 원칙이었다. 기업들은 직원이 가장 큰 자산이라고 자주 언급한다. 심지어 가장 자동화된 공장일지라도 생산품의 성공적인 생산, 배치, 판매의 보장은 사람에게 달려 있다. 대기업일수록 근로자 지원이 보다 수월한 것으로 여겨지곤 한다. 그러나 대기업이 주머니 사정이 더 좋고 더 많은 자원이 있기 때문에 직원에 대한 지원도 보다 수월할 거라 생각하는 것은 오산이다. 오히려 대기업일수록 더 복잡할 때가 많으며 오늘날의 상업 시장에서 근로자 지원(예를 들어, 상담, 웰빙제도well-being initiatives, 직무건강)에 사용한 만큼 충분히 남아도는 경우는 거의 없다는 것이 현실이다.

---

*버밍험 대학교, 직업의학 연구소(Institute of Occupational Medicine, Birmingham University) 선임 임상강사

기업 사례

대기업의 상업적 환경에서 근로자 지원을 제공해야 할 강력한 이유가 있을 필요가 있다. 그러한 이유가 없다면 너무나도 분명하게 돈은 다른 어딘가에 주로 사용될 것이다. 근로자 지원을 하는 기업들은 다음의 측면을 고려해야 한다.

- 법적인 보호의 의무
- 윤리적/도덕적 보호의 의무
- 비용절감
- 향상된 능률 또는 효과

모든 고용주는 보건 안전법 아래 보호의 의무를 갖는다. 하나의 기본 원칙으로 고용주는 근로자에게 피해가 갈 수 있는 위험을 평가하고, 피해가 발생할 가능성을 줄이기 위해 가능한 합리적으로 실행할 수 있는 조치를 취할 의무가 있다. 이때 이 조치가 '가능한 합리적으로 실행할 수 있는 것인지' 시험해 보아야 한다. 대기업일수록 이 조치가 만족스럽게 통과되는 데 많은 장애물이 있다. 이러한 장애물은 근로자 지원을 가능하게 하는 자원의 분배를 고려할 때 중요할 수 있다.

따라서 조직은 첫 번째 조치로 어떤 물리적, 생물학적 혹은 심리사회적 위험성이 있는지 고려해야 한다. 위험이 존재할 때 그 위험을 통제할 수 있는 위계, 즉 일차적으로 그 위험을 완전히 피할 수 있는지 여부를 고려하여 법적인 의무를 부여해야 한다. 만약 이것이 실행 불가능하다면 대안(다시금 피해 위험을 없애거나 줄일 수 있도록 작업을 하는 다른 대안적 방식)을 생각하여 조치를 취해야 힌다. 대안적 작업방식이 실패하게 되면 위기 관리가 필요하다.

즉, 피해를 최소화하는 전략을 사용해야 하며, 결국 실행 가능한 조치를 통해 없애기 어려운 위기라면 개인을 피해로부터 보호할 방법을 강구하는 것이 중요하다.

최근까지 이 점은 신체적 위험과 관련해서는 충분히 이해되어 왔으나 심리사회적 위기에 있어서는 그렇지 못하였다. 직장 스트레스의 평가 및 조절에 대한 지도, 활용하기 쉬워진 간단한 평가도구의 개발, 그리고 보건 안전청의 관리감독 강화가 (심리사회적 위기 조절 실패에 대한 많은 매스컴의 관심과 대기업에 대한 고소가 자각을 증진시켰던 것처럼) 심리사회적 위기에 대한 자각을 증진시켰다.

또한 대부분의 대기업은 기업 이미지에 관심이 있다. 이는 제품이나 서비스(고객 차원)의 지속적인 판매 및 우수한 직원의 채용과 보유(고용주 차원)에도 중요하다. 보호의 의무가 갖는 윤리적·도덕적 측면은 기업 이미지 가치를 강화하는 중요한 특성이다. 즉, 보호를 하는 고용주는 책임 있는 사람으로 인식되며, 연구들에 따르면 고용주의 보호는 상업적 가치를 가지며 직원의 충성도 차원에서도 이점을 갖는다.

기업은 주주들의 이익을 창출하기 위해 존재한다. 서비스 산업에서조차 장래를 위한 투자를 유지하기 위해 자금을 현금화할 필요가 있다. 이와 관련하여 대부분의 대규모 조직들은 직원의 건강이나 스트레스가 미치는 재정적 영향에 관심이 있다. 어떤 대규모 조직에서 5% 정도의 병가율은 연간 수백만 파운드로 쉽게 환산될 수 있다. 연금기금에서 잠재적으로 적자가 형편없이 늘어날지도 모른다는 점을 인식하기 시작한 이후부터, 건강악화로 인한 은퇴 비용이 보다 심각하게 여겨지기 시작했다. 아픈 직원을 대체하는 일은 경험과 전문지식의 손실, 인간관계 네트워크의 파괴에서 발생하는 별도의 비용을 제외한다 하더라도 홍보, 모집, 입사, 훈련에 대한 비용의 지불을 요구한다. 어떤 기업이 근로자 지원에 대한 투자를 하고자 할 때 이러한 비용은 때때로 저평가되거나 간과된다.

결근한 직원에 결부된 비용뿐 아니라 출근은 했지만 질병, 주의산만, 스트레스 등으로 인해 저성과를 내는 직원에 결부된 비용을 수량화하는 것 역시 어려울 수 있다. '아픈 상태에서 출근한 직원'은 실수, 비효율, 좋지 못한 동료 관계, 성과 관리에 지나치게 소요되는 시간, 불평불만 (그리고 관련 소송) 등을 통해 사업에 비용을 지불하게 한다.

앞의 문단에서 대략 설명했던 이유들로 인하여 근로자 지원에 투자를 할 경제적 · 법적 근거를 제공해 주는 분명한 기업 사례가 있다. 대기업의 경우, 특히 '제공할 것인지'의 문제는 상대적으로 대답하기가 단순하다. 훨씬 더 어려운 문제는 '무엇을 제공할 것인지'다.

근로자 지원 선택

대기업에 대한 대대적인 무선 조사 결과를 통해 무엇이 제공될 것인지에 대해 간단히 검토해 보면 다양한 변이가 존재한다는 것을 알 수 있다. 표준모형은 없으며 대안적 전략 간의 상대적인 비용 대비 이득에 대한 명확한 정보가 항상 활용 가능한 것도 아니다. 생각해 볼 만한 부가적인 요인은 조직의 스타일과 문화로, 이는 한 조직에서 효과적이었던 접근이 다른 조직으로 항상 성공적으로 전이되는 것은 아님을 의미한다.

물리적 접근 가능성은 사용할 접근을 선택하는 데 영향을 미칠 수 있다. 예를 들어, 서로 다른 의사소통과 전파방법은 대규모의 단일 사업장에 비해 여러 사업장을 운영하는 조직에서 요구된다. 상이한 배경을 가진 근로자들은 전달 방식에 있어 대안적 수단을 선호할 수 있다. 예를 들어, 건강 및 웰빙 메시지에 관심을 많이 갖는 '화이트칼라' 여성 근로자에 비해 '블루칼라' 남성 근로자는 문자로 전달되는 건강 정보를 덜 받아들인다.

노동인구의 성별과 연령 또한 그들의 행동과 지원 서비스를 받아들이는 것

에 영향을 미친다. 특히 이는 인트라넷이나 인터넷을 통해 전달되는 지원에
영향을 준다. 일반적으로 젊은 집단이 컴퓨터 사용에 능하고, 몇몇 인종 집단
은 '면대면' 서비스보다 받아들이기 쉬운 원거리 지원의 '익명성'을 찾는다.

관리 태도 또한 서비스 제공의 선택에 영향을 미친다. (적어도 최초의 접촉
을 위한) 전화기반 지원은 현장에 상담자를 제공하는 것에 비해 분명히 비용
면에서 이득이지만 비용절감은 지원의 질을 어떻게 지각하는지에 대비하여
주의 깊게 균형을 맞출 필요가 있다. 외상 돌봄 제공에 대한 연구에 따르면
조직의 지원을 높게 지각할수록 외상 후 출근율이 유의미하게 높았다(Rick,
O'Regan, & Kinder, 2006).

자선 서비스, 자원봉사 서비스 혹은 주에서 제공되는 보호 서비스에 유의
미한 지리적 가변성이 있는 것처럼, 지원 서비스를 얼마나 광범위한 지역에
서 활용할 수 있는지 역시 조직의 필요에 영향을 미칠 것이다. 언제나 접근
할 수 있으면서 대기시간도 적은데 무료이거나 저비용인 좋은 서비스가 한
지역에 존재하면 기업에서 제공하는 것은 분명히 이것과 중복될 위험이 있
다. 그러나 어떤 기업들은 기업 이미지를 높이고 보호를 제공함으로써 직원
의 관여를 강화하기 위해 직장기반의 지원 서비스를 계속해서 제공하고자
한다.

수요의 크기는 필요한 자원을 결정하는 데 중요한 요인이다. 많은 수요, 특
히 그것을 지리적으로 넓은 지역에 걸쳐 긴급히 전달해야 한다면, 이는 분명
원거리 서비스 전달 모형(전화나 컴퓨터기반 지원)을 선호하는 경향을 띨 것이
다. 수요의 크기가 작으면, 특히 사실상 상대적으로 (큰 기복 없이) 예측할 만
하면 면대면으로 사업장 서비스를 전달하는 것이 쉬워진다. 서비스 가용성
에 대한 마케팅과 프로모션은 수요에 큰 영향을 미칠 수 있다. 서비스와 서비
스 실무자에 대한 신뢰 또한 활용 수준을 결정하는 핵심 요소다.

선택지

근로자 지원에는 다양한 선택지가 존재하는데, 이전의 내용들은 어떤 제공을 선택할지에 대한 몇 가지 요인을 제안해 준다.

- 자기조력$_{self-help}$을 위한 간단한 정보: 리플릿(자기조력을 할 수 있도록 돕는 조언기관이나 자문기관, 복지관, 보건기관 등과 같은 정보를 포함)
- 전화기반 서비스: 자기조력 시 연락해 볼 수 있는 서비스 혹은 관리자나 동료들이 조언이나 지원을 줄 때 사용될 수 있는 서비스다. 그러한 서비스들은 전화기반으로만 이루어지는 지원이거나 보다 포괄적인 조력 프로그램을 제공하는 다른 선택지들에 연결될 수 있는 것이다.
- IT기반 서비스: 한 기관의 자가진단 평가나 간단한 인지행동적 접근과 같은 지원 프로그램에서부터 양방향 참여나 다른 방법을 통해 부가적인 지원도 제공할 수 있는 인터넷 혹은 인트라넷 지원 복합패키지까지 다양하다. 모든 서비스가 신뢰나 비밀보장 문제를 비슷하게 갖지만, 특히 웹기반 자료 수집은 자료의 비밀보장 및 사용과 관련하여 주의를 기울여야 한다. 웹기반 화상회의나 원격 보호 소프트웨어의 가용성을 높이면 상호작용적인 IT기반 서비스를 통해 사적인 상호작용의 손실을 적게 하면서도 원거리 지원을 유연하게 하는 것이 가능해진다.
- 면대면 서비스: 공감과 라포가 보다 쉽게 확립되는 직접적인 관계에서 지원과 보호는 이점이 많다. 그러나 그러한 제공은, 특히 이동 경비와 적당한 숙박비까지 포함될 때 비용이 더 많이 들고, 실무자가 원거리 사업장이나 심한 스트레스를 겪는 개인을 동반자 없이 방문해야 하는 경우 실무자들의 건강과 안전에 대한 배려도 필수적으로 이루어져야 한다. 보호를 할 때는 윤리적인 전달에 대한 적절한 지침을 따라야 할 필요가

있으며, 실무자 간에 정해진 시간 내에서의 전화 통화와 같은 명료한 시행지침은 사고의 위험을 줄이는 데 도움이 된다.

- 전문가 제공: 당신은 신경외과 수술을 받기 위해 부인과 전문의를 찾지는 않을 것이다. 이와 유사하게 어떤 영역(예를 들어, 성폭력이나 큰 트라우마 후)의 근로자 지원은 특별한 전문가의 기술이나 지식을 요구한다. 그런 사건들은 대개 드물긴 하지만 어떤 산업에서는 흔하게 일어날 수 있다. 예를 들어, 대량의 돈을 다루는 산업에서는 인질극이 일어나기 쉽다. 전문가들이 조기 개입과 반응을 할 수 있도록 상근으로 일하도록 해야 할지 아니면 제3의 단체를 통한 개입이나 하청 계약 합의로 충분할지 여부는 사건의 예상 빈도에 따라 결정될 것이다.

- 근로자 지원을 넘어: 특히 대기업에서는 근태 관리와 업무 복귀 서비스가 보다 포괄적인 보호를 제공하는 근로자 지원 서비스에 연결될 필요가 있다. 대기업은 직업 보건 규정을 따르는데 이는 근로자 지원 서비스와 직접적으로 통합될 수도 있고 그렇지 않을 수도 있다. 이런 서비스들이 동일한 제공자에 의해 제공되지 않는 곳에서는 (때때로 제공자가 동일할 때조차) 한 전문가와 다른 전문가 간의 의뢰를 관리할 때 클라이언트 비밀보장과 같은 윤리적인 문제를 주의 깊게 고려할 필요가 있다. 종합적인 사례 관리가 개인에게 양질의 지원을 제공할 수 있다. 그러나 이를 위해서는 주의 깊게 관심을 기울여 부적절한 정보 공유를 하지 않으면서도 불필요한 반복을 피하도록 잘 관리되어야 한다.

고용된 직원이 직접 서비스를 제공하는 내부 서비스든 아니면 계약 서비스든 제공되는 보호에 대한 책임이 있다는 점을 기업은 이해하고 있어야 한다. 기업은 전문적인 단체의 권고를 따르며 문서화된 지침에 따라 윤리적인 기준을 준수하도록 훈련받은 유능하면서도 자격을 갖춘 전문가에 의해 서비스가 제공될 수 있게 보장해야 할 책임을 갖는다.

실제 지침

다른 장에서 논의될(제22장 참조) 상담모형과 서비스 제공의 전문적 측면에 많은 관심이 집중되고 있다. 그러나 단순하면서 실제적인 배치_{arrangement} 역시 효과적인 지원 서비스를 보장하는 데 중요하다.

어떤 모형을 선택하든지 핵심적인 첫 단계는 접근성이다. 장기적인 손상을 지닌 사람들(단순히 신체적인 것뿐 아니라 감각이나 정신적 손상 혹은 다른 필요를 가진 사람들)도 쉽게 접근할 수 있도록 법제화하는 것이 필요하다. 그러나 서비스에 대해 유연하게 접근할 수 있도록 약간 조정하는 것만으로도 모두에 의한 서비스 사용이 더 쉬워지고 만족 수준도 향상될 수 있다는 점을 기억해야 한다.

지원 서비스는 그것을 사용하는 사람들의 신뢰 및 확신과 운명을 같이한다. 바쁜 직장에서 비밀이나 민감한 정보가 새어 나가지 않도록 보장하는 것, 또 조용하고 안락한 환경을 찾는 것이 때때로 어려울 수 있다. 그러나 전문적인 양질의 지원을 통해 클라이언트, 실무자, 관리자 간의 전문적인 분업이 수반된 좋은 시설이 가능하다.

지원 서비스의 수혜자들은 취약한 경우가 많아 안전에 대한 보장이 이루어져야 한다. 조명, 온도, 환기와 같은 단순한 환경적 이슈들이 성공적인 지원 제공에 의미 있는 기여를 할 수 있다. 왜냐하면 주의산만, 불안정, 소음 같은 것들이 공감적 지원의 제공에 필요한 라포를 급격하게 깨뜨려 버리기 때문이다.

근로자 지원은 주로 실무자 한 개인에 의해 제공되는데 이때 실무자의 필요는 클라이언트의 필요와 별도로 고려되어야 한다. 실무자 개인의 안전은 최고로 중요하다. 스트레스 상태로 화가 나 있고 정신적으로 불안정한 클라이언트는 예측할 수 없거나 난폭한 태도로 반응할 수 있기 때문에 지원할 때

위기를 최소화하는 쪽으로 조치를 취해 가야 한다. 실무자가 도움을 받을 수 없는 상황을 피하는 것, 데스크 근무자와 연결된 안전 '경보' 버튼(빈 방에서 알람이 울리지 않도록 보호조치가 취해질 필요가 있다), 그리고 방문절차 등이 미리 정해져서 위험상황 종료 시 실무자가 보고할 수 있도록 해야 한다.

관리 정보

중소기업일수록 클라이언트의 비밀을 보장하려면 기업에 줄 수 있는 피드백에 제한이 많이 생긴다. 대기업에서 그러한 정보는 근로자 지원과 향상을 증진시키는 데 주요 자원이 된다. 특별한 이슈가 예기치 않게 많이 발생한 지역인 '뜨거운 지점hotspot'이나 어떤 이슈가 확산되고 있음을 말해 주는 동향에 대해 규명하는 것은, 기업으로 하여금 한 명 이상의 개인에게 영향을 미치고 있는 이슈에 대해 인식할 수 있도록 하여 향후 문제 발생 위험이 감소되도록 하는 조치를 취할 수 있게 해 준다.

그러한 자료의 인식과 활용은 「보건 안전법」하에서의 위기 관리에 중요하며 기업이 향후 일어날 수 있는 소송에 대해 책임질 위험을 줄이는 데 도움이 된다. 이 정보는 또한 향후에 자원을 어떻게 사용할지 계획하는 데 유용하며 실무자 자원이 가장 필요한 곳에 배치되도록 하는 데에도 유용하다.

자문이나 문제의 건수와 유형 같은 간단한 정보 외에도, 대기시간이나 취소 또는 회기 불참 정보도 서비스 제공을 계획하고 서비스를 향상시키는 데 유용하게 사용될 수 있다.

예방은 치료보다 낫다. 개입 비용은 직장의 향상을 위해 무엇이 필요한지 이해하는 데 중요한 요소다. 사례별 평균 비용은 개입에 소요된 비용으로 평가될 수 있으나, 병가, 대체 비용, 기회상실 비용, 품질 저하 비용과 같은 부가적인 비용이 근로자 지원 서비스를 도입할 때 고려되어야 한다.

성과 측정

많은 건강 관련 서비스 제공자는 임상적 변화나 클라이언트의 변화를 성공적인 지원의 가장 중요한 기준으로 여긴다. 특히 이것은 클라이언트에게 확실한 가치다. 그러나 실무자들은 성공적인 개입이 조직 차원에서 보면 직무기능을 증신시키는 것이라는 점을 주목해야 한다. 조기 업무 복귀나 직원 유지는 지원 서비스를 의뢰하거나 구입하는 데 있어서 바람직한 성과 측정치다. 다시 말해, 업무 복귀, 반복적인 문제가 없는 직원 유지 혹은 향상된 생산성이라는 용어로 조직의 기능적 성과가 얼마나 좋은지 고려되어야 한다.

결론

훌륭한 근로자 지원은 우연히 발생하지 않는다. 이는 주의 깊은 계획과 그것이 왜 제공되어야 하는지에 대한 분명한 이해를 바탕으로 이루어진다. 다양한 지원모형이 존재하는데, 조직의 필요를 이해하게 되면 가장 최선의 지원 방법이 무엇인지 알게 된다. 이는 이용 가능한 시설과 같이 단순하면서도 실제적인 배려에 의해 추진되곤 한다. 기업은 전달한 지원 서비스에 대해 책임이 있다. 다시 말해, 서비스 성과 및 효과에 대해 파악함으로써 투자가 잘 이루어졌는지 확인해야 한다.

사례 연구: 영국우정공사

　영국우정공사_{Royal Mail}는 50년 이상 복지 서비스를 통해 직장기반 근로자 지원을 제공해 왔다. 복지 조언가_{welfare advisor}들은 광범위한 개인적 문제로 스트레스를 받고 있는 동료들에게 지원을 제공해 오고 있으며, 1980년대 이후 이는 상담 서비스를 포함하는 것으로 확장되었다(Kinder & Park, 2004 참조). 1990년대에는 전화기반 근로자 지원이 지역기반 서비스를 보완하기 시작했다. 이 서비스는 2006년에 확대 개발되어 HELP_{Health and emotional well-being, Employment advice, Legal and Practical assistance}라는 브랜드가 되었다. 이는 스트레스를 겪는 근로자들이 서비스를 신청하면 이들에게 폭넓은 조언과 실제적인 도움을 제공하여 문제가 조속히 해결될 수 있도록 돕는다. 서비스의 효능 및 외상 사건 피해자 지원과 같이 전문적인 지원 서비스의 가치에 대해 주의 깊은 평가(독립적인 연구와 함께)가 이루어져 왔다.

EMPLOYEE WELL-BEING SUPPORT
A Workplace Resource

제6장

관리자를 위한 코칭 기술

글래디나 맥마흔(Gladeana McMahon)[*]

배경

'코칭 문화'가 지속적으로 확산되어 이제는 코칭이 많은 조직에서 인적 자원 개발의 주요한 부분이 되었다(Palmer & Neenan, 2001; Sommers, 2001). 코칭에 대한 정의는 상당히 많지만 관리자와 직접적으로 관련된 코칭의 정의는 다음과 같다.

코칭은 학습과 개발이 일어나도록 하여 수행의 향상을 가져오는 하나의 프로세스다. 성공적인 코치가 되는 것은 코칭이 일어나는 맥락에 적합한 다양한 스타일, 기술과 기법뿐만 아니라 프로세스에 대한 지식과 이해를

---

[*] 코칭 협회(Association for Coaching) 부회장

필요로 한다(Parsloe, 1999).

코칭은 조직 구성원들 간의 관계와 팀 작업뿐만 아니라 개인과 조직의 생산성 측면에서 가치를 더하고 있기 때문에 점점 더 대중화되어 가고 있다. 그러나 코칭이 만들어 내는 투자 대비 이익return on investment: ROI을 평가하는 널리 합의된 모형은 아직 없는 실정이다. 그럼에도 불구하고 코칭의 다양한 이득을 경험적으로 입증하는 연구들이 있기도 하다. Metrix Global Study(Anderson, 2001)를 포함한 여러 사례에서는 코칭의 투자 대비 이익을 5%에서 529%까지 보고하였다. 이러한 연구 결과들에 대한 동의와 지속적인 연구의 부족은 투자 대비 이익의 측면에서는 아니더라도 코칭이 어떤 이익이 있을지 의문을 갖게 하기도 한다.

영국의 인사개발연구소Chartered Institute of Personnel and Development: CIPD는 『코칭, 코칭 서비스 구매Coaching and Buying Coaching Services』(CIPD, 2004)라는 보고서에서 일선 관리자의 입장에서 코칭의 이익을 다음과 같이 설명하고 있다.

- 직원 성과, 생산성, 질 그리고 비즈니스 결과의 향상
- 사기와 직원 헌신(유지)의 증가
- 다른 학습과 개발 활동을 지원, 이러한 활동들이 빠르게 적용되어 확산되도록 지원
- 개인의 변화(승진)를 지원
- 조직 변화를 지원
- 일에서의 성과에 영향을 미치는 개인적인 이슈를 해결하도록 개인을 지원
- 승진으로 새로운 책임에 적응해야 하는 직원을 지원

더욱이 영국에서 가장 빠르게 성장하고 있는 코칭 전문가 단체인 코칭 협회Association for Coaching의 보고에 의하면 많은 조직이 코칭 기법을 사용하여 구

성원 사기의 증가와 조직 가치와의 일치 같은 이익을 얻고 있다고 한다(AC, 2004).

관리자들의 직접적인 보고에 의하면, 관리자는 코치로서의 역할을 점점 더 요구받고 있다(Parsloe, 1999). '코칭 문화'라는 것은 전통적인 방식의 통제와 지시로부터 멀어지고 구성원들의 독립적인 작업과 개인적인 책임을 격려하는 방향으로 움직인다는 것을 의미한다. 코칭적인 접근은 좀 더 자기주도적인 방식으로 일을 하도록 촉진한다. 레드쇼(Redshaw, 2001)는 『Industrial and Commercial Training Journal』에 게재된 「우리는 코칭을 제대로 이해하고 있는가? 우리는 코칭이 더 잘 작동하도록 어떻게 할 수 있는가?」라는 그의 논문에서 다음과 같이 말하고 있다.

코칭은 조직과 조직 구성원 모두를 위한 엄청난 이득을 가지고 있다. 좋은 코칭이 잘 확산되면 조직 전체는 새로운 것을 좀 더 빨리 학습할 수 있고 그래서 변화에 더 효과적으로 적응할 수 있다. 코칭을 잘 받은 개인은 새로운 기술을 학습할 뿐만 아니라 훌륭하고 적극적인 학습자가 된다. 코칭이 조직에서 효과를 나타내기 위해서는 지지적인 분위기가 요구되는데, 말하자면 코칭이 관리의 일상적인 부분으로 여겨지고, 실수한 사람을 비난하기보다는 실수로부터 배우는 것을 더 중요하게 여기는 조직이 될 필요가 있다. 코칭을 도입하고자 시도하는 조직은 종종 이러한 지지를 간과한다. 효과적인 코칭은 조직과 학습체계 모두를 필요로 하는데 조직과 학습체계는 코칭이 일어나도록 분위기를 만들고 유지하며, 코치를 육성하기 위해 정보에 근거한 전략을 채택하게 하고, 코치를 지지한다.

코칭 기법이란 무엇인가

코칭에는 다양한 접근, 예를 들어 성찰적 코칭, 초월 코칭transpersonal coaching, 해결 중심 코칭, 인지행동적 코칭, 코액티브co-active 코칭 등이 있다. 많은 사람이 전문 코치가 되기 위하여 인증된 훈련과정에서부터 박사학위를 수여하는 대하인증 교육과정에서 훈련을 받는다 하더라도, 실제로는 코칭의 기본 기법은 관리자들에게 2일 내지 4일 과정의 훈련 프로그램으로 일선에서 교육된다(Leimon, Moscovici, & McMahon, 2005).

1980년대 후반에서 1990년대 초에 관리자들은 종종 팀 의사소통 기법을 익혀서 인사관리를 더 효과적으로 수행하기 위해 '상담 기법' 훈련과정을 이수할 기회를 제공받았다. 그러나 '상담'이라는 용어는 적절하지 않은 것으로 느껴지곤 하였는데 상담은 심리적인 문제가 있는 사람들에게 도움이 되는 것으로 인식되고 있기 때문이다. '코칭'이라는 용어는 이러한 부정적인 함축이 없고 개인이 자신의 성과를 최대화하기 위해 도움을 받는 방식으로 간주된다. 그래서 요즈음 '성과 코칭performance coaching'이라는 용어가 흔히 사용되기도 한다. 사실, 환언하기, 요약하기, 신체 언어의 사용과 같은 코칭의 기본 의사소통 기법은 상담기술에서 가져 왔고, '코칭' 혹은 '기본 의사소통 기법'으로 재명명되었다.

관리자가 코칭 기법을 개발할 수 있도록 돕는 일반적인 코칭 모델은 존 휘트모어 경Sir John Whitmore(2002)이 개발한 'GROW 모델'이다. 이 모델은 관리자가 적용할 수 있는 간명한 틀을 제공한다.

- 목표Goals: 목표 설정은 코칭에 내재되어 있다. 당신이 어디로 가고 있는지 모른다면 당신이 하기로 한 것을 성취했다는 것을 어떻게 알 수 있겠는가? 코치는 목표가 개인과 그가 상호작용하는 사람들에게 이득이 되

는지를 확인하기 위하여 구체적인 질문을 한다.

- 현실Reality: 클라이언트는 자신이 현재 어디에 있는지, 출발점은 어디인지, 자신의 목표는 현실적인 목표인지 그리고 도달할 수 있는지 등에 대하여 현실적인 이해를 할 필요가 있다.

- 대안Options: 코치인 관리자는 개인이 목표에 도달하는 여러 가지 방법을 생각하도록 안내하고 개인은 목표를 달성하는 방법을 선택한다. 관리자는 관리를 할 필요가 있으며, 코칭 프로세스를 사용하면서 개인에게 방향을 제시해야 할 때가 있다는 사실을 부정할 사람은 아무도 없다. 그렇다 하더라도 관리자는 개인을 이끌려고 하기보다는 개인이 어떤 대안이 최선인지를 스스로가 결정할 수 있게 하기 위하여 가능성을 탐색하도록 지원한다. 철학적인 관점에서 보면, 이러한 방식으로 하는 것은 개인이 문제에 접근하는 창의적인 방식을 개발할 가능성을 높이고 미래에도 코칭 프로세스를 다시 사용하지 않고 스스로 이러한 접근방식을 활용하게 할 것이다. 사실상, 프로세스의 이 부분은 자기주도 학습에 더 가깝다.

- 의지/종결Will/Wrap-up: 클라이언트는 스스로를 동기부여 할 수 있을 때에만 목표에 도달할 수 있다. 관리자는 개인이 목표에 도달하는 과정에서 만날 수 있는 장벽을 생각해 보고 이 장벽을 어떻게 극복할 수 있는지를 숙고해 보도록 돕는다. 또한 관리자는 개인이 목표에 도달하지 못할 경우 가질 수 있는 2차 이득이 있는지를 고려해 보도록 돕는다. 예를 들어, 클라이언트가 마음속에 있는 목표에 도달하기 위하여 노력하는 것보다 현재 상태에 머물러 있으면 좀 더 편안할 수 있을지 모른다.

GROW 모델은 클라이언트가 목표를 향해 나아가는 것을 방해하는 것이 아무것도 없을 때 작동한다. 목표가 개인의 능력, 야망, 개인적이고 전문적인 가치와 조화를 이루는지 점검한다. 그리고 바람직한 목표를 성공적으로 성취하기 위하여 현재의 행동을 변화시키거나 새로운 기법을 필요로 하는지를 구체화한다. GROW 모델이 다소 간단한 모델인 것처럼 보이더라도 관리자를 위한 코칭 기법 모델로 사용되었을 때 여러 가지 장점이 있을 수 있다. 앞에서 말했던 것처럼, 관리자는 직원에게 코칭적인 접근을 채택함으로써 많은 장점을 얻을 수 있지만 그들은 또한 매일매일 해야 할 비즈니스 관련 업무가 있다.

GROW 모델은 관리자가 따를 수 있는 분명한 구조를 제공한다. 관리자는 전문 코치를 대체하는 것은 아니다. 때로 개인적인 문제가 있는 구성원과 작업할 수 있는 다른 전문가를 찾을 필요가 있다. 완벽주의나 부정적인 사고와 같은 이슈는 현재의 문제를 만드는 원인으로 작용하는데 이러한 경우 GROW 모델이 도움이 되지 않을 수 있다. 이때 관리자는 적용할 수 있다면 인지행동 코칭과 같은 심리 코칭을 채택할 필요가 있으며 그렇게 할 수 없는 경우 외부 코칭 자원을 활용하는 것이 바람직하다(Palmer & Neenan, 2001).

GROW 모델은 관리자가 클라이언트의 자각과 개인적인 책임감을 육성하기 위하여 명령 대신에 질문을 사용하도록 격려하며 비교적 짧은 시간에 훈련받을 수 있는 장점이 있다. 이 모델은 간명한 형태를 유지하면서 이러한 사고방식을 촉진하여 사용이 쉬우면서도 효과적인 성과를 가져오도록 하는 데 목적이 있다.

다른 코칭 모델과 마찬가지로 GROW 모델도 제한점이 있다. 예를 들어, 조직이 코칭 기법을 활용하는 추세가 증가하면서 조직의 관점에서 코칭 개입의 성공을 평가하는 것이 중요해지고 있다. 그러나 코칭 모델들은 이러한 평가를 하지 못하고 있다.

코칭 프로세스를 만드는 데 사용되는 또 다른 모델은 7단계 문제 해결 모델이다(Wasik, 1984). 팔머와 니넌(Palmer & Neenan, 2001)은 개인에게 문제 해결 모델을 따르도록 제시하였다. 언뜻 보기에는 창의성을 누르는 것 같아 보이지만 오히려 구조적이고 체계적인 방식으로 생각하도록 하는 것은 실제로는 창의성을 북돋는다고 주장한다. 맥마흔(McMahon, 2002)은 개인에게 전문적이고 개인적인 목표 설정을 위한 구조를 제공하는 수단으로 이 모델을 사용하였다.

7단계 문제 해결 절차와 각 단계에서 사람들이 스스로에게 물어볼 수 있는 질문을 〈표 6-1〉에 제시하였다.

〈표 6-1〉 7단계 문제 해결 모델

단계	질문/행동
1. 문제 정의	문제/도전은 무엇인가?
2. 목표 선택	무엇을 성취하길 원하는가?
3. 대안의 생성	목표를 달성하기 위하여 무엇을 할 수 있는가?
4. 결과의 고려	장단점은 무엇인가?
5. 의사결정	무엇을 할 것인가?
6. 실행	지금 실행하라!
7. 평가	행동 계획은 어떻게, 왜 작동하는가? 수정할 필요는 있는가?

일단 개인이 7단계 모델을 사용하는 데 익숙해지면 문제 해결 과정을 빠르게 하기 위하여 간편 모델을 사용할 수도 있다. 예를 들어, 〈표 6-2〉에는 STIR과 PIE 모델이 제시되어 있다.

〈표 6-2〉 STIR과 PIE 모델

문제 선택(Select a problem)	문제 정의(Problem definition)
해결 목표(Target a solution)	해결 실행(Implement a solution)
해결 실행(Implement a solution)	성과 평가(Evaluation outcome)
성과 검토(Review outcomes)	

문제 해결의 간편 모델은 대개 위기를 다루거나 빠른 의사결정을 위하여 문제를 빠르게 프로세스화하는 데 사용된다. 간편 모델을 사용하면서는 세

심한 숙고 대신에 속도를 고려하게 되며, 개인은 개인적으로나 정서적으로 덜 만족스러운 성과를 경험할 가능성이 있다. 이 모델이 문제 해결에 초점을 두고 있다 할지라도 관리자는 코칭 기법을 개인이 자신만의 해결책을 찾을 수 있도록 조력하기 위하여 사용한다. 이 모델은 코칭이 발생할 수 있게 하는 구조를 제공한다. 그러나 프로세스에서 관리자는 여전히 지시자라기보다는 안내자의 역할을 하며 개인이 자신의 해결책을 발견하도록 돕는 것이 중요하다.

앞서 제시한 모델은 코칭의 구조를 제공한다. 프로세스가 이해되면 관리자에게는 기본 코칭 기법이 제공되는데, 코칭 기법은 코칭 프로세스가 효과적이 되도록 하는 데 필요하다.

코칭의 미세 언어반응 기법은 관리자로 하여금 개인 자신이 가진 자원으로 상황을 관리하도록 돕는 기법과 태도를 개발하도록 돕는다(Egan, 2004). 이 단계의 훈련에서 관리자는 공감, 존중, 진정성의 개념을 배운다.

공감은 다른 사람의 입장이 되어 보는 능력으로, 관리자는 자신의 개인적인 생각이나 선입견을 한쪽으로 치워 두고 직원 개인의 생각과 느낌을 잠정적으로 탐색하도록 요구된다. 관리자는 개인에 대하여 이해한 바를 보여 주는데 이는 개인이 자신의 생각이나 느낌을 안전한 방식으로 탐색하도록 하는 데 도움이 된다.

존중은 사람을 판단하지 않는 능력으로 관리자는 직원 개인의 행동에 대한 자신의 반응과 관계없이 개인을 한 사람으로 존중한다. 사람은 불공정하거나 비호의적이라고 판단될 것 같은 두려움을 느끼면 실제 문제의 상황과 관련된 것보다는 관리자가 듣고 싶어 하는 정보를 이야기하기도 한다. 이는 관리자가 직원의 고과 평가에 관여하고 있다면, 관리자와 직원의 직접적인 보고에는 문제가 생길 수 있다. 관리자는 직원의 능력에 대한 판단을 하며 조직은 관리자가 그렇게 할 것이라고 기대하게 된다. 사실, 관리자는 직원의 승진이나 보너스에 직집직으로 영향을 미치는 정보를 제공할 책임이 있는 경우도 있다. 관리자가 효과적인 코칭 기법을 사용하는 경우에는, 흔히 말하는 좋은 관리방식으로 코칭 기법을 적용하는 경우와 좀 더 공식적이고 직접적인 일선 관리자로서 접근하는 경우의 경계를 직원에게 분명히 알려 줄 필요가 있다. 관리자가 직원 개인의 성과를 향상하도록 돕기 위해 코칭 기법을 사용하지만, 직원이 관리자를 적대적으로 지각한다면 이 프로세스는 성공하기가 어렵다.

진정성은 진실됨의 능력과 관련된다. 관리자가 신뢰를 깨뜨린 사람이라거나 직원 개인에 대하여 분별없이 다른 사람에게 이야기한다는 평판이 있다면 어떤 조력의 시도도 진실하게 보이지 않을 것이다. 칼 로저스는 공감, 존중, 진정성의 개인적인 태도가 효과적인 라포를 맺는 데 핵심임을 최초로 인식한 사람이었다(Thorne, 2003).

기법 훈련은 '적극적 경청'이라고 불리는 기법을 포함한다. 적극적 경청은 일련의 미세 기법을 사용하는 과정으로 경청자는 의도적으로 의미를 듣고자 노력한다. 적극적 경청의 목표는 상호 이해를 향상시키는 것이다. 적극적 경청의 미세 기법은 다음과 같다.

- 주의집중(다른 사람의 신체 언어를 거울처럼 반영하기)
- 문장을 끝까지 듣기
- 내용을 환언하기(말해진 것의 핵심을 포착하고 이를 다른 말로 돌려주기)
- 느낌-정서를 반영하기(명백히 표현된, 혹은 추측되는 감정을 포착하기, '당신이 실망한 것처럼 들린다.')
- 정보를 요약하기
- 개인이 상황을 다루기 위하여 시도했던 것이나 직면했던 도전이 성과에 영향을 미친 방식에 대한 예를 요청하기
- 개방적인 질문하기(개인이 자신의 상황이나 생각, 느낌 등을 확장하도록 하게 하기 위한 방법으로 무엇을, 어디서, 언제, 어떻게 그리고 왜로 시작하기)

- 최소한의 격려(정보가 이해되고 있다는 것을 나타내는 "음" "아"와 같은 언어의 사용)

이건의 문제 관리 모델(Egan, 2004)에는 조력과정의 세 단계가 있다. 1단계는 '탐색' 단계로, 관리자는 다른 사람이 자신의 상황과 생각, 느낌을 확장하도록 격려한다. 이 단계에서 코칭 기법을 사용하는 관리자는 개인이 문제를 해결하도록 돕기보다는 상황에 대한 정보를 이야기하도록 돕는다. 이건은 이 단계의 성공이 관리자가 이 프로세스를 촉진하는 동안 개인이 상황을 탐색하는 능력에 달려 있다고 믿었다.

2단계는 '이해' 단계로, 코치인 관리자는 개인이 무엇이 발생하고 있는지에 대하여 좀 더 깊게 생각할 수 있도록 돕기 위한 도전과 탐색의 기법을 사용한다. 상황에 대하여 개인이 기여한 바, 탐색하지 않은 다른 측면들 혹은 맹점이라고 불리는 측면을 살펴보도록 돕는 것이 목적이다.

3단계는 '실행' 단계로, 개인은 상황을 변화시키기 위하여 자신이 할 필요가 있는 것과 이러한 변화를 실현시키는 방법을 고려하도록 격려받는다.

〈표 6-3〉 SMART 모델

구체적인 (Specific)	구체적인 용어로 목표를 정의하기(예, 글로벌 전략 반응의 장점에 대하여 다음 분기 미팅에서 위원회 앞에서 발표하기)
측정 가능한 (Measurable)	측정될 수 있는 목표를 설정하기(예, 개인은 발표를 하거나 하지 않거나)
도달 가능한 (Achievable)	목표가 도달 가능한지 점검하기(예, 이 목표는 시간 내에 도달 가능한가? 목표는 달성 가능한 수준인가?)
현실적인 (Realistic)	개인의 능력 안에서 목표를 설정하기(예, 이 주제는 개인이 알고 있고 말할 수 있는 주제인가? 추가적인 훈련이 필요한가?)
시간 제한의 (Timc-bound)	목표가 도달되는 데 필요한 시간을 결정하기(예, 다음 분기 미팅의 날짜)

성공적인 코칭에서 개인에 의해 설정된 목표는 명료하고 현실적이며, 이를 위해 관리자는 목표 설정을 위한 SMART 모델(Neenan & Dryden, 2001)을 도입한다(〈표 6-3〉참조). SMART 목표 설정의 개념은 비즈니스 및 산업과 관련한 다양한 훈련과정에서 문제 해결 노력을 지원하기 위해 교육하는 개념으로, 많은 관리자는 코칭 기법 훈련을 이수하기 전에 이미 이 모델에 친숙하다.

'행동 계약_{behavioural contracting}'은 측정될 수 있는 명료한 성과를 달성하는 또 다른 방법이다(McMahon, 2005). 행동 계약은 관리자가 클라이언트에게 그가 추구하는 일반적인 목표를 묻고 이 목표를 측정 가능한 성과들로 나눈다. 예를 들어, 한 개인이 지나치게 많은 일을 하고 있는데 이 중에 일부는 핵심적인 일이 아니지만 그가 '아니오'라고 말하지 못했기 때문에 생긴 일이었다. 개인은 좀 더 '타인에게 자기주장을 잘 하고' 싶다고 말하는데 이것은 일반적인 목표다. 이 목표는 여러 개의 하위 목표로 나뉠 수 있는데, '일에서 비본질적인 부분을 식별하는 기제를 구체화하기' '비본질적인 업무에 대해서는 아니오라고 말하기'가 될 수 있다. 비본질적인 업무를 식별하는 기제와 개인이 '아니오'라고 말하는 상황을 구체화하는 것은 타인에 의해서뿐만 아니라 개인에 의해서도 관찰 가능하기 때문에 측정 가능하다.

코칭, 상담, 멘토링의 차이

코칭, 상담, 멘토링이 미세 기법인 적극적 경청을 똑같이 사용한다고 하더라도 도달하고자 하는 목표와 목표에 도달하는 방법이 다르다.

코칭

코칭은 개인이나 집단의 성과를 향상시키는 것과 관련되는데, 말하기가 아닌 질문하기를 통해 자각과 자기주도적 학습을 촉진한다. 코칭은 문제를 구체화하는 것이 반드시 필요하지는 않으며 이미 잘하고 있는 개인과 팀이 좀 더 성공하도록 돕는다. 코칭은 긍정적이며, 비판단적이고, 해결에 초점을 두며, 도전적이다. 개인을 임파워먼트하고 동기부여하는 데 목적이 있다. 프로세스라는 구조는 코치에게 있더라도 내용은 항상 개인에게 있다(Wilson & McMahon, 2006).

상담

상담은 정서적인 스트레스로 인하여 원하는 만큼 기능을 잘할 수 없는 개인을 돕는 데 목적이 있다. 상담에 적합한 문제의 유형은 상실, 관계의 어려움, 자녀양육, 직장 내 따돌림과 직무 스트레스, 삶과 가정에서 마주한 도전들로 인한 불행감 등이다.

멘토링

멘토링은 컨설팅과 코칭의 중간에 위치한다. 멘토는 임파워먼트를 하고 동기부여를 하나 이렇게 하는 것이 그들의 주요 역할은 아니다. 멘토는 코치와 마찬가지로 지지를 제공하지만 멘토링 대상에게 자신의 경험과 지식, 사례를 전해 줌으로써 지지를 한다(Megginson et al., 2005).

사례 연구

존은 번화가에 위치한 소매점을 가진 큰 규모의 유통 조직에서 10개의 지점을 관리하는 지점장이었다. 그는 최근에 승진을 하였는데 지난 6년 동안 영국 북서부에 위치한 5개의 지점을 성공적으로 잘 관리한 덕분이었다.

존은 열정적인 사람으로 그의 활기 넘치는 스타일은 과거에는 일하는 데 매우 도움이 되었다. 그는 자신감이 높았다. 하지만 평소에 신뢰하였던 상사인 지사장에게 새로운 도전을 헤쳐 나갈 자신감이 부족하다고 말하였고, 상사는 그가 새로운 역할을 할 수 있도록 지원하고 싶다고 제안하였다.

상사는 관리자인 자신의 경험을 존에게 이야기해 줌으로써 존을 멘토링하여 행동 계획을 세우도록 도울 수도 있었다. 그러나 그는 최근에 코칭 훈련 과정을 이수하였고 존이 자신만의 해결책을 찾을 수 있도록 돕기 위하여 최근에 배운 코칭 기법을 활용하기로 결심하였다. 조직은 최근에 '코칭 문화'를 만들기로 결정하였는데, 말하자면 조직은 개인이 당면한 도전과 관련하여 자신의 해결책을 스스로 찾고 해결하는 데 필요한 기법과 자각을 개발하여 자신의 방식으로 당면한 도전을 다룰 수 있도록 격려하는 환경을 제공하고자 하였다.

첫 미팅에서 상사는 존이 주목할 필요가 있는 두 가지 영역, 즉 리더십 스타일과 변화 관리 기법의 부족을 구체화하도록 도왔다. 그의 목표 중 하나는 '나의 리더십 스타일의 장점과 단점을 이해하기'였다.

GROW 모델을 사용하여 상사는 존 자신이 진실되고 민주적인 리더십 스타일이라고 지각했지만 그의 새로운 팀원들은 그를 매우 지시적이고 저 성취에 대한 인내력이 부족한 리더로 보고 있음을 인식하도록 도왔다. 그의 리더십 스타일이 과거에는 효과적으로 작동하였지만 새롭게 맡게 된 경험이 풍부한 관리팀에는 협력적 접근을 시도할 필요가 있음이 분명해졌다.

대화를 하면서 존은 효과적인 변화 리더십에서 요구되는 기법에 대한 훈련이 부족했음이 드러났다. 상사는 그가 훈련 부서와 연락을 하도록 제안했고, 시간이 날 때 연구할 수 있는 다양한 자료의 목록을 추천했으며, 변화 관리와 관련된 세미나에 참석하도록 지원하였다.

원만한 리더십을 개발하고자 하는 그의 소망과 효과적인 변화 관리에 대한 지식의 증가가 결합되어 그는 자신의 새로운 역할을 수행하기 위한 전략을 개발하였다. 이 전략은 실행과정을 안내하고 정보를 제공할 핵심 팀을 만드는 것이었으며 핵심 팀의 구성원으로 관리자와 직원을 포함시켰다. 핵심 팀은 새롭게 구조화된 그룹을 위해 비전을 세우고 이 비전을 자신의 팀 안에서 의사소통하며, 관리 현장에 피드백하고 장애물을 찾는 책임을 맡았다. 코칭 문화를 만들자는 조직의 기대와 연결되어 존은 이틀 동안 진행되는 '코칭 기법 입문' 과정에 들어갔는데 이 과정에서 그는 자신의 팀과 의사소통하는 데 필요한 실제적인 기법을 배우고 그가 다시 지시적인 스타일로 되돌아가지 않고 팀에 새로운 시도를 해 보도록 격려받았다.

그의 상사는 처음에는 존을 규칙적으로 만났으나 그가 자신의 팀을 효과적으로 관리함에 따라 만남의 횟수를 줄여 갔다. 존은 자신이 추구하였던 변화와 리더십 스타일에 대하여 팀원들에게 피드백을 요청하였는데 모든 측면에서 향상되었다는 긍정적인 피드백을 받았다. 존의 상사가 사용한 코칭 접근은 관계를 강화시키기도 하였는데 팀원들은 더 생산적인 방식으로 함께 일하게 되었다. 존이 개발한 새로운 기법은 조직과 팀원 그리고 조직의 수익성에 모두에 이익을 가져다주었다.

요약

코칭 기법은 이제는 조직에서 일상이 되어 가고 있다. 거의 모든 사업 부문의 관리자들은 적절한 훈련과정을 통해 코칭 관리자의 스타일을 점차로 받아들이고 있다. 코칭 기법을 가르치는 다양한 훈련과정이 있지만 철학적인 면에서 상이한 경우가 있다. 그러나 가장 기본적인 수준에서 모든 과정은 코칭 기법 입문에 기초하고 있으며 적극적 경청의 기법을 구조화된 틀 안에서 사용한다. 이러한 기법을 훈련한 관리자는 현업에서 인사관리를 다루고 직원들이 자기주도적으로 학습하는 환경을 만드는 데 이 기법이 유용함을 발견했다.

행동 위험 관리

샤론 클락(Sharon Clarke)[*]

근로자의 건강, 안전, 웰빙에 대한 신체적 위험을 통제하기 위해서「위험 관리 접근법risk management approach」이 사용되고 있다. 영국에서는 고용주가 위험을 체계적으로 검토하고, 해를 입힐 위험 가능성을 반드시 확인해야 한다는 것이「작업장 규정에서의 건강과 안전관리 규칙 3(1992)Regulation 3 of the Management of Health and Safety at Work Regulations, 1992」에 명시되어 있다. 다른 나라에도 유사한 법률이 제정되어 있는데, 예를 들어 호주와 뉴질랜드는 국가 위험 관리표준(AS/NZ 4360) 및 특정 위험 평가 이슈에 대한 법률이 제정되어 있다. 위험 평가라는 개념은 흔히 접할 수 있는데, 영국 미디어에서는 건강과 안전을 목적으로 위험 평가를 과도하게 자주 사용하고 있다는 보고가 있다

* 맨체스터 대학교, 맨체스터 경영대학(Manchester Business School, the University of Manchester) 선임 강사

[예를 들어, 지방의회는 아이들이 상수리 열매를 따려고 나무에 올라가서 떨어질 위험성을 피하기 위해 학교 주변 나무의 상수리 열매를 미리 따서 학생들에게 나누어 주었다–『Daily Express』(2006. 10. 10.)]. 최근에는 심리사회적 위험을 다루어야 할 필요성에 대한 인식이 보다 증가하고 있는데, 이는 심리적 혹은 신체적 유해를 유발할 수 있는 일과 일의 사회적 · 조직적 맥락을 설계하고, 조직하며, 관리하는 측면을 말한다(NIOSH, 1996; Cox & Griffiths, 1996; Cox et al., 2000). 그러나 심리시회적 위험에 대한 평가와 관련된 법률조항의 제정은 분명치 않다. 예를 들어, 직장에서의 건강과 안전에 대한 유럽연합 기본 지침the European Framework Directive on Health and Safety에 따르면, 고용주는 일터의 모든 측면에서 작업자의 안전과 건강을 보장해야 하는 의무를 지닌다고 언급하고 있으나, 어떤 유럽연합 국가도 심리사회적 위험과 관련된 구체적인 법안을 마련하고

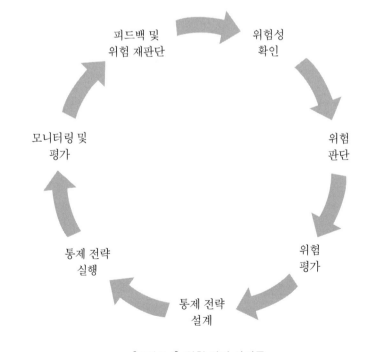

[그림 7-1] 위험 관리 사이클
출처: Clarke & Cooper (2004).

있지는 않다.

위험 관리 과정은 먼저 위험성hazard에 관한 정보를 수집한 뒤, 정보가 제시하는 위험risk을 평가한다. 이때 위험을 없애는 것이 아니라, 위험 통제 조치 혹은 개입을 통해서 수용될 수 있는 수준으로 감소시키는 것이다. 위험 관리 순환의 마지막 단계에서는 개인을 모니터링하고, 개입의 효과를 확인한다([그림 7-1] 참조).

직업 안전과 건강 개입은 현존하는 상황에 대한 반응(예를 들어, 스트레스 증상을 감소하거나 고손상high injury에 대한 반응을 목표로 함)이거나 예방(미래에 발생할 사고나 스트레스 증상의 가능성을 줄임)이다. 개입은 근로자 개인의 행동 변화를 목표로 하는 개인적 수준에 초점을 둘 수도 있고, 작업환경, 작업 설계, 혹은 조직 정책과 구조를 목표로 할 수도 있다(〈표 7-1〉 참조). 개인 수준 개입은 가장 흔하게 사용되는 조치다.

이 장에서는 근로자 행동과 관련된 위험을 다루고, 업무처리 모범 규준을 마련하기 위해 개입의 효과성에 대해서 논의한다.

신체적 위험의 관리

근로자의 행동을 관리하기 위해 설계된 안전 개입에는 직접적인 행동 변화 프로그램(응용 행동 분석 혹은 행동수정 기법들을 사용함)과 훈련 및 교육, 혹은 절차, 규칙, 조절과 같은 행동적 제한의 사용 등 다양한 기법이 있다.

행동기반 안전 개입은 관찰, 피드백, 강화(중요한 행동들을 관찰하고 강화함)를 체계적으로 사용하여 비안전 행동을 제거하고, 안전 행동을 도입하는 것을 목표로 하는 행동수정 기법을 사용한다. 이러한 개입은 바람직한 행동이 무엇인지 정확하게 정의될 때(예를 들어, 안전모나 야광복과 같은 개인 보호 장비personal protective equipment: PPE 착용) 가장 효과적이다. 리뷰 결과, 규칙 준

〈표 7-1〉 개입의 예

안전 개입들	개인 수준	조직 수준
반응적	행동에 기반한 안전, 훈련, 규칙 시행	규칙과 절차, 통제와 모니터링 시스템, 인간공학(장비, 작업환경 혹은 설계의 변화), 검열, 안전 검사
예방적	건강과 안전 훈련(문제 해결, 위험성 인식)	팀 작업, 문화적 변화, 리더십 발달, 근로자 참여
스트레스 개입들	개인 수준	조직 수준
반응적	근로자 지원 프로그램, 상담, 대처 기술 훈련	스트레스 관리에 대한 회사 차원의 정책들
예방적	선발 절차, 건강증진, 스트레스 관리 훈련	직무 재설계, 근로자 참여, 유연한 작업

수와 같은 구체적인 행동을 목표로 하는 행동 안전 개입들은 적절하게 강화가 이루어지고, 적합한 방식으로 제공될 때 효과적이었다(예, Sulzer-Azaroff & Austin, 2000; Fleming & Lardner, 2002; Lund & Aaro, 2004). 제조업(예, Zohar & Fussfeld, 1981)과 건축업(예, Coopper et al., 1994)에서 행동 안전 프로그램의 성공에 대한 경험연구가 있어 왔고, 최근에는 해양 석유 생산(Zhu, Wallin, & Reber, 2000)과 원자력 발전소(Cox, Jones, & Rycraft, 2004)와 같은 고위험도 산업에서의 행동 안전 프로그램 이용에 대한 연구가 이루어지고 있다. 그러나 단기간의 효과는 괄목할 만하지만, 행동 안전 프로그램의 장기적 효과는 그리 확실치 않으며, 프로그램이 수행되는 문화적 맥락에 따라 다르다(Glendon, Clarke, & McKenna, 2006). 드파스퀼과 겔러(DePasquale & Geller, 1999)는 관리자와 감독자의 실제적인 참여가 중요한 역할을 한다는 점을 확인했는데, 예를 들어 결과를 관찰하고 분석하는 데 필요한 시간을 허락해 주는 관리자의 지원이 있을 때 혹은 프로그램이 추천하는 변화(환경적 조건 혹은 절차)를 관리자가 직접 수행할 때 효과는 달라졌다. 또한 관리자가 과정을 지원

할 수 있다는 점을 근로자가 신뢰할 때 프로그램은 보다 성공적이라는 사실도 연구 결과 확인되었다(그러나 관리자가 단지 좋은 의도를 가졌다고 믿는 것은 아무런 효과를 나타내지 않음). 홉킨스(Hopkins, 2006)는 행동 안전 프로그램이 효과적이지 않을 수 있는 주요 이유 중 하나로 '단일 인과관계mono causality'를 강조했다. 즉, 관찰자가 근로자의 행동을 관리하는 데만 초점을 두고, 안전하지 않은 상황이나 위험성을 보고하는 것은 지원하지 않을 때가 그렇다. 드조이(DeJoy, 2005)는 작업장 안전에 대한 행동 변화 접근을 '확산bubble up' 효과로 묘사했는데 '최전선front line'에 있는 근로자의 행동을 변화시키는 것은 조직 내의 문화적 변화를 이끌 수 있기 때문이다. 그런 접근의 성공 여부는 관리자가 근로자에게 적절한 메시지를 줄 수 있는지(관리자는 근로자의 복지에 관심이 있고, 안전을 증진시키기 위해 진심으로 노력함)와 직원에게서 나온 정보가 관리자에게 효과적으로 전달되는지에 달려 있다. 이러한 점들을 고려해서 드조이(2005)는 행동 변화 프로그램은 따로 사용되기보다, 광범위한 안전 관리 시스템과 함께 사용되어야 한다고 제안했다. 따라서 근로자 행동을 직접 조작하여 행동 위험을 관리하는 것은 관리자의 지원과 참여, 그리고 직장 설계 혹은 환경의 변화가 함께 이루어질 때 가장 큰 효과를 거둘 수 있다.

훈련을 통해 근로자의 안전에 대한 지식, 기술, 가치를 높이고, 위험성의 인지와 알아차림을 증가시키며, 문제 해결 및 의사결정 기술을 증진시킴으로써 행동 위험을 감소시킬 수 있다(Burke & Sarpy, 2003). 안전 훈련(즉, 규칙적으로 적절한 훈련을 함)을 효과적으로 사용하면 손상률을 줄일 수 있다는 증거가 있다(Shannon, Mayr, & Haines, 1997). 그러나 라이트와 기어리(Wright & Geary, 2001)는 안전 훈련이 매일의 위험성을 확인하고 평가하는 것과 같이 보다 광범위한 인간 능력을 발달시키기보다 현재의 작업에만 너무 좁게 초점을 맞추고 있음을 지적했다. 콜리건과 코헨(Colligan & Cohen, 2004)은 안전 훈련이 위험을 통제하기 위한 단일 개입으로 사용되는 경우 성공적 훈련이 되기 위해서는 안전한 작업환경을 제공해 줄 수 있는 관리자의 관여 여부가 중요하다고 강조했다. 만약 부적절한 장비, 자원 혹은 지도감독으로 인해 수행하기 어려운 절차로 훈련이 제공된다면, 근로자는 더 새롭고 안전한 장비 혹은 기계에 투자하는 것이 훈련보다 더 만족스럽다고 여길 수 있고 혹은 훈련을 단지 상황적 요인이 아니라 사고 발생 시 근로자의 대처에 초점을 둔 조치라고 여길 수 있다. 따라서 개인을 훈련시키는 것에 관심을 두어야 할 뿐만 아니라, 개인이 작업하는 조직적 환경이 훈련 영역과 일관성을 가지고 있는가를 확인하는 것이 중요하다.

개인적 수준에서, 안전 개입은 현재의 규칙과 절차를 엄수하는 것 혹은 새로운 규칙과 절차(즉, 행정적 통제를 통해 행동을 관리하려고 시도함)를 수행하는 것에 초점을 두어야 한다(Reason, Parker, & Lawton, 1998). 그러나 안전 규칙 위반은 고의성이 있는 위험 감수 행위가 아니고, 오히려 작업을 보다 효율적이고, 더 빠르고, 더 쉽게 만들기 위해서 고안된 지름길이다(Reason, Parker, & Free, 1994). 근로자가 규칙을 깨는 것이 전체로서의 시스템에 미치는 영향을 평가할 수 없고, 확실하거나 즉각적인 부정적 결과는 없을 수도 있기 때문에, 근로자의 행위는 종종 강화된다. 또한 안전 행동을 보장하기 위해 설계된 규칙과 절차가 항상 적절한 것은 아니다. 예를 들어, 북해 석유 굴착장치 회사인 파이퍼 알파_{Piper Alpha}에서 일하는 근로자들은 응급 사건이 발생했을 때 플랫폼의 가장자리에서 뛰어들지 말고, 헬리콥터의 구조를 기다리도록 교육받는다. 그러나 굴착장치에 응급상황이 발생했을 때(파괴로 갈 수도 있는) 이러한 지시사항을 무시했던 사람들은 살아남은 반면, 이 규칙을 따랐던 사람들은 연기로 인해 구조 헬리콥터가 착륙을 할 수 없어서 불 속에서 사망하고 말았다(Cullen, 1990). 올바른 규칙 위반(즉각적인 위험성을 평가했을 때 규칙이 부적절하기 때문에 규칙을 지키지 않음)은 개인이 각자 결정을 내릴 수 있는 허용 범위를 부여받아야 한다. 그러나 훈련의 목적은 근로자로 하여금 시스템에 대한 충분한 지식과 기술을 갖추게 해서 위험성을 정확히 평가할 수 있을 정도의 이해도를 발달시킬 수 있게 하는 것이 아니라, 안전 규칙과 규제를 준수할 수 있을 만큼 근로자의 지식을 늘리는 것이다.

개인적 수준의 안전 개입이 지닌 한계는 행동 위험이 조직적이고 사회적인 맥락과 별개로 고려된다는 점이다. 연구에 따르면 조직, 관리자, 지도감독자 그리고 동료로부터의 근로자 지원 수준은 안전 개입의 성공에 중요한 영향력을 미친다. 사회적 지원(지도감독자와 동료로부터의)은 제조업 근로자(Iverson & Erwin, 1997)와 병원 간호사(Hemingway & Smith, 1999)의 저손상률과 관련이 있다. 제조업 근로자를 대상으로 한 파커, 액스텔, 그리고 터너(Parker, Axtell, & Turner, 2001)의 종단연구에서 지지적인 지도감독은 18개월 후의 안전 작업에 긍정적 영향을 주는 것으로 확인되었다. 따라서 사회적 지지와 직업 안전 간에 유의미한 관계가 있다는 일관된 증거가 있고, 이는 사회적 지지가 안전 작업을 촉진하고 근로자가 경험하는 직업적 손상의 숫자를 감소시킨다는 것을 시사한다. 추가 연구에 따르면, 조직의 지지를 지각하는 것은 손상 감소와 사고율 감소의 예측치가 되었다(Hofmann & Morgeson, 1999; Wallace, Popp, & Mondore, 2006). 올리버 등(Oliver et al., 2002)은 지도감독과 동료의 지지가 손상에 직접적으로 유의미한 영향을 미치며, 이와 함께 지도감독과 동료의 지지는 일반적인 건강과 안전 행동에 영향을 주어, 그 결과 손상을 줄인다는 것을 밝혔다. 이러한 결과들은 사회적 지지가 두 가지 방식으로 손상을 줄일 수 있음을 시사하는 것이다. 즉, 직접적으로는 안전 행동을 촉진시킴으로써 그리고 간접적으로는 근로자로 하여금 심리사회적 긴장을 견딜 수 있게 해서 심리적 웰빙을 보호함으로써 손상을 줄일 수 있다. 따라서 동료, 지도감독자 그리고 관리자로부터의 지지 정도는 직업 안전에 중요한 영향을 미치기 때문에 위험 관리 활동의 사회적 맥락을 고려하는 것이 중요하다.

행동 위험 관리의 전통 내에 존재하는 여러 개입들은 통제 지향control orientation을 취하는데, 여기에서는 신체적이거나 심리적인 해를 줄 수 있는 행동들을 확인하고, 통제 조치를 취하는 것에 초점을 둔다. 전념 지향commitment orientation을 포함하는 강화된 위험 관리 사이클은 위험 평가와 수행 모니터링을 포함하고, 근로자의 책임을 강화하는 발달 전략도 포함하고 있다. 고 전념 관리high commitment management는 근로자로 하여금 조직의 목표(예, 안전의 우선순위)를 확인하고, 이를 성취할 수 있는 추가 노력(예, 안전 관련 시민행동에 참여하기)을 기울이는 데 도움이 되는 조건을 만들어 낸다. 이 접근은 상해를 최소화하기 위한 규칙, 규제, 모니터링을 사용해서 규정 준수에 대한 과도한 의존을 피할 수 있다(Whitener, 2001). 브레덴버흐(Vredenburgh, 2002)에 따르면 안전과 관련하여 통제와 전념 지향 실제를 통합하는 것이 지지되었다. 연구 결과, 통제 지향 활동만을 강조할 때 상해가 증가했으나, 통제 지향과 보다 예방적 조치들(선택과 훈련)을 함께 사용했을 때 상해가 줄어드는 것으로 확인되었다. 따라서 전통적 위험 관리 기법들과 고전념 전략high commitment strategy들을 통합한 접근은 보다 효과적인 안전 개입을 이끌 수 있을 것이다.

최선의 실행을 위한 지침

- 행동기반 안전 개입들을 별개로 사용하는 것을 피할 것. 대신 광범위한 안전 관리체계 내에서 사용할 것
- 어떤 개입 프로그램을 도입하기 전에, 참가자들이 관련되었음을 확신할 수 있고, 모든 관련자들(특히 간부급 관리자)이 관여되었음을 확인할 수 있도록 적절한 정보를 제공하고 전문가와 상의할 것
- 경제적인 지원뿐만 아니라 시간과 전념과 같이 프로그램에 배치될 적절한 자원들이 있는지 확인할 것
- 개입의 목적에 관한 정보들이 공유되고, 수행에 어떤 영향을 미치는지 피드백을 모을 수 있는 의사소통 시스템을 강화할 것
- 개입의 지속적인 효과를 모니터하고, 지속적인 영향을 확인할 수 있는 조치들을 취할 것. 더 많은 참여와 전념을 가능하게 하는 조치들을 도입

하여 직장 내 안전 이슈를 보다 잘 지각하도록 함으로써 근로자가 더 전
념케 할 것

심리사회적 위험의 관리

대부분의 스트레스 개입은 스트레스 관리와 극복 기술을 향상시킴으로써
근로자 행동을 변화시키거나(예, 보다 건강한 삶의 방식을 격려하거나 극복 전략
에 대한 교육을 제공하는 프로그램들) 스트레스 증상을 완화(예, 상담을 통해서 불
안을 극복하도록 돕기)시키는 개인 수준에서 이루어진다. 이러한 경향은 특히
미국에서 뚜렷하고, 유럽이나 스칸디나비아에서는 조직적 수준의 개입이 보
다 광범위하게 발견되고 있다(Geurts & Grundemann, 1999). 기가, 파라거, 그
리고 쿠퍼(Giga, Faragher, & Cooper, 2003)에 따르면 가장 광범위하게 사용된
개인 수준의 기법은 인지행동치료$_{CBT}$와 이완 훈련이었고(각각 개입의 30%에
해당), 훈련과 교육은 개입의 15~20%에 해당되었으며, 개인을 위해 선발절
차를 활용하는 개입 프로그램은 1%에 불과했다. 따라서 예방 조치에 해당하
는 개입들은 주로 개인 수준에서 이루어지고 있을 뿐(예, 건강증진 프로그램,
선발과 배치), 충분히 이용되지 않고 있다.

스트레스 관련해서 근로자의 행동을 변화시키는 것이 긍정적인 효과를 가
져온다는 지속적인 증거가 있다. 예를 들어, 생활방식을 향상시키게 되면
개인은 스트레스에 더 저항할 수 있게 되며, 상담은 자신감과 자존감을 증
가시킴으로써 근로자의 심리적 웰빙을 향상시킬 수 있다(Berridge, Cooper,
& Highley-Marchington, 1997). 그러나 스트레스 관리 활동들이 스트레스 증
상을 일시적으로 감소시키는 효과를 지니기는 하지만, 이러한 긍정적 효과
는 시간이 지날수록 감소되는 경향이 있다(Cooper, Liukkonen, & Cartwright,
1996; Murphy, 1988). 연구에 따르면, 개인 수준의 기법들은 사회적 · 조직

적 맥락을 고려하는 조치들과 함께 조합되었을 때 보다 성공적이었다. 예를 들어, 지지 집단은 CBT 및 이완과 성공적으로 조합될 수 있고, 평가 연구에 따르면 스트레스 증상 감소뿐만 아니라, 참여자의 지지 추구 기술과 극복의 적절성이 증가되었음이 확인되었다(Elliot & Maples, 1991; Lees & Ellis, 1990; McCue & Sachs, 1991). 일 재설계work redesign, 훈련, 의사소통과 같은 예방적 개입과 함께 조합되었을 때, 낮은 수준의 스트레스가 장기적으로 지속되었다는 것이 보고되고 있다(Griffin, Hart, & Wilson-Evered, 2000; Kalimo & Toppinen, 1999). 예를 들어, 칼리모와 토피넌(Kalimo & Toppinen, 1999)은 일 재설계, 훈련, 동료 지지 집단을 포함하는 스트레스 개입 프로그램에 참여한 11,000개 삼림관리 산업 관리자의 일 및 건강 관련 요인들을 10년 동안 검토하였다. 연구 결과, 대부분의 직원은 자신의 심리적 근로 능력이 좋다고 평가했고, 스트레스는 낮은 수준을 유지했다.

행동 위험 관리에 대한 전통적인 접근은 신체적 혹은 심리적 유해성(위험 요인들)을 증가시키는 요인들을 확인하고 관리하는 것이다. 보다 '긍정심리학positive psychology'적 방향으로의 운동을 따르고 있는 대안적 접근은 보호 요인들을 확인하는 것에 초점을 두는데, 보호 요인은 스트레스에 대한 회복탄력성을 개발하고, 안전한 작업을 만든다. 이때 기초를 이루는 철학은 인간의 기능에 대한 '강점기반strength-based' 발달 모델이 '결핍기반deficit-based' 모델을 점차로 대체해야 한다는 것이다. 스트레스 개입과 관련하여, 보호 요인이란 스트레스에 대한 개인의 취약성을 줄여 줄 수 있는 개인의 성격 특징과 환경적 조건들(예, 긍정적 자기평가, 낙관주의, 통제감, 동료로부터의 사회적 지지)을 말한다. 위험 관리 개입은 각 개인의 대차대조표(위험 요인 대 보호 요인)를 고려하고, 부정적 스트레스를 더 많이 가진 개인들을 목표로 하는 프로그램을 설계한다. 이때 프로그램은 위험 요인 수치를 감소시키고, 보호 요인을 증가시키는 것을 목표로 한다. 이러한 접근은 개인에 대한 보다 긍정적인 관점을 취하지만, 사회적 및 조직적 맥락을 평가하지 않고, 개인 수준에 초점을 둘 위험이 있다. 그러나 한편으로 보호 요인의 강조는 관리 위험에 반응적으로 접근하기보다 예방적으로 접근하는 것을 촉진한다. 예를 들어, 훈련은 규칙의 지식을 다시 일깨우고, 준수를 촉진하기 위한 반응적 조치로 사용될 수 있지만, 훈련은 일터의 위험을 재인식하고, 사정하고, 평가하는 능력과 같은 '보호적' 기술들을 개발하는 데 초점을 둠으로써 예방적 조치로 보다 효과적일 수 있다.

가장 바람직한 실제를 위한 권고사항들

• 직무 스트레스를 관리하기 위해서 이미 나타난 스트레스 증상을 다루는 조치들을 수행하는 것과 같은 '소방 활동' 접근을 피하라.
• 반응적 조치는 스트레스에 대한 회복탄력성을 키우는 것을 목표로 하는 예방적 조치들(예, 건강증진, 스트레스 관리 기술 등)과 함께 사용될 때 가장 유용하다.
• 위험 요인들이 처음에 어떻게 관리될 수 있는지를 고려하라. 즉, 장기적인 관점에서 볼 때 조직적 수준의 개입이 비용 면에서 보다 효과적인 이득을 줄 수 있다.

결론

위험 관리 접근은 개인의 행동을 변화시키는 것에 초점을 둠으로써 위험을 감소시킬 것을 목표로 하는 통제 지향 조치를 주로 사용케 한다. 그러나 이 장에서는 그러한 조치들(특히 단독으로 사용될 때)이 신체적 혹은 심리사회적 위험을 다루는 데 항상 가장 효과적인 수단은 아니라는 것을 보여 주었다. 〈표 7-2〉는 많은 다른 수준에서 고안된 안전 개입 프로그램의 예들을 제

〈표 7-2〉 안전 개입 프로그램의 예

개입	
수준 1	
1.1	선임 관리자/감독의 의도를 언급함
1.2	관리자가 근로자에게 지속적으로 피드백을 제공함
1.3	정확한 의사소통 시스템
1.4	위기직전 보고 시스템
1.5	훈련 니즈의 분석
1.6	제재와 보상 계획
1.7	의사소통과 안전위원회
수준 2	
2.1	리더를 위한 행동 계획
2.2	근로자 팀워크 개발
2.3	근로자 관여
2.4	평가에 안전을 포함시킴
2.5	피드백 의사소통
2.4	훈련
2.5	일 설계와 위험 분석
수준 3	
3.1	리더십 워크숍
3.2	관리 교육 세션
3.3	관리 안전 리뷰 도구
3.4	웰빙 프로그램
3.5	건강 안전 평가 시스템
3.6	행동수정 프로그램

출처: 맨체스터 대학교와 전문가 훈련 및 자문 서비스 유한회사(www.specialisttraining.co.uk 참조).

시하고 있다. 여기에서 각 수준은 회사 내에서 이미 제공되고 있는 정도를 의미한다. 개입 프로그램은 개인적 조치와 조직적 조치를 아우르며, 반응적이기보다는 예방적인 것에 목적을 두고 있다. 수준 1의 개입은 안전 정보의 흐름을 증가시키는 시스템의 가동을 통해 안전을 향상시키는 것을 목적으로 하고 있다. 예를 들어, 관리자가 근로자에게 피드백을 제공하거나(안전 게시판을 사용), 혹은 위기 직전에 보고하는 시스템 등이 이에 해당한다. 수준 2에서의 개입은 예방적 조치들을 조직에 통합하는 것을 목적으로 한다. 즉, 안전 기준을 직원 평가 내에 포함시키거나, 안전 조치 계획의 사용을 촉진하는 것이다. 수준 3에는 행동 변화 프로그램이 포함된다. 그러나 이 개입은 수준 1과 2에서 달성된 의사소통 향상, 정보 흐름 그리고 관리자와 근로자의 전념이 이루어졌을 때 수행될 수 있다. 따라서 개인기반 개입을 사용한 행동 위험 관리의 성공은 사회적 · 조직적 맥락을 고려해야만 극대화될 수 있다. 또한 행동 위험은 노동력의 수준에서뿐만 아니라, 리더십 워크숍과 관리 교육 세션을 포함한 관리적 수준에서 고려될 수 있다. 개입 프로그램에 참여하는 기업은 향상이 필요한 영역을 확인하기 위한 안전 검사를 받을 수도 있다. 맞춤형 개입 패키지가 실행되고, 안전 성과에 미치는 영향이 모니터된다.

위험의 유형에 맞는 개입 간에 차별점이 있는데, 즉 직무 스트레스를 다루기 위한 개입과 직장 안전을 향상시키기 위한 개입은 따로 고려된다. 그러나 연구에 따르면 이 두 영역 간에 관련성이 존재했다. 예를 들어, 골든하, 윌리엄스 그리고 스완슨(Goldenhar, Williams, & Swanson, 2003)은 직무 스트레스원(직무 요구, 타인의 안전을 위한 직무 조절과 책임)이 거의 일어날 뻔한 사고에 직접적으로 유의미한 영향을 미쳤으며, 타인의 안전에 대한 책임이 상해에 직접적인 영향을 미쳤는데, 이 영향은 심리적 증상들(긴장, 우울, 분노)과 신체적 증상들(메스꺼움, 두통, 불면증, 요통)에 의해서 부분적으로 매개되었다. 또한 올리버 등(2002)은 '조직적 관여organizational involvement'(감독 위치에서의 지지, 동료의 지지, 안전 관리와 같은 측면들)가 작업장 상해에 미치는 영향은 일반적인 건강(불안과 우울로 측정)에 의해서 부분적으로 매개되었다. 따라서 개입이 따로 이루어지기보다는 안전과 건강 관련 결과들에 미칠 수 있는 영향을 고려해서 설계되어야 한다. 보너스 지급, 지도감독자를 위한 민감성 훈련, 혹은 사내 헬스장의 설치 등과 같은 구체적인 개입들은 급여에 대한 만족, 지도감독 혹은 스트레스와 같은 단일 결과에 영향을 미치는 경향이 있다(Morrow & Crum, 1998). 그러나 안전 개입은 보다 넓은 의미를 지녀서, 향상된 직무 만족과 같은 넓은 범위의 성과에 영향을 미치는 경향이 있고(Goldenhar et al., 2003) 건강증진 프로그램과 같은 스트레스 개입은 상해율 감소를 이끌었다 (Mearns, Whitaker, & Flin, 2003; Shannon et al., 1997). 그러나 근로자의 건강, 안전, 웰빙을 효과적으로 포함할 때 개입 프로그램이 성취할 수 있는 광범위한 영향력에 대해서는 거의 인식되지 않고 있다(Clarke & Cooper, 2004).

직장에서의 긍정적인 대처 전략

필립 듀이(Philip Dewe)[*]

직무 스트레스 대처 연구는 지난 40년 동안 수많은 책과 논문의 주제였다. 이러한 지속적인 관심은 사람들의 대처방식을 탐색하는 것이 그 자체로도 매력적이기 때문에 단순히 인기 있는 토픽으로 설명할 수도 있지만, 대처라는 용어에는 대처를 잘 이해할수록 직무 스트레스와 직무 스트레스를 다루는 법에 대해 더 잘 이해할 수 있다는 견해가 반영되어 있다. 대처는 스트레스 등식의 근본적인 부분이다. 자이드너와 사클로프스케(Zeidner & Saklofske, 1996)가 주장하였듯이 대처는 개인의 성장과 발달의 핵심에 자리 잡고 있기 때문에 단순한 적응 이상의 무언가로서 생각되어야 한다. 대처는 즉각적인 사적 연관성을 가지며 이 장은 직무 스트레스를 다루는 데 있어

---

[*]버벡 런던 대학교 조직심리학과(Department of Organisational Psychology, Birkbeck, University of London) 부학장

서 긍정적인 대처의 역할에 대해 탐색한다. 그러나 대처에 관한 연구는 논란 없이 이루어지지 않으며 직장에서의 긍정적인 대처의 역할을 이해하기 위해 우리는 우선 대처의 의미, 대처 전략이 분류되어 온 여러 방식, 긍정적인 대처의 출현, 대처 효과성의 판단 그리고 이 모든 것이 조직과 조직의 개입에 대해 의미하는 바 등에 대해 탐색할 필요가 있다.

대처란 무엇을 의미하는가

긍정적인 대처를 이해하는 첫 번째 단계는 우선 대처가 무엇을 의미하는지 고려하는 것이다. 대처의 의미를 정의하는 것은 어려운 일이다. 무언가를 대처로 기술하는 일은 한 사람이 생각하거나 행동하는 것에 대해 어떤 지식을 갖는다는 것을 가정한다. 이런 이유로 개인이 환경과 거래하는 방식의 일부로서 대처를 하나의 프로세스로 생각하는 것이 중요하며, 따라서 대처는 일반적으로 "개인의 자원에 부과되거나 초과되는 요구를 다루기 위해 개인이 기울이게 되는 인지적 · 행동적 노력"으로 정의된다(Lazarus, 1991: 5). 대처를 단순히 스트레스를 관리하기 위해 요구되는 노력이라고 해 보자(Lazarus, 2001). 그것은 역동적이며 확장적인(unfolding) 과정이다. 라자루스Lazarus의 견해를 간단히 보면 다음과 같다. 그의 이론에서 핵심은 대처가 어떻게 정의되어야 하는지와 스트레스를 받는 상황에서 일어나는 과정, 이 두 가지 측면이다. 첫 번째 평가는 어떤 스트레스를 받는 상황에서 개인이 그 상황이 요구적인지 그리고 웰빙의 측면에서 위협이나 손실 혹은 도전을 나타내는지에 대해 평가하는 것이다. 이는 중요한 무엇인가가 위협에 처해 있는지에 대한 평가다. 위협은 어떤 기대되는 요구, 이미 발생했던 어떤 요구에 대한 손실, 그리고 성취 및 개인의 발달 기회에 대한 도전을 말한다.

두 번째 평가는 평가에 대해 무언가가 이루어져야 한다는 인식이다. 따라서 이러한 요구를 다루기 위해 개인의 대처 옵션과 자원이 고려된다(Lazarus, 1991 참조). 자원과 옵션은 일반적으로 그러한 사회적 · 경제적 · 조직적 · 개인적 특성을 말하며 이러한 것들은 대처를 지원하기 위해 가져올 수 있는 것들이다. 스트레스의 발생stressful encounter은 환경의 요구와 그것을 다루는 개인적 자원 사이의 균형에 대한 모든 것이다. 그렇다면 대처는 목적, 노력, 계획 세우기를 포함하며, 현재 초점적이자 미래 초점적이고, 요구적인 사건의 맥락 안에서 의식적으로 일어난다. 스트레스 문헌들에서 등장하기 시작하고 있는 것은 아마도 이제 부정적인 평가와 긍정적인 평가(Lazarus, 1991), 대처 자원의 고갈과 축적(Hobfoll, 2001), 전통적으로 반응적 대처를 강조했던 것에서 긍정적인(능동적인) 대처를 많이 강조하는 '시간 관점'(Schwarzer, 2001)으로 대처에 대한 이해를 확장하려고 한다는 것이다. 물론 이 중의 많은 논문이 논쟁 중이며, 대처가 얼마나 정확하게 정의되어야 하는지에 관한 합의는 아직 이루어지지 않았지만(Aldwin, 2000), 반면 이러한 많은 논문과 관련하여 대처를 고려할 때 관심은 불가피하게 대처의 성격과 수행될 것으로 추측되는 기능으로 귀결된다.

긍정적인 대처에 대한 이해를 발달시키는 데 있어 두 번째 단계는 대처 전략이 실제 하는 일이 무엇인지에 대해 고려하는 것이다. 대처 전략이 하는 서로 다른 기능들을 분류하기 위해 많은 시도가 이루어져 왔다. 지금까지 가장 잘 알려진 것은 **문제 중심 대처**와 **정서 중심 대처** 간에 라자루스와 포크먼(Lazarus & Folkman, 1984)이 세운 구분이다. 문제 중심 대처는 스트레스의 원천에 목적을 두고 이성적인 과제 지향적 행동(예, 상황을 다루기 위한 다양한 계획을 고려하는 것, 우선순위를 정하는 것, 상황을 물러나서 합리적으로 보고자 하는 것, 그 상황에 대해 더 탐색하는 것, 부가적인 정보를 찾는 것 등)을 포함하는 직접적인 조치를 말한다. 다른 한편, 정서 중심 대처는 스트레스가 발생할 때 동반되는 정서적 불편감을 목표로 한다. 예를 들어, 정서 중심 대처 전략은 정서적 안도(예, 화나는 것을 경감시키기 위해 다른 동료들에게 짜증을 표현하는 것),

주의를 분산하는 활동(예, 책상에서 벗어나 잠시 사무실이 아닌 곳에 가는 것), 동료(예, 상사로부터 도움을 받아 문제를 의논하는 것), 가족과 친구(문제를 떠나 나중에 그것을 집에서 이야기함으로써 해결하고자 하는 것)로부터 도움을 받는 것, 참고자 하는 수동적인 시도, 그 상황을 다루기 위해 준비하는 것(예, 아무것도 하지 않고 일상처럼 지내기) 등이다. 문제 중심 대처와 정서 중심 대처를 구별하면서 라텍과 하브로빅(Latack & Hvlovic, 1992)은 대처 전략이 수행하는 기능을 서로 구별하고자 할 때 단지 전략의 다른 **중심**(즉, 문제/정서)뿐 아니라 **형태**(즉, 인지적 사고/행동) 면에서도 고려해야 한다고 주장해 왔다. 이 두 가지 예시 이외에 연구자들이 통제, 도피, 관리, 도구적, 적극적, 예방적, 수동적, 임시방편적, 접근, 회피 그리고 실존 등의 다양한 용어로 대처 기능을 기술해 왔다는 것은 문헌(Dewe & Cooper, 2007)에 분명하게 나타난다.

이렇게 용어들이 나열되고 또 그중에 많은 것이 문제/정서 중심 대처의 속성을 갖고 있다는 사실에도 불구하고 대처 전략이 수행하는 기능을 기술할 때 가장 최선이 무엇인지에 대한 합의는 여전히 거의 이루어지지 않고 있다. 이 장의 맥락에서는 대처 전략이 수행하는 기능을 기술하는 것이 대처 전략이 얼마나 효과적인지나 그것들이 대처의 능동적이거나 다소 다른 형태를 대표하는지를 기술하는 것과는 질적으로 다르다는 점에 주목하는 것이 훨씬 더 중요하다. 대처를 평가하기 위해서는 대처가 일어나는 맥락, 대처 전략이 언제 어떻게 사용되는지, 도달하고자 하는 바가 무엇인지, 평가하는 사람이 누구인지 등을 포함하는 다른 요소들과 관련하여 대처의 효과성이나 긍정적인 영향이 고려되어야 한다. 이 단계에서는 대처 기능의 기술이 그것이 얼마나 효과적인지 긍정적인지 하는 것과 혼돈되어서는 안 된다는 점을 확립하는 것이 중요하다. 얼마나 효과적이냐 긍정적이냐 하는 것은 앞서 언급했듯이 훨씬 더 복잡한 문제다. 그러나 이러한 점을 주의하는 가운데 삶의 질을 향상시키고 자기가치감을 개발하며 자기확신을 강화하고 건강을 증진하는 잠재력을 갖는 대처의 형태를 탐색해 갈 수 있다(Greenglass, 2002; Schwarzer, 2004).

반응적 대처에서 능동적 대처까지

긍정적인 대처의 구성요소와 질을 고려할 때 이를 판단하는 맥락이 중요하다. 능동적 대처를 가장 잘 보여 주는 긍정적인 대처에 대한 강조는 아마도 최근의 두 가지 발달에서 나왔다고 볼 수 있다. 첫 번째는 소위 긍정심리학 운동(Seligman & Csikszentmihalyi, 2000)에서의 발현이다. 여기에서는 긍정적인 경험, 긍정적인 인간의 기능에 대한 추구, 개인이 번영하도록 하는 요인, 개인의 삶의 질을 풍요롭게 하는 요인들이 강조된다(Fredrickson, 2001). 이 운동은 과소평가되어 왔던 '대처의 다른 면'(Folkman & Moskowitz, 2000: 647), 즉 긍정 정서, 그리고 자부심, 기쁨, 행복, 만족감 같은 긍정 정서의 역할(Fredrickson, 1998), 이러한 종류의 정서를 생산하는 데 도움이 되는 대처의 적응적 중요성에 관심을 불러일으켰다. 긍정심리학 운동의 아이디어에 대한 논쟁이 풍부하게 이루어지는 동안(Lazarus, 2003), 그러한 논의는 연구자들로 하여금 대처의 속성 및 스트레스를 겪는 동안 개인을 지탱해 주는 긍정적인 방식에 대해 보다 폭넓게 생각하도록 동기를 부여하였다.

긍정적인 대처에 대한 관심의 증가에 기여했던 두 번째 발달은 호브폴(Hobfoll, 2001)의 연구와 그의 자원기반 대처이론에서 나왔다. 호브폴(2001)의 자원보존이론이 갖는 기본 골자를 요약하면 스트레스란 개인에게 자원이 상실될 위협이 있을 때나 상실될 때 혹은 자원을 다시 얻는 데 실패할 때 일어난다는 것이다. 호브폴 이론의 중요성은 자원축적뿐 아니라 자원고갈도 가리키고 있다는 점이다. 대처에 대한 우리의 이해를 풍부하게 하고 확장시켜 주는 "매우 매력적인 개념"(Schwarzer, 2001: 403)이 자원축적 개념이다. 왜냐하면 자원은 개인으로 하여금 보다 효과적으로 대처할 수 있도록 힘을 실어 주기 때문이다(Greenglass, 2002). 자원이 개인에게 힘을 주고 대처능력을 신장시킨다는 이러한 생각은 연구자들로 하여금 자원이 어떻게 개발되고 길러져서 어떻게 최상으로 사용될 수 있을 것인가 하는 긍정적인 이점에 대해 생각할 기회를 제공한다. 긍정심리학과 자원보존이라는 이러한 두 가지 발달로부터 긍정적인 대처의 기본적인 속성을 잘 반영하는 것이 무엇인지에 대한 규명이 가능하다.

이러한 속성에는 다음과 같은 것들이 포함된다.

- 긍정 정서를 개발하고 유지히는 긍정적 의미를 생산하는 사건의 평가
- 앞을 내다보고 자원의 축적과 개인의 성장에 기여하는 전략
- "개인의 사고와 행동 레퍼토리를 확장하고 개인의 자원을 보유하는 것을 기르는" 긍정 정서 자체(Fredrickson, 2001: 219)

이러한 속성들은 결코 상호 배타적이지 않다. 각각은 상호 의존적이며 모두 개인과 환경 간의 교류의 일부로 보아야 한다. 또한 긍정적인 대처에 대한 강조가 이미 일어난 사건을 다루거나 이에 반응하는 차원에서 설명되는 전통적인 접근을 무시하는 논의가 아니라는 점을 인식하는 것이 중요하다. 우리가 보았듯이 대처 전략이 어떻게 활용되는지와 그것의 영향을 결정하는 일은 결코 쉽지 않은 문제다. 두 가지 접근 모두 대처의 영향에 대한 이해를 돕는 것이며, 긍정적인 대처에 대한 최근의 강조는 포크먼과 모스코위츠(Folkman & Moskowitz, 2003: 121)가 제안한 것처럼 '충분히 강조되어 오지 않았던 영역을 최근 들어 따라잡는 국면을 나타내는' 것이다.

앞서 요약했던 속성들이 긍정적인 대처를 반영하고 긍정적인 대처의 '원형'이 능동적 대처(Schwarzer & Knoll, 2003)라면 능동적 대처를 더 상세히 탐색해야 한다. 스트레스 과정에서의 시간 요소에 대한 관심을 불러일으킴으로써, 슈어저(Schwarzer, 2001, 2004)는 진보적이며 미래 지향적인 차원에서 능동적 대처를 다른 대처 형태와 구별하고 있다. 이런 점에서 능동적 대처는 "노선적인 목표와 개인직인 성장을 촉진히는 일반적인 자원을 구축하는

노력"(Schwarzer, 2001: 406)으로 정의할 수 있다. 두 가지 다른 속성이 능동적 대처와 다른 형태의 대처를 구별한다. 첫째, 능동적 대처는 '위기 관리'라기보다 '목표 관리'로 여겨진다는 점이고, 둘째, 능동적 대처는 목표 도달이라는 도전에 응하고자 하는 열망으로 동기화된다는 점이다(Greenglass, 2001, 2002). 이런 면에서 능동적 대처는 도전적인 목표를 촉진하고 개인의 발달을 위한 기회를 창조해 가는 행동 계획을 개발해 가는 것이 전부다. 반대로 (Schwarzer, 2001, 2004 참조), 다른 형태의 대처는 이미 발생한 상황을 다루고 (반응적 대처), 임박한 요구를 다루며(예측적 대처), 가능한 요구를 다룰 준비를 한다(예방적 대처)는 점에서 보다 '위기 관리' 지향적이다.

슈어저는 능동적 대처자란 "일이나 삶의 향상을 위해 분투하고 기능의 진보와 질을 보장해 주는 자원을 축적하는"(2001: 406) 사람이라고 설명한다. 능동적 대처의 긍정적인 속성은 요구적 상황이 개인적인 도전의 차원에서 평가된다는 사실로 강화된다(Schwarzer & Knoll, 2003). 개인적인 도전의 차원에서는 앞서 언급했듯이 대처가 위기 관리라기보다 목표 관리가 된다. 그러나 능동적 대처에는 무엇이 포함되는가? 슈어저(1999)의 능동적 대처이론을 바탕으로 그린글래스(Greenglass, 2002)는 능동적 대처의 서로 다른 차원을 평가하는 능동적 대처검사Proactive Coping Inventory: PCI를 개발하였다. PCI의 일곱 가지 하위척도는 http://userpage.fu-berlin.de/~health/greenpci.htm에서 온라인 출판본을 통해 볼 수 있다(Greenglass, 2001; Greenglass, Schwarzer, & Taubert, 1996). 여기에서 강조된 능동적 대처가 담고 있는 것을 보여 주기 위해 14문항의 능동적 대처 척도에는 "자율적인 목표 설정을 자기조절적 목표 도달 인식 및 행동과 결합하고 있다."(Greenglass, Fiksenbaum, & Eaton, 2006: 16). 그러한 대처에는 예를 들어, '내가 문제를 경험할 때 나는 그것을 해결하는 데 있어서 주도권을 갖는다.' '목표에 도달한 후 나는 더 도전할 만한 다른 것을 찾는다.' '나는 장애물을 긍정적인 경험으로 전환시킨다.' '나는 성공할 필요가 있는 것이 무엇인지 정확히 찾아내고자 한다.' '나는 꿈을 시각화하고 그것을 이루고자 한다.' 등이 있다.

　이 단계에서 앞서 언급됐던 다른 대처 전략 중 하나인 예방적 대처를 살펴보는 것 또한 가치가 있다. 슈어저와 토벗(Schwarzer & Taubert, 2002)은 어떤 요구가 도전으로 평가되는지 위협으로 평가되는지에 따라 이런 대처 유형을 활용하는 동기가 다를 것이라는 점을 지적했음에도 불구하고, 예방적 대처 또한 능동적 요소를 갖는 대처 활동(예, 기술 개발, 자원축적, 역량강화 등)을 반영해 주는 것처럼 보인다. 예방적 대처가 일반적인 저항력을 강화하는 것에 관한 것이 전부인지, 또 운동, 이완, 명상, 삶에 대한 균형 잡힌 접근과 같은 기술들이 능동적 대처로서 자격이 있는지 심사숙고하는 것은 흥미로운 일이다. 만약 그러한 전략들이 에너지나 자기인식, 웰빙에 대한 내적 감각을 개발하는 데 활용될 때 스트레스 관리와 도전을 다루는 역량이 더 커진다면, 그 전략들을 포함하여 구성된 강력한 사례가 일반적인 능동적 대처의 기준에 포함될 것이다.

　스트레스 과정의 두 가지 다른 측면인 평가와 정서로 돌아가, 이 두 가지가 긍정적인 대처에 어떻게 기여하는지 고려하는 것은 중요하다. 어떤 힘든 상황의 중요성은 개인이 그러한 요구를 평가하는 방식과 위태로운 것에 의미를 부여하는 방식에 의해 결정된다. 개인이 어려움에 부여하는 의미는 발생하는 대처의 종류와 뒤따라올 긍정적인 결과에 가장 강력하게 미치는 영향력이다. 예를 들어, 라자루스(2011)는 개인이 어려움에 부여하는 의미에서 볼 때, 어려움이 도전으로 평가되지 않고, 어려움을 통한 잠재적 이득으로 평가되는 경우에만 평가의 긍정적인 측면을 거론했다. 따라서 긍정적 평가에는 도전을 어떻게 규명하느냐와 이점을 찾는 것이 포함된다. 긍정적인 대처가 긍정 정서를 유도하기 때문에 긍정 정서를 경험하는 데서 흘러나오는 "확장 및 수립broad and build"(Fredrickson, 1998: 315) 속성을 고려하는 것 또한 중요하다. 기쁨과 자부심 같은 긍정 정서는 개인이 자신의 자원을 강화하는 데 도움이 되는 폭넓은 사고와 움직임을 추구하도록 촉진하는 속성을 갖고 있다. 개인의 자원은 "대처를 향상시키기 위해 나중에 끌어올 수 있는 보유지로서 기능"
(Fredrickson & Branigan, 2005: 315)한다. 긍정 정서는 또한 '확장 및 수립' 속성
의 차원에서 부정 정서의 계속되는 효과를 없애거나 바로잡고, 회복력을 강
화하며, 결과적으로 웰빙을 증진하는 잠재력을 갖는다(Fredrickson, 2001). 긍
정 정서의 경험은 긍정 정서들이 "개인 성장과 사회적 유대를 위한 운송수단"
(Fredrickson, 2001: 224)으로 작용하는 경험인 것 같다.

　이미 긍정적인 대처의 큰 그림이 드러나기 시작하고 있다. 이 큰 그림에는
상호 배타적이지만은 않은 많은 요소가 포함되어 있다. 이 요소들은 사건에
대한 긍정적 평가를 포함하는데, 여기서 긍정적 평가란 도전에 조우하여 개
인 성장과 발달의 차원에서 얻을 수 있는 유익을 추구하는 것을 포함한다. 이
와 함께 짝을 이루는 대처 전략들로는 진보적이고, 주도권을 가지며, 도전을
수용하고, 사건을 긍정적 경험으로 전환하며, 자원을 개발하고 축적하고, 자
각과 웰빙에 대한 내적 감각을 강화할 시간을 갖는 것 등이 있다. 그러한 전
략들은 긴장이나 걱정과 같은 부정 정서와 반대로 이중의 속성을 갖는 긍정
정서와 연합된다. 이중의 속성에는 긍정 정서들이 개인의 사고와 움직임의
범위를 확장시킬 뿐 아니라(이는 가능한 대안을 확장하고 창조적인 해결책을 찾
도록 동기를 부여해 준다.) "회복력에 연료를 때는" 다양한 "지속적인 개인 자
원"(Fredrickson, 2001: 219)을 강화하도록 돕는 것이 포함된다.

　만약 이 모든 요소가 능동적 대처를 반영한다면, 문제 중심 대처와 정서 중
심 대처와 같은 다른 형태의 대처 역시 긍정적인 결과를 만들어 낼 수 있는
것일까? 답은 물론 그럴 수 있다는 것이다. 그러나 어떤 대처 전략이 긍정적
인지 결정하는 일은 능동적 대처가 도전에 맞닥뜨리고 주도권을 갖는 속성과
더불어 진보적임에도 불구하고 상상하는 것만큼 그렇게 간단하지는 않다.
답해야 할 필요가 있는 질문은 당신이 긍정적인 성격을 지닌 대처 가운데 어
떤 형태를 어떻게 결정해 가야 하느냐다. 이것을 결정하는 한 가지 방법은 대
처 전략이 왜$_{why}$ 사용되는지, 대처 전략의 선택에 동기를 부여하는 것은 무엇

인지, 그 전략은 어떤 방식으로 어떻게how 활용되는지, 그 전략의 활용을 통해 무엇을what 목표로 하는지, 그러한 목표 달성이 성과와 관련하여 어떻게 how 평가되는지에 대해 더 잘 이해하기 시작하는 것이다. 이러한 질문들이 예시하듯이 대처의 긍정적인 속성을 이해하는 것은 특별한 대처 전략이 활용되든 그렇지 않든 단순히 질문하거나 아는 것 이상의 무언가를 요구한다. 따라서 능동적인 대처를 통해 긍정적인 목표를 추구하는 것으로 관심이 바뀌어 간다고 해서 이것이 다른 대처유형을 무시해야 한다거나 다른 대처유형은 긍정적인 결과를 낳을 수 없다는 것을 의미하지는 않는다. 긍정적인 대처에 대해 더 잘 이해하는 것은 우리가 대처의 '미약한' 측면으로 기술되어 왔던 것을 명료하게 탐색하도록 해 주기 때문에 중요하다(Folkman & Moskowitz, 2000). 그럼에도 강조할 필요가 있는 것은 이러한 '대처의 다른 측면'이 탐색될 때 다음과 같은 시각을 상실해서는 안 된다. 즉, 무엇이 효과적인 대처를 구성하는지, 무엇이 긍정적인 대처에 대해 이해함으로써 성취될 수 있는지 이해하는 것은 개인들이 많은 형태의 대처 전략을 개발하고 활용할 수 있도록 모든 유형의 대처에 적용해야 할 강조점이다.

　그렇다면 이는 조직과 조직적 개입 전략에 대해 무엇을 의미하는가? 라자루스(1991)가 주장하듯이, 조직적 개입은 스트레스가 개인 혹은 작업환경에 따로 존재하지 않고, 둘 사이에 상호작용을 통해 발생한다는 전제하에서만 발달된다. 개입으로 말하자면 조직은 전략이 개인과 환경을 "독립적으로 조작된 별도의 변인 모음이라기보다 단일한 분석 단위"로 다룰 필요가 있음을 보장할 책임이 있다(Lazarus, 1991: 10). 이런 방식으로 긍정적인 대처를 촉진하고 웰빙을 증진하는 개입을 발달시키기 위한 맥락을 제공하는 데 개인과 환경 자원의 필요가 합쳐질 수 있다. 연구자들 역시 책임이 있다. 그들의 책임은 대처에 대한 이해가 발달할 때 개인의 성장과 완성을 위한 기회를 여는 데 긍정적인 대처가 어떻게 도움을 주는지에 대해 더 잘 대답할 수 있도록 보장하는 것이다.

제9장

조직의 보호 의무:
기업상담은 소송의 대비책인가

피터 젠킨스(Peter Jenkins)[*]

'보호 의무duty of care'라는 용어는 최근에 꽤 유행하고 있는데, 지난 십년 동안 '직장 스트레스workplace stress'라는 용어를 즐겨 사용했던 상담자들에게 이제는 보호 의무라는 용어가 직장 스트레스라는 용어가 가졌던 만큼의 대중성을 가지고 있다. 보호 의무는 다양하게 사용되어 왔는데, 아동 학대를 신고해야 하고(Sher, 2003), 상담자에게 슈퍼비전을 제공하며(Copeland, 2005), 내담자들의 자살 위험을 평가해야 하는(Reeves, 2005) 기관의 책임 측면에서 언급되어 왔다. 영국의 주요 기관들은 그들의 보호 의무를 위반했다는 이유로 감시관으로부터 직접적인 비난을 받아 왔다. 한 예로, 보호 의무는 한 젊은 수감자의 자살을 막지 못한 스티얄 여성 교도소와 관련되어 언급되었다(『Guardian』, 2005. 1. 25.; 2006. 9. 27.). 또 다른 경우로 BBC는 한 기자를 소말

---

[*] 셀포드 대학교(Salford University) 상담 및 심리치료 공동학장

리아의 모가디슈_{Mogadishu}로 파견 보내기 전에 위험 평가를 적절하게 했는지에 대하여 해명하도록 요청받았는데, 왜냐하면 그 여기자가 취재를 하는 도중에 살해되었기 때문이었다(『Guardian』, 2006. 9. 30.). 또 다른 경우는, 런던 중심부에서 발생한 테러 사건에 대응하면서 영향을 받은 공무원을 위한 효과적인 재난 관리체계의 부족에 대하여 영국 재정청_{Financial Services Authority}은 우려를 제기해 왔다(『Guardian』, 2006. 4. 10.).

그러나 보호 의무라는 용어가, 특히 직장 내 건강, 안전 그리고 웰빙의 맥락에서 조직에 광범위하게 적용될 때 본질적인 초점을 잃을 가능성이 있다. 그것은 고용주, 직원 그리고 기업상담자 각각의 책임이 무엇인가에 대한 매우 광범위한 논쟁 속에서 단순히 또 하나의 '설득적 정의_{persuasive definition}'가될 위험성을 안고 있다(McDermott, 1975). 영국에서 법적인 측면에서 보호 의무라는 개념은 매우 명확한 정의를 내릴 수 있고, 이 장의 논의를 위한 기준이 될 것이다. 보호 의무라는 개념은 또한 전문가들에게 상당히 윤리적이고 전문적인 부담을 줄 수 있다. 후자의 경우 아마도 기업상담을 위한 실제와 자원 제공의 측면에서, 좀 더 높은 기준을 세울 수단으로 이 개념을 사용할 수 있고, 또한 다른 전문가 집단과 관련하여 상담 및 심리치료자들의 전문적 입지에 버팀목이 되어 줄 수도 있을 것이다. 그러므로 이 장에서는 '직장 스트레스'를 받는 직원에 의한 소송을 대비하는 잠재적인 '방패'로써 제공되는 기업상담의 역할에 대해 고찰해 볼 것이다.

보호 의무의 법적 측면

영국에서 직원들에 대한 조직의 보호 의무는 법에서 많은 근거를 찾을 수 있다. 이러한 의무는, 첫째 법규로부터, 둘째 관습법으로부터 도출할 수 있다. 관습법에 따르면, 조직은 계약법_{law of contract} 및 과실법_{negligence law}에 따라 직원에 대한 의무를 갖는다. 지난 십 년 동안 직장 내 웰빙을 위해 조직에게 상당한 부분의 책임을 부과했던 것은 주로 후자였는데, 즉 개인적 상해에 대한 소송과 관련이 있었다. 이 장에서는 특히 영국의 법을 언급하지만, 조직의 보호 의무의 많은 특징은 미국이나 캐나다, 호주와 같은 나라의 불문법에 의한 사법권jurisdictions에서도 발견될 수 있을 것이다.

1974년에 제정된 「산업안전보건법Health and Safety at Work Act(1974)」과 같은 제정법의 핵심 사항들 아래, 기업은 직원을 위한 명확하게 규정된 법적 책임을 갖게 되었다. 이 법에 따르면, 고용주는 직원이 일하는 동안 건강, 안전 그리고 복지를 보장해야 하고, 안전한 직무환경을 제공해야 할 의무가 있다. 이 의무는 기업이 건강과 안전에 대한 위기 평가risk assessment를 실시하고 직원들의 적절한 건강을 관리하고 감독하도록 하기 위해 1999년에 제정된 「사업장 안전보건관리 규칙[(산업안전보건법 시행규칙)Management of Health and Safety at Work Regulations, 1999(SI 1999/3242)]」에 의해 확장되어 왔다. 고용주들은 또한 괴롭힘 방지 규제anti-stalking legislation에 포함된 성공적인 사례인 「직장 내 괴롭힘 금지법 Protection from Harassment Act(1997)」에 따라 동료들에 의한 조직 구성원들 사이에서의 따돌림과 괴롭힘을 예방할 의무가 있다. 특히 공공 부문의 고용주들은 성, 인종, 장애 그리고 연령과 관련하여 동등한 기회를 보장하는 폭넓은 규제의 범위에 따라 이 영역에서 직원들에 대한 상당한 책임을 진다. 1995년과 2005년의 「차별금지법Disability Discrimination Acts of 1995 and 2005」에 따라 정신건강 문제가 있는 직원의 법적 고용주 책임은 추가 판례법이 발전됨에 따라 시간이 갈수록 점차 복잡해질 것이다(이 책의 제18장 참조).

게다가 고용주의 법적 의무들은 산업안전보건청Health and Safety Executive과 같은 기관에 의해 적극적으로 감시되고 있다. 이 기관은 서주 도르셋 병원West Dorset hospital과 드 몽포르De Montfort 대학교의 예처럼 받아들이기 어려울 정도로 높은 수준으로 보고된 직원의 스트레스와 관련된 주요 사례들에서 적극적인 개입의 입장을 취해 왔다. 또한 한 정신질환자에 의한 간호사의 죽음으로 이어진 사건에 대해서 영국 보건부 산하 1차 의료기관인 정신건강 트러스트 Mental Health trusts의 제도적 실패를 법정에 세우는 행동을 취해 왔다.

그러나 보호 의무 개념은 법규에 따른 의무들보다 **관습법/보통법**common law 에 따른 법적 책임과 더 깊은 관련이 있다. 과실법에 따르면, 개인과 기관은 1932년 도너휴Donoghue 사건[1]에 의해 제정된 '이웃neighbour'에 대한 의무에 근거하여 태만이나 과실로 인해 예측 가능한 피해를 입을 수도 있는 다른 사람들에 대한 보호 의무를 이행해야 하는 것으로 간주된다. 과실법에 따라 원고는 피고가 그(그녀)에 대한 보호 의무를 가졌으며, 피고는 보호 의무를 위반하였고, 그 직접적인 결과로 원고는 예측 가능한 피해로 인해 고통을 당했음을 입증해야 한다. 신체적 상해와는 별도로, 원고는 우울증과 같은 심리적 상해에 해당하는 피해를 상정할 수 있다. 이러한 상해는 DCM-IV 혹은 ICD-10과 같은 정신의학 매뉴얼에 의한 진단적 분류와 일치될 필요가 있다. 잘 알려

---

1) 도너휴 대 스티븐슨[Donoghue(or McAlister) v. Stevenson] 판결은 영국의 관습법에서 있었던, 역사상 가장 유명한 판례 중 하나다. 1932년 5월 스코틀랜드 페이즐리에 있는 선술집에서 도너휴의 친구는 썩은 달팽이가 들어간 생강 맥주를 구입하여, 도너휴에게 주었다. 어떻게 달팽이가 맥주속에 들어가서 죽어 있었는지는 모르지만, 도너휴는 쇼크를 받고 몸져 누웠다. 그런데 그 맥주를 구입한 것은 친구이며, 도너휴는 친구에게 그 맥주를 무료로 받은 것이기 때문에 선술집 주인과는 아무런 계약관계가 없었다. 맥주 값을 지불한 도너휴의 친구만이 선술집을 상대로 손해배상을 청구할 수 있을 뿐, 도너휴는 비록 그 맥주를 마시고 몸져 누웠음에도 그 과실의 책임을 물을 계약관계가 없는 것이다. 이 문제를 접한 영국 대법원의 대법관 애트킨 경은 역사에 길이 남을 판례를 남겼다.

"내가 어떤 행동을 하면 나의 이웃에 피해를 줄 것이 뻔히 예상되거나, 또는 어떤 행동을 해야 하는데도 불구하고 이를 무시하고 행동하지 않는다면, 즉 태만하였을 때 나의 이웃에게 피해를 줄 것이 뻔히 예상되는 상황이라면, 나는 적절한 주의를 기울여 내 이웃에게 그런 상황이 발생하지 않도록 보호해야 할 의무가 있다."

이 주장의 논거에는 성경의 '네 이웃을 사랑하라'는 구절이 특별히 인용되었다. 이 판례로 인해 도너휴는 선술집 주인이 적절한 주의를 기울여 보호해야 하는 이웃이 되기 때문에, 선술집 주인은 자신의 맥주를 마시게 될 도너휴에 대해 손해배상의 책임이 생기게 된 것이다.

이 사건을 통해 세계의 법률에 우리의 이웃을 해롭게 하면 안 된다는 원칙이 만들어졌다. 영국 대법원의 이 판례로 과실(negligence, 스코틀랜드에서는 delict)의 불법행위이론이 만들어졌다(역자 주).

진 1995년의 워커Walker 소송에서 선임 사회복지사는 자신의 고용주에게 받은 '직장 스트레스'로 인한 피해에 대하여 소송을 하였고 첫 승소를 거둔 바 있다[Walker v Northumberland CC(1995)]. 존 워커John Walker는 결정적으로 두 번째의 심각한 불안과 우울증의 재발을 겪었다. 이는 고용주가 처음에 보고된 심각한 디스트레스로 인한 발병 이후에 효과적고 지속적인 관리, 지원 그리고 업무량 모니터링 등의 적절한 절차를 밟는 데 실패했기 때문으로 간주되었다.

이 소송 이후 직원의 상해에 대한 고용주의 법적 책임을 인정한 비슷한 많은 사례들이 생겨났다. 2002년 헤이튼Hatton 소송에서, 최고 법원은 워커 사례에 깔려 있는 원리들이 포괄적으로 번복되고 있는 4개의 겹치는 소송사건들을 심리하였다. 고용주들은 직원의 심리적 건강에 관해서 합리적인 돌봄을 제공해야 할 의무가 있는 것으로 간주되었다. 그러나 중요한 한정적 진술들

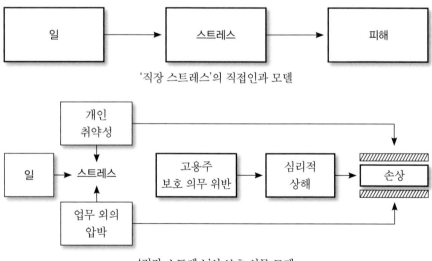

'직장 스트레스'의 직접인과 모델

'직장 스트레스'의 보호 의무 모델

핵심 포인트: //////////// 피해를 잠재적으로 감소시키는 요인

[그림 9-1] '직장 스트레스' 의 직접인과 모델과 주의 의무 모델 비교

이 여기서 만들어졌다. 법원은 다음을 분명히 언급하였다. 첫째, 어떠한 직업도 본래 스트레스를 주는 것은 아니며, 스트레스 자체는 주관적인 개념이다. 그러므로 일반적인 관점에서 '누구의 잘못도 아니다some things are no one's fault.' 법원은 '일은 스트레스를 야기하고, 스트레스는 질병을 야기한다.'라는 단순한 생각을 단호히 거부하였다. 개인적 상해의 소송에서 결정적인 요인은 모든 증거와 정황을 고려하여 '개연성을 가늠해서balance of probabilities' 예측 가능한 위험을 방지해야 하는 고용주의 보호 의무를 위반했음을 입증해야 하는 것으로 되었다([그림 9-1] 참조).

고용주들은 그들의 주의를 이끌어 내는 정보를 기반으로 하여 행동하도록 요구된다. 고용주는 직원이 스트레스에 취약하다고 알려진 경우가 아니라면, 직무 요구를 수행할 것이라고 생각하는 것은 상식적이다. 고용주들은 적절히 재교육을 제공하거나 업무를 재분배하여 그들의 보호 의무를 이행할 수 있다. 이것은 예측 가능한 피해를 일으킬 것 같은 지나친 업무 압박을 받는 개인이 있는 곳에 적용할 수 있을 것이다. 가장 중요한 점은, 고용주가 비밀이 보장되는 상담 서비스를 제공한 경우에는 의무를 위반한 것이 아니라고 법원이 판결한 것이다. 하지만 법원은 비밀이 보장되는 상담 서비스가 제공되어야 하는 명확한 형식에 대한 세부사항들은 언급하지 않았다.

예측 가능한 손상

해턴Hatton 소송은 심리적 손상을 제기하는 개인적 상해에 대한 미래의 소송사건에 대한 지형을 정리했다(〈표 9-1〉 참조). 이 피해는 단순히 직장 스트레스가 아닌, 직접적으로 혹은 실질적으로 고용주의 보호 의무 위반으로부터 야기된 좀 더 예측 가능한 심리적 상해의 형태에서 기인해야 한다는 점이 핵심이다. 그러나 이와 관련해서, 개인상담자 및 심리치료자의 능력과 관련된 보호 의무 개념의 또 다른 언급이 가능해진다. 피해를 입은 직원은 앞서 기술된 이유들로 고용주를 소송할 방법을 찾을 수 있을 뿐만 아니라, 클라이언트를 위한 보호 의무를 유기한 것으로 기업상담자를 고소할 수 있다. 개인 상담자 또는 직원 상담 서비스에 대한 고소 행동은 상담자를 채용한 고용주의 대리 책임으로 보호될 수 있다. 상담자가 제공한 상담의 표준에 대한 검증은 볼램 검사Bolam test[2]에 준하는데, 말하자면 보통의 유능한 상담자의 상담을 말한다.

〈표 9-1〉 고용주의 법적 책임 체크리스트

• 지나친 업무 압박을 받는 개인이 있는가?
−어떤 기준에 의해 불합리한가?
−유사 직종의 업무량과 비교했을 때 불합리한가?
−개인의 취약성 때문이면, 그것이 고용주에게 알려져 있나?
• 개인의 신체적 또는 정신적 건강 상해는 직접적으로 직장 스트레스로부터 받은 것인가?
• 이 상해는 고용주가 예측 가능했는가?
• 이 상해는 직장 스트레스 감소(비밀이 보장되는 상담, 업무 재분배, 훈련 등을 함으로써)에 실패한 고용주의 보호 의무 위반으로부터 직접적이고 주요하게 발생했는가?

출처: Hatton v Sutherland (2002)에서 인용.

치료자 태만(과실) 분야의 영국 판례법은 최고법원 수준에서 주요하게 보고된 사례인 워너 대 랜도(Werner v Landau, 1961) 사례와 같이 여전히 제한되어 있다(Jenkins, 2007). 전문가 능력에 대한 볼램 검사는 「의학 판례법」에서 도출되었는데, 동료 변호나 치료적 표준과 기술의 정당성에 기초한다. 고

---

2) 의료 서비스 표준에 대한 법정 검증은 볼램 검사에서 시작되었다. 1957년 볼램 대 프라이언(Bolam v Friern) 병원관리위원회에서 "검증은 그 특정한 기술을 전문적으로 가지고 있으면서 보통으로 숙련된 사람이 하는 것을 표준으로 한다."로 판정하였다. 영국의 일반적인 법률에서 최소한으로 받아들여지는 진료지침의 기준은 지침이 아니라 신뢰할 수 있는 관습적 진료에서 나온다고 간주하고 있다(역자 주).

객이나 환자들의 불만 제기를 상당히 방해하는 경향이 있는 볼램 검사는 볼라이도$_{Bolitho}$ 판결에 의해 점점 더 수정되어 왔다. 이 판결은 선택받은 의학적(또는 치료적) 방법의 타당성은 책임감 있고 능력 있는 전문가들의 의견을 통한 지지뿐만 아니라 견고한 증거나 연구를 기반으로 하는 것과 같은 객관적인 근거에 기초해야 함을 요구한다.

이 간략한 요약문은 왜 전문가들이 보다 더 많이 광범위하고 포괄적인 보호 의무를 개발하는 것에 대해 신중해야 하는지 근본적인 이유를 시사한다. 법률 용어로, 보호 의무는 결정적으로 법적 책임$_{liability}$을 의미한다. 그러므로 상담자와 조직들을 위해서는 보호 의무를 포괄적으로 정의 내리는 것보다 미래의 상담자와 고용주의 법적 책임과 한계를 간략하게 제정하기 위한 제한된 작업을 함에 있어 신중을 기해야 한다. 어떠한 상황에서도 보호 의무의 한계는 전문가들에 의해서가 아닌 법원에 의해 측정되고 결정되어야 한다. 기업상담에 대한 법률이나 치료자를 위한 법적 규정이 없을 때, 그와 관련된 기준은 법원에 의해 정해지는데, 전문가의 증언이나 이전의 판례법에 근거하게 된다.

기업상담과 관련하여 조직적 보호 의무에 대한 논쟁에서 구조적인 약점을 지적하고 싶다. 직원을 위한 비밀이 보장되는 상담을 제공하는 서비스의 기저선은 헤이튼의 사례에 의해 실제적으로 다소 제한된 상태로 정해졌다. 전문가들은 보호 의무의 측면에서 이 장의 서론에 이미 기술된 슈퍼비전, 자살 평가 또는 아동학대 보고 등을 포함시킴으로써 기준을 높이기 위해 시도할 수 있을 것이다. 하지만 이러한 것들은 법원에 많은 영향을 미치기보다는 보호 의무에 대한 폭넓고 잘 만들어진 윤리적이거나 전문적인 해석의 요소들이다. 조직의 보호 의무에 대한 인식을 향상시키기 위해 노력하는 과정은 아마도 고등교육 HE 사례에서 가장 눈에 띌 것이다. 일례로 종종 만성적인 정신건강 문제가 있는 학생들을 모집함으로써 등록률을 높이려는 접근을 의식적으로 시도하고 있는 대학이 있다(CVCP, 2000; AMOSSHE, 2001). 사실 정신건강 지원 필요성이 있는 학생에 대한 대학의 보호 의무의 실제적 본질은 대체로 검증되지 않았고 법적 의무는 기존의 정신건강 규정이 아니라 장애법에 근거하고 있다.

고등교육기관에 있는 전문가는 최선의 전문적인 실천best professional practice으로부터 도출된 개념을 가지고 아마도 직원보다는 학생들을 위한 기관의 보호 의무를 구체화하여 시행하고 있을 것이다. 그러나 사회학적 관점으로 봤을 때, 블룸버그(Blomberg, 1978)와 저자는 이 과정을 '망 확대net-widening[3]'의 하나로 분명하게 기술하였다. 기관과 전문가들은 그들의 독특한 전문성과 특별한 전문적 지식 및 기술 적용을 요구하는 더 나은 영역을 확립함으로써 그들 본연의 역할 이상으로 잘 움직이는 경향이 있다. 따라서 이렇게 확장된 조직의 보호 의무 개념은 고용주에게 심리 서비스를 제공하기 위한 넓은 경쟁 시장에서 상담자들의 전문적 지위를 촉진시킬 수 있는 강력한 수준이 될 것이다. 이는 다음에서 다뤄질 심리적 디브리핑psychological debriefing과 같은 외상 후 치료의 가치에 대한 논쟁에서 가장 분명하게 나타날 것이다.

심리적 디브리핑

심리적 디브리핑과 다른 외상 후 지원 형태들에 대한 논쟁에서 조직의 보호 의무를 정의할 때 사용되는 '제한된'과 '확장된'이라는 표현은 가장 첨예한 부분이다. 공공기관과 기업의 직원들을 위한 외상 후 치료에 효과적인 형태로 심리적 디브리핑에 대한 지지와 비판이 공존하는 계속되는 찬반논쟁이 있다. 영향력 있는 국립 임상 수월성 연구소National Institute for Clinical Excellence의 외상 후 스트레스 장애 지침은 "간단한, 단일 회기 개입(종종 디브리핑으로 언급

---

3) 망 확대(net widening)란 종래 제도의 단점을 수정·보완하기보다는 종래의 수단에 다른 공식적 개입 수단을 추가하는 방식을 말한다(역자 주).

되는)은 상담 서비스를 할 때 일상적으로 수행돼서는 안 된다."(NICE, 2005: 4)
라고 명백하게 기술하고 있다. 심리적 디브리핑에 대한 비판은 코크란 리뷰
Cochrane Review [4]에서 많은 증거가 제시되는데, 여기에서는 디브리핑을 개입으
로 사용하는 것을 매우 비판하고 있다(Rose et al., 2002). 그러나 디브리핑은
여러 형태로 이루어지며, 엄밀히 따지면 보통 말하는 '상담적' 개입이 아니라
는 반론에 의해 그 위치는 좀 더 복잡해지고 있다(Hughes, 2002: 26).

한편, 데라니 lehrani와 같은 디브리핑 지지자들은 디브리핑이 효과적이고
가치 있는 외상 후 치료의 한 부분이라는 연구 증거가 있다고 주장한다(2004:
161). 결정적인 판례법은 직장에서 피해를 입고 외상이 남은 분노한 직원들
이 결국 고용주를 고소하는 소송사건에서 디브리핑의 제공이 표준 이하의 치
료로 간주될 것인지 아닌지 명백하게 정의될 필요가 있음을 제기하였다. 다시
말해, 개인상담자를 소송하는 경우, 법원은 어느 정도 볼라이도 원리에 근거
할 것인데, 말하자면 디브리핑을 지지하는 강력한 증거와 연구 결과에 기반했
는지를 검토할 것이다. 국방부 Ministry of Defence: MOD 사례(다음에 설명된)를 보면
법원은 태만의 경우 '합리적인 고용주'였는지를 검증할 때 외상 치료를 위한
특별한 개입을 처방하는 것을 마지못해 인정하고 있는 것 같다.

디브리핑 논쟁의 두 번째 측면은, 판례법 이상으로 조직의 보호 의무에 대
한 정의를 정교화하고 확장하는 것과 조직이 보호 의무를 실제로 이행했는
지에 대한 증거로서 디브리핑을 포함시키는 것과도 관련이 있다(Beale, 2002:
34). 이러한 입장은 매우 문제가 되는데 조직 보호 의무의 '내용'과 '형태'는 이
전의 판례법과 함께 제정법 및 법적 지침과 관련하여 법원에 의해 정의되기
때문이다. 테라니 주장의 예를 보면 다음과 같다.

법은 고용주에게 보호 의무를 적용함으로써 직원들의 보호를 시도한다.

---

4) 코크란 리뷰는 보건의료 및 정책분야연구를 체계적으로 고찰하고 있다(역자 주).

이 의무를 충족시키기 위해 조직은 적절한 위기 평가, 안전한 작업장 그리
고 외상을 일으킬 수 있는 사건에 관련된 직원들을 위한 외상 후 지원을 보
장하는 등 많은 정책과 절차를 실행해야 한다(Tehrani, 2004: 62).

이미 법적 의무로 제정된 '외상 후 지원'과 위기 평가 및 안전한 작업장은 미
래에 아직은 결정되지 않은 판례법에 달려 있지만, 그것은 윤리적이고 전문적
인 관점에서부터 도출되는 것이 바람직할 것이다(Wheat, 2002: 56). 확실히 디
브리핑에 적용 가능한 제한된 판례법의 최근 논의를 살펴보면 애매하고 결정
적이지 않음을 보여 주는 경향이 있다(Howell v State Rail Authority NSW, 1996).

상담은 소송의 대비책?

지금까지 법원은 보호 의무 위반에 대한 직원 소송의 대비책으로서 해턴에
서 확인된 '비밀이 보장되는 상담 서비스'의 실제적인 형태를 규정하는 것을
주저해 온 것으로 악명이 높다. 이것은 그다지 놀라운 것이 아니며, 정책과
자원 배분의 이슈로 길을 벗어나는 것에 대한 법원의 전통적인 저항에서 비
롯되는데 의회법을 보존하기 위한 것으로 인정될 수도 있다. 그러나 고용주
들은 직원들을 위한 비밀이 보장되는 상담 서비스의 단순한 제공이 미래 소
송을 방지하는 자동적인 안전장치가 될 것이라고 추측하는 것에 대해 주의해
야 한다. 최근의 인텔Intel 사례에서, 회사가 제공하는 직원 상담 서비스가 있
음에도 불구하고 우울증 과거력이 있었던 여자 직원은 회사를 상대로 소송을
제기했고 승소했다(Intel v Daw, 2007). 비밀이 보장되는 직원 상담의 제공은
심리적 상해에 대한 고용인의 소송 위험을 실질적으로 낮출 수 있지만, 완전
히 없앨 수는 없다.

조직의 보호 의무에 대해 급속하게 달라지는 논쟁의 놀라운 사례는 군대

사례로부터 온다. 1995년에서 2002년 사이에 잉글랜드 남동부에 위치한 서리Surrey 주 딥컷Deepcut 지역의 프린세스 로열 배럭스Princess Royal Barracks에서 젊은 병사들의 죽음을 둘러싼 부정적인 매스컴의 관심에 대응하여 국방위원회The House of Commons Defence Committee는 군인과 훈련생을 위한 보호 의무 보고서를 육해공군에서 발표했다. 이 보고서는 "오랫동안 과거 군대는, 특히 육군에서는 보호 의무라는 곤경에 맞서는 데 실패하였다."라고 솔직하게 인정하는 도전적인 읽을거리다(HoCDC, 2005: 19). 보고서는 군대 내에 괴롭힘이 존재하며 그것이 축소 보고되었다고 결론 내렸다. 이 문제에 효과적으로 대응하기 위하여, 괴롭힘을 경험하는 병사가 첫 번째로 '권한을 위임받은 장교'를 만나도록 되어 있는 현 체제가 비효과적이라고 하였다. 대신에 군대에 전문적으로 훈련된 상담자들을 도입할 것이 제안되었다.

> 전문적인 상담자들은 명령체계로부터 방해받지 않고 위험에 처한 개인을 위해 모니터링과 지원을 시작할 수 있어야 한다. 우리는 국방부MOD가 경찰을 포함한 다른 잘 통제된 조직에서 이미 실행하고 있는 최선의 실천을 진지하게 고려할 것이라고 기대한다(HoCDC, 2005: 11).

직원을 위한 상담 제공은 비용 대비 효율적인 인적 자원 관리 방법이며(McLeod, 2007) 또한 소송에 대한 대비책임이 더 명백하게 나타나고 있다. 예를 들어, 무기 전문가 데이빗 켈리David Kelly 박사의 죽음으로 인한 허턴Hutton 조사에서 정서적 지지의 이슈는 고위 국방부 직원에 대한 끈질긴 반대심문의 지속적인 숨은 주제였다('어떤 상담이 제공되었습니까?' www.the-hutton-enquiry.org.uk). 어디에서나 국민 의료 서비스National Health Service와 같은 큰 기관들은 전 직원이 상담 서비스에 접근할 수 있도록 상담을 제공하는 방향으로 빠르게 움직이고 있다(NHSE, 1998). 이러한 서비스들이 고용주의 보호 의무를 실현하기는 하지만, 상담 제공은 민감한 개인정보 노출의 관리와 이러한 과정을 전문적 상담자의 비밀보장에 대한 기대에 맞추는 것과 같은 복잡한 이슈를 제기하고 있다. 예를 들어, 불럭_{Bullock} 조사에서는 직업 건강 occupational health 담당자는 직원 정보를 가지고 있지만 일선 관리자가 이를 직접적으로 이용할 수는 없는 현상을 '평행을 달리는 지식의 두 세계'의 존재에 의해 야기되는 문제로 언급하였다(Bullock, 1997: 16). 법률 자문가들은 또한 1998년 제정된 「공익 폭로법_{Public Interest Disclosure Act}」에 의해 제공되는 분명한 보호 장치에도 불구하고, 상담자가 장애를 가진 직원의 비밀을 보장하는 것과 개방하라는 압력을 관리하는 어려움과 조직 안에서 일어나는 과실 행위를 보고하는 것과 관련된 복잡성이 있음을 확인했다(Pattenden, 2003: 719, 731).

국방부 사례

만약에 워커와 해턴 소송 사례가 심리적 상해에 대한 고용주의 보호 의무를 판정하는 데 주요 원칙을 설정했다면, 국방부_{MOD}에 대한 집단소송은 조직의 보호 의무를 포함하는 미래의 소송에 대한 본보기를 제공할 것이다. 이러한 소송은 정신질환 발생의 적절한 예방 단계를 밟지 못하고, 두 번째로 이러한 질환의 감지, 진단 그리고 치료에 실패한 국방부의 태만을 제기한 이전의 많은 군인으로부터 행해졌다. 이 사례는 고용주와 직원의 일반적 유형에서 다소 이례적으로 보일지 모르지만, 비록 극단적 형태일지라도 논쟁의 핵심에 있는 법적 책임의 문제를 상징적으로 잘 보여 주고 있다. 법원은 해턴 사례에서 심지어 전쟁, 갈등, 외상에 지속적으로 노출되는 군대에서조차도 직업 그 자체가 본래 스트레스를 준다고 간주될 수는 없다는 것을 규정하였다. 게다가 군대는 소송에 대해서는 전례가 없는 수준의 보호를 받고 있다. 1987년 이전의 태만에 대한 법적 소송은 국왕 면책 조항 덕분에 제외되었다. 다른 행위는 대개 완전하지는 않지만, 소송 활동은 전쟁 면책 조항으로 제한될 것인데

이는 전쟁의 위협이 있을 때 적용된다. 국방부 사례의 판결은 미래에 일어날
지 모르는 조직의 보호 의무 사례에 관심이 있는 사람에게는 주의 깊은 해석
을 요구한다.

이 사례는 군 정신의학 역사와 외상에 노출된 군인들의 정신질환에 대한
임상적이고 군사적인 관점의 변화에 대한 자세한 조사를 하였다. 여기에 적
용된 조사 및 검증은 이상적이거나 최적의 돌봄보다, '합리적이고 신중한 고
용주'이있는가를 검증히는 것이었다. 국방부 사례에서 이전의 해턴 사례로부
터의 가이드라인이 적절하게 인용되었다.

> 고용주가 그 피해(그리고 보호 의무 위반으로 피해가 생김)를 방지하는
> 데 실패했을 때 그의 보호 의무를 위반했다고 결론 내리기 위해서는, 피해
> 가 예측 가능하고, 그러한 종류의 피해가 실제로 발생했다고 결론 지을 수
> 있어야 한다(Owen, J. at para 2.E.4, Multiple Claimants v MOD, 2003).

사실, 국방부의 명백한 보호 의무 위반이 받아들여진 판결이 있었다. 이것
은 1985년 후에 군 장교와 하사관에게 의무적인 전투충격battleshock 훈련 제공
의 실패 그리고 군 환자 의료기록을 통해 1976년과 1992년 사이에 국민건강
서비스NHS와 연락을 취하는 것의 실패를 포함한다. 그러나 태만 소송에서 결
정적인 요소는 소위 '인과관계 검사causation test'라고 불리는 것으로, 피해 경험
은 실질적으로 어떠한 보호 의무 위반으로 인하여 발생한 것임을 입증할 수
있는 것인가. 단순히 고용주의 보호 의무 위반에 대한 입증은 그 자체로 소
송을 하기에는 충분하지 않다. 따라서 향후 법정 논쟁은 고용주가 심리적 디
브리핑, 인지행동치료를 사용했었어야 했는지의 여부는 두 번째 사안이고,
고용주의 보호 의무 위반으로 인하여 직원에게 어떠한 심리적 피해가 나타났
는가 하는 인과관계를 입증하는 일이 첫 번째 중요한 사안이 될 것이다.

보호 의무 검사

보호 의무에 관하여 국방부 사례에서는 신중하고 합리적인 고용주였는지를 증명하는 데 수많은 다른 차원이 있음을 알려 준다. 이것은 아마도 **차원수 직적(위계적) 차원**은 조직 내부의 실행과 관련된 조직의 용어로, **수평적 차원**은 영국과 외국의 비교할 만한 조직들에 관련된 조직의 용어로 기술될 것이다 (〈표 9-2〉 참조).

이러한 질문들은 군인을 위한 보호 의무를 이행하기 위한 국방부 정책과 규정의 체계적이고 매우 공들인 사법적 분석을 뒷받침하고 있는 것 같다. 만약 이러한 작업이 법적 논증으로부터 도출된 정확한 번역임이 증명되면, 조직의 보호 의무에 도전하는 소송 사례는 미래에 극복해야 할 유사하게 높은 기준을 만날 것이다.

〈표 9-2〉 조직 보호 의무 증명

신중하고 합리적인 고용주는 현재 직원의 복지와 관련하여 무엇을 할 수 있는가?
수직적 차원(조직 내부의 정책 실행과 관련) • 이 규정을 뒷받침할 수 있는 정책이나 방법은 무엇인가? • 이 방법에 대한 명시된 근거는 무엇인가? • 이 방법에 대한 증거기반은 무엇인가? • 어떤 요인이 합리적으로 이 문제에 대응하기 위한 특정 정책이나 규정의 채택을 지연 또는 예방할 수 있을까? **수평적 차원**(영국과 외국의 비교할 만한 조직들과 관련) • 현재 다른 비교할 만한 고용주들은 이 문제에 대해서 무엇을 할까? • 현재 '최신' 그리고 주류를 이루는 연구와 전문적이고 학문적인 의견은 무엇인가? • 무선할당 통제연구, 표본 개수 그리고 방법론과 관련하여 이 연구를 어떻게 탄탄하게 할 것인가? • 현재 적용할 수 있는 관련된 법적 가이드라인(보건안전청, 의사면허관리위원회와 같은)은 무엇인가?

출처: Multiple Claimants v MOD (2003)에서 인용.

EMPLOYEE WELL-BEING SUPPORT
A Workplace Resource

제10장

다양성 관리

데이빗 위버(David Weaver)[*]

다양성이란 이데올로기가 아니라 사실이다.

 '다양성 관리'에 대한 높은 수준의 전략적 논의는 사업 세계에서는 더 이상 특별한 것이 아니다. 실제로 '심각한 상황serious status'을 선언한 어떤 조직일지라도 '다양성 언급'이라는 원칙을 공개적으로 반대하는 것은 거의 있을 수 없는 일이다. '수익을 올리는 것' 혹은 '수익을 지키는 것'과 같은 덕목이 지배적인 상업 세계에서조차, 표면적으로라도 '다양성'이라는 용어가 방송에 나오고 있다. 왜 지금 이것이 중요해지는가? 단지 영국에서뿐만 아니라, 서방 세계 전체의 점차 더 많은 조직이 왜 다양성에 대해서 관심을 갖게 되었는가?

 내가 발표했던 한 심포지엄에서 사기업과 공기업의 관리자들에게 이 질문

---

[*] 프리먼 올리버(Freeman Oliver) 사장

이 제시되었다. 반응은 흥미로웠다. 많은 사람이 지지한 한 가지 답변은 국제 테러리즘(특히 2001년 9월 11일 뉴욕 사건)이 영국의 모든 사람에게 다양성과 차이를 이해하는 것이 얼마나 중요한지를 알려 주었다는 것이다. 다른 답변은 윤리적/법적 이유들로서, 잘 알려져 있으나 정의하기는 어려운 '정치적 올바름political correctness'이라는 개념이다. 그러나 가장 일관된 공헌은 '다양성 관리가 사업에 이득을 가져다준다'는 가정이다.

이것이 옳다면(그리고 나 또한 그렇다는 전제에서 시작했다면) 이 영역에서 선례가 되는 성공적이라고 여겨지는 조직들을 열거하는 것이 왜 그렇게 어려운가? 그리고 당신은 관리자로서, 그리고 리더로서 당신의 조직과 고객을 위해 뭔가 차이를 만들기 위해서, 그리고 당신 자신의 리더십 커리어를 향상시키기 위해서 무엇을 할 수 있는가? 이 장에서는 이러한 질문들에 답하고, 다양성을 주류에 순응시키며, 다양성을 '당신의 조직 DNA'의 일부로 만들기 위한 틀을 제시하게 된다.

다양성 관리란 무엇인가

앞서 말했듯이 '다양성 용어diversity speak'란 많은 조직에서 이제 일상 용어 중 하나가 되었다. 그렇다면 다양성 관리란 무엇을 의미하는가?

내가 2003년에 수행한 연구에서 10명의 소위 '다양성 전문가들' 각각에게 '다양성'을 정의해 달라고 요청했다. 그 결과, 적어도 일곱 개의 근본적으로 다른 반응들이 확인되었다. 그들의 정의에는 놀랄 만큼 알 수 없는 말들이 있었는데 '다양성은 좋은 현장에 대한 것이다' '다양성이란 모든 사람에게 동일한 기회를 주는 것이다' 혹은 '다양성은 다른 점을 인정하고 존중하는 것이다'와 같은 반응들이 가치 있고 좋아 보이지만, 솔직히 말해 이러한 반응들은 사업 중심 사기업 최고 경영자, 지방 정부 정치인, 임원 혹은 회사 주주의 '그래서 어떻게 할 건데_{so what}?'라는 질문에는 어떤 답변도 할 수 없다.

그렇다면 우리는 다양성 관리를 흔히 어떻게 기술하거나 지각하고 있는가? 토머스와 일리(Thomas & Ely, 1996)는 『Harvard Business Review』에 기고한 논문에서 다음과 같이 주장했다. 다양성에 대한 정의의 대부분은 다음의 가정에 근거하고 있는데, 그 정의란 직장 내 다양성은 다양한 인종, 국적, 성혹은 계층의 증가를 의미한다. 다시 말해서 전통적으로 과소평가된 '정체성 그룹' 출신의 사람들을 더 많이 채용하고 보유하는 것을 말한다. 그들은 이러한 정의에 바탕이 되는 의도가 무엇인지를 알겠지만, 이러한 정의로 인해 임산부, 유색인종, 장애인이 자신의 배경과 특별히 관련되는 일에서만 우위를 차지하도록 했다는 점은 불리한 결과다. 실제로 이러한 정체성 그룹에 속한 사람들은 자신과 같은 정체성 그룹의 고객과 만날 때에만 투입되었다.

토머스와 일리_{Thomas & Ely}의 관점은 제한적인 가정(정체성 그룹이 줄 수 있는 중요한 이득은 그들 자신과 같은 사람들에 대한 지식에 있다.)하에 움직이기 때문에 기업들이 손해를 보고 있다는 것이다. '다양성과 리더십 행동'에 관해 내가 현재 작업하고 있는 연구에 따르면, 이러한 관점은 기업 리더들에게 널리 확산되고 있다. 간단히 말해서 다양성이 무엇인가라는 정의는 정체성 그룹의 지식, 경험, 기술, 관점, 배경이 기업에 가져다줄 수 있는 실제적인 이득에 초점을 둠으로써, 숫자로 표시될 수 있는 목표들을 넘어서야 한다. 나는 이를 '비선의의 접근_{non-benevolent approach}'(Weaver, 2001)이라고 부른다. 이 접근은 다양한 고객은 조직이 경쟁적 우위를 차지하기 위해서 다양한 기술과 관점을 가지고 있을 것을 요청한다. 선의는 보장되지도 않고 필수적이지도 않다!

이것이 숫자와 목표를 훼손시켜서는 안 된다. 무엇이 조직적 효과성을 만드는지, 그리고 목표와 목적의 이득이 정상 근처에 이르렀음을 의미한다는 것을 성공한 리더와 논의해 보라. 기본은 '왜 조직이 다양성을 언급하고 있는지, 그리고 무엇을 위해서 **사업이 이익을 내는지**?'에 대해서 분명히 할 필요가 있다는 것이다.

그렇다면 포괄적 정의를 내리는 것이 중요한가? 그렇다. 그러나 액션을 취하지 않기 위해서 그러는 것은 아니다. 영국 중앙 정부의 최고위 흑인 리더 중 한 명인 조 몽고메리Joe Montgomery는 흑인 관리자들과의 심포지엄에서 커리어 발달에 대해서 이야기하던 중 다음과 같이 말한 바 있다. "당신과 당신의 조직이 액션을 취함과 동시에 정의를 다루고 있다는 점이 문제다. 그 행동이 얼마나 자주 정의를 알려 주는지 끊임없이 나를 놀라게 하고 있다. 그리고 그 결과는 훨씬 더 의미 있고, 당신과 당신의 조직과 관련된다."

다양성은 사실이지, 이데올로기가 아니다

영국의 전체 인구와 노동력은 변화하고 있다. 이러한 변화는 되돌릴 수 없는 인구학적, 세계의 경제적 및 사회적 경향성으로 인해 형성되고 있다. 이에 대한 지식은 조직의 계획과 효과에 중요하다. 조직이 이러한 속도에 발맞출 필요가 있다는 점은 런던 시를 분석할 때 잘 드러난다.

런던 시민은 300개의 언어를 사용하며, 적어도 14개의 종교 중 하나를 가지고 있다. 인구의 거의 3분의 1은 흑인, 아시아인 혹은 다른 소수인종이며, 앞으로 10년 후 이들은 런던의 노동연령 인구 증가의 80%를 차지할 것이다. 노동력 인구의 5분의 1은 장애인이며, 단지 11%만이 고용되어 있다. 런던 시 거주자 중 적어도 5%는 동성애자이며, 영국에서 '동성애자 구매력pink economy'의 경제적 가치는 약 95조에 이른다. 만약 아이가 있는 여성의 시간제 고용률이 영국 다른 도시의 사람들과 동등해지면 영국의 경제 생산력은 1.5조 더 많아질 것이다(London Development Agency, 2005).

런던 시장 켄 리빙스톤Ken Livingstone은 런던의 다양성이 주는 이점에 대해서 자주 이야기하는 것으로 유명하다. 그가 몸담고 있는 런던광역 행정청 the Greater London Authority: GLA은 도시의 사업체와 협력하는 '다양성 작업Diversity

Works'이라 불리는 중요한 계획을 세웠다. 도시의 여러 다국적 기업의 적극적인 관심과 참여는 다양성 관리가 그들의 성공에 얼마나 중요한지를 보여 주었다. 시 계획의 중요한 측면은 런던의 다양성이 '경제적 영향력을 증가시키고, 런던을 세계의 경제적 중심지로 만들겠다'는 도시의 목표를 이루는 데 중요한 역할을 할 수 있다는 측면을 인정하는 것에 초점을 두고 있다.

유사한 통계 결과들이 영국, 서유럽, 미국에서도 나타나고 있다. 리더들은 이러한 다양성이 가져다주는 가능성을 활용하는 도전을 하고 있다.

수사학에서 실제로

"모든 조직은 그들의 고객에게 관심을 가져야 한다. 21세기의 성공적인 조직은 그들이 전통적으로 무시해 왔던 고객이라는 시장과 연결이 될 때에만 좋음에서 위대함으로 옮겨 갈 것이다." 내가 최근 학회에서 이렇게 말했을 때, 공공 부문 고위 임직원으로부터 반론을 받았다. 그는 다음과 같이 말했다. "나도 동의합니다. 그러나 우리가 다음에 무엇을 해야 하고, 공이 굴러 가게 하기 위해서 나는 무엇을 할 수 있습니까?"

2001년에 나는 '다양성 사회를 위한 조직 맞춤―수사학에서 실제로'라고 불리는 특별전문위원회TF를 조직했다. 이 위원회가 검토할 과제는 다양한 고객의 필요를 충족시키는 '목적에 맞도록' 조직을 만들기 위해서, 조직이 무엇을 할 수 있을지를 결정하는 것이다. 일련의 초점 그룹과 일대일 세션이 공공 서비스 관리자, 사업 리더 그리고 소수인종 고객들(잠재 고객 포함)과 함께 이 이슈에 대한 그들의 관점에 대해서 논의했다. 그 결과, '다양성 변화 관리―일곱 가지 핵심 계획Diversity Change Management-The Seven-point Plan'을 수립하게 되었다. 다음에 제시될 성과들은 최고 임원이 내게 했던 반론에 대한 답변도 될 수 있다.

다양성 변화 관리: 일곱 가지 핵심 계획

최고 경영자로부터의 리더십

메시지가 리더십을 지니려면 분명해야 하고, 최고 경영자로부터 나온 것이어야 한다. 메시지는 명백해야 하고, 모호하지 않아야 하며, 사업의 핵심 목적과 직접 관련되어야 한다. 다양성의 이점이 사업 계획에 분명히 드러나야 하고, 다른 사업 목표와 의미 있는 방식으로 통합되어야 한다. 어떤 개념이 리더십으로 이해될 수 없다면, 리더는 일반적으로 리더가 하는 것(리더의 외적 전문 영역)을 해야 한다. 만약 리더가 임원 코치를 두고 있다면, 코치가 이러한 이슈에 대해서 효과적인 지원을 줄 수 있는지 확인해야 한다. 만약 할 수 없다면, 채용하지 마라. 이것은 '사업의 핵심' 이슈다. 그만큼 중요하다.

'리더의 행동'은 또한 조직의 '다양성에 대한 가치'를 반영해야 한다. 리더의 행동이 근로자, 고객, 다른 이해 당사자와 관련되는 방식은 존중과 공정성을 전달해야 하며, 경청하고 배우겠다는 의지를 보여 주어야 한다.

간부급의 참여를 이끌어 내고, 같은 수준에서 다양한 대표자들을 모으는 것을 목표로 하라. 당신이 투자를 원한다면 다음 사항을 참고하라. 유색인종, 동성애자, 장애인과 여성 역시 투자하며, 이들은 중요한 경제적 역량을 가지고 있다.

과거나 현재가 아닌 미래의 관점에서 사람을 선발하라

"만약 당신이 지금까지 항상 해 오던 대로 한다면, 지금까지 항상 가져왔던 대로 미래에도 갖게 될 것이다." 이 말은 인력채용에서의 변화가 필요함을 말해 준다. 고객은 점차 다양해지고 있다. 다양성과 차이를 관리하고 이해하는 것은 내일의 조직이 지닌 최고의 경쟁력 중 하나가 될 것이고, 경쟁력 있는 이점을 갖추겠다는 조직의 포부에 도움이 되거나 방해가 될 수 있다. 어제와 오늘 조직의 품질보증서였던 직무 개요와 직무 능력을 사용하는 것은 재앙을 가져올 수 있다. 반면에 '미래를 생각하는 것'에 시간을 투자하는 것(현재 그리고 가능성 있는 고객들을 포함시키는 것)은 뛰어나고 지속 가능한 관계를 만드는 데 도움이 될 뿐만 아니라, 사업에 대한 예언적 통찰을 할 수 있고, 가능한 것에 대한 비전을 주는 데 도움이 될 수 있다.

당신 조직 내에 있는 모든 직무 개요를 검토하라. 이는 유용한 연습이 될 수 있다. 직무들이 미래의 목적에 적합한지 확인하고, 고객의 다양성과 '다양성을 관리하고 다양성과 함께 일할 수 있는' 중요한 속성이 있는지 알아보라. 근로자들의 수행을 돕기 위한 훈련과 성장의 기회를 제공하라. 가장 중요한 것은 직무 개요의 핵심 요소들을 인력채용 과정에 통합시키고, 이를 진지하게 다루는 것이다. 당신의 마음을 바꾸지 말고, 누군가에게 기회를 주어라. 왜냐하면 '그들은 다양성에 대한 의문과는 별도로 이미 잘해 왔고, 따라서 그들을 통합시킬 수 있다고 생각한다.' 이 말이 우습게 들릴 수도 있지만, 나는 헤드헌팅 회사를 이끄는 당신에게 내가 이미 이것이 나타나고 있는 것을 여러 번 본 적이 있다고 말할 수 있다. 아이러니하게도 '다양성 테스트'에 통과하지 못한 사람들은 사람 관리를 잘하지 못한 관리자들이었으며, 팀으로 일하지 못했고, 전반적으로 사업을 잘하지 못했다.

성과 관리(필요시 인센티브와 지지 제공)

모든 효과적인 성과 관리 모형과 마찬가지로, 사업 목표와의 분명한 공조가 존재하는 것이 중요하다. 이 과정을 효과적으로 관리하기 위해서, '다양성을 갖고 일하기working with diversity'는 개인들의 작업에 필수적이며, 조직의 전반적인 목표와 직접 관련된다.

'사람이 조직의 가장 큰 자산이다.'라는 말은 아마도 가장 뻔한 말 중 하나일 것이다. 그러나 그게 사실이다! 직원들에게 적절한 지지와 도전을 제공하고, 자신의 역할에서 다양한 사람들과 함께 일하는 것이 사업의 핵심적인 특징이 된다는 것을 알고 있는지 확인해 보라. 이러한 이슈를 일반적인 학습과 성장 프로그램에 의미 있는 방식으로 통합시키는 것도 중요하다. 만약 당신이 관리 성장 훈련을 외부에 맡겼다면, 그 사람들이 효과적인 방식으로 이 이슈를 다룰 수 있는지 확인하라. 그렇지 않다면 그들에게 맡기지 마라. 관리와 성장은 너무나 중요해서 신뢰할 수 없는 컨설턴트에게 맡길 수는 없다. 이 프로그램의 성공은 조직의 미래 성공에 직접적인 영향을 줄 수 있고, 다양성 이슈는 미래 사업 기획의 핵심적인 요소다. 집중적인 학습과 성장에 대한 필요, 그리고 이것이 먼저 고려되어야 한다는 인식만큼이나 중요한 것은 기준이 충족되지 않았을 때 적절한 제재를 제정할 필요가 있다는 것이다. 이것은 다양성을 진지하게 받아들여야 한다는 강력한 신호를 조직에 보낼 것이다.

모든 사람을 조직에 관여시켜라

모든 사람은 다양성이 조직에서 무엇을 의미하는지 알아야 하며, 개방적이고 존중하는 태도로 자신의 시각과 견해를 제공할 수 있어야 한다. 이것은 공식적인 수준에서 일어나거나(예, 훈련과 성장 프로그램에서) 혹은 외부 강연자를 초청하거나, 드라마를 사용하거나, 비디오를 보여 주거나 혹은 비공식적인 상황에서 관리자가 기술적으로 대화를 주도함으로써 나타날 수 있다.

조직의 중간 관리자 수준은 조직의 성공에 핵심이다. 많은 조직에서, 중간 관리자들은 하룻밤 사이에 조직을 더 높은 수준으로 올려놓을 수도 있고, 진전을 막거나 혹은 가장 나쁜 경우, 사업 실패도 야기할 수 있는 파워를 지니고 있다. 중간 관리자가 어떤 사람인가는 절대적으로 중요하다. 이러한 점은 '좋은 상사가 있는 회사The Good Boss Company'에서 2005년에 수행했던 저명한 연구에서 했던 언급, 즉 "사람들은 조직을 떠나지 않는다. 다만, 보스를 떠날 뿐이다."에 잘 나타나 있다.

조직 내부의 사람들은 깨닫는 것 이상으로 잘 알고 있다. 조직의 리더십이 이슈를 진지하게 받아들이고 있음을 사람들이 알고, 충분히 개방적으로 논쟁할 수 있다면 조직은 경쟁적 우위를 점하고 있는 것이다.

소수집단을 조직에 관여시켜라

사업의 여러 가지 측면에 대한 소수집단의 관점에 대해서 질문해 보라. 그들은 자신이 속한 그룹 이상이다. 여성, 유색인종, 장애인 그리고 다른 소수집단 전문가들도 자신의 커뮤니티에서 리더십을 갖고 있다. 또한 종교조직이나 아이 학교의 멘토로서 혹은 '소수의견'에 관심이 있는 단체의 자문을 받는 개인으로서 영향력을 미치고 있다. 그들 중 대부분의 사람들에게 관점을 물어보는 것은 '되돌려 줄 수 있는' 기회다(Hewlett, Luce, & West, 2005). 나머지 사람들에게는 지금까지 고용주가 그들의 재능을 사용하지 않았던 것을 보충할 수 있는 기회이기도 하다.

여러 연구에 따르면, 소수집단은 핵심 결정을 내리는 사람들을 접할 기회가 제한되어 있기 때문에 직장에서 손해를 보았다. 관리자와 리더는 의사소통을 위한 채널을 만들 수 있는 공식적·비공식적 방법을 찾아봐야 한다. 이익 단체를 만들 수 있는 방법을 고려해야 한다. 만약 조직이 이익 단체를 만들지 않기로 했다면, 왜 그런지에 대한 이유를 말해 달라는 요청이 있을 때 대답할 수 있을지 확실히 해야 한다. 요청이 없다고 해도, 그러한 단체를 만드는 것이 이득이 될지 아닐지를 고려하라. 그리고 질문하라. 만약 조직이 이익 단체를 만든다면, 사업과 직접적인 연결점이 있는지 그리고 고참 관리자들이 이사회의 적법한 우려를 듣고, 책임질 수 있는지를 분명히 해야 한다. 항상 스스로에게 다음의 질문을 던지고 대답할 수 있는지 확인하라. 즉, 당신의 배경으로 인해 생긴 편견과 관점이 당신 자신의 변화에 걸림돌이 되는 것은 아닌가?

HR은 핵심 역할을 한다. 그러나 이것이 그들의 직무는 아니다

훨씬 많은 조직은 다양성에 대한 책무를 HR 부서에 '넘겨 버린다dump.' HR이 중요한 역할을 하는 것은 맞지만, 여러 요소를 고려해야 하는 상황의 어떤 일부에 관여할 수 있을 뿐이다. 전략을 중앙집권화하고, 기업의 리더십 의제에 의해서 전략이 실현되도록 하는 것이 중요하다. 만약 당신이 HR에 소속되어 있고, 그 책임을 맡았다면, 책임을 리더십 팀에게 돌려주어라! 실제로 나는 조직이 이 영역에서 리더십 책무를 맡지 않을 때, 실패할 수밖에 없었던 많은 고립된 HR 희생자를 목격해 왔다.

확고한 이해 당사자로 하여금 조직의 환경이 지닌 다양성을 활용할 수 있도록 몰입하게 하라

이것은 점차 사용이 증가하고 있는 중요한 접근이다. 이는 단순히 그 영역을 아는 것에서부터(예, 지역 여성 센터와 관계를 맺기, 지역 커뮤니티 센터를 위한 추첨권을 지원하기) 지역 방글라데시 조언 센터에 무상원조를 하거나 혹은 흑인 소년 학생들을 위해서 지역 멘토링을 기획하는 직업체험의 개최까지 범위가 넓다.

당신의 지역사회에 관여하는 것은 기업 책무 전략a corporate responsibility strategy: CRS의 핵심 요소일 뿐만 아니라, 직접적인 긍정적 영향력을 가장 밑바닥까지 미칠 수 있다. 또한 이것을 통해 조직은 조직과 함께 일하는 것에 대해서 긍정적으로 느끼는 재능 있는 사람들을 선발할 수 있는 기회를 가질 수도 있다.

당신이 고용한 사람들의 웰빙은 어떠한가

지난 10년 동안 건강과 웰빙에 대한 많은 연구가 있었는데, 특히 이 연구는 근로자의 체험과 그들 조직의 성공을 향상시키기 위한 방법으로서 심리적 웰빙 가능성에 대한 것이었다. 공적 및 사적 영역에서 여러 조직은 이것을 심각하게 받아들이기 시작하고, 근로자를 자문하고, 실제에서의 몇몇 긍정적 원리들을 간직할 수 있는 수단으로서 정책을 고안하는 데 많은 시간을 투자하고 있다.

보니웰과 헨리(Boniwell & Henry, 2007), 로버트슨(Robertson, 2007) 등은 웰빙의 핵심 요소를 목적이라고 주장했다.

> 만약 체험이 순수한 향유 이상의 목적을 지니지 않거나 혹은 그런 종류의 가치 있는 목표를 성취하게 하지 않는다면, 많은 사람은 하나의 긍정적인 체험에서 다른 긍정적인 체험으로 이동하는 삶을 사는 것이 특별히 즐길 수 없다는 것을 인정하게 될 것이다(Robertson, 2007).

그렇다면 이것이 다양성과 어떻게 관련될까?

흑인과 소수집단 사람들은 백인 집단과 비교할 때 징계와 불만의 극단에 주로 많이 놓여 있다는 다수의 연구가 있다. 성희롱과 차별은 여전히 서구 조직 내에서는 수용될 수 없는 현상이고, 장애를 지닌 전문가들은 동료에 의해서 무시받으며, 단지 스스로가 자신이 지닌 장애로 규정된다는 것에 불만을 호소하고 있다. 핵심은 차별이 조직생활의 중요한 측면이며, 소수집단에게는 완전히 하나의 현실이라는 점이다.

심리적 웰빙 분야에서 대부분의 연구는 높은 심리적 웰빙과 개인 및 조직의 생산성 간의 높은 관련성을 시사하고 있다. 관리자가 해야 할 것은 조직의 이익을 위해서 사람들에게 최선을 얻어 낼 수 있도록 심리적 웰빙을 사용하는 것이다. 차별은 피해자들에게 낮은 자존감과 낮은 심리적 웰빙을 야기할 수 있다. 다양성과 차이를 효과적으로 관리하게 되면 그런 점에서 긍정적인 차이를 만들어 낼 수 있다. 반대로 이러한 능력이 부족하면 '소수 근로자들'과 조직의 수행에 파괴적인 영향을 미칠 수 있다. 건강과 웰빙이라는 주제에 대한 관심이 증가할수록, 조직은 다양성이 그들 접근의 핵심 부분을 형성한다는 점을 분명히 하는 것이 중요하다. 학문 영역에서는 다양한 노동력과 웰빙 간의 관련성에 관심을 갖는 것도 중요해질 것이다. 이 영역에 대한 문헌이 부족하고, 이것을 실천하는 데 실패하면 이러한 중요한 영역을 탐색하지 못하게 될 것이다.

그렇다면 무엇을 하면 될 것인가

다양성을 관리하는 것은 단순하지 않다. 그러나 그렇게 복잡하지도 않다. 다양성 관리 대부분은 단순하고 간단한 좋은 실제로 향하는 것이고, 대부분은 강력하고 효과적인 리더십이다. 오늘날 대부분의 조직은 이 이슈가 (비록 중요하기는 해도) 핵심은 아니라고 느낄 수도 있다. 변화하는 세상으로 인해 미래의 조직이 어떤 모습이 될지 모르고 있다. 이렇게 생각하자. '미래는 오렌지가 아니다.' 잘 알려진 텔레커뮤니케이션 회사의 메시지와는 반대되는 말이다. 실제로 미래는 다양한 색깔을 지니고 있으며, 매우 가지각색이다. 따라서 다양성과 차이를 관리한다는 것은 새로운 시대의 핵심 관리 및 리더십 능력이 될 것이다. (도덕적인 이유에서도 아니고, '원칙 중심의 리더십'으로의 전환 때문도 아니다.) 그것은 인구통계학적인 면을 말하는 것이고, 조직이 자신의 요구를 들어주어야 한다고 주장하는 고객들의 요구다.

응답하는 조직과 리더는 성공할 것이다. 그러나 응답하지 않는 조직과 리더는 실패할 것이다. 솔직히 말하면 그렇다!

정신건강의 이해:
근로자용 지침

앤드류 버클리(Andrew Buckley)[*]

도입

현장에서 일하는 '전문가'뿐 아니라 모든 인류는 정신질환에 대한 견해를 갖고 있다. 놀이터에서 사용되기 시작한 경멸적인 용어들이 영화, TV, 미디어에서도 지속된다. 이 모든 것이 정신건강과 정신질환의 의미에 대한 우리의 견해에 영향을 미친다. 나아가 소위 '편집적 조현병 환자'가 저질러 놓은 희귀하면서도 끔찍한 살인사건 사례와 '살기 위해 모든 것을 한' 어떤 근로자의 자살에 대한 보도는 많은 이가 정신질환에 대해 갖는 견해에 영향을 미친다.

정신적으로 건강하지 못한 상태에 대해 근로자들이 갖는 태도는 어떤 조직에서든 중요하다. 조직 내에서 정신적으로 건강하지 못한 상태가 미치는

---

[*] 키페포(Kipepeo) 창립자

영향을 관리하는 일은 인적 자원 관리자와 직업적 건강 전문가와 같은 전문가뿐 아니라 모두의 책임이다. 정신건강 문제를 가진 직원이 직장에서 갖는 자신의 감정과 문제에 대해 의논할 수 있도록 허용하는 "정신건강 이슈에 대해 자유롭게 말할 수 있는 개방적이고 비낙인적인 문화가 매우 중요하다."(St John, 2005: 44). 동료 및 상사의 태도, 그리고 조직의 문화는 정신건강의 어려움을 겪는 구성원에 대한 지원과 돌봄, 그리고 회복의 경로를 용이하게 하는 데 근본적으로 중요하다.

토머스와 섹커Thomas & Secker는 직장 내 정신건강 이슈의 영향 관리에 관한 세 가지 접근을 제안하였다(Grove, Secker, & Seebohn, 2005: 123).

- 1차 예방: 근로자를 지원하고 스트레스 등을 관리하기 위해 적극적인 역할을 하는 건강한 직장 문화를 조성하는 데 초점을 맞춘다.
- 2차 예방: 잠재적인 문제에 대한 조기 인식과 신속하고 적절한 조치가 해당된다.
- 3차 예방: 아픈 근로자에 초점을 맞추고 대개 건강 전문가의 서비스를 필요로 하며, 업무 복귀와 재활 전략이 여기에 속한다.

이 장에서는 2차 예방의 범주 내에 있는 이슈와 해결책에 대해 살펴볼 것이다.

직장 문화의 필수요소로서 정신건강을 도모하고 역기능을 제한하기 위해 적극적으로 직장을 관리하는 조직이라 하더라도 고통과 정신질환의 영향을 결코 면할 수는 없다. 이 책의 다른 장에서 조언하는 내용을 따르는 고용주들이라 하더라도 여전히 근로자들이 고통을 겪고 지원을 필요로 하는 일이 있게 마련이다. 일을 못하게 되는 문제non-work-related issue가 갖는 효과는 근로자의 행동, 업무능력, 정신건강에 영향을 미치게 된다. 어떠한 고용주라 하더라도 이러한 요인을 제거하는 방식으로 직장을 관리할 수는 없다.

아픈 근로자가 의료적 돌봄에 기대게 되는 3차 예방이 전통적인 접근이란 점은 거의 틀림이 없다. 그러나 정신질환은 육체적 질병처럼 그렇게 명백하게 '아프거나 아프지 않거나' 하는 것이 아니다. 고문 정신과 의사인 마이크 노어스Mike Nowers 박사는 다음과 같이 말한다.

> 대부분의 정신질환은 건강과 병 사이의 스펙트럼에 놓여 있어서, 개인은 어떤 기간에 걸쳐 규명하기 어려운 방식으로 건강한 상태와 질병 상태 사이에 놓일 수 있다. 정신질환을 잡아내기는 어려우며 일반적으로 그것은 시험하거나 측정할 수 있는 것이 아니라 진단적으로 증상과 신호에 대한 주의 깊은 평가에 기반하여 알 수 있다(Buckley & Buckley, 2006: X).

영국 보건부는 『낙인에 관한 조치: 정신건강 증진, 직장 내 차별종식』(Department of Health, 2006)을 주도함으로 조직 내 정신질환에 대한 태도의 중요성을 인정해 왔다. 이 조치에는 모든 근로자를 위한 정신건강 자각 훈련 및 정신건강 문제의 이해 증진에 대한 두 가지 조항을 포함하여 고용주들이 개인과 조직에 혜택을 줄 수 있는 다섯 가지 핵심 조치가 포함되어 있다.

지원을 제공하는 책임과 능력을 확대하는 것이 정신건강 문제를 다루는 데 혜택을 누렸던 많은 조직에서 성공적인 전략의 한 부분임을 보여 주었다. 그런 회사 중 하나가 British Telecommunications plcBT이다. 최고 의료 책임자인 폴 리치필드Paul Litchfield 박사는 다음과 같이 말한다.

> 우리 전략이 가동된 이래 정신질환을 이유로 구직을 거부하지 않았다. 정신건강 관련 병결은 30% 이하가 되었고 스트레스로 인한 청구는 극적으로 감소하였다. 장기 결근자의 75%가 제 업무로 돌아왔고 정신질환으로 인한 의학적 퇴직율은 80% 이하가 되었다(Department of Health, 2006: 5).

BT의 접근은 광범위하고, 1차 · 2차 · 3차 예방을 포괄하고 있다.

BT의 2차 예방은 고통의 조기 신호를 규명하고 개인을 지원하는 것을 의미한다. 낙인은 다채널 커뮤니케이션을 통해 다루어지고, 훈련이 관리에 제공되며, 정신건강 이슈는 비의학적 이슈와 함께 주류로 유지된다.

제약회사인 글락소 스미스 클라인_{Glaxo Smith Kline}사도 정신건강을 증진하기 위해 광범위한 직장 전략 프로그램, 아픈 근로자를 위한 포괄적인 돌봄 프로그램, 그리고 '팀 탄력성'을 포함하는 2차 예방 목적의 혁신적인 접근 등 유사한 접근을 하고 있다. '팀 탄력성'이란 모든 근로자에게 동료에 대한 책임을 갖고 어려움의 시간 동안 그들을 지원하며, 부적절한 직무 압박을 제거하도록 장려하는 팀기반 훈련 프로그램이다.

인적 자원에 대한 전문적 서비스나 직업 건강 전문가, 의료 전문가 이상으로 정신질환에 대한 책임 확장은 많은 조직에 실제적인 유익을 나타낸다. 어떤 근로자가 한 번이라도 정신건강 이슈를 나타내는 신호를 보이면 이를 조기에 인식하고 신속한 조치를 취하도록 하는 데 목적이 있다. 그 보상은 〈표 11-1〉에 요약된 것처럼 상당히 많고 다양하다.

〈표 11-1〉 정신건강 이슈 관리의 보상

조직 수준의 이점
• 병결의 감소
• 의료 분야에서 은퇴/중복의 감소
• 생산성의 향상과 지속
• 보다 건강하고 효과적인 노동력을 낳는 근로자 웰빙의 전반적인 증가

팀 수준의 이점
• 개인의 정상적인 정서기복에 대해 수용하고 보상함
• 조기 도움과 약간의 조정을 제공하기 위해 직원에게 적절하게 접근하는 법을 앎
• (내부 또는 외부) 전문가의 도움에 의뢰하는 법을 이해함
• 나머지 팀원을 지원하고 모든 근로자의 웰빙을 돌보는 느낌을 창출함

개인에 대한 이점

- 정상으로 빨리 돌아갈 가능성을 증가시켜 주는 조기 개입
- 적절하다면 조기에 전문가의 관여를 촉진하는 조기 개입
- 돌봄받고 이해받는 느낌
- 있을 수 있는 낙인과 연결된 느낌과 사람들의 쑥덕거림에 대한 두려움 감소

　직장 내 정신건강 이슈를 인식하고 관리하는 일은 관리자 업무의 작은 일부일 것이다. 그럼에도 불구하고 그것은 중요한 기술이며 훈련과 자원은 이러한 점을 반영해야 한다. 관리자에게 필요한 것은 무엇을 해야 할지, 즉 조정을 할지, 팀 수준에서 개인적인 지원을 제공할지 아니면 직업적 건강 전문가나 자문 의사에게 말할지를 결정하는 능력이다. '무엇을 해야 하는가?' 하는 질문은 '무엇이 잘못됐지?'나 '어떻게 돕지?'와는 다른 것이다. '무엇이 잘못됐지?'와 '어떻게 돕지?'라는 질문은 문제를 진단하고 처치를 결정하는 것으로 전문가, 간호사, 의사 또는 임상가의 영역이다.

　관리자가 고통을 겪기 시작하는 직원들을 인지하고 관리하는 데 도움을 주는, 즉 직원의 고통이 정상적인 생활 사건에 대한 일시적인 반응인지, 증가하는 업무 압박의 결과인지 혹은 정신질환의 조기 신호인지 아는 데 유용한 개략적인 정보에 대해 이어서 다룰 것이다.

　개요의 네 가지 항목은 다음과 같다.

- 정신건강 및 정신질환의 이해
- 질병과 싸우기 시작하는 구성원의 행동 변화를 규명하는 방법
- 더 많은 정보를 수집하기 위해 묻는 질문들
- 직장에서 개인을 가장 잘 관리하기 위해 '무엇을 해야 하는가?'의 결정

정신건강 및 정신질환의 이해

정신건강과 정신질환이 개념화되는 방식이나 행동, 증상 및 영향을 기술하는 데 사용된 언어, 그리고 있을 수 있는 문제의 근거(그것이 신체장기의 질병인지 사건에 대한 반응인지?) 등은 해당 이슈가 인식되고 다루어지는 방식에 영향을 미친다. 직장 내 이러한 이슈를 관리하는 데 도움을 주고자 정신건강 및 정신질환과 관련하여 관리자들에게 유용한 두 가지 모형이 있다.

의학모형

정신질환에 대한 의학모형 혹은 생물의학모형에서는 정신적 문제가 신체적 문제와 유사한 질병이라는 견해를 장려한다.

> 의학적 질병의 개념을 두 가지 뚜렷한 범주를 대표하는 건강과 질병의 상태로 정신장애에 적용하는 생물의학모형은 '정신질환은 다른 질병과 같다.' 즉, '정신질환은 뇌의 질병이다.'라는 견해를 장려하는 경향이 있다. 과학은 정신건강 문제의 원인을 이해하는 데 기초 근거를 제공해 준다(Rethink, 2004: 6).

개인을 소위 장애로 연결하는 데 사용될 수 있는 장애의 정의와 범주가 의학모형의 핵심에 있다. 그 예로 진단범주에 대한 길고 복잡한 리스트를 담고 있는 『정신장애 진단 및 통계편람 4판(DSM-IV)』(APA, 1994)[1]과 『국제질병분류 10판(ICD-10)』(WHO, 1994)[2]이 있다.

---

1) 현재 DSM-5(APA, 2013)가 출판되어 있다(역자 주).
2) 2018년도에 ICD-11이 출판되었다(역자 주).

의학모형은 환자의 증상이 뚜렷하고 명백할 때 가장 적합하다. 보통 이러한 경우는 훨씬 심각하게 병이 난 사람들이다. 이런 이유로 의학모형은 정신과 의사나 기타 임상가들이 만나게 되는 사람들에게 가장 적합하다.

정신질환에 대한 의학모형은 전세계적으로 가장 지배적이며 의사에게 가능한 언어이자 치료의 중심부에 있다. 직장 내 비전문가나 관리자에게 의학모형에서 사용되는 용어로 무엇이 잘못되었는지 이해하는 것은 매력적일 수 있다. 기술적인 용어를 사용함으로써 뭔가 알고 있는 느낌이 들 수 있으며 전문가들이 사용하는 용어를 공유할 때 이해하는 것 같을 수도 있다. 그러나 부적절하게 사용될 때 의학모형 용어(우울, 불안, 스트레스와 같은 상식적인 단어를 포함하여 정신질환에 사용되는 진단명, 예를 들어 자폐증, 거식증, 양극성기분장애와 같은 용어)는 문제를 야기할 수 있다. 나는 관리자가 이러한 용어들을 사용하는 것은 적절한 임상가에 의해 진단받고 본인의 말로 그 용어를 사용하는 경우를 제외한 모든 경우에 피해야 한다고 본다.

의학모형에서 관리자를 훈련하는 데는 많은 어려움이 있다. 그것은 복잡한 영역이며, 관리자가 직원을 지원하는 데 도움이 되는 훈련을 사용하려면 높은 수준의 전문지식이 필요하다. 의학모형은 일시적으로 고통을 겪는 많은 근로자에게 '질병'에 대해 지나치게 강조할 수 있고 '치료'가 시행되지 않는 한 정상으로 복귀하는 데 더 힘들 수 있다. 부적절한 진단, 제한된 이해에 기반한 소위 '제한된 이름붙이기spot-labelling', 낙인찍기, 차별적 언어, 사적 견해에 기반한 편견 등으로 인해 동료가 비일상적으로 행동할 때 무엇을 할지 결정해야 하는 비전문가에게 의학모형은 적절하지 않다.

의학모형을 활용하여 관리자를 훈련할 때의 잠재적 어려움을 지적하는 연구 증거들이 있다. 한 연구는 교사들이 훈련을 받은 후 학생의 우울을 인지하는 데 덜 효과적이었음을 발견하였고(Moor et al., 2007), 다른 연구는 조현병이라는 심각한 문제를 인지하는 관리자의 능력은 향상된 반면, 우울이라는 일상적인 문제를 인지하는 능력은 훈련으로 향상되지 않는다는 것을 발견하였다(Kitchener & Jorm, 2004). 그러나 근로기반 환경에서는 후자가 그날그날 훨씬 더 잘 마주칠 수 있는 이슈다.

더욱이 '직장 내 스트레스를 다루는 미디어의 과장과 유사과학'으로 인해 관리자는 의학과 정신건강에 대한 의학모형(심지어 자격 있는 임상가)에 의존하지 않을 수도 있다(Miller et al., 2002: xi).

사회모형

정신질환에 대한 사회모형(때때로 생물심리사회모형이라 불림)은 '정상'에서 '비정상'(의학모형의 정신질환과 비교하라.)까지의 행동이 갖는 연속성을 강조하며, 개인이 사회 속에서 갖는 자리를 생리학 및 개인심리학과 연결한다. 행동, 감정, 생리적 변화의 상호작용이 개인을 비롯해 잠재적으로는 그 주변에 있는 사람들에게까지 고통을 가져온다.

> 사회모형 접근을 적용하는 사람들의 전략은 정신건강과 정신질환을 '일상의' 생활(사고, 감정, 행동)에서 정신장애로 이어지는 연속체로서 제시하는 것이다. 이 접근은 사회적 낙인과 차별을 전적으로 개인 '안'에만 두는 것이 아니라 사회제도 안에 둔다. 정신장애라는 낙인찍기를 하지 않으며 정신건강 '문제' '고통' 혹은 '위기'에 대한 사람들의 경험이 자각 훈련의 초점이 된다(Rethink, 2004: 6).

사회모형은 우리 모두에게 심리학의 정상성을 강조하며, 우리가 살아가는 매일의 삶에 '생리학'이 사용되는 것과 같은 방식으로 '심리학'을 사용한다. 신체적 웰빙이 그런 것처럼 때때로 어떤 일은 예상되는 것처럼 되지 않는다.

근로자의 실제적인 경험에 초점을 맞추는 것은 다음과 같이 많은 이점을 갖는다.

- 병이 아닌 개인에게 말한다.
- 치료가 아닌 지원을 탐색한다.
- 지원은 개인 당사자가 아닌 시스템 내에 있을 수 있다(예, 근무시간 조정).
- '치료'를 우선 찾지 않아도 지원이 제공될 수 있다.
- 이러한 지지적 접근은 모두에게 혜택을 준다.

정신질환을 겪는 대부분의 사람들은 적절한 진단과 관리, 치료를 통해 온전한 회복을 하게 된다. 옳은 일을 하는 것, 더 중요하게는 틀린 일을 하지 않는 것이 양질의 돌봄에 초석이 된다(Buckley & Buckley, 2006: xll).

조직에서 양질의 돌봄은 무엇이 틀렸는지 결정하거나 최상의 처치를 규명하기보다는 '무엇을 해야 하는가?'에 대한 답을 하는 것이 중심이다. 무엇이 틀렸는지 결정하거나 최상의 처치를 규명하는 일은 임상가에게 남겨야 한다. 의학모형이 전문가의 지식을 활용한다면, 사회모형은 관리자들에게 무엇을 해야 할지에 대한 경로를 제공한다.

이는 일반적인 표준에 비해 매우 급진적인 접근으로 비쳐질 수 있다. 일반적인 표준에서 정신질환은 직업 건강 및 건강과 안전의 분야다. 이는 직원 개개인, 그들의 동료 및 조직을 지원하는 데 있어 정신건강과 정신질환을 보는 다른 방식이다.

밥 그로브Bob Grove, 제니 세커Jenny Secker, 페이션스 시봄Patience Seebohm은 직장 내 정신건강 이슈가 던지는 도전을 설명하기 위해 사고(및 행동)의 '새로운 패러다임'을 향한 매우 강력한 쟁점을 제공한다(Grove et al., 2005). 그들의 저서『정신건강과 고용에 관한 새로운 사고New Thinking about Mental Health and Employment』에서는 명백한 정신질환으로 인한 어떤 진단명과, 심지어 긴 치료기간과 상관없이 개인의 필요와 직장에 대한 개인의 기여에 초점을 맞추는 것으로 '질병'의 정의를 변화시켰다.

　　조직이 재정적 · 전략적으로 이득을 얻기 위해, 전문 서비스의 치료 초점 이상의 해결책을 찾는 책임을 확장하는 것이 핵심이다. 이를 위해서는 관리자가 신호에 대한 알아차림, 이슈를 민감하게 탐색하는 지식 그리고 조직과 사회에 마련되어 있는 지원체계에 대한 이해를 통해 가능한 조기에 비일상적인 행동을 인지하고 탐색할 수 있는 것이 필요하다.

심리적 · 정신적 건강 문제의 인지

　　〈표 11-2〉는 어떤 사람의 정신건강 문제를 암시하는 다양한 행동 방식의 리스트다. 이 신호 중에 어떤 것도 하나씩 따로 볼 때 그 사람이 정신질환이 있다는 예시가 되지는 않는다. 이 리스트에는 가끔씩 우리 중 많은 이가 보이는 지극히 정상적인 행동들이 적혀 있다.

〈표 11-2〉 조치의 필요성을 알려 주는 신호들

외양
• 평범하지 않은 옷?
• 개인적인 관리의 결핍?
• 신체 언어 또는 움직임은?
행동
• 불안해하고 예민한가?
• 무기력하고 흥미를 보이지 않는가?
• 반복적인 행동을 하는가?
• 무엇을 말하는지와 어떻게 나타나는지 사이에 불일치가 있는가?

기분

- 예상되는 것과 불일치하는가?
- 지나치게 염세적인가?
- 부적절하게 보이는 방식으로 낙관적인가?
- 슬프거나 절망적이거나 냉담한가?

사고

- 집착 혹은 몰두?
- 비이성적이거나 망상적 사고?

인식

- 실제가 아닌 것을 실제인 것으로 경험함
- 시각, 청각, 후각, 미각, 촉각의 환각
- 세상을 보통 예상되는 방식으로 경험하지 않음

지적 능력

- 지적 능력의 변화 혹은 예상치 못한 지적 능력
- 예상되는 사고과정의 결핍
- '다른 세상으로?'

통찰

- 합리적이고 신뢰할 만한 설명이 있는가?
- 비일상적으로 행동하고 있음을 자각하고 있는 것 같은가?

이와 같은 신호와 행동들이 누적되면 정신건강 전문가가 향후 진단을 내릴 때 이를 바탕으로 보다 분명하게 진단을 내리는 것이 가능해진다.

중요한 점은 이러한 신호를 무시하지 않으면서도 이 신호들을 무가치하게 하거나 있을 수 있는 문제의 지표가 될 만한 부가적인 정보로서 더 많은 정보를 찾아내는 것이다. 가장 우선순위는 행동 변화에 대한 합리적인 이유를 찾는 일이다. 이상하고 비일상적인 행동이 꼭 심리적 문제를 의미하지는 않는다. 비일상적인 행동을 무시하지 말되, 그것이 정신건강 문제라고 가정하지 말라.

〈표 11-3〉 주의해서 볼 점

- 근로패턴의 변화
- 무단결근과 병가
- 알코올 혹은 다른 물질의 사용
- 일상적인 사회관계에서 고립되거나 철수함
- 피곤, 냉담, 에너지의 결핍
- 좋은 판단능력에 변화가 일어남
- 적절한 의사결정능력에 변화가 일어남
- 비일상적인 정서가 보임
- 일상적인 행동에 변화가 일어남
- 직장 내 관계의 어려움

〈표 11-3〉은 탐색이 필요한 이슈가 진행되고 있을 때 알아차림을 높이는 데 도움이 되는 약간 다른 접근을 보여 준다. 이는 〈표 11-2〉에 나오는 특정 신호들보다 주의해서 볼 필요가 있는 증거에 관한 것이다.

이 표들의 신호와 다른 증거 모두에 있어서 핵심은 변화다. 변화는 문제가 있을 수 있다는 것을 알려 주는 가장 중요한 지표다.

시간 준수가 변했는가? 어떤 사람들에게 이는 보통 때보다 일하는 데 시간이 훨씬 오래 걸릴 수 있기도 하지만, 그렇다고 시간을 잘 지키지 못하는 경우에만 문제가 있는 것은 아니다. 표면상 긍정적인 변화가 고통을 겪기 시작한다는 신호가 되기도 한다.

사회성이 변했는가? 심리적인 '고통'을 겪는 사람은 흔히 혼자 있기를 바란다. 어떤 사람이 커피 같이 마시는 것을 중단하거나 보통 때보다 사무실 문을 닫은 채 있는 것 같다면, 그 사람과 이야기해 볼 만한 가치가 있다. 반대로 어떤 사람이 다른 사람들과 더 많은 시간을 보내거나 항상 함께 있기를 원하는 것 같을 때도 점검해 볼 필요가 있다. 표면상 사회성의 증가를 말해 주는 또 다른 신호는 일과 후나 점심 때 술집에 가는 집단에 속하는 사람이 되는 것이다. 이는 우정에 대한 열망 때문이 아니라 술 때문일 수 있다.

사람들에게 접근하는 방법

일단 어떤 비일상적이거나 걱정스러운 행동이 보이면 정보를 더 많이 찾기 위해 노력하는 것이 현명하다. 정보를 더 찾기 위해 노력한다는 의미는 해당 구성원과 대화를 하는 것이며 걱정을 야기하는 행동에 대해 이야기하는 것이다. 비일상적인 행동을 무시하지 않는 동시에 각색하지도 않는 솔직한 사실 그대로의 접근이 가장 긍정적인 결과를 가져오는 것 같다. 어려운 주제를 꺼내는 적절한 말, 적절한 방식, 적절한 시간은 누구에게나, 심지어 전문가에게조차 어려울 수 있다(〈표 11-4〉 참조).

〈표 11-4〉 사람들에게 접근하는 방법

1. 당사자에게 무엇을 하라고 말하는 것을 피하라 • 직원이 통제감을 가질 수 있도록 하라. • 거슬리는 질문을 피하라. • 그들이 당신에게 만약 할 말이 있다면 무엇을 말할지 결정할 수 있도록 그들에게 시간을 허용하라. 이러한 기본적 원리의 중요한 부분은 직원이 통제감을 갖는 것이다. 만약 당신이 그들의 통제를 빼앗는 무언가를 질문하면 결과에 긍정적으로 영향을 미칠 기회를 잃어버릴 수 있다. 통제하려고 하면 그들은 아예 말하지 않거나 혹은 그들이 생각하기에 당신이 듣고자 하는 것을 당신에게 말하도록 하며, 해결책을 찾기 위해 거의 틀림없이 당신과 일하지 않게 될 것이다.
2. 비통제적인 혹은 개방형 질문만 하라 • "최근에 무슨 일이 있었는지 궁금하군요." • "당신이 평소보다 말이 없는 것으로 보이는군요." • "당신이 그 순간에 어떻게 하고 있는지 궁금해요."

이 모든 질문은 본인으로 하여금 무엇을 말할지 선택하는 데 많은 자유를 허용해 준다. 종종 질문 이후 침묵이 유지되는 것은 압박감을 느끼게 하는 대신, 당신에게 대답할 수 있는 시간과 안전감을 구성원에게 허용한다.

3. 절대 대답을 강요하지 마라

구성원이 진짜 걱정이 되는 방식으로 행동하기 시작한다 하더라도 인내하라. 구성원에게 실제로 일어나고 있는 일이 무엇인지 아는 것은 필요하지 않다. 단지 계획에 도움이 되는 정보 외에 당신이 자세히 알 필요는 없다.

4. 진단하려고 하지 마라

구성원이 정신건강 전문가를 만나서 진단을 받고 자신에 대해 그 용어를 사용하기를 선택한 게 아니라면 의학용어를 피하라. "우울해 보여요."는 어떤 사람에게 도움이 되지 않는 방식으로 낙인을 찍을 수 있다. 반면에, "당신 오늘 기분이 안 좋아 보이는 것 같아요."라는 표현은 어떤 병과도 연결하지 않고 그들의 기분을 인정해 준다.

다음을 기억하라.

- 구성원 본인이 통제하게 두라.
- 인내하라. 즉, 말할 것을 생각할 수 있는 시간을 그들에게 허용하라.
- 개방적이고 비통제적인 질문을 하라.
- 구성원 본인이 무엇을 얼마나 많이 말할지 결정하게 두라.
- 정보를 얻기 위해 절대 강요하지 마라.
- 도움이 되기 위해 모든 것을 알 필요는 없다.
- 특정 질병을 언급하지 마라.
  - 비의학적 언어를 사용하라.
  - 다른 사람들이 의학적 용어를 사용하지 못하게 하라.
- 구성원 본인이 어떤 용어를 사용할지 결정하게 두라.

무엇을 질문할 것인가

앞 절은 고통을 겪는 구성원에게 접근하는 법과 관련하여 지침을 제시하면서 '하지 말아야 할 것들'을 담고 있다. 이 절에서는 세 가지 영역을 다루는데, 이 영역들에서는 질문할 때 무엇을 해야 할지 계획을 세우는 데 도움이 될 만한 정보를 제공하게 될 것이다. 앞서 언급했듯 민감성과 존중이라는 기본 원칙에 이어 문제의 히스토리와 만연 정도에 대해 질문하고, 해당 이슈를 해결하는 데 도움이 되는 조치 계획이 있는지 질문하라.

〈표 11-5〉는 일단 구성원이 정신건강 문제를 나타내는 신호를 보이면 탐색하는 데 도움이 될 만한 세 가지 핵심 영역을 보여 준다. 위기가 발생하지 않는다면 해당 개인에게 실제 무엇이 일어났는지 탐색하는 것은 무엇을 해야 할지에 대한 결정을 하기 전에 필요하며 도움이 되는 일인 것 같다.

〈표 11-5〉 PPP 질문

과거(Past)
• 이 행동 혹은 감정의 히스토리는 무엇인가? • 클라이언트는 얼마나 오랫동안 유사한 감정을 가지고 있는가? • 이런 일이 전에도 일어났었는가?
만연 정도(Pervasive)
• 클라이언트의 인생이 얼마나 많이 관여되어 있는가? • 이것은 가정 문제가 오늘 직장으로 이어진 것인가? • 직장 문제가 가정생활에 영향을 미치고 있는가? • 혹은 클라이언트의 생활 전체가 영향을 받고 있는가?

계획(Plan)

- 계획이 있는가?
- 계획이 긍정적인가?
- 계획이 현실적이고 효과가 있을 것인가?
- 계획이 실행되고 열심히 할 것인가?

*주의: PPP 질문 출처는 ⓒ Andrew Buckley임.

과거

과거에 대해 질문하는 것은 두 가지 중요한 정보를 제공한다. 첫째, 감지된 비일상적인 무언가가 꼭 새로운 감정이나 행동이라는 것을 의미하지 않는다. 당사자는 고통을 잘 숨겼을 수도 있다. 그래서 그 직원이 얼마나 오랫동안 이런 기분을 느꼈는지 아는 것이 매우 중요하다. 실제 기분이 저조하지만, 지난주까지는 좋았던 어떤 사람이 몇 달 동안(이 기간 동안 직장 내 동료들에게 자신의 감정을 숨길 수 있었던) 기분이 저조했던 어떤 사람에 비해 정상적으로 보이지만 더 낮은 수준일 수 있다. 둘째, 정보를 주기 전에 이런 일이 전에도 일어난 적이 있었는지 물어보는 것은 어떻게 도와야 할지, 또 무엇을 해야 할지 결정하는 데 도움이 된다. 어려움의 반복적인 패턴이 출현할 수 있고, 해당 구성원은 현재의 어려운 시간 동안 과거에 도움이 됐던 전략과 전술을 사용할 수도 있다.

얼마나 만연한가

구성원의 삶이 관찰됐던 신호에 의해 얼마나 많이 영향을 받고 있는지 알면 어떻게 진행될지에 대한 단서를 얻게 된다. 구성원의 저조한 기분, 감정적 폭발, 행동에서의 다른 변화들이 일차적으로 직장 내 문제라면 이는 조직의 이슈를 가리킨다. 그 이슈들의 초점이 구성원의 사적인 삶에 있다면 조직이 구성원을 지원하는 것 외에 할 수 있는 일은 별로 없을 것이다.

만약 그 이슈가 구성원의 삶 전반에 영향을 미치게 되면 집에 가거나 일하러 오거나 둘 중 하나의 문제에서 벗어나 한숨 돌릴 수 있는 시간을 갖지 못할 만큼 염려의 수준이 더 높아질 것이다.

계획은?

뭔가 잘못됐고 그들이 무엇을 해야 할지에 대한 계획을 가질 필요가 있다고 당사자가 인정하는 것은 심리적 문제나 정신질환이 있는 누군가를 돕고 치료하는 데 매우 중요하다. 심리적 문제로부터의 회복을 가장 잘 예언해 주는 지표는 무언가 잘못되고 있다는 것에 대한 인지와 무엇을 해야 할지에 대한 계획이다. 그러나 계획은 현실적이고 긍정적일 필요가 있다.

무엇을 할 것인가

어떤 동료가 정신건강 문제의 신호를 일단 보이면 조치를 취하는 것이 가장 중요한 단계다. 이에 관해 조언하는 일 역시 가장 어려운 단계다. 모든 개인, 모든 팀, 모든 조직 그리고 모든 지역 혹은 나라가 다 다르다. 관리자가 조직 내에서 가능한 지원방식이 무엇인지 아는 것이 필수적이다.

- 근로자 지원 프로그램이 있다면 어떻게 평가할 것인가?
- 의학적 보장이 있다면 구성원을 위한 이러한 지원의 경로는 무엇인가?
- 전문 건강 서비스는 현장에서 이용할 수 있는가?
- 인적 자원 관리 쪽에 조언을 얻을 수 있는 지정된 접촉점이 있는가?

• 구성원이 자신의 주치의나 다른 정신건강 전문가에게 어떻게 접근하는가?

보통 조직이 클수록 정책과 절차가 잘 준비되어 있는 경향이 있다. 규모가 작은 사업체일수록 임기응변식의 지원이 더 많을 수 있다. 조직이 어려움을 겪는 직원에 대한 지원을 아무리 구조화한다 하더라도, 핵심은 가능한 한 솔직하게 어려움에 접근하여, 최소한 모든 관리자가 충분하게 인식하는 데 있다.

그러나 공식적인 지원에 대한 접근은 전체 상황의 단지 일부다. 구성원이 임상가나 전문가를 만날 필요 없이 많은 것이 이루어질 수 있다. 서론에서 언급했듯이, 정신건강과 정신질환은 종종 변할 수 있어서sliding scale 구성원은 자신의 이슈를 다루고 정상 기능으로 돌아올 수 있도록 허용해 주는 상대적으로 사소한 조정 이상의 어떤 것도 필요치 않을 수 있다. 정신건강에 대한 사회모형은 정신건강에 대한 사회적 요인의 중요성을 강조한다. 예를 들어, 사별은 매우 고통스러운 경험일 수 있으며 근로시간과 책임에 대한 일시적인 조정을 통해 돌봄을 제공할 때 구성원에게 도움이 될 거라는 점을 대부분의 사람이 인정할 것이다. 이와 비슷하게 관계 문제, 이혼위기, 가족의 질병을 겪고 있는 구성원은 상식적인 조정을 통해 도움을 받을 수 있다.

이유가 무엇이든 문제에 초점을 분명하게 두고 있지 않을지라도, 유사한 조정은 고통의 신호를 보이는 많은 구성원에게 도움이 될 것이다.

사별, 이혼, 가족 문제 혹은 불분명한 이유 등 이 모든 경우에 목적은 직원이 상황에 대처하도록 도와 정상으로 돌아올 수 있도록 하는 데 있다. 결국 정신질환으로 진단받은 많은 사람의 가족, 친구, 상사가 시의적절하고 분별 있는 수용을 할 때, 상대적인 건강 혹은 최소한 일시적인 나쁜 건강에서 정신질환으로 이동하는 것을 방지하는 데 도움이 될 수 있다.

정신건강과 심리적 이슈에 대한 인지와 관리에 대한 책임을 인적 자원 부서와 직업 건강 관련 전문 서비스에서 모든 관리자로 확대하는 것이 직장 내 웰빙에 있어 하나의 핵심적인 부분이다.

EMPLOYEE
WELL-BEING
SUPPORT

제 2 부

조직의 특수한
도전과제에 대응하기

제12장

외상 사건에 대한
조직의 대응

엘리슨 던(Alison Dunn)[*]

서론

재난이 발생할 경우 조직이 어떻게 대응하면 되는지에 대한 정보를 제공하는 문헌은 매우 드물다. 이 장에서는 상담/심리적 관점에서 위기 사건critical incident에 대한 조직의 대응을 계획하고 실행할 때 마주하게 되는 이슈 및 도전들과 관련된 실전 지침을 제공하고자 한다. 독자들이 이 장이 유용하고 유익하다고 생각하기를 바라며 이 주제에 대한 전문가들의 토론의 장이 열리기를 기대해 본다.

이 장에서는 사건과 관련된 근로자들의 정서적, 심리적 그리고 인도주의적인 요구의 관점에서 재난과 같은 위기 사건에 대한 조직의 대응을 살펴볼 것이다.

[*] 런던교통공사 직업건강부서(Occupational Health Department at Transport for London) 치료 서비스
책임자

외상에 대한 개인 및 조직의 반응

외상 사건에 대한 즉각적인 반응은 뇌의 파충류 부분에 해당하는 후뇌에 의해 지시되는데, 이 원시적 뇌 부분이 가장 위험한 상황에서 인간의 생존 기회를 극대화하도록 고안되었다는 것은 널리 받아들여지고 있다. 첫 번째에서 갈라진 두 번째 반응은 아마도 위험과 개인 각자의 심리학적 구성 본능에 따른 투쟁, 도피 또는 정지fight, flee or freeze 반응일 것이다. 테라니Tehrani는 "외상 상황의 요구들을 다루는" 네 번째 반응이 있다고 제안한다(2004: 26).

조직 내에서 일어나는 분명한 논쟁거리 중 하나는 압도적인 경험에 직면하여 정신적인 충격을 받은 개인이 내적 그리고 외적 자원을 충분히 가질 수 없는 것처럼 조직 또한 그럴 수 있다는 것이다. 물론 개인과 조직은 서로에게 영향을 미친다. 그러나 명료하게 정의된 역할과 책임, 적절한 자원, 효과적인 훈련, 계획 그리고 의사소통과 같은 훌륭한 지원 구조는 발생된 사건에서 개인과 조직이 회복하는 것을 돕는다.

위기 사건 대응을 조직화하는 데 책임이 있는 사람은 다양한 방식의 집단적인 반응을 경험할 것이다. 예를 들어, 다음과 같다.

- 상황을 개선하라는 언어적 혹은 비언어적 요구나 요청
- 몇몇 사람에게는 잊혀진 것처럼 보이는 불안
- 멈출 것 같지 않은 분노
- 잘못된 의사소통, 혼란
- 반대로 명확하지 않음에도 모든 것이 정상으로 돌아왔다는 확신
- 도움이 필요 없다는 주장

이러한 맥락에서 일하는 상담자들의 역할은 외상에 대한 전문적인 지식을 바탕으로 이러한 반응들을 이해하고, 정서적 수준에서 경청하고 담아 주기

를 하며, 이러한 것들이 극복할 수 있고 극복될 것이라는 신념을 유지하는 것
이다. 상담자들 스스로 이러한 감정들을 경험할 수 있으며 압도적 상황에서
감정에 휘말렸을 때 이를 자각하고 서로 지지해 주는 것이 필요하다. 상담자
들이 다른 사람의 경험에 압도되거나 절망감에 빠지는 것은 도움이 되지 않
는다.

사례 연구: 2005년 7월 7일 폭탄테러에 따른 런던교통공사 근로자들을 위한 지원 제공

2005년 7월 7일에 폭탄테러가 발생했을 때 런던 지하철 직원들은 이 사건
의 여파에 휘말렸을 뿐만 아니라 테러 이후의 초기 구조 대응도 제공했다. 그
들은 7월 21일의 추가 공격과 그 이후의 지속적인 위협에도 불구하고 런던 사
람들에게 서비스 제공을 계속하였다. 직원들은 이 사건으로 심각하게 영향을
받았고, 이들의 외상 지원 요구에 대응하는 것이 상담과 외상 서비스의 역할
이 되었다. 팀은 이러한 대응을 하는 개입의 개발과 전달에 있어 EJT 협회의
에메랄드-제인 터너Emerald-Jane Turner와 긴밀하게 일했다.

7월 7일에 런던교통공사 시스템에 발생한 몇몇 매우 심각한 사건이 처음
으로 알려지면서 상담팀이 근로자 지원이라는 측면에서 지금까지 중 가장 큰
도전에 직면했다는 것은 분명했다. 상담 팀은 네 군데의 폭발 장소에서 구조
작업이 펼쳐지는 동안에 계획과정을 진행했다. 내담자들이 상담회기에 올
수 없었기 때문에 부자연스럽게 조용하기는 했지만 지원이 가능한지 확인하
려는 일선 관리자들의 연락으로 전화기는 바빴다. 의사소통의 우선순위는
지원이 실제로 가능함을 모두에게 알려서 확신시키는 것이었다. 이러한 의
사소통은 관리자들과의 회의와 이메일, 회사 인트라넷intranet을 통해 이루어
졌다.

초기에 가장 어려운 부분은 관리자가 상담자들에게 사건 장소로 즉시 와 주기를 요청하는 경우였다. 그 즉시 바로 조직화하기는 어려웠지만 외상 지원 단체Trauma Support Group 자원봉사자들이 현장에서 동료들에게 지원을 제공할 수 있었다. 자원봉사자들은 '정서적 응급 조치emotional first aid'를 위해 훈련받았고 그 당시 매우 훌륭히 이 일을 수행하였다.

상담자들은 전화 상담이 가능하였고, 이들의 반응이 정상적임을 알게 했으며(정상화), 스트레스 증상을 관리하는 방법에 대한 조언을 줄 수 있었다. 첫날의 또 다른 중요한 과업은 ICAS와의 연결을 통해 근로자들을 위한 24시간 응급전화상담 서비스helpline를 만들어서 이를 지속적으로 이용 가능하도록 보장하는 것이었다. 이 응급전화상담 서비스는 7월 7일 이후 수개월 동안 유지되었다.

사고 다음날 상담자들은 관리자 및 직원들과 이야기를 나누기 위해 사건 현장으로 갔다. 그들은 관리자들과 어떤 도움이 필요할 것인지 논의했고 몇몇 근로자와도 이야기를 나누었다. 근로자들은 잘 협력하였고 서로를 지지하는 것이 눈에 띄었다. 관리자들은 몇몇 개인에 대해 염려하였지만 많은 근로자가 여전히 진행 중인 위기 사건 대응에 많이 관여되어 있었고 그들 자신의 요구에 대해서는 생각할 준비가 되어 있지 않았다. 그동안에 상이한 요구들을 가진 조직 전체의 근로자들이 언급되었고, 그들은 상담자에게 전화 지원을 제공받고 있었다.

면대면 상담회기는 이를 원하는 전 직원에게 제공되었다. 초기 회기는 내담자들이 그들의 외상 반응을 이해하고 관리할 수 있도록 돕기 위한 교육, 정상화, 증상 관리에 초점이 맞춰졌다. 자원 구축resource-building은 직원들이 내부적·외부적으로 어떤 자원을 이용할 수 있는지, 어떠한 대응 전략들이 도움이 되는지 인식할 수 있도록 도왔고, 또한 사람들은 좋은 지원이 무엇이 있는지와 이를 효과적으로 이용하는 방법에 대한 정보를 제공받을 수 있었다. 가장 많은 피해를 입은 근로자들은 지속적인 상담을 제공받았다. 대부분의 사람들은 한 달 이내에 증상이 희미해지는 것을 발견하였고, 그들은 업무와 정상 기능을 재개할 수 있었다. 소수만이 장기간 상담을 제공받았다.

초기 평가는 집단회기 제공이 효과적인 조력 전략이 될 수 있다고 제안했다. 함께 작업하는 것이 정상화하는 과정을 강화시킬 수 있고 효과적인 대응 전략에 대해 토론할 수 있으며 서로를 지원하기 위한 도움을 주고받을 수 있었다. 직원과 관리자들은 이 집단에 잘 참석하였고 매우 효과적인 것으로 나타났다.

첫 1년 동안의 주요 대응은 관리자들과 지속적으로 연락하는 것이었다. 정기적인 전화 통화 및 방문과 더불어 관리자들은 그들 직원을 지원하는 방법이 적힌 지침서를 제공받았다. 그들 자신이 도움이 필요한 것처럼 보이는 것을 드러내기 꺼려 하는 관리자들에게 종종 개인적인 지원이 비공식적으로 제공되었다.

상담자들은 폭탄테러에 영향을 받은 지하철역이 다시 복원 개방된 첫 기념일에 참석했다. 기념일이 다가옴에 따라 관리자들은 그들의 요구가 논의될 수 있도록 상담자의 방문을 받았다. 관리자와 직원에게 서면으로 조언을 주었고 상담팀은 관련 분야라면 어디든 현장 지원을 제공했다.

이러한 대응을 하는 것은 상담자 개개인들과 팀 전체 모두에게 영향을 미쳤다. 이러한 영향에 따른 관리를 돕기 위한 추가 지원이 바로 그 당시와 그 이후에 요구되었다. 집단 지원, 개인 지원 그리고 팀 빌딩이 이 과정을 도왔다.

이 요약된 글이 제공된 지원과정이 비교적 분명하고 간단했다는 인상을 줄지 모르지만, 실제는 그렇지 않았다. 이 과정이 펼쳐지면서 많은 판단과 선택이 이루어졌다. 이 장에서는 몇몇 중요한 학습 포인트를 공유하고자 한다.

위기 사건에 대한 심리적 지원 제공의 도전

위기/외상 사건이 발생한 조직을 위해 심리적 지원을 제공하는 역할을 하는 사람들에게는 많은 도전이 있다. 다음의 글은 거대한 공공 조직의 내부에서 지원을 제공하는 관점으로 작성되었다. 그렇더라도 모든 장면에서 고려될 필요가 있는 중요한 영역과 논쟁거리 및 질문들을 조명할 수 있기를 기대한다.

상담/심리적 관점에서 본 조직 내 사고 전 준비

영향은 몇 가지 방법으로 적용될 수 있다.

- 조직 훈련 프로그램에 기여
- 조직 내 회복탄력성 구축resilience–building과 스트레스 자각에 기여

조직 훈련 프로그램

사고에 대비해 근로자들을 준비시키는 효과적인 사고 전 훈련은 외상의 영향을 최소화하는 중요한 역할을 한다. 근로자들과 관리자들은 사고의 잠재적인 심리적 영향, 증상 대처법 그리고 그들이 이용 가능한 지원에 대해 아는 법에 대해서 배울 수 있다. 결정적으로 일선 관리자들은 사고 직후에 근로자들을 지원하는 방법, 그리고 이후 수주 혹은 수개월 동안 근로자들의 웰빙을 모니터링하는 방법에 대해 배울 수 있다. 조직 훈련 효과의 지속 여부는 우선순위와 제한된 훈련 시간에 달려 있다.

조직 내 회복탄력성 구축과 스트레스 자각

이는 직원들에게 중대한 심리적 요구가 생기는 상황이 발생할 경우 조직이 더 잘 준비하고 직원을 준비시킬 수 있는 기회를 제공할 수 있다. 조직은 주로 직원의 질병으로 인한 결근 수치에 의해서 스트레스의 영향을 인식한다. 이 활동은 개인 회복탄력성을 구축하기 위하여 관리자 및 팀이 함께 작업하는 기회를 제공할 수 있다. 위험 상황이 아닐 때 이를 학습하는 일은 위기 상황과 마주했을 때 그들의 자원을 잘 유지하도록 도울 것이다.

사고 직후 조직을 지원하기 위한 계획 세우기

분명하지 않고 갑작스러우며 아마도 압도적일 수 있는 상황이 발생했을 때, 포괄적인 서면 계획은 안도감과 명료성을 제공한다. 계획을 가지고 있는 것은 사고에 뒤따르는 다양하고 많은 요구에 반응하는 데 필요한 에너지를 발생시키고 효율적으로 사용할 수 있게 한다. 만약 전체적인 세부 계획이 없다면 이러한 에너지는 생기지 않는다. 상담팀의 위기 사건 대응 계획이 이전 사건들에서는 좋은 대응 구조로 작동했었지만, 2005년 7월 7일 폭탄테러 규모의 사고에서는 충분한 구조가 되지 못했다. 계획은 모든 학습 포인트를 감안하여 광범위하게 재작성되었다.

훌륭한 계획의 중요한 요소들은 다음과 같다.

- 분명한 역할과 책임
- 누가 이용할 수 있고 이용할 수 없는지를 고려하는 유연성
- 실제 현장에 투입되지 않으면서 전반적인 조망을 유지할 수 있는 최소한의 한 사람
- 현장에서 작업을 하든 후원을 하든 모두를 위한 가치 있는 역할
- 의사결정을 수행하는 좋은 과정

- 다양한 종류의 지원을 제공하기 위해 정확하게 무엇을 해야 하는지에 대한 실제적인 정보
- 작업을 하는 데 필요한 추가 자원들을 얻는 방법에 대한 정보
- 기간-즉각적인 반응, 지속적이고 장기간의 지원을 위한 폭넓은 계획
- 조직의 모든 수준에서 수요 및 요구 고려

　모든 팀 구성원은 사람들이 필요시 자신의 역할을 수행하기 위한 기술과 자신감을 가지고 있다고 확신하도록 도와주는 최신 훈련을 정기적으로 받고, 위기 대응 계획에 대해서도 잘 알고 있을 필요가 있다. 계획은 다양한 변화와 발전을 따라가기 위해서 정기적으로 검토되어야 한다.

　조직 내 다른 주요 구성원 또한 계획에 대해 인식할 필요가 있다. 가능한 심리적 지원을 위한 계획은 또 다른 조직의 응급 계획과 연결되고 통합되어야 한다. 훈련 프로그램에 응급 계획들의 모의훈련을 포함시키는 것이 이상적이다. 조직의 인트라넷은 사고가 발생할 경우 개인과 조직의 대응법에 대한 정보와 사고 대응 계획을 탑재하기에 유용한 장소일 수 있다.

〈표 12-1〉 조직 내 위기 사건 발생 시 상담 서비스 계획의 예

서론
- 계획의 목적과 이러한 목표들이 어떻게 성취될 것인지에 대한 분명한 진술
- 발생 가능한 사건들의 서로 다른 유형과 다양한 지원 요청을 평가하는 방법에 대한 정보

사건 발생 직후
- 역할과 책임의 윤곽-심리적 대응을 제공하는 모든 사람들에게 기대되는 것
- 사건이 보고된 직후 필요한 즉각적인 행동
- 의사소통-조직 전체와 관련된 팀(들) 모두에게 요구되는 것
- 현장의 관리자에게 즉각적인 지원 제공
- 현장 방문하기-어떻게 도울 것이고 무엇을, 언제 하는지 파악
- 현장에 적용하기에 앞서 준비되어야 할 실제적인 자원 목록

- 작업을 수행하는 데 요구될 추가적인 자원(특히 인적 자원), 그리고 이에 접근하는 방법
- 수행될 필요가 있는 추가적인 행정 업무
- 사전에 설정된 책무를 다하기
- 모든 사람이 이용할 수 있는 추가 지원 방안

지속적인 대응
- 조직, 고위 관리자 그리고 중요한 구성원과 지속적인 의사소통
- 현장의 관리자와 팀들에게 지속적인 지원 제공
- 개인을 위한 지속적인 상담과 지원 제공
- 지속적인 대응을 유지하기 위해 요구되는 자원들
- 관련된 모든 사람을 위한 지속적인 지원

장기적인 대응
- 부재 후 업무로 복귀하는 사람들을 위한 복직과정 지원
- 대응을 종결하기-사람들이 앞으로 나아갈 수 있도록 돕기
- 첫 번째 기념일 개인-지원, 팀 그리고 조직 전체를 위한
- 앞으로 나아가기 위해 필요한 지원을 제공해 온 사람들은 향후 무엇을 하는가?
- 정보 제공하기
- 모두를 위한 연락처 목록
- 다양한 유형의 지원을 제공하기 위한 형식-즉각적이고 실제적인 면대면 지원, 전화 지원, 집단 지원, 상담자에 대한 지원
- 전 조직의 다양한 단계별 의사소통을 위한 템플릿
- 관리자와 근로자들을 위한 안내 리플릿
- 관련된 조직 내부를 위한 대응 지침
- 필요한 추가 자원(인적 자원과 실제적 자원)에 접근하기 위한 정보와 연락처

상담자/팀 지원 계획

　버거(Berger, 2001)는 치료자에게 외상 작업의 영향에 대해 훌륭하고 깊이 있는 논의를 제공한다. 상담자 및 상담팀을 위한 양질의 지원을 제공하는 것이 미리 계획될 필요가 있다. 상담자들은 외상을 입은 조직과 작업하면서 대

리적 외상 경험 위험성을 최소화하기 위해 추가적인 양질의 슈퍼비전이 필요하다. 개인이 집단 지원 제공으로 도움을 받는 것과 같이 집단 슈퍼비전도 상담자들에게 유익할 것이다. 조직 내에 무슨 일이 발생하고 있는지 상담 대응이 어떻게 이루어지고 있는지 모두가 인식할 수 있기 위해 팀 간 그리고 팀 내의 정기적인 의사소통을 반드시 우선해야 한다. 음식, 음료, 사고 현장을 떠날 준비가 된 내담자를 지원하기 위한 품목이 든 가방들과 같이 필요한 실제적인 지원들은 항상 이용 가능해야 한다. 상담자들이 과로하지 않도록 점검하는 것도 이루어져야 한다.

사고 직후 상담자들이 어떤 지원을 제공할 수 있을까?/해야 할까?

사고를 경험한 사람들의 고통을 다루는 것은 상담 외의 다른 분야에서 역할을 하도록 훈련된 사람들에게는 힘들 수 있다. 관리자들은 종종 이럴 때 전문가 도움의 필요를 느끼며 현장에 바로 즉시 상담자들을 보내 달라는 요구가 있을 수 있다. 이러한 상황은 매우 힘들 수 있는데 이용 가능한 자원인가라는 측면뿐 아니라 사고 직후에 사람들이 필요로 하는 것이 전문적인 상담이 아니기 때문이다. 이 단계에서 어떤 지원이 유용하고 유용하지 않은지에 대한 이성적인 설명과 적절한 지원을 얻도록 돕더라도, 그들을 지원하기로 예정된 서비스에 도움을 요청했는데 '안 된다'고 거절당했다는 느낌이 들 수 있다. 왜냐하면 비록 상담이 아닐지라도 전문가들에게 즉시 요청되는 어떤 것이 있기 때문이다.

사고 이후 정상적인 반응인 불안과 무력감은 방지될 필요가 있고, 일단 관리자가 불안을 덜 느끼면 직원을 매우 효과적으로 지원할 수 있다. 물론 좋은 사고 대비 훈련을 받은 관리자들은 직원들의 반응을 이해하기 쉽고, 직원들을 지원하는 자신의 능력에 대해서도 더욱 자신감을 느낄 수 있다.

실제적 지원이라는 측면에서 사람들이 무엇을 필요로 하는지에 대한 우리의 이해는 해마다 점차적으로 발전해 왔다. 우리는 사람들이 충격에 빠졌을 때 낯선 사람보다는 그들에게 친숙한 사람에게 가장 효과적으로 도움을 받으며 대부분의 사람이 이러한 역할을 할 수 있는 능력을 갖고 있다는 것을 알았다. 즉각적이고 훌륭한 실제적 지원은 교육, 조언 그리고 안심시키기[좋은 지원에 접근하는 방법, 무엇이 예상되는지와 대처 방안에 대한 조언, 귀가에 대한 도움(그리고 누군가가 있을 것이라는 보장)과 귀가 시 서면 정보를 주기] 등을 포함해야 한다. 상담자들 또한 이 역할(도움을 주는)을 할 수 있는데, 전혀 제공되지 않는 것보다는 낯선 사람에 의해서라도 제공되는 것이 더 낫다. 때로는 이 즉각적인 단계에서는 아무리 지원을 많이 해도 강한 감정과 반응들을 억누르지 못하겠지만, 그래도 지원을 제공하는 것이 외상 후 경험하는 고립감을 극복하도록 도울 수는 있다.

이러한 맥락에서 정기적으로 사고가 발생하는 곳에서는 동료 지원 방식 peer support scheme이 유용할지 모른다. 초기에 자원봉사자들이 실제적이고 정서적인 지원을 제공할 수 있다. 이러한 방식을 설정하는 것은 자원봉사자들이 처음에 모집되고 훈련받을 필요가 있으며 장기적인 면에서 단기 재교육을 제공하는 등 몇 가지 노력이 요구된다. 다른 사람을 지원하기 위해 그들 자신의 시간을 기꺼이 주는 열정적이고 헌신적인 자원봉사자들의 노력은 외상을 극복해 가는 과정에서 아마도 조직 문화에 긍정적인 영향을 줄 수 있을 것이다. 하지만 자원봉사자가 어떤 지원을 제공할 수 있고 그 한계는 어디인지 관리자, 상담자 그리고 자원봉사자 스스로가 경계를 잘 알고 있는 것이 중요하다.

사고 직후 각 조직의 도전은 어떤 즉각적인 지원 요구가 있을지, 이런 지원들이 어떻게 최상으로 제공될지에 대해 알아내는 것이다. 중요한 것은 (지원을) 제공할 사람은 항시 준비되어 있어야 한다는 것이다. 한 가지 준비 방법은 현장 지원을 도울 휴지, 응급약, 라벤더 스프레이, 리플릿, 유용한 연락처

목록, 이완 CD, 기록보존record-keeping이 가능한 양식 등과 같은 것들이 담긴 '비상 가방'을 만드는 것이다.

레디(Reddy, 2005)는 위기 사건 관리 기술이 필요하다고 말한다. 그는 이 즉각적인 단계 동안의 작업을 '안정화stabilisation'라고 불렀다. 이는 관리와 다른 지지체계들의 뒷받침을 통해 조직 업무의 기능성을 회복하도록 돕는 것인데, 이 단계에서는 아마도 개인의 업무에 집중하는 것보다 개인에 집중하여 지원할 것이다. 치료자들은 전문지식clinical expertise을 한쪽에 두고 대신에 직감적이고 자발적이며 인간적이고 실용적인 수준에서 반응을 하는 게 필요할지도 모른다. 따라서 유연성(융통성)은 위기 사건에서 즉각적인 대응을 제공하는 사람들의 주요 역량이다.

테라니(Tehrani, 2004) 또한 의학치료 시행, 실제적 지원, 심리적 증상 다루기와 같은 서로 다른 요구를 고려하는 것의 중요성을 논했다. 결정적으로 필요한 것은 압도되거나 통제할 수 없다는 느낌을 더하지 않으면서 어떻게 하면 사람들이 개인적인 안전함과 안도감을 재건하도록 최상으로 도울 수 있을지에 대해 생각하는 것이다.

외상 사건 후 초기 몇 주 동안 개인에게 어떤 심리적 지원을 할 것인지에 대한 딜레마

심리적 디브리핑psychological debriefing이 사고 후 초기 며칠 동안 적절한 개입인지 아닌지에 대해서는 많은 문헌이 있으니, 이 장에서는 이 논쟁을 다루지는 않을 것이다. 중요한 것은 조직이 개인과 조직에게 적절할 뿐만 아니라 바로 그 특수한 상황에서도 적절한 요구들에 대한 대응 패키지를 제공하는 것이다. 레디(2005)와 테라니(2004) 둘 다 그들이 조직 내 외상 사건을 작업하는 모델을 언급했다. 오너와 스나이더(Orner & Schnyder, 2003)는 초기 개입이 개인의 대처 전략을 타당화하고 보완하는 것이 중요하다고 말하였다.

브르윈, 로즈, 그리고 앤드루(Brewin, Rose, & Andrews, 2003)는 전문가들이 생존자들에게 심리적 장애가 있는지를 모니터링하고 장애가 생길 경우 개입하는 것을 선호하는, 지나치게 증상에 초점을 맞춘 초기 개입을 자제해야 한다고 제안한다. 이 조언은 외상 사건 후 초기 몇 주 동안 '예의 주시watchful waiting'를 제안하는 국립보건임상연구소NICE 지침의 개요를 반영한다. '예의 주시'는 해석에 개방적이다. 하지만 내담자들과의 협의에서 전문가들은 단순히 지켜보고 기다리는 것보다 더욱 많은 것을 할 수 있다. 내담자들은 어쩌면 경험할지도 모르는 외상 후 증상에 관한 안심, 정상화와 교육, 무엇을 예상할 수 있고 단기간에 어떻게 최선으로 대처할지에 대한 조언을 통해 많은 도움을 얻을 수 있다. 사람들은 전문적인 상담의 요구 없이 외상 경험에서 회복할 수 있고 또 회복하기도 하지만, 훌륭한 지원은 자기치유self-healing 과정을 북돋는다. 내담자로 하여금 자기치유를 스스로 할 수 있도록 북돋으면, 내담자의 자연스러운 회복과정이 촉진된다.

효과적인 팀 지원 방법

심리적 디브리핑 외에는 팀 지원 제공의 모델에 대해 다룬 문헌이 거의 없다. 하지만 외상 사건과 관련된 팀들과 함께 작업하는 것은 팀에 속한 사람들이 서로를 지원하는 능력을 개발하고 함께 나아가는 것을 도울 수 있다.

사례 연구에서 서술된 4단계 모델은 개인과 작업하기 위해 이미 기술된 것들과 유사한 원리에 기초한다. 이 모델은 사건이 아니라 정상화, 교육 그리고 효과적인 대응 전략과 동료 지원 문화 촉진에 중점을 둔다. 관리자들이 집단 회기에 참석하고, 이것이 대응과정의 한 부분이면서 동시에 그들의 직원을 지원하는 방식임을 인식하는게 중요하다. 집단은 그 과정이 항상 쉽지만은 않기 때문에 경험이 많은 촉진자가 필요하다. 왜냐하면 외상에 대한 일반적인 반응으로 집단에 속한 사람들이 매우 분노할 때가 있으며 이는 민감하게 다루어져야 한다. 또한 개인들은 집단의 목적을 분산시키고 이것이 주의 깊게 관리되지 못할 때 집단 작업이 방해받을 수 있기 때문이다.

대응과정에 대한 피드백은 팀을 위한 회기가 매우 효과적인 작업 방법을 제공했고 일대일 지원에 대한 요구를 감소시켰음을 시사한다. 근로자들은 다른 사람들이 경청을 해 주자 안심을 하게 되었고 서로를 지원하는 그들의 능력이 강화되었다. 관리자들은 자신들의 직원 지원 능력에 대해 자신감을 갖게 되었다. 더불어, 이 과정을 통해 관리자와 운영 직원 간의 관계는 향상되었다. 어느 특정한 영역에서는 어려웠던 관계의 역사가 있었는데 사건이 발생하고 팀 지원이 제공된 후에 관계가 상당히 달라지기도 하였다. 많은 관리자가 일대일 지원 요청을 원하지 않아서 그들을 위해 집단 회기가 제공되었다. 집단에서 관리자들은 그들의 직원을 지원하고, 진행을 위해 해야 할 것을 하는 것에 초점을 둘 뿐, 그들 자신의 지원 요구를 인정하는 것에 주저하는 것처럼 보였다. 표면상으로는 팀 지원을 계획하더라도 정기적 전화 혹은 커피 타임을 통해 관리자를 위한 지원이 비공식적으로 제공되었다.

조직의 모든 수준에서 의사소통하기

조직 내 모든 수준에서의 의사소통은 사고 후 지원을 제공하기 위해 수행되는 작업의 다른 부분을 뒷받침하기 위해 중요하다. 또한 이메일, 전화, 면대면 방문 등과 같은 의사소통 채널 중에서 무엇이 특정한 상황에서 가장 효과적인 사용 방법일까에 대해 생각하는 것도 중요하다. 이와 더불어 조직 내서로 다른 수준에서 의사소통이 이루어지기 위해 어떤 메시지가 필요할까를 고려해야 한다. 몇몇 메시지를 계속 반복하여 확실히 들리게 하는 것도 중요할 수 있다.

사례 연구에서 고위 관리자들에게는 어떤 지원이 제공되었는지, 근로자의 웰빙에 대한 사건의 영향은 어떻게 평가되었는지 그리고 어떻게 해결해 나갈 수 있는지에 대한 전체적인 조망이 필요했다. 현장의 관리자들은 무엇을 할지에 대한 좀 더 많은 실제적 조언이 필요했다.

작업을 종결하기: 사람들이 앞으로 나아가게 하기

종결하기와 앞으로 나아가기 과정moving-on process 시기도 다른 시기와 마찬가지로 중요하다. 정상 상태로의 복귀는 회복과정의 마지막 단계를 의미한다. 회사에서 일하는 것, 말하자면 일을 떠나야 했던 근로자가 회복 후 일터로 복귀하도록 돕기 위해 복귀과정을 계획하고, 내담자와 관리자에게 조언하며, 이 과정을 지원하는 것이 중요하다.

조직의 외상에 대한 개입을 줄이고, 앞으로 나아가기 과정을 지원하기 위해 이것을 조심스럽게 협상할 시기를 알아차리는 것이 중요하다. 첫 번째 기념일은 앞으로 나아가기 과정에 있어 중요한 시점이 될 수 있다. 상담에서와 같이 끝내야 할 시간이 됐다는 표시가 나타날 것이고, 미래에 만약 필요하다면 지원을 얻는 방법을 모두가 알고 있도록 하는 것이 작업의 마지막 부분이다.

평가

종결과정의 중요한 부분은 사고를 계기로 배운 교훈을 살펴보고 미래에는 좀 더 효과적으로 대응할 수 있기 위해 필요한 준비를 하는 것이다.

레디(2005)가 지적한 바와 같이, 위기 사건 관리 분야는 진화하고 있는 전문 분야다. 외상 반응 또는 전체 대응 프로그램의 어떤 요소가 효과적인지에 대해 알려진 증거라고 할 만한 것은 거의 없다. 그러므로 전문가들이 조직 내에서 일하면서 그들이 사용한 개입을 어떻게 모니터하고 평가할지를 심사숙고하는 것이 중요하다. 그러나 위기 사건에 대응하기 위하여 자원을 조직화하고 제공하는 동안 자신이 하고 있는 것을 평가하는 것은 쉽지 않다. 어떻게 개인이 진전되고 있는지, 그들의 현재 요구는 무엇인지를 모니터링하고 무엇이 그들을 도울 수 있는지에 대해 이야기하며 진심으로 듣는 것은 가능한 수준일지 모른다. 이 분야의 개발, 연구 그리고 최신 정보를 유지하는 것은 절대적으로 필수적이다. 상담자들은 자신의 목표에 대하여 명료하게 알고 있어야 하며, 실시하고 있는 개입이 올바른 영향을 미치는지 끊임없이 질문해야 하고, 또 다른 개입이 유용한 것은 아닌지에 대해 개방적일 필요가 있다. 작업이 행헤지는 동안에도 배움은 계속된다.

요약

결론적으로 조직 내 위기 사건에 대응할 때 고려할 가장 중요한 몇몇 요소들이 있다.

- 조직 내 상담자는 위기 사건의 직후에 결정적인 역할을 한다. 외상에 대해 전반적으로 이해하면서 상담자는 무력감과 압도감에 휩쓸리지 않으면서 대신, 상황이 나아지고 변화할 것이라는 희망을 유지하는 모델로서 임한다.
- 바람직하고 튼튼한 지원 구조들은 신속하고 눈에 띄게 활성화되어야 하며 이를 통해 구성원들은 안전감을 다시 획득할 수 있어야 한다.
- 상담자들은 지원 제공을 위해 관리자, 팀 그리고 개인들을 접촉하고 방문할 때 매우 적극적일 필요가 있으며, 압도감은 사람들로 하여금 적절한 도움을 찾을 수 없게 할 수 있다는 점을 기억해야 한다.
- 상담자들은 조직의 모든 수준에서 다양한 방법으로 지속적으로 의사소통을 하고 주요 구성원과 강한 신뢰관계를 구축하는 데 자신의 기술을 사용할 필요가 있으며 조언과 지원 제공의 수단으로써 비공식적인 논의

의 가치를 절대 과소평가해서는 안 된다.

- 상담자들의 역할은 개인과 조직의 경험을 인정하고 타당화하는 것, 잘할 수 있도록 격려하는 것, 그리고 힘을 북돋우는 방향으로 작업하는 것을 포함한다.

- 대응의 과정 및 결과는 비판적으로 평가되어야 하며, 이를 통해 더 나은 미래를 위한 교훈을 배워야 한다. 동시에 성취와 잘 수행된 작업에 대하여 인정하는 것도 중요하다.

EMPLOYEE WELL-BEING SUPPORT
A Workplace Resource

조직 내에서 일어나는 자살과
돌연사 다루기

앤드류 킨더, 에밀리 듀벌(Andrew Kinder and Emily Duval)[*]

우리는 모두 죽음과 사별을 경험한다. "현대 과학의 발전에도 불구하고, 모든 인간은 여전히 죽는다."(Parkes, Laungani, & Young, 1997)

다른 곳에서도 그렇듯, 죽음은 조직에서도 일어나고, 그 영향은 많은 사람에게 파급된다. 죽음과 관련된 사건은 조직으로 하여금 조직이 근로자들을 얼마나 지지하고 존중했는지를 돌아볼 기회를 제공하며, 근로자와 사별을 경험하는 가족들은 이를 지켜보게 될 것이다. 사건으로서의 죽음이 발생한 이후 혹은 자살을 시도하려는 근로자가 동료에게 자신의 자살 의도를 알릴 때 전문가의 개입이 필요하다. 이 장에서는 일터에서 일어나는 자살 및 돌연사와 관련된 몇몇 이슈를 제기하고, 조직이 그러한 도전에 대응할 수 있는 여러 가지 방법을 제안한다.

[*]아토스 헬스케어(Atos Healthcare) 수석 심리학자

직장 내 스트레스

스트레스라는 주제에 대해서는 많은 문헌에 나와 있다(Cooper, 2005). 미국과 영국의 경우 기업들은 직장 내 스트레스로 인해 GNP의 5%에서 10% 내외의 비용을 지불하는 것으로 계산된다(Clarke & Cooper, 2004; Quick & Cooper, 2003). 스트레스는 신장질환이나 우울, 위궤양과 같은 많은 건강하지 않은 상태를 일으키는 위험 요인으로 알려져 왔다(Cooper, 2005). 개념으로서의 스트레스가 부적절하게 정의되었다고 비판을 받고 있지만, 스트레스는 조직 맥락 내에서 많은 관심을 받고 있는 이슈다. 최근 영국 보건안전청the UK's Health and Safety Executive: HSE[1]의 주장에 따르면 직장 내 스트레스는 효과적인 도구를 지닌 준비된 관리자에 의해서 예방되어야 하고, 이러한 작업을 지원할 수 있는 관리표준이 마련되어야 한다.

전통적으로 인적 자원Human Resources: HR 담당자는 직장 내 죽음을 관리하거나, 자살시도 근로자를 다루는 것과 같은 어려운 상황들을 포함해서, 직장 내 스트레스를 다루는 관리자를 지원하는 중요한 역할을 맡아 왔다. 지속적인 전략적 역할과 함께 HR의 역할은 특정 부서의 HR 관리자 역할에서 벗어나 '공유 서비스Shared service[2]'에까지 발전하고 있다. 이 서비스는 원거리에서 지원되며, 처방된 스크립트를 사용해서 안내를 제공하는 오퍼레이터가 상주하는 콜센터와 같이 '거래적 접근'을 통해 제공된다. HR의 이러한 역할이 급

---

1) 영국 보건안전청(the UK's Health and Safety Executive: HSE)은 1975년에 설립된 기구로서, 체계적인 보건, 안전, 환경 관리를 전담하고 있다. 특히, 1990년대 초반 직장에서의 업무 스트레스와 사회심리적 위험과 그에 따른 근로자의 건강상 문제를 관리하는 과정을 명시한 관리표준(Management Standards)을 도입하였다(역자 주).

2) 공유 서비스(Shared service) 회사 전체에 산재되어 있는 반복적인 활동을 수행하는 자원을 한 곳으로 집결시키는 것. 예로, 재무, 인사관리 등이 독립적 조직으로 운영된다(역자 주).

여 혹은 채용과 같은 업무를 처리하는 데는 매우 도움이 될 수 있지만, 사별과 같은 인간 이슈를 다루는 것은 HR의 일이 아니라고 느낄 수도 있다.

　　동료를 잃은 개인적 경험은 정서적으로 서서히 소실되는 것이며, 비슷한 경험을 지닌 사람들에 의해서만 이해될 수 있다. 많은 조직은 아직 지지적 상담이나 복지 서비스를 제공하지 않고 있는데, 그 결과 관리자는 이 또한 자신의 역할이라고 생각해서 부담을 느낄 수도 있다. 특히 HR의 지지가 없을 때 그렇다.

자살의 본질

　　노조친화적인 잡지인 Hazands에 따르면, 과도한 업무, 스트레스, 괴롭힘으로 인한 자살은 1년당 100회 이상이다(www.hazards.org). 2000년 세계 보건기구에 따르면 전세계에 100만 명의 자살자, 약 40초당 1명의 자살, 10만 명당 16명의 자살자가 발생했다. 또한 죽음에 이르지는 않았으나, 자기상해와 비치명적 상해의 발생은 그보다 더 많았다. 클락과 골드니(Clark & Goldney, 2000)는 600만 명이 매년 자살로 인해 사망한다고 보고했다. 자살로 사망했다고 보고하는 것에 대한 낙인 때문에 자살은 공식적 발생률에 비해 50~60% 더 많을 것으로 추정된다. 자살로 인한 죽음은 차 사고로 인한 죽음의 숫자보다 많지만 여전히 관심은 덜 하다.

　　특히 다음은 자살하기 쉬운 사람들의 예다.

- 노인, 특히 80세 이상 백인 남자(www.ioaging.org)
- 정신건강 문제를 지닌 사람(예, 조현병, 경계선 성격장애)
- 18~24세의 대학생
- 우울증을 앓았던 경력이 있는 사람

- 알코올 중독자는 일반인보다 50~70% 이상의 위험률을 지님(www.ioaging.org)
- 주변에서 자살을 겪은 사람(사랑하는 사람의 자살을 경험한 사람)

다음과 같은 사실도 확인되었다(Wallace, 2004).

- 여자는 남자보다 10배 더 많이 자살을 시도한다.
- 미국 연구에 따르면 성적으로 학대받은 여성의 57%가 적어도 한 번은 자살을 시도했다.
- 한 번의 자살시도로 죽음에 이른 사람의 56%는 첫 시도였다(특히 남자와 노인).
- 모든 자살 사례 중 적어도 24%는 자살로 인해 죽음에 이르기 전 12개월 내에 정신건강 서비스를 이용했다.
- 출산 후 이듬해 산모 죽음의 두 번째 원인은 자살이다.

남자는 여자보다 목매달기, 총을 쏘거나 뛰어내리기와 같은 폭력적인 자살의 방법을 더 많이 사용하는 경향이 있는 반면에 여자는 약물 과다 사용과 같은 회복 가능성이 있는 방법을 사용하는 경향이 있다.

직장에서의 자살

자살은 드물게 일어난다. 그리고 직장에서 자살의 발생은 훨씬 더 드물지만 일어나는 것은 사실이다.

공소원 법관 세들리Sedley는 직장 내 사고가 그 당시 Luton IBC 자동차

공장에 근무하는 토머스 코어Thomas Corr의 자살에 영향을 미쳤음을 발견
했다. 그는 "자살은 우울이 원인이라고 알려져 있기 때문에, 자살 또한 IBC
가 책임져야 할 손상의 한 부분이다."라고 말했다.

영국의 독립경찰조사위원회Independent Police Complaints Commission, 이하
IPCC는 피시 톰린슨PC Tomlinson이 자살에 이르기까지 자신의 업무에 대해
서 걱정하고 있었다는 점을 발견했다. IPCC는 그녀가 '따돌림을 당하고 있
다고 느꼈고, 머시사이드Merseyside 경찰 내에서 부서이동을 받아들이지 않
았다는 점'도 발견했다. IPCC에 따르면 이러한 이슈들과 그녀의 죽음이 직
접적으로 관련되지는 않지만, 따돌림에 대한 다양한 징계조치가 있었다
(www.ipcc.gov.uk에서 채택).

직장에서 자살에 대한 평판은 어떤 조직에는 매우 큰 해를 끼칠 수 있는데,
특히 죽음과 직무 스트레스 간에 관련 가능성이 있을 때 그렇다. 자살은 조직
의 명성에 손해를 끼치기도 하지만 막을 수 있기도 하다.

직장 내 자살에 대해서 좀 더 구체적으로 살펴보면, 자살은 다양한 직위의
사람들에게 독특하고 요구적인 상황을 만들어 낼 것이다. 특히 최전방의 역
할로서 가장 효과적인 대응방법을 빨리 결정할 필요가 있는 관리자에게 영
향을 미칠 것이다. 또한 자살은 상황을 다룰 수 있는 조언을 제공하고 도움을
주는 HR 담당자의 개입을 필요로 할 것이다. 특히 조직에 근무하는 건강관리
전문가(예, 기업상담자, 근로자 지원 프로그램Employee Assistance Promtamme: EAP에서
일하는 직업 건강 조언자 혹은 전문가)들이 치료나, 보다 전문적 도움을 받기 위
해서 의뢰된 자살 고위험군의 사람들을 지원하는 데 투입될 것이다. 다음의
시나리오는 이들 각자가 담당해야 할 역할을 묘사하기 위해서 조직 내 실제
작업 경험에서 나온 것이다.

관리자의 이슈

관리자인 빌_{Bill}은 팀 멤버인 제인_{Jane}에게서 자살하겠다는 문자 메시지를
받았다. 그는 즉시 제인에게 전화를 했고, 횡설수설하면서 매우 고통스러
운 상태에 있는 그녀의 이야기를 들었다. 제인이 술을 먹었는지 아니면 약
물을 복용했는지는 확실치 않았다. 제인은 빌이 119에 전화했는지를 묻고
는 계속 자신과 얘기해 달라고 요청했다. 빌이 전화를 끊지 않았으면 했다.
그런데 빌은 사무실에 혼자 있다. 만약 빌이 당신이라면 어떻게 하겠는가?

이 사례에서 빌은 매우 스트레스를 받겠지만, 응급전화를 걸지 않기를 바
라는 제인의 바람을 고려해야 하며 그뿐 아니라, 그녀의 건강과 웰빙을 유지
해야 할 의무를 분명히 갖는다. 그럼에도 불구하고 여기에서 빌이 제인의 위
치를 찾을 것인지 말 것인지 혹은 제인과 통화를 유지하면서 어떻게 119에
전화를 걸 수 있을지와 같은 실제적 이슈들을 제시하고 있다. 이 상황은 갑작
스러운 상황으로 바뀔 수도 있는데, 예를 들면 제인이 자신이 있는 곳을 말하지
않고 갑자기 전화를 끊는다거나 혹은 누군가가 갑자기 전화기를 들고는 제인
은 괜찮고 자신이 제인을 돌보겠다고 말할 수도 있다. 결과가 어찌되었든, 빌
은 자신이 취할 행동이 무엇인지 그리고 자신의 개입이 성실히 수행되고 있
는지를 지도받음으로써 스스로 안심할 필요가 있다. 이 사례의 시나리오는
조직이 적합한 건강 전문가로 하여금 빌에게 안심을 제공하고, 제인을 전문
가에게 연결할 수 있도록 도와주는 것이 얼마나 중요한지에 대해서 보여 주
고 있다. 효과적인 사례 관리는, 특히 제인이 자살충동을 느낄 때마다 빌에게
전화를 거는 경우와 같이 반복되는 상황에서 필요하다.

HR 전문가의 이슈

당신은 HR 사업부 소속 파트너인데, 관리자 중 한 명인 아지$_{Azi}$에게서 고통스럽다는 전화를 받았다. 그는 지난 3개월간 자신의 관리자로부터 따돌림을 받았다고 당신에게 털어놓는다. 아지는 자신감이 남아 있지 않았고, 일자리를 잃을까 봐 걱정하였으며 혼란스러워했다. 대화 중에 갑자기 아지는 사실 지난주에 자살하고 싶은 충동이 들었으나, 이 점은 비밀을 지켜 달라고 말했다. 그는 당신이 이 사실을 좀 더 다루지 않았으면 했고, 공식적인 조치를 취하는 것도 원치 않았다. 그 이유는 따돌림이 더 악화될 수도 있고, 아무도 따돌림을 목격한 사실이 없다는 것을 걱정해서였다.

여기에서의 이슈는 당신이 그가 전화한 사실에 대해서 비밀을 보장할 것인지, 그리고 그의 자살충동이 얼마나 강한지다. 아지는 당신을 믿었지만 만약 아지가 실제로는 자살시도를 하지 않았고, 단지 자신의 감정의 깊이를 강조하기 위해서 자살이라는 단어를 사용했다면 당신은 이러한 신뢰를 깸으로써 자신의 부담을 줄일 수도 있다. 아지가 말한 것을 당신이 공개했으나, 이후 조사 결과 관리자는 잘못이 없음이 밝혀졌고 아지가 자신의 커리어를 망쳤다는 이유로 당신을 고소한다면 당신은 무엇을 할 수 있겠는가? 아니면 만약 당신이 이것에 대해서 비밀을 지키고 그의 자살 위협을 끝까지 막으려고 애를 썼을 때, 조직은 당신을 어떻게 평가할 것인가? 누구도 승리자가 없는 이러한 시나리오를 예측하는 것은 어려운 일이다. 그러나 HR 전문가가 다양한 선택지(아지로 하여금 전문상담자/심리학자를 만나게 하거나 혹은 따돌림의 증거를 수집하도록 함으로써 아지와 함께 작업하거나 혹은 조직의 괴롭힘 정책이 어떻게 실제로 적용될 수 있는지를 아지로 하여금 이해하도록 하거나)를 생각하도록 돕는 가장 중요한 첫 번째 단계는 건강관리 전문가의 조언을 듣는 것이다.

건강관리 전문가들이 사용하는 위험 평가

조직은 점차로 분명한 위험 평가 정책을 갖추어야 함을 인지하기 시작했고, 개인의 자살 위험을 평가하는 것은 특별히 건강관리 전문가를 위한 정책의 중요한 부분이다. 조이너 등(Joiner et al., 1999)은 자살 고위험에 처한 사람에게는 다음과 같은 요소가 있음을 확인하였다.

- 과거의 자살시도/자살행동이 있음
- 현재의 자살 증상이 있음
- 정상인에 비해서 취약함을 드러낼 삶의 스트레스가 존재함
- 우울, 불안, 물질 남용, 희망 없음, 무기력과 같은 심리적 장애의 정도가 큼
- 자살충동을 극복할 수 있는 자기통제력의 정도가 낮음
- 사회적 지지와 다른 대처 전략이 약함

건강관리 전문가는 고위험에 속한 내담자를 위해 효과적으로 대응할 수 있도록 하는 분명한 지침을 갖고, 위험 평가 결과를 사용할 수 있도록 훈련받을 필요가 있다. 불행하게도 누군가가 자살하기로 결정했다면, 이를 막는 것은 아주 어려울 수도 있다. 「정신건강법Mental Health Act, 1983」의 어떤 조항으로도 충분치 않을 수 있다. 예를 들어, 정신병원에서 '보호 감찰observation'하에 있는 내담자도 자살할 방법을 찾을 수 있다. 또한 지역사회의 자원인 정신건강팀/의사도 상황이 여의치 않아서, 의뢰된 모든 사례가 우선적으로 적절한 도움/치료를 받을 수 있을 것이라고 생각하는 것은 현실적이지 않다. 또한 격리기간이 끝나고 지역사회로 돌아갔을 때도 환자들이 적절한 지지/모니터링을 받지 못할 수도 있다.

직장 내 건강관리 전문가의 훈련

조직에서 일하는 전문가는 위험 평가를 수행할 수 있는 효능감을 키울 필요가 있다. 훈련에서는 전문가가 일반의에게 사례를 재빨리 넘기지 않고, 이 사례의 경우 어떤 개입이 적절할지 생각하도록 돕는 것이 중요하다. 내담자가 자신의 자살 생각을 믿어 준 첫 번째 사람이 전문가 당신이라는 말을 하게 되는 사례가 얼마나 많은지는 놀라운 일이다. 그런 말은 전문가에 대한 신뢰를 보여 주는 것이며, 전문가는 아마도 직장 내에서 그 사람을 돕기 위해 더 많은 것을 할 수 있을 것이다. 따라서 전문가는 단지 일반의에게 내담자를 의뢰하는 것만 생각하지 말고, 비밀보장이라는 전문적 이슈를 잘 지키면서 그 개인 및 조직과 긴밀한 접촉을 유지해야 한다.

우리 사회에서 자살은 금기시된다. 자신의 내담자가 자살을 시도했던 건강관리 전문가에게 이 사실은 해롭고, 그 영향은 오랫동안 지속된다(Kapoor, 2002). 다음의 예에서 전문가의 반응이 보여 주는 것처럼, 다른 직원의 반응도 자살에 대한 태도에 대해서 더 많은 이슈를 제기한다.

난 그녀가 실제로 자살 위험에 있다고 생각하지 않았기 때문에 이 뉴스를 듣고는 진짜 놀랐다. 나는 내가 어떤 식으로든 내 일을 제대로 못했거나 혹은 조직을 소송에 휘말리게 했다는 걱정이 들었다. 또한 이에 대해 내가 염려할 필요는 없고, 자살을 할 것인지 말 것인지를 선택하는 것은 내담자의 권리라고 말했던 동료 전문가들 사이의 뜨거운 논쟁도 기억이 났다. 나는 이에 동의할 수 없었고, 우리가 개입해서 자살을 막아야 한다고 주장했었다. 왜냐하면 우리는 조직 내에서 일하고 있고, 그 사람을 돌보아야 할 의무를 가지고 있기 때문이었다. 또 자살은 다른 사람에게 매우 파괴적인 방식으로 영향을 줄 수 있기 때문에 그런 태도는 도덕적으로 잘못되었다고 주장했었다.

훈련은 건강관리 전문가로 하여금 자살에 대한 자신의 태도를 탐색할 수 있도록 돕는다. 다음은 자살 훈련을 받은 한 상담자의 설명이다.

자살은 항상 부정적이고, 파괴적이며, 도덕적으로 잘못되었다는 나의 믿음에 도전받았다. 예를 들어, 불치병으로 더 이상 살 수 없을 때 '자연사를 바라는 유언living will'을 한 경우도 자살과 마찬가지이지만, 이때의 자살은 덜 '잘못된 것wrong'이라고 여겨지기 때문이다. 또한 나는 내가 다른 사람에 대한 영향력과 관련해서 자살을 판단했다는 것을 알았다. 그 결과, 나는 똑같이 자살을 시도했다고 해도, 입양 가정에서 자라 마약을 사용하고 HIV 양성 반응을 보인 젊은 남성의 자살시도와, 아기가 있는 엄마의 자살시도를 비교할 때 아기 엄마에게는 동정심이 덜 했다. 나는 후에 이것을 나의 지도감독자와 논의했고, 내가 자살을 하려고 하는 그 사람의 안으로 들어가서 그들의 고통을 듣기보다 밖에서 그들을 판단하곤 했다는 것을 깨달았다.

건강관리 전문가, 특히 상담자는 '인지적 모순'을 빨리 바로잡으려고 하기보다는 내담자의 자살 사고/무망감 속에 머물 수 있어야 한다. 그들은 "내담자의 무망감/무기력의 측면과 불변성의 두 가지 측면을 인정하고 거기에 머무를 필요가 있다."(Wallace, 2004) 또한 건강관리 전문가는 자신의 태도가 자살에 어떤 영향을 미치는지 살펴보아야 하는데, 왜냐하면 자살은 잘못되었다는 태도는 건강관리 전문가와 내담자의 고통과 혼란감 간에 거리를 만들기 때문이다.

직장 내 돌연사

자살만이 직장 내에서 많은 관심과 노력이 필요한 유일한 이슈는 아니다. 근로자의 돌연사 또한 극적인 영향을 미친다.

팀 구성원인 프레드Fred는 일터에서 갑작스러운 사고로 사망했다. 당신은 관리자인 피오나Fiona인데, 프레드의 가족에게 이 일을 말해야만 한다. 당신은 무슨 일이 일어났는지와 같은 어려운 질문에 답해야 하고, 분노와 같은 강한 감정과 울부짖는 고통에 직면해야 한다. 당신은 프레드를 잘 알았고, 사고를 '관리해야' 하는 조직의 의무(예, 공식적인 조사가 끝날 때까지는 아무런 얘기도 하지 말 것)를 지키면서도 가족들에게 지지와 안심을 주어야 한다는 것이 고통스러웠다. 프레드의 개인 사물함에서 그의 물건들을 정리해야 할 때 당신은 더 이상 견딜 수 없었다.

조직은 직원을 돌보아야 할 책임이 있다. 피오나가 프레드에 대해서 개인적으로 매우 잘 안다고 해도, 프레드 가족을 위로할 최선의 사람은 아닐 수도 있다. 다른 관리자가 개입되어 이 상황을 다룰 수 있게 하면 조직은 피오나에 대한 부담을 얼마나 덜 가질 수 있을까? 프레드의 가족은 무엇이 사고를 야기했는지를 가장 알고 싶어 할 수도 있다. 가족은 프레드의 연금에서 근무 중 사망 보상금을 받을 자격이 있을 수도 있다. 또한 가족은 프레드의 죽음을 야기한 것에 대해서 조직에 강한 감정을 표현하고 싶을 수도 있고, 회사를 고소할 수도 있다.

조직에서 프레드의 개인적 영향력을 정리하고, 가족의 요구에 빠르고 민감하게 대응하는 것은 사고 직후부터 몇 주 안에 해야 할 중요한 과제다. 피오나와 다른 관련된 관리자들은 개인적 지지를 받음으로써 스트레스로 인해 덜 고통받을 수 있다. 또한 이들은 조직의 정책과 절차에 따라 무엇을 해야 하는 지도 알 필요가 있다. 건강관리 전문가를 포함시킨 위기 계획 위원회는 각자에게 자신의 책임을 알게 하고, 여러 가지 활동을 효과적으로 조정하도록 하는 데 도움을 준다. 몇몇 근로자들이 사망한 근로자의 가족을 돕기 위해서 상담자의 도움을 받았고, 이는 관리자가 행정적인 문제를 다룰 수 있는 여유를 줄 수 있다.

응급처치 요원

상해나 갑작스런 질병이 있을 때, 응급처치의 실패는 개인의 죽음을 초래할 수 있다. 따라서 고용주는 직장에서 상해를 입거나, 질병이 발생한 근로자에게 즉각적인 주의를 줄 수 있어야 한다.

당신은 응급처리 요원인 헬렌Helen에게서 전화를 받았다. 헬렌은 심장 발작으로 불행하게도 사망한 근로자와 함께 일했었다. 헬렌은 자신이 적절한 치료를 하지 못했다는 소문이 돌고 있다는 것을 알았고, 근로자의 죽음에 대해서 자신을 탓하고 있었다. 당신은 직장 내 응급처치 요원에 대한 책임을 맡고 있고 거의 지지를 받지 못했으며 그런 상황에서 적절히 대처하기에는 훈련이 적절치 않았다고 응급처치 요원들끼리 얘기한다는 것을 알았다. 헬렌이 잘 극복하지 못해서 현재 일어난 일에 죄책감을 느끼고, 과거의 사건에 대한 침투적 사고를 할 것 같아 당신은 걱정하고 있다.

심장마비나 심각하게 상해를 입은 동료가 발생하는 극단적인 상황을 다룰 때 응급처치 요원을 부르지는 않는다. 그러나 만약 응급처치 요원을 불렀을 때, 어떤 외상이든 최소화될 수 있도록 조직은 모든 관련자에게 충분한 지원을 제공해야 한다. 실제로 근로자들을 위해서 일하고 있음에도 불구하고 사망하게 되는 불운한 경우를 보게 되는 응급처치 요원은 매우 고통스러운 경험을 할 수 있다. 응급처치 요원으로 하여금 외상[1]이 자신에게 어떤 영향을 미치는지 이해하도록 훈련하는 것은(특히 직장 내 죽음을 다룰 때) 그들로 하여금 정서적으로 자기를 보호할 수 있는 방법을 제공한다. 외상 지지에 대해서 훈련받은 건강관리 전문가는 좋은 시작점에 있는 것이어서, 응급처치 요원은 외상의 본질, 외상의 증상 그리고 외상 상담 방법에 대한 정보를 알고 있어야 한다. 응급처치 요원을 책임지고 있는 사람과 건강관리 전문가는 그 후 몇 주간 외상 증상이 감소되는지를 확인하기 위해서 외상 사건에 개입된 모든 응급처치 요원을 모니터링해야 한다. 만약 증상이 지속되면, 외상 상담과 같은 적절한 개입이 이루어져야 한다.

모든 시나리오는 개인별로 민감한 조치를 필요로 하지만, 각 개인과 모든 상황의 요구를 만족시키는 일반적인 지침을 만드는 것은 거의 불가능하다. 비록 그러한 시나리오를 생각하기 시작했던 조직(특히 조직이 전문가의 조언을 구하는 상황)이 보다 잘 준비되면 관리하는 데 시간을 절약할 수는 있겠지만, 그런 상황을 다루는 데는 오랜 관리 시간이 필요한 것은 사실이다.

그 이후

어떤 자살의 경우에도 적어도 6명의 '생존자'가 있다. 이들은 사망한 사람과 가까운 관계를 맺고 있었던 경우로, 깊은 슬픔을 경험할 가능성이 높은

---

1) 외상(trauma)은 흔히 트라우마로 불리는데 의학적 용어로는 '몸의 겉에 생긴 상처를 통틀어 이르는 말'이다. 정신의학적 관점에서 보면 '실제 혹은 지각된 위협을 주는 사건을 자신이 직접 경험하거나 다른 사람의 일을 목격하는 것'을 말한다(역자 주).

사람들이다. 근로자 한 사람의 사망은 동료 근로자뿐만 아니라 가족에게 피할 수 없는 영향을 미친다. 칼라 파인Carla Fine의 저서『안녕이라고 말할 시간이 없었다: 사랑하는 사람의 자살을 경험한 후 살아남기No Time to Say Goodbye: Surviving the Suicide of a Loved One』는 아내를 잃은 한 사무직 근로자의 이야기를 담고 있다.

> "아내가 죽은 후, 사무실의 모든 사람이 나를 피하는 것 같아." 47세 컴퓨터 소프트웨어 임원이며, 15개월 전에 아내가 자살했던 제리Jerry가 이렇게 말했다. "직장 사람들은 모두 자신의 일에 몰두해 있어……. 장례식을 마치고 직장으로 돌아왔을 때 아무도 아내가 죽었다는 사실을 언급하지 않았지. 여러 해 동안 알았던 동료들은 나를 보자 눈을 피하는 것 같았어. 우리가 대화를 할 때도, 우리 대화는 최근의 판매량이나 농구 게임의 득점에 대한 것이었어. 내 책상 위에 올라가서 이렇게 소리치고 싶었어. '내 아내는 죽었어. 제발 누군가 그것에 대해서 알아줘.'라고."(Fine, 1997: 137)

제리의 경우 아내가 같은 회사에 다니지는 않았지만, 아내의 자살은 그의 사무실에까지 영향을 미쳤다. 이 상황에서 관리자는 배우자의 죽음이 근로자에게 미치는 불안과 사무실에 미칠 영향력을 인식해야 할 의무가 있다. 제리는 아마도 직장에서 제대로 기능하지 못할 수도 있고, 이는 동료가 아내의 자살에 대해서 인정하지 않는 것으로 촉발되어 증상이 나타날 수도 있다. 또한 자살 이후에 살아남은 제리는 이제 고위험군에 속하게 되었다.

이 장의 두 번째 저자는 자살과 관련한 개인적 경험을 다음과 같이 이야기하고 있다.

> 나의 남자친구는 1993년에 자살했다. 우리는 같은 회사의 동료였고, 나는 근무를 마친 뒤 이 사실을 알게 되었는데 그때는 그가 자살한 지 이틀

이 지난 후였다. 관리자가 사람이 많은 방의 한쪽 귀퉁이로 나를 데리고 가서 그 사실을 이야기했다. (그는 내가 그를 아파트에 내려 준 그 다음날 아침 자신의 아파트에서 자살했다. 119 대원은 그의 전화번호부를 발견하지 못했지만, 사무실에서 찾았다고 회사 측은 설명했다.) 나는 너무나 충격을 받았다. 벽이 무너지는 느낌으로 도망치듯 망연자실한 채 내 차에 올랐다. 관리자가 나를 개인 사무실로 따로 불러서 그 일을 말하기 전에, 나에게 앉을 기회라도 주었어야 했다는 것을 나는 나중에서야 깨달았다. 관리자에게도 이런 종류의 일을 전달하는 것은 익숙지 않은 일이라는 것을 알았지만, 남아 있는 여자친구인 나에게 남자친구의 죽음을 전하는 방식에 좀 더 신경을 썼어야 했다.

이 일은 관리자가 자살 소식을 전달하는 방법이 얼마나 미숙했는지를 보여 주는 하나의 예다. 이런 영역에서 사전에 경험이 없었던 관리자는 이 일을 전달하는 것에 세심하지 못하였다.

직장에서 자살이 발생했을 때 그 사건이 목격자에게 그리고 가장 가까운 사람들에게 미칠 영향을 고려하는 것의 중요성은 아무리 강조해도 지나치지 않는다.

자살한 사람을 실제로 지켜본 목격자는 아마도 제대로 슬퍼하지 못할 것이다. 그 대신 그들은 외상 후 스트레스 증상을 경험할 수 있다. 사건을 목격하는 것 혹은 시체를 보는 것과 관련된 외상으로 인해 계속 그 장면이 떠오르기 때문에 일을 할 수 없게 된다. 관리자는 이런 유형의 스트레스와 그것이 근로자들에게 어떤 영향을 줄 수 있을지를 반드시 알아야 한다.

자살에 대한 사회적 태도는 죽음 이후에 들리는 말들 속에 나타나 있다. 어떤 사람에게 '자살하는 것'은 범죄를 의미하기 때문에 이는 슬픔 속에 남아 있는 사람들에게 충격적이다. 이 때문에 몇몇 전문가는 '자살로 인한 죽음'이라는 말을 사용한다.

자살에 대응하는 방법

클락과 골드니_{Clark & Goldney}는 자살이 사람들에게 어떤 영향을 미치고, 얼마나 그 영향력이 오래 지속되는지(죄책감이 있을 때는 아마도 수년간 지속됨)를 분석했다. 그들은 이러한 영향이 어떻게 감소될 수 있는지를 확인하고, 자살 이후에 이행해야 할 몇몇 도움이 되는 실제적 조치를 제공했다.

- 죽음의 진짜 원인에 대해 처음부터 들어야 한다(아이들에게도 말해 주어야 한다).
- 가족이 개인적인 공간에서 충분한 시간을 갖고 자살자를 볼 수 있는 기회를 주어야 한다. 신체가 손상되었다면, 신체에 무언가를 덮고 가족으로 하여금 밤새 돌보게 하는 것도 대안으로 고려되어야 한다.
- 공식적인 장례식은 모든 사람에게 적절한 조의를 표시할 기회를 주기 때문에 가족에게 도움이 될 수 있다.
- 상담은 유족으로 하여금 죄책감이나 거절감과 같은 느낌을 합리화할 수 있도록 하는 데 도움이 될 수 있다. 또한 전문가는 보다 깊은 의학적 혹은 심리학적 개입이 필요한 외상이나 우울과 같은 임상적 증상이 있는지 유심히 관찰해야 한다.
- 자살 생존자를 위한 지지집단은 특히 도움이 될 수 있다.
- 유족은 왜 자살이 발생했는지보다는('왜'는 절대로 파악될 수 없다.) 이슈를 탐색하는 것이 더 도움이 될 수 있다.

자살 이후의 정서적 영향은 심각하다. 직장 동료와 동기들은 자살 이후의 슬픔이 복합적이라는 점을 이해하는 것이 중요하다.

자살의 생존자는 슬픔의 '전통적인' 단계들(충격, 부인, 분노, 거래, 우울)을 경험하지만, 다음과 같은 여러 가지 감정과 반응을 보인다.

- '만약 내가⋯⋯ 했더라면⋯⋯.' 하는 죄책감
- 수치심
- 혼란
- 안도감
- 거절
- 비난
- 분노
- 사건을 다시 체험함, 회상을 피함, 무감각, 자기파괴적 행동, 사고 및 기
  억의 차단, 과도한 경계와 같은 외상 후 스트레스 장애 증상들

요약

직장에서 돌연사는 흔하지 않다. 그리고 자살은 더더욱 흔한 일이 아니다. 그러나 두 가지 모두 일어날 수 있다. 이에 대한 대응책을 준비함으로써 근로자와 조직의 명성에 큰 차이를 만들어 낼 수 있다.

이 장에서는 자살의 본질을 탐색하고, 자살을 시도하려는 환자를 다룰 때 중요한 질문들을 제기했다. 조직이 취할 수 있는 몇 가지 대응책을 강조하면서, 관리자, 전문가 그리고 조직 맥락에서 일하는 HR이 만날 수 있는 전형적인 시나리오(돌연사가 일어나는 상황)를 제시했다. 전문가는 자살에 대한 자신의 태도를 점검하는 것이 중요하며, 위험을 평가하는 것 또한 중요하다.

조직은 건강과 안전에 대한 법률에 따라 직원들을 돌볼 책임이 있으며, 따라서 자살의 발생을 최소화할 수 있는 예방 정책들(예, 직장 내 따돌림 및 괴롭힘의 효과적인 예방 절차)을 수립할 필요가 있다. 돌연사, 자살을 시도하는 근

로자 혹은 자살로 사망한 근로자를 다루기 위해서는 명확한 위기 관리 시스템이 반드시 필요하다. 이 장에서는 이러한 이해를 확장하고, 직장에서 자살 생존자를 위해 요구되는 민감성의 정도를 강조하고자 했다.

자살 후 슬픔의 추가적 특징

- 혼자이거나 버려진 느낌
- 자살을 '영웅의 비극적 결말'이라고 이상화함
- 정신건강관리 전문가에 대한 신뢰를 잃음
- 직장에서: 스트레스를 가중시켰거나 개입하지 못했다는 이유로 회사 혹은 관리자에 대해 분개함
- 죽음의 원인에 대해서 거짓으로 이야기하고 싶어 함
- 마지막 날을 재구성하는 데 시간과 에너지를 씀
- '이유'를 처절하게 찾음
- 시간 관념을 잃음. 즉, '흐릿한' 기억
- 초연한 느낌
- 무감각, 목적 없음
- 무기력감, 자살하고 싶은 마음이 들기 시작함

직장의 위험 평가

고려해야 할 고위험 요인들은 다음과 같다.

- 근로자들이 자살에 대해서 이야기함

- 이전에 자살시도가 있음
- 우울이나 정신건강 상태의 전력
- 알코올이나 약물을 자주 사용함
- 무기 혹은 유해한 물질에 접근함
- 직무 관련 스트레스, 소진 혹은 피로
- 잦은 결근 혹은 지각
- 중요한 삶의 사건들, 손실, 변화
- 경제적 부담
- 제한된 사회적 혹은 가족 지지
- 법적 문제들

만약 근로자가 자살을 시도한다거나 혹은 자살 사고를 표현한다고 생각될 때

- 관계를 돈독히 하라. 관심을 표현하고 공감적으로 경청하라.
- 그 사람으로 하여금 자신의 느낌에 대해서 말하도록 격려하라.
- 비밀보장을 약속하고, 만약 비밀이 보장되지 않는다면 그때가 언제인지를 부드럽게 설명하라.
- 자살에 대해서 이야기할 때는 직접적으로 하라. 주제 주변만을 건드리지 마라.
- 자살하고 싶은 마음이 있는지 물을 때는 당신이 그 사람을 당황하게 할 수 있다는 두려움으로 주저하지 마라.
- 전화할 수 있는 사람이 있는지 물어라.
- 자살 충동이 생겼을 때 혼자 남겨진 것이 아님을 알려 줄 수 있는 지지체계가 있는지 확인하라.

- EAP 혹은 직업 건강 전문가에게 의뢰하라.
- 지지적 직장환경을 만들라.
- 직무 스트레스를 줄이고, 직무 관련 요구를 최소화하라.

직장에서 자살 사고가 발생했을 때

- 응급센터와 당국에 즉각적으로 알려라.
- 죽음 장면의 어떤 부분에도 개입하지 마라.
- 가장 가까운 친척에게 알리고 사건을 기록할 때 회사 정책을 따르라.
- 개방적이고 정직한 의사전달을 통해 직원에게 보고하라.
- 영향을 받을 수도 있는 고위험의 다른 직원이 있는지 확인하고, 건강 전문가에게 보내라.
- '집단 자살' 현상이 일어나지 않는지 경계하라.
- 즉시 면접상담을 예약하라.

자살 혹은 돌연사가 발생한 후 일에 복귀했을 때

- 정신건강 이슈들에 대해서 낙인찍지 않도록 하라.
- 근로자들에게 EAP나 직업 건강 전문가로부터 지원을 받을 수 있다는 것을 상기시켜라.
- 사망한 사람에게 적절한 조의를 표할 수 있게 하라.
- 사망한 사람과 가까운 사람을 안심시키고, 지지하고, 존중하라.
- 자살 생존자는 고위험군(보다 영향받기 쉬운 사람)에 해당된다는 것을 이해하라.

- 근로자의 기분을 좋게 하려고 애쓰거나 갑작스럽게 사기를 북돋우려는 시도를 하지 마라(그저 슬픔에 잠겨 있도록 허락하라).
- 어떤 직원은 자신, 관리 혹은 조직으로 인해 죽음이 발생했다고 생각할 가능성이 있음을 준비하라.
- 지지적인 작업환경을 만들라.
- 근로자의 스트레스 감소에 집중하라.
- 근로자 임파워먼트와 정신건강을 촉진하라.

EMPLOYEE WELL-BEING SUPPORT
A Workplace Resource

직장 내 따돌림과 괴롭힘: 관리자를 위한 예방 및 관리법

스톨레 아이나슨, 헬게 호엘(Ståle Einarsen and Helge Hoel)[*]

직장 내 따돌림과 괴롭힘: 파괴적이며 만연한 문제

최근 직장생활에서 따돌림과 괴롭힘에 노출되는 것은 많은 근로자에게 심각한 문제다. 자신을 따돌림의 피해자라고 한 사람이 근로인구의 10% 이상이며(Hoel, Cooper, & Faragher, 2001), 30%가 직장 내 괴롭힘에 노출되어 있다(Rayner, Hoel, & Cooper, 2002)는 것이 연구들에서 밝혀졌다. 더욱이 따돌림은 대상자뿐 아니라 방관자의 건강과 웰빙에 부정적 영향을 미치고, 결근, 이직, 직업만족의 상실과 같이 조직 문제를 야기할 수 있다. 따돌림에 노출되는 것은 해당 대상자로 하여금 공포, 불안, 무기력, 우울, 외상과 같은 심각한

[*]베르겐 대학교 교수, 맨체스터 대학교 경영대학 강사

(University of Bergen, Norway, and Manchester Business School, University of Manchester)

정서 반응을 야기할 수 있으며 이러한 정서 반응들은 직업환경에 대한 이들의 지각을 위협과 불안정으로 대체시키게 된다.

미국 제조 및 서비스 회사에 대한 '포춘 500'의 조사에서 성희롱 사건으로 초래된 생산성 감소 및 결근·이직 문제로 회사당 연간 670만 달러(한화 약 74억 원)의 평균 손실을 보고하였다. 영국의 경우 따돌림의 비용이 국가적 수준에서 연간 거의 20억 파운드(한화 약 2조 8천억 원)에 가까운 것으로(Hoel, Sparks, & Cooper, 2001), 호주에서는 근로자 1천 명당 미화 60만 달러(한화 약 6억 8천만 원)에서 360만 달러(한화 약 41억 원)로 평가되어 왔다(개관을 보려면 Hoel, Einarsen, & Cooper, 2003 참조). 이런 이유로 따돌림은 근로자, 고용주, 사회 모두에 상당한 비용을 초래한다.

이 장에서는 직장 내 따돌림의 원인을 포함하여 그 본질에 대해 기술하고, 고용주와 관리자에게 이런 현실적인 문제를 어떻게 예방하고 관리할지에 대한 몇 가지 지침을 제공할 것이다.

직장 내 따돌림: 그것은 무엇인가

어떤 사람은 '직장 내 괴롭힘workplace harassment'(Björkqvist, Österman, & Hjelt-Bäck, 1994) 혹은 '정서적 학대emotional abuse'(Keashly, 1998)로 이름 붙인 직장 내 따돌림workplace bullying의 개념은 근로자가 직장에서 지속적인 심리적 폭력에 노출되는 상황을 말한다. 이런 상황에서는 대상자에게 모욕을 주고, 겁을 주며, 공포를 갖게 하고, 처벌을 하는 일이 동반된다. 전형적으로 대상자는 대등하게 갚아 줄 의지를 거의 갖지 못한 채 괴롭힘 당하고 모욕당한다. 때때로 따돌림은 매우 공격적이고 명백히 용인될 수 없는 행동으로 이루어진다. 그러나 겉보기에 해를 끼치지 않는 행동이라 할지라도 오랜 시간 반복된다면 매우 부정적인 영향을 대상자에게 미치는 행동이 될 수 있다. 회의나 회합 자리에서 상사에게 무시당하는 일은 누구에게나 일어날 수 있다. 그러나 몇 주, 몇 개월, 심지어 몇 년 동안 반복해서 무시하는 시간이 이어진다면 그것은 다른 문제다. 세밀한 감독하에 과중한 업무 부담에 직면하는 일은 우리 대부분이 공유하는 경험인 반면, 그런 행동이 극단적으로 이루어질 때 따돌림으로 전환될 수 있다는 주장이 있다(Brodsky, 1976). 이런 이유로 그렇게 분명하지 않은 공격적 행동일지라도 자주 지속적으로 동일한 개인에게 향할 때 이는 심각한 손상의 원인이 되는 사회적 극한 스트레스의 원천이 될 수 있으며(Zapf, 1999), 특히 이러한 행동이 어떤 직원을 고립시키고 배척하는 조건을 만들어 낸다면 더더욱 그러하다. 부정적이고 원하지 않는 행동이라는 속성이 따돌림의 본질임에도 불구하고, 핵심은 행동 그 자체의 속성이 아니라 해당 경험의 **지속성**에 있다. 따라서 따돌림은 그것이 무엇에 관한 것이고 어떻게 행해지는 것인가만큼 행해지는 것의 빈도와 지속성에 관련된다(Leymann, 1996). 그렇다고 해서 직장에서 일어나는 1회적인 공격이나 폭행이 용인될 수 있다고 정당화하는 것은 결코 아니다.

따돌림은 비난, 언어적 학대, 공공연한 모욕과 같은 직접적인 행동의 형태를 띠기도 하고, 루머 양산, 뒷담화, 사회적 배척과 같이 보다 간접적인 속성이 되기도 한다. 또 다른 구별은 바티아(Vartia, 1991)가 초기 핀란드인 연구에서 말한 것처럼 업무 관련 행동과 사람 관련 행동 사이에서 이루어질 수 있다(Einarsen, 1999). 바티아는 연구에서 6개의 전형적인 따돌림 행동의 형태를 규명하였는데, 이 중 사람 관련 따돌림의 예로 중상모략, 사회적 고립, 누군가의 정신건강에 대한 암시 등이 있고, 개인에게 일을 너무 주지 않거나 단순 업무를 너무 많이 주는 것, 해당 사람이나 그의 업무에 대해 지속적으로 비판하는 것 등이 업무 관련 따돌림에 해당한다. 이와 유사하게 레이너와 호엘(Rayner & Hoel, 1997)은 전문적 위치에 대한 위협, 사적 위치에 대한 위협, 고립, 혹사, 불안정 등으로 따돌림의 범주를 제안하였다. 여기서 불안정이란 무의미한 업무를 주거나 정당하지 않은 방식으로 책임을 박탈함으로 신용을 주지 않는 행동들을 말한다. 덧붙여, 상대적으로 덜 발생하기는 하지만 따돌림 에는 신체적 위협, 성희롱 행동, 신체적인 폭행 혹은 위협 등도 당연히 포함 된다.

따돌림 경험의 핵심 양상은 관여된 당사자들 간에 존재하는 힘의 불균형 에 있다. 이러한 힘의 불균형은 기존에 존재하는 힘의 불균형을 반영하는 것 일 수도 있고 따돌림 과정의 결과로서 점차 증가함으로써 나타난 것일 수도 있다. 그러한 불균형은 보복이나 효과적이 방어의 기회를 배제시킨다(Vartia, 1996). 힘의 불균형은 가해자가 조직의 위계 안에서 따돌림 대상자에 비해 상 대적으로 상위에 있을 때의 경우와 같이 공식적인 힘의 구조를 반영하기도 한다. 아니면 힘의 원천이 지식, 경험 혹은 사적 · 사회적 지위에 기반한 비공 식적인 것일 수도 있다. 나아가 따돌림은 전형적으로 대상자의 지각된 사적 부적절성이나 그들의 사회적 지위를 노리며 이는 그 자체로 대상자의 지위를 약화시킨다(Brodsky, 1976).

따돌림과 괴롭힘은 어떻게 왜 발생하는가

진화과정

따돌림이 발생하는 이유는 아마도 개별 사례만큼이나 많이 존재한다. 관 리자의 관심의 초점에서는 문제를 야기하는 이유를 밝히는 것이 부정적인 행 동을 중단하고, 파괴적인 과정을 종식시키며, 모두에게 안전하고 생산적인 근무환경을 회복하는 일보다 덜 중요하다고 주장할지 모르겠다. 게다가 따 돌림은 초기 단계에서는 꼭 집어서 말하기 어려운 개별적이고 미묘한 형태의 공격행동에 피해자가 노출되었다가 점차 진화하는 과정의 형태를 띠곤 한다 (Einarsen, 2000). 계속해서 보다 직접적인 공격행동으로 진화하면서 피해자는 더 많이 고립되거나 동료들 앞에서 웃음거리가 된다. 그러한 과정에서 여러 다양한 이유가 관여되는데, 여기에는 상황을 악화시키거나 가해자의 행동을 정당화하는 데 사용될 수 있는 피해자의 반응과 행동들이 포함된다(Zapf & Einarsen, 2003). 고통과 혼란의 상태로 피해자는 타인을 신경질 나게 할 수도 있고, 일을 제대로 못할 수 있으며, 사회적·전문적 활동이나 타인에게 공격행동을 유발하거나 심지어 환경에 대한 피해자의 인식을 왜곡시키는 반응으로부터도 철수할 수 있다.

사이코패스와 신경증?

보다 대중적인 견해는 이러한 종류의 행동이 가해자의 성격구조 안에 깊이 뿌리박혀 있다고 보는 관점이다. 아일랜드의 따돌림 피해자 30명에 대한 인터뷰 연구에서 이들 모두 가해자의 까다로운 성격을 비난하였다(O'Moore, Seigne, McGuire, & Smith, 1998). 흥미롭게도 가해자들은 자신에 대해 공격성이 높고 사회적 역량이 낮다고 자기보고하였다(Matthiesen & Einarsen, 2007). 애시포스(Ashforth, 1994)는 '좀스러운 폭군'에 대해 기술하기를, 하급자를 하찮게 만들고 타인에 대한 배려심이 부족하며 갈등 관리를 하는 데 있어서 권위주의적이고 독재적인 스타일을 사용함으로써 다른 사람에게 제멋대로 자기 권력을 강화하는 데 힘을 휘두르는 리더라고 하였다. 이러한 리더들은 종종 부하들에게 소리 지르며 그들을 비판하고 비하하며 불만을 터뜨릴 뿐 아니라 심지어 자기 마음대로 하기 위해 거짓말하고 타인을 조종한다. 그러나 대부분의 연구들이 따돌림 피해자가 제공하는 정보에 의존하다 보니 가해자의 특성에 대해 그렇게 많이 알려져 있지는 않다. 여성보다 남성이 가해자가 되는 경우가 더 많다는 점, 많은 나라에서 따돌림이 뚜렷한 하향식으로 이루어진다는 점 그리고 가해자의 대부분이 관리자나 감독이라는 점 등이 우리에게 알려져 있다(Zapf, Einarsen, Hoel, & Vartia, 2003).

이와 동일하게 피해자의 성격이 갖는 역할 이슈 또한 논쟁거리다. 이 측면에서 여러 연구들은 피해자의 성격이 어떤 역할을 하는 경우가 있다 하더라도 이것이 따돌림의 주요 이유로 고려될 수 없다는 점을 보여 주었다. 아일랜드인 따돌림 피해자 60명의 성격에 대한 연구에서 코인, 시요네 그리고 랜달(Coyne, Seigne, & Randall, 2000)은 피해자들이 통제집단에 비해 규칙을 준수하고 정직하며 시간을 엄수하고 정확하다는 것을 발견하였다. 나아가 2,200명의 참여지를 대상으로 한 노르웨이의 조사에서 따돌림 피해자들은 자신에 대해 자존감이 낮고, 사회불안이 높으며 사회적 역량이 낮다고 기술하였다(Einarsen, Raknes, & Matthiesen, 1994). 그럼에도 불구하고 많은 연구는 따돌림 피해자들이 성격 면에서 단일한 집단이 결코 아님을 보여 주었다. 85명의 노르웨이인 따돌림 피해자를 대상으로 한 성격 및 성격장애 연구(Matthiesen & Einarsen, 2007)에서 피해자 하위집단 중 한 집단은 일정 범위의 심리적 문제와 성격장애를 보이는 것으로 나타났다. 두 번째 집단은 우울하고 외부 세계에 대해 회의적이 되는 경향을 묘사하였다. 그러나 세 번째 집단은 지극히 정상적인 성격을 보여 주었다. 마지막 세 번째 집단이 단연코 가장 큰 집단으로 나타났는데(Glasø, Matthiesen, Nielsen, & Einarsen, 2007), 이는 모든 따돌림 피해자의 3분의 2가 성격의 관점에서 일반적인 표본과 다르지 않다는 것을 한 연구에서 보여 주었던 것과 유사한 결과다. 심리적 문제, 낮은 자존감, 높은 사회불안을 가진 구성원들이 따돌림이나 괴롭힘을 당하는 사람들보다 더 많은데, 그들은 공격에 노출될 때 자신을 방어하는 것이 더 어려우며 다른 누군가에 의해 자신의 좌절을 배출하기 위한 쉽고 '안전한' 대상으로 여겨질 수 있다. 그러나 한 노르웨이 연구는 따돌림과 결부된 문제 없이도 전체 노동자의 상당 비율이 그러한 종류의 문제를 가질 수 있는 것으로 나타났다(Einarsen et al., 2007).

공격적 문화?

여러 연구들(예, Archer, 1999; Einarsen et al., 1994; UNISON, 1997)은 따돌림이 그런 종류의 행동에 대해 허용하거나 보상하는 조직 문화에 존재하는 것으로 보인다고 밝혀 왔다(Einarsen, Hoel, Zapf, & Cooper, 2003, 2005 참조). 그런 방침하에서 이런 식으로 행동하는 데 대해 공격자가 자신이 총애나 지지를 받고 있다거나 최소 상사의 암묵적 허용이 있다고 느낀다면 따돌림은 특별히 빈번해질 것이다. 따돌림의 잠재적 이유에 대한 평가에서 영국의 대규모 노동조합 조사에서 응답자 10명 중 9명은 '가해자가 처벌받지 않고 모면할 수 있기 때문에', 그리고 피해자가 '너무 두려워서 그것을 알릴 수 없기 때문에' 따돌림이 존재한다는 진술문에 동의하였다(UNISON, 1997). 몇몇 조직에서 따돌림은 심지어 리더십과 관리 관행의 일부로 제도화되기도 한다. 권위주의적 리더십 스타일은 많은 회사에서 여전히 매우 높은 가치를 갖는다(Hoel & Salin, 2003). 그러나 그것이 만연한 문화규범이라면 혹은 그것이 스트레스를 받으며 행동하는 관리자의 결과라면 혹은 그것이 대인갈등에 관여되는 것이라면 누군가가 '터프'하거나 '딱딱하지만 공정한' 관리라고 여길 수 있는 것이 '가혹하고 불공정한' 관리로 쉽게 바뀔 수 있다. 이런 이유로 '직장에서의 사이코패스' 혹은 '신경증적' 희생자로 그 모두를 비난하는 것은 대부분의 경우에서 왜 따돌림이 발생하는가 하는 질문에 대해 너무 지나치게 단순화한 설명이다. 설혹 특별한 경우에 그것이 진실이라 할지라도 따돌림이 수용될 수 없다고 여겨지는 조직 문화, 그리고 나아가 괴롭힘과 피해를 예방하기 위해 개인별 사례에 개입하는 조직 문화를 개발하는 일은 여전히 관리자의 책임이다.

리더십 스타일의 역할과 심리사회적 업무환경

조직 문화에 반영되는 조직의 만연한 가치와 규범에 더하여, 리더십 실제의 질과 부서의 심리사회적 업무환경이 따돌림의 중요한 원인이 되는 것으로 보인다. 역할갈등, 흥미결여, 도전적인 업무 등으로 이루어지는 업무 상황은 부서 내 부정적인 대인관계 분위기와 결부되어 따돌림이 일어날 만한 고위험 상황이 되는 것으로 보인다(Einarsen et al., 1994). 높은 수준의 모호성 혹은 역할·업무·책임을 둘러싼 양립할 수 없는 요구와 기대가 특히 권리·의무·특권·지위와 연결되어 부서 내 좌절과 갈등을 창출해 낼 수 있다. 그러고 나면 이 상황은, 특히 사회적 분위기가 낮은 신뢰와 대인 간 긴장을 특징으로 할 때 갈등이나 직원들 간의 좋지 않은 관계, 그리고 적절한 희생양에 대한 요구 등의 선도자로 작용하게 된다. 따돌림이 일어나는 직장의 또 다른 특징은 관리자와 감독자의 리더십 스타일, 예를 들어 권위주의자, 공격적이거나 비관여적인 것으로 여겨지는 리더에 대해 불만족이 팽배해 있다는 점이다. 사실 따돌림 피해자의 50%나 되는 수가 따돌림을 리더십과 긴밀하게 연결하며 상급자로부터 괴롭힘을 받는다고 주장한다(Zapf et al., 2003). 이러한 결과는 네 가지 요인이 직장 내 따돌림을 유발하는 데 두드러진다고 본 레이만(Leymann, 1993)의 이론적 주장으로 요약될 수 있다.

- 구성원 사이의 스트레스, 좌절, 짜증, 갈등, 불확실성의 토대가 되거나 생산성과 업무 수행에서의 비능률성의 토대가 되는 업무 설계의 결손
- 독재적인 리더십과 리더십 부재 둘 중 하나인 리더십 행동 혹은 관리의 부재, 대인갈등 또는 구성원이 공격적인 행동이나 다른 종류의 반생산적인 행동에 관여하는 상황에서 개입하지 않는 리더는 전형적으로 리더십 부재에 포함된다.
- 스트레스와 좌절이 업무환경에 만연할 때, 어떤 구성원은 그들의 사회

적으로 노출된 지위로 인해 다른 구성원보다 공격의 대상이 되기 더 쉬운 것 같다. 이는 업무 조직, 문제의 소지가 있는 특별 업무, 부서원의 구성, 혹은 영구적이거나 일시적인 개인의 취약성과 관련될 수 있다. 예를 들어, 백인 남성 위주의 조직 속에 유일한 흑인이거나 유일한 여성인 경우가 이런 범주의 예가 된다.

- 대인갈등과 마찰의 증가와 더불어 만연한 적대감, 상호 존중의 결핍과 같은 직장 내 낮은 도덕률은 낮은 직업 윤리 의식을 가진 직원 구성 혹은 근무부서와도 관련될 수 있다. 이런 사례에서는 양심적이거나 정직하고 열심히 일하는 어떤 구성원이, 특히 그(그녀)가 불법적이거나 비윤리적인 업무행동에 경고를 할 경우, 다른 이들로부터 보복의 위험에 처할 수 있다.

직장 내 따돌림의 예방과 관리

따돌림의 예방

직장 내 따돌림의 특징과 원인에 대한 앞서의 논의에 이어, 따돌림의 성공적인 예방이 다음의 요소를 포함해야 한다는 점에 대해 생각해 보고자 한다.

- 개방적이고 존중할 만한 분위기를 갖추었으면서도 다양성에 대한 인내가 있는, 그리고 대인 간 좌절과 마찰이 수용되지만 또한 적절히 관리되는 그러한 사회적 분위기를 창출하라.
- 모든 직원이 공정하게 대우받고 존중받도록 이끄는 리더십 스타일과 관리가 직장 내에서 적용되도록 보장하라.
- 관리자가 갈등 관리와 관련하여 필요한 훈련을 받도록 보장하라.

- 분명한 목적, 역할과 책임, 높은 직업 윤리를 갖고 잘 운영되는 조직을 구축하라.
- 구성원에 대한 따돌림과 괴롭힘이 용인되지 않는 조직 문화를 창출하라.

따돌림 사례에 대한 개입

어떤 사례를 설명할 때, 에컨대 관리자, 지도감독자, 인사 담당자 혹은 컨설턴트 등의 역할이 있다면 우리는 가해자에 대해 처음에는 비처벌적인 접근을 하는 것이 중요하다고 본다. 시작할 때의 1차 목적은 원치 않는 어떤 행동을 중단시키고 공정한 업무 분위기를 회복하는 것이어야 한다. 이 간단한 규칙이 조직 전체, 특히 특정 사례에 관여된 부서에 분명하게 전달되어야 한다. 이런 경우 '피해자 비난하기'나 '가해자 비난하기' 둘 다 제삼자들이 피해야 하는 위험이다. 나아가 어떤 사례를 조사할 때는 가해자 및 목격자와의 모든 면접과 논의가 공정하고 정당해야 하며 다음의 사항들을 확립하도록 해야 한다.

- 따돌림이 발생했는지 여부와 그 일이 재발하는 것을 어떻게 막을지에 대한 방안
- 만약 그것이 따돌림이 아니라면 다른 어떤 것, 예를 들어 스트레스, 대인 갈등, 오해와 같은 것일 수 있는데, 만약 그렇다면 모두에게 좋은 근로 조건을 회복하기 위해 작업할 것
- 추후의 괴롭힘이나 따돌림 시나리오를 예방하기 위해 변경할 필요가 있는 조직의 규정이나 관습이 무엇인지를 파악하는 것

대부분의 사람, 심지어 따돌림으로 비난받는 사람들 대부분조차도 일반적으로 따돌림에 반대한다는 점을 명심하는 것이 중요하다. 이런 이유로 구성

원 대부분이 해당 상황을 변화시키기 위해 협력하기를 원할 거라는 관점을 갖는 것이 중요하다. 그러나 만약 필요하다면 코칭이나 개인적인 지도를 통해 가해자에게 기본적인 사회규범을 가르치고 관리자가 가해자인 경우에는 특화된 관리 훈련을 제공할 필요가 있다. 특히 따돌림이 심각한 경우에는 해고를 포함한 징계조치가 고려되어야 한다.

따돌림의 피해자는 정의상 약한 지위에 있다. 따라서 피해자를 추가적인 낙인과 보복으로부터 보호할 준비가 되어 있어야 한다. 피해자가 혼란스러운 행동패턴을 보일 가능성에 대해 항상 대비해야 한다. 고통받는 사람들은 종종 타인을 짜증나게 한다. 이런 이유로 피해자들은 요구적이고 관심과 지지를 필요로 하며 불신의 신호에 매우 민감해할 수 있다. 많은 피해자는 또한 따돌림에 노출된 후유증으로 인해 전문적인 지원과 도움, 심리사회적 처치, 때로는 의료적 처치를 필요로 한다. 심지어 피해자가 부서로 돌아가 생산적인 업무를 할 수 있도록 복귀 프로그램이 필요하기도 하다.

유혹이 될 수도 있지만 조직 내 따돌림에 대한 일반적인 자각 수준을 높이기 위해 개별 사례를 이용하는 것은 피해야 한다. 이는 관련자들에게 직접적으로 해를 미치고, 따돌림 사례가 일어날 때 신속하고 공정한 결론에 도달할 가능성을 감소시키며, 다른 구성원 집단이 관련자의 다른 쪽 편을 들 때 필연적으로 반따돌림적인 조직 분위기를 창출하지 못하게 될 것이다. 따라서 특정 따돌림 사례와 상관없이 일반적인 예방 프로그램이 실행되어야 한다. 그러한 프로그램에는 지도감독자와 관리자를 위한 훈련 프로그램뿐 아니라 리더십, 조직 분위기, 업무조건, 따돌림에 맞서는 조직 정책의 개발과 소통 등을 향상시키기 위한 노력이 포함되어야 한다. 따돌림이 리더십과 매우 밀접하게 연관되어 있기 때문에 특별한 조직 문화 내에서 길러진 리더십 스타일이 어떤 종류인지를 주의해 보는 것만큼이나 관리자에게 갈등 관리를 훈련하는 일은 매우 핵심적일 것으로 보인다. 결국 가장 중요한 것은 직장 내 따돌림의 존재, 예방, 건설적인 관리가 조직의 관리자 및 지도감독자 그리고 그들이 창출하거나 허용하는 조직 문화와 함께한다는 점이다.

따돌림 방지 정책의 필요성

조직 내에서 따돌림 혹은 괴롭힘이 일어날 때 가해자뿐 아니라 피해자의 권리를 보장하면서, 유연하고 공정하며 윤리적이고 적법하며 책임 있는 방식으로 처리하는 것이 고용주의 일이다. 감정과 논쟁이 고조되고 모든 당사자들이 자신들의 이유에 대한 지지를 모으고자 할 때, 관리자든 관련된 당사자들이든 방관자나 관찰자인 동료들이든 따돌림 사례에 신속하게 반응하는 것은 결코 쉬운 일이 아니다. 이런 이유로, 잘 개발된 반따돌림 정책이 필수적이고 중요한 도구다(Richards & Daley, 2003 참조). 이러한 정책에는 공식적인 불만을 관리하기 위한 공정한 시스템뿐 아니라 피해자에 대한 지원과 안내를 위한 정보 시스템 모두가 포함되어야 한다. 다음에서 우리는 그러한 정책이 포함해야 한다고 여기는 핵심 특징에 대한 아이디어를 제안할 것이다. 그러나 실제 내용은 현지의 직원 대표나 지역 노동조합과 협력하여 개발되어야 한다. 다양한 수준과 기능을 갖는 광범위한 조직 구성원의 실제 참여 및 관여를 통해 이루어지는 정책 개발 과정은 그 자체로도 예방효과를 갖는다.

앞으로 제안할 아이디어와 조언은 대부분 인적 자원HR 실무자들과 노동조합 활동가 사이에, 특히 영국에서 진행 중인 토론의 결과로 이는 다음에서 논의되는 핵심 원칙들 중심으로 확고해지고 있다.

의지와 약속의 진술문

정책은 따돌림과 관련한 조직의 약속과 의지를 소통하는 진술문으로 시작할 필요가 있으며 다음의 사항을 고려해야 한다.

- 괴롭힘harassment, 따돌림bullying, 위협 없는 환경에서 일할 권리
- 문제의 심각성에 대한 진술문, 예를 들어 징계조치가 이루어질 수 있고 따돌림과 괴롭힘이 위법이거나 범법일 수 있는 문제
- 관리자, 노동자, 하청계약 혹은 파견근무를 나온 개인을 포함하는 모든 직원들에게 적용되는 정책
- 모든 구성원이 정책을 준수해야 할 책임
- 관리자가 정책을 실행할 책임
- 해당 정책을 근거로 불만을 제기한 누군가에 대한 비난이나 추후 희생이 용인되지 않는 것

또한 다른 관련 정책이나 조직의 사명 진술문 관련 참고자료를 제공할 수 있다. 나아가 해당 정책과 관련된 법적 조항을 언급해야 한다.

정책위반 행동 및 수행의 정의와 예

여기에서는 정책이 포괄하는 행동과 상황, 또 그것들이 어떻게 판단되고 인식되는지에 대해 기술할 것이다.

- 따돌림이 법으로 정의되지 않은 곳에는 조직이 정의한 따돌림과 괴롭힘의 정의가 제공되어야 한다. 여기에는 공공기관, 노동조합, 경영자협회, 또는 연구자들이 제공하는 법적 자료에 있는 정의가 포함될 수 있다.
- 정책을 위반한 것으로 여겨지는 행동의 예시가 제시되어야 한다.

정책의 초점이 행동 이면의 의도보다는 행동에 맞춰져 있음을 강조하는 것이 중요하다. 따라서 괴롭힘과 따돌림이 때때로 의도치 않아도 있을 수 있다는 것을 인정해야 한다. 또한 따돌림에 대한 문제제기로 조사를 할 경우 문제

가 되는 행동들이 합리성에 의해 판단되고, 그러한 판단이 동시대 사회에 널리 통용되는 규범과 일치해야 한다고 진술하는 것이 현명한다. 조직의 정책은 고립이 그렇게 심각한 정도는 아니더라도 반복적으로 부정적인 행동에 노출되는 것에 초점을 두어야 하며, 또 심각하게 고립되는 행동이나 단 한 번의 부정적인 행동에도 적용되어야 한다.

안진한 문제제기 절차의 원칙: 공정, 비난하지 않기, 비밀보장

따돌림 정책의 본질적인 역할 중 하나는 불만이 제기될 때 작용하게 되는 문제제기 절차의 참조가 된다는 점이다(논의를 위해 Merchant & Hoel, 2003 참조). 이는 보통 조직이 해당 이슈를 비공식적으로 이야기한 이후 발생한다. 문제제기 절차가 의도대로 작용하도록 하기 위해서는 다음의 원칙들을 따르는 것이 필요하다.

- 모든 문제제기에 대해 진지하게 받아들일 것을 보장한다.
- 피해자(문제를 제기한 사람)에 대한 어떠한 비난도 용인되지 않도록 한다.
- 해당 사례가 진행되는 동안 문제제기자, 가해 혐의자, 목격자의 비밀은 가능한 한 최대로 보장되어야 한다.
- 당연한 정의의 규칙을 준수하라. 예를 들어, 위반 혐의를 받는 사람은 누구든 문제제기의 성격을 알 권리를 가져야 한다.
- 공정함과 무비난의 원칙은 가해 혐의자에게도 역시 적용된다.

규칙이 적용될 때 관리 훈련과 일관성에 따라 문제제기를 진지하게 받아들일 것이고, 절차는 따돌림에 대해 알리는 안전한 경로가 될 것이며, 공정함이 보장될 것이라는 분명한 메시지를 보내는 것이 중요하다. 마지막에 언급된 공정함의 보장은 주관성의 영향을 줄이고 조직 구성원의 신뢰를 높여 주기 때문에 절차에서 중요하다. 그러나 악의적인 문제제기는 징계감으로 고려될 것이라는 점 또한 진술되어야 한다. 나아가 문제제기에 따른 조사의 공정성을 보장하기 위해서는 조사자가 해당 이슈와 무관하고 또 무관하게 보이도록 가능한 한 노력하는 것이 중요하다.

따돌림의 대상자로서 문제제기를 하는 방법

우리는 자신이 따돌림의 대상자라고 인식한 사람들에게 비공식적·공식적 가능성 둘 다를 허용하는 선택지가 열려 있다는 점에 대해 설명하는 내용이 정책에 포함될 것을 추천한다. 비공식적 접근들에는 동료나 헌신적인 '조언자'로부터의 조언 구하기, 가해자에게 직접 말하기, 상담자나 직업 건강 전문가로부터 혹은 비공식적인 비밀 중재를 통해 지원이나 조언 구하기 등이 포함된다. 비공식적인 문제제기(다시 말해, 가능한 적은 사람이 포함되고 가능한 비공식적 분위기에서 열리는 면접과 논의로 이루어지는 절차)를 현장 관리자에게 할 수 있다. 그러나 비공식적인 문제제기 경로의 사용이 나중에 공식적인 문제제기 절차의 이용을 막지 않는다는 것을 분명히 해야 한다. 부가적으로 다음의 이슈가 다루어져야 한다.

- 현장 관리자가 보통 접촉의 제1선이 되기는 하지만, 그럼에도 불구하고 피해자가 가해자에게 직접 말할 가능성에 대해서도 고려해야 한다.
- 공식적인 문제제기를 위해 다음의 사항이 분명해야 한다.
  - 문제제기가 어떻게 어디에서 (누구에게) 이루어져야 하는지
  - 예컨대, 일주일과 같이 반응이 이루어질 기간에 대해 말해 주는 반응 시간 척도
  - 피해자가 면접 시나 문제제기를 할 때 자신이 선택한 사람, 예를 들어

동료나 노조대표와 같은 사람을 동반하는 데 자유롭게 느껴야 한다는 점을 강조

- 만약 가해자가 현장 관리자라면 문제제기를 어디에 해야 하는지, 예를 들어 인적 자원 부서HR 직원/대표와 같은 담당자를 분명히 한다.
- 다른 조언자들의 지위 및 역할과 그들이 어떻게 접촉할지에 대해 명시한다.
  - 피해자의 권리와 대상자에게 가능한 대안에 대해 조언 제공하기
  - 편지 초안 작성 보조하기, 미팅에서 피해자 보조하기 등과 같이 실제적인 도움 제공하기
- 전 과정을 통해 가해자뿐 아니라 피해자(문제제기자)에게 제공될 수 있는 전문적인 지원/상담의 가용성에 대한 정보를 제공한다.

여기에서 만약 문제제기가 유지된다면 가해자에게 적용될 수 있는 잠재적인 제재가 무엇인지, 또 고용주가 문제제기 절차에서 가해자를 향한 '돌봄의 의무'를 어떻게 해야 할지에 대한 진술 또한 있어야 한다.

결국 정책은 어떻게 감시하고 평가될지에 대해 명시적으로 기술될 필요가 있다. 이런 면에서 다음의 방법들이 포함되기도 한다.

- HR이 갖고 있는 불만/사건(그리고 그 결과)을 신고하라.
- 정책과 감시체계에 대해 정기적으로 검토하라.
- 퇴직자 면접의 일부로서 부정적인 행동에 대한 정보를 수집하라.
- 직원 조사의 일부로서 정책의 효과성에 대한 질문을 포함하라.

결론

　따돌림은 종종 파괴적인 리더십과 조직 관행에서 기인하여 스트레스와 대인갈등에 의해 촉발되는 심각한 조직의 문제다. 우선, 따돌림을 예방하고 영향을 받는 사람들에게 문제제기를 할 기회가 주어지도록 하기 위해 조직은 따돌림 정책과 안전한 문제제기 절차를 개발하고 실행할 필요가 있다. 그러나 1차적이고 중요한 단계임에도 불구하고 정책과 절차들이 따돌림과 괴롭힘 행동 그 자체를 반대한다는 어떠한 보장이 없다. 결국 가장 중요한 것은 직장 내 따돌림의 존재, 예방, 건설적 관리가 조직의 관리자 및 지도감독자, 그리고 그들이 창출하거나 용인하는 조직 문화와 함께한다는 점이다. 잠재적인 가해자와 피해자의 고용을 제한하는 전략에 의지하는 대신, 구성원들의 다양성에 대한 수용과 관리에 초점을 두어야 한다. 여기에는 조직에 의해 수용될 수 없는 행동에 대한 규제뿐 아니라, 수용 가능한 행동에 대한 분명한 규범도 함께 담겨야 한다.

EMPLOYEE WELL-BEING SUPPORT
A Workplace Resource

제15장

조직에서의 상담과 코칭:
통합적인 다수준 접근

반야 올란스(Vanja Orlans)[*]

이 장에서는 조직에서 일하는 구성원들이 사람과 관련된 이슈의 측면에서 질을 향상시키기 위해 성찰해 볼 수 있는 다양한 요인을 조명해 보고자 한다. 아마 현재 가지고 있는 강점을 강화하는 것과 덜 기능하고 있는 영역을 개발하기 위해 무엇에 주의를 집중할 것인지에 관해 생각해 보는 것 등이 있을 것이다. 고찰해 보고자 하는 이슈들은 치료 장면과 기업 장면에서 저자의 훈련과 경험으로부터 도출되었으며, 이 두 다른 영역에서 나온 생각과 경험을 연결시킬 수 있는 잠재가능성을 증명하고자 하는 목적도 있다.

여기에서 '조직'은 관계로 이루어진 분야로 가정되는데, 특정한 목적을 위해 만들어졌으며 일련의 공동 창출된 개인 내적인intrapersonal, 개인 간의

---

[*] 메타노이아 연구소, 런던(Metanoia Institute, London) 공동대표

interpersonal 그리고 일반적으로 다양한 위계로 된 집단 간 역동으로 구성되어 있다. 조직의 목적에는 사명적이고, 기능적이며, 경제적인 측면을 포함하고 있고 이러한 측면들도 사람의 차원과 상호 관련되어 있다. 인간관계 영역은 조직에 조직만의 고유한 '정서' 혹은 조직 문화적 정체성을 형성하게 하는 것과 관련된 무엇이다. 도전과 잠재적 어려움을 관리하는 데 일반적으로 집중할 필요가 있는 것이 인간관계 영역이다.

다음 절에서는 조직 장면에서의 상담 및 코칭 분야를 다룬다. 이론 및 실제와 관련된 상담 및 코칭의 개념, 기능의 관계적 측면이 상담자 또는 코치라고 불리는 전문가들과 연관되는 방식 그리고 마주하게 될 복잡한 도전들을 다루기 위한 긍정적인 성찰 공간을 조직과 조직 구성원들에게 제공하기 위해 기능의 정신 내적인, 개인 간의 그리고 집단 수준을 합작할 수 있는 통합적인 참조틀 내에서 작업하는 것의 중요성 등을 각각 제안하고자 한다.

조직 장면에서의 상담

상담은 현재 조직 장면과 함께한 오랜 역사를 가지고 있다. 영국 상담 및 심리치료학회The British Association for Counselling and Psychotherapy: BACP에는 직장에서의 상담 이슈에만 배타적으로 초점을 맞춘 기업상담학회Association for Counselling at Work: ACW라는 특화된 분과학회가 있다. 이 분야는 근로자 지원 프로그램EAPs이라거나 인적 자원과 관련된 기능이라고도 하는데 상담은 조직을 위한 일련의 서비스에 포함된 핵심 활동이라는 것이 특징이다(Orlans, 2003).

상담을 직장에 도입한 초기 접근은 1940년대 미국에서 개발된 알코올 프로그램을 중심으로 이루어졌다. 알코올 의존적인 근로자들을 관리하는 조직의 비용 증가를 해결하기 위한 방안으로 초기 접근이 개발되었고, 점차 근로자를 치료하고 가능한 한 빠른 시일 내에 업무에 복귀하도록 돕는 것은 개인

과 그의 가족 그리고 조직을 위해서도 효과적인 성과를 낼 수 있다는 인식이
생기게 되었다. 이러한 추세는 이윽고 근로자 및 그 가족이 경험하는 정서적
이고 실제적인 어려움을 다루기 위한 '포괄적인' 프로그램의 개발을 이끌었
다. 1988년에 휘트브레드_{Whitbread}는 영국에서 최초로 EAP 제공회사를 설립
했다. 이후 10년이 채 되기도 전에 영국에서 백만 명 이상의 근로자들과 그
가족이 EAP가 지원하는 서비스를 이용한 것으로 추정되었다(Reddy, 1994).
이러한 발전과정에서 근로자들은 일반적으로 정서적 문제를 위한 상담뿐만
아니라 재정적이고 법적인 도움도 이용할 수 있게 되었다.

　　조직이 EAP 및 EAP 운영에 직접적으로 관여하는 정도는 조직마다 다양할
수 있는데, 이는 조직이 추구하는 가치와 전략적 사고에 따라 달라질 것이다.
비밀보장_{confidentiality}은 조직에서 상담 프로그램의 운영과 관련하여 핵심적
인 이슈이며, 조직이 이 이슈를 어떻게 협상하느냐도 조직마다 다양하다. 불
(Bull, 1997)도 기업상담의 발전을 여러 단계로 설명하였다. 그는 기업상담의
초기 시작은 알코올 자조모임_{Alcoholics Anonymous: AA}과 같은 질병 모델의 맥락
에서 발달했다고 언급한다. 이후 EAP는 포괄적인 접근으로 발전하여, 내담
자 중심적인 단계로 더욱 진보하였고 이 단계에서 조직은 상담이 근로자에게
의미 있는 영향을 미치고 있음을 인정하기 시작하였다. 현재 기업상담의 위
치는 개인 내담자뿐만 아니라 조직도 상담의 잠재적인 '내담자'가 될 수 있는
단계로 보인다. 이 후자의 관점은 직장 이슈를 다루는 개인상담 전문가들로
하여금 자신의 역할을 특정 임상 훈련 맥락이 아니라 더 넓게 보도록 한다.

　　조직환경 내에서 상담의 평가는 여러 관점으로 살펴볼 필요가 있다. 먼저,
심리치료 분야에서 출간된 일반적인 평가 관련 문헌들을 고찰할 수 있다. 이
분야의 경험연구에 따르면, 개인 수준에서 치료적 개입의 전반적 효과를 지
지하고 있다. 즉, 상담의 효과는 통계적으로 유의하고, 임상적으로 의미있는
것으로서, 내담자는 상담을 통해 시간이 지나도 지속되는 분명한 이득을 얻
고 있음이 연구 결과를 통해 밝혀졌다(Lambert, 2004). 맥클라우드(2001, 2007)

는, 특히 기업환경에서의 상담 평가 연구들에 주목했다. 그의 개관 연구는 두 가지 범주를 구분하였는데, 상담의 심리사회적 성과와 '경제적인 가치value of money'를 검토하였다. 기업상담의 성과를 평가한 연구들을 개관한 결과, 개관된 연구논문들의 3분의 2에서 상담개입이 불안, 스트레스, 우울과 같은 증상 완화에 일반적으로 효과가 있고, 또한 상담개입이 직무 몰입, 작업 기능, 직무 만족 그리고 물질 남용 감소에 긍정적인 영향을 준다는 몇몇 증거를 제시하고 있다고 결론 내렸다. 비용 대비 효과 관점에서 볼 때, 이를 조사한 연구들이 소수였고 분석이 복잡하긴 했지만 기업상담의 체계들은 적어도 투입된 비용만큼의 효과를 거두고 있는 것으로 나타났으며 이는 기업이나 기업상담의 체계에 따라 폭넓은 변산이 있었다.

퍼스와 샤피로(Firth & Shapiro, 1986)는 직무 관련 디스트레스job-related distress의 완화를 위한 단기 심리치료의 효과성을 강조하였다. 또한 그들은 모든 근로자들에게 일반적인 프로그램을 제공하기보다 최근 어려움에 처한 개인들을 발견하고 도움을 제공하는 것이 더욱 생산적이라고 제안하였다. 바컴과 샤피로(Barkham & Shapiro, 1990)는 직무 관련 어려움을 다룬 다양한 개입을 개관하고, 단기 심리치료 모델을 시행한 예비 연구로부터의 몇 가지 발견을 제시하였다. 이 연구는 호소 문제에 대한 단기 상담개입이 내담자의 기능 수준 향상에 효과적이며 또한 조직 측면에서도 비용 대비 효과적임을 경험적으로 증명하고 있다. 쿠퍼 등(Cooper et al., 1990)은 영국의 우체국에서 시행되어 온 단기 상담 프로그램의 개요를 조사하여 프로그램의 효과성에 대한 평가 데이터를 제시했다. 연구 결과, 정신적 웰빙well-being과 손실 일수 감소에서 상당한 개선이 있는 것으로 나타났다.

비록 이러한 연구들의 결과가 중요할지라도 조직환경에는 해결될 필요가 있는 많은 복잡성이 존재하며 연구 결과에 영향을 미친다. 예를 들어, 연구에서 보고된 개인 수준에서의 치료적 이득은 환경적인 영향을 포함하고 있을 수 있는데, 그럼에도 개인 변화에 주목하게 하여 환경적 조건에는 주의를 두지 않기도 한다. 환경이라는 맥락을 주의 깊게 평가하기 위해 좀 더 폭넓은 관점이 필요하다(Orlans & Edwards, 2001). 캐롤(Carroll, 1996)도 기업상담 평가에서는 맥락적인 접근이 필요함을 제안했는데 기업 장면의 상담 서비스 평가에서는 내담자 관점, 상담자 관점 그리고 조직 관점 등 다양한 관점을 적용할 것을 강조하였다.

코칭 전문직의 발달

코칭과 코칭심리학 분야는 지난 10년 사이에 코칭 실제를 새로운 전문직으로 빠르게 정의 내리면서 상당한 성장을 보이고 있다. 영국심리학회British Psychological society: BPS에는 현재 2004년에 설립된 코칭심리학의 특별 그룹Special Group in Coaching Psychology: SGCP이 있다. 2006년 말에 SGCP는 영국심리학회 내 하위 조직들 중 가장 빠른 성장을 보이면서 가입회원이 2,069명에 달했다. SGCP는 공인된 지위 및 이와 관련된 인증 훈련을 갖춘 영국심리학회 산하의 학회로 발전할 것으로 기대되고 있다. 코칭 분야의 훈련과정들은 이미 증가하고 있으며 코칭은 조직 구성원을 위한 잠재적인 자원이라는 인식이 생겨나고 있다. 예를 들어, CIPDChartered Institute of Personnel and Development는 이 새로운 분야가 적절한 전문성의 표준을 수립하려는 경향을 주목하였고, 적합한 전문직 정체성 발달을 위한 최선의 방법과 역량을 위한 벤치마킹으로 활용될 수 있는 요인을 규명하는 것에 관한 광범위한 논의가 현재 진행 중에 있다(CIPD, 2006). 미국의 경우, 버글라스(Berglas, 2002)에 의하면 2002년에 1만 명으로 기록된 임원 코치의 수가 2007년까지 5만 명 이상으로 증가할 것이라고 예상했다.

코칭이 전문 분야로 성장하고 있다는 상당한 정보가 있는 반면, 동시에 코칭 성과와 구체적인 실제에 대한 더 많은 연구가 필요하다는 목소리도 있으며(예, Linley, 2006), 코칭 문헌을 살펴보면 이러한 문제를 해결하기 위한 시도(예, Stober & Grant, 2006)를 하고 있기도 하다. 이러한 시점에서 코칭 분야는 코칭 서비스의 전달과 코치 훈련에서 과학적으로 타당한 연구와 견고한 실제를 창조하고 개발하며 이를 토대로 발전하는 것이 무엇보다도 중요하다. 또한 코칭의 서로 다른 형태가 나타나고 있는 것을 볼 수 있는데, 세분화되기를 기대하면서 이를 살펴보면, 임원 코칭과 라이프 혹은 커리어 코칭(Stern, 2004), 또는 임원 코칭과 관리 코칭(Pelticr, 2001) 등이 구분되고 있다. 후자에서 강조하는 것은 조직의 관리 기능 내에서 잠재적으로 유용한 코칭 관점에 초점을 맞추는 것이며 모든 관리자가 자신을 함께 일하는 직원의 잠재적인 코치로 생각하는 것의 중요성을 강조한다.

앞선 논의에서 '코치'의 정의는 다른 특성을 강조하고 있는데, 좀 더 지시적이고 모델링을 할 수 있는 스타일부터, 상담의 특성과 더 유사한 과정 중심적인 상호작용 스타일까지 서로 다른 강조점들이 있다. 더욱이 코칭 서비스는 관리자에 의해서나 해당 조직과는 무관한 독립적인 코치에 의해서 제공될 수 있다. 이러한 논의에서 개인적인 것과 전문적인 것 사이의 경계는 다소 모호해진다. 전문적인 코치들의 슈퍼바이저로 함께한 저자의 경험에 비추어 보면, 개인적인 것과 전문적인 것 사이를 구분하는 방법에 관한 이슈는 아마도 더욱 도전적일 수 있는데, 각 영역에서 적합한 방식으로 작업하는 방법은 인지적으로는 애매모호한 복잡성을 해결해 나아가고, 실제에서는 적합한 행동 방향을 결정하는 두 가지 측면 모두에서 전문가에게는 지속적으로 윤리적인 이슈가 된다.

이러한 코칭 분야의 발전과 전문직으로서의 코칭에 대한 관심이 크게 증가함에도 불구하고, 조직의 맥락에서 나타나는 몇몇 문제들의 복잡성에 대처하기 위해 필요한 훈련에 대해 염려하는 사람들도 있다. 예를 들어, 버글라스(2002)는 경영진들의 당면한 문제들을 사례개념화하고 효과적으로 다루기 위해서는 코치의 고도의 심리적 훈련의 중요성을 강조한다. 그는 몇몇 코치들의 훈련 수준에 대한 염려를 나타내면서 "경영진들의 문제가 감지되지 않 거나 무시되는 심리적 어려움 때문인 경우, 코칭은 실제로 안 좋은 상황을 더 나쁘게 만들 수 있다."(p. 3)라고 설명한다. 그의 염려는 좀 더 심도 깊은 주의 가 필요할지 모르는 문제들에 있어서 코칭이 쉽고 빠른 답을 제공하는 듯이 보인다는 것이다. 전문 코치들이 유연한 도전과 보다 깊이 내재된 문제 사이 의 차이를 규명하기 위해 훈련받지 않는다면 코칭의 성과는 그다지 효과적이 지 않을 것으로 보이며, 장기적인 관점에서는 더욱 그러할 것이다.

상담, 코칭 그리고 관련 분야

비록 상담과 코칭이 서로 분리된 전문 분야로 발전해 왔을지라도 두 분야 는 상당히 겹치는 것이 많고, 버글라스(2002)만큼 심각한 입장은 아니더라 도 두 분야에서 제공될 수 있는 것을 고려하지 못한다면 우리는 조직 장면에 서 잠재적 유용성을 갖는 측면들을 배제시키게 될 것이다. 예를 들어, 심리치 료와 상담 분야는 조직의 기능과 관련된 상당한 이론적 아이디어와 과학적 인 연구들이 있다. 그럼에도 불구하고, 두 분야가 실제적으로 얼마나 많이 겹 치는지에 대한 논쟁이 지속되고 때로는 두 분야를 별개로 정의하려는 압력도 있다.

현재 나타나고 있는 일부 긴장들은 상담과 코칭 두 영역 모두에서 훈련과 정과 인증이라는 측면에서 명료하게 정의된 전문직의 프로토콜을 구체화하 려는 시도와 결부되어 있다. 예를 들어, 상담은 반응적이고 정서적인 '문제' 들을 다루는 반면, 코칭은 주도적이고 성과의 구축을 다루는 것이라고 주장 되어 왔다(예, Stone, 1999). 이러한 구분은 관련된 문제들을 지나치게 일반화 시키고 상담과정에 대해 잠재적으로 왜곡된 생각을 갖게 만든다. 상담의 서 로 다른 이론들을 찾아보면 앞선 주장이 왜곡된 생각을 갖게 만든다는 점을 몇 가지 예로 들 수 있다. 아마도 정신역동적 전통에서는 그러한 경향이 더 있기도 한데 호소된 '문제'를 더 크게 강조하는 이론이 있는 반면, 다른 접근의 예로 게슈탈트 상담에서는 심리적 문제를 넘어 에너지와 창조성의 자유로운 흐름 속으로 들어가는 데 중점을 두고 있다. 나는 다른 논문에서(Orlans & Edwards, 2001) 상담 훈련이 때로 지금-여기here and now라는 맥락의 문제들을 최소화한 결과 '임상적' 문제들에만 지나치게 초점을 두도록 하는 방식이 있음을 강조하였으며, 상담 전문가들이 이러한 문제에 주목하여 분열을 가져올 수 있는 어떤 압력에 저항하는 것이 중요함을 제안해 왔다. 그러나 심리치료 이론과 실제의 최근 동향은 대부분의 접근에서 점점 더 통합적으로 되어 가고 있으며 '지금-여기'에 더 많은 초점을 두는 방향으로 나아가고 있다. 코칭 실제의 관점에서 코치들은 강력한 감정들을 무시하거나 최소화하면서 '과업'을 지나치게 강조하지 않도록 훈련받을 필요가 있다.

사람들이 그들 스스로를 상담자로 정의하든 코치로 정의하든 간에, 어떠한 조직에서나 과업, 과정 그리고 감정은 존재하며 서로 관련될 것이다. 요구되는 것은 이러한 관련성 안에서 각각에 필요한 만큼씩 상대적인 비중을 두어 의미를 파악하고 전문적이고 윤리적인 방식으로 경계를 관리하기 위한 몇 가지 중요한 기술일 것이다. 나는 두 전문 분야는 서로에게 배울 점들이 있으며 그럼으로써 두 분야에서 제기되는 이슈들을 창조적으로 해결할 수 있다고 제안한다. 이러한 제안을 하는 이유는 개인과 조직의 기능을 위해 자신의 잠재적 유용성을 극대화하길 원하는 코치들은 경험의 정서적 영역을 인식하고 다룰 수 있어야 하기 때문이다. 마찬가지로 조직 장면에서 일하고자 하는 상담자들도 조직에서의 과업 기능, 중요하게 여겨지는 가치들 그리고 조직 장면에서 본질적 부분으로 인식되는 재무적인(손익계산의) 이슈들에 대한 요구를 이해할 필요가 있다.

코치와 상담자 두 전문가들은 정신 내적인, 개인 간의 그리고 집단 수준의 경험을 포함하는 관계 영역을 다룬다. 이 장에서 주장하는 전인적인 접근은 이러한 서로 다른 수준을 이해하고 이러한 수준으로 작업할 수 있는 능력이 요구됨을 의미한다. 이는 코치들이 치료자가 되어야 한다고 말하는 것이 아니다. 여기에서는 한 사람이 매우 개인적인 종류의 특정한 도전을 다루기 위한 최적의 장면은 어디인지 또는 한 개인이 그들의 삶에서 오랜 시간에 걸쳐 만들어진 어떤 패턴을 극복하기 위해 치료적 조건에서 더 많은 공간과 시간을 필요로 하는 것을 인식하는 것과 관련된 측면에서 숙고해야 할 윤리적이고 전문적인 의사결정이 있다는 것이다. 또한 내가 주장하고자 하는 것은 제시된 이슈들에 대해 높은 수준의 알아차림을 할 수 있는 능력들을 갖추는 것이며, 그 능력은 이 이슈들이 현재의 계약 안에서 어떻게 해결될 수 있는지, 또는 특정한 이슈가 다른 장면에서 어떻게 다루어질 수 있는지를 이해하는 능력이다. 조직 장면의 관계 영역은 심리치료자나 상담자들이 고려하는 관계 영역만큼이나 복잡한 분야다. 두 전문가에게는 제시되는 이슈들에 대한 분명한 개념화와 공식화가 요구된다.

문헌을 살펴보면 이러한 통합적인 개념을 강조한 몇 가지 예가 있다. 레슬리 그린버그(Leslie Greenberg, 2002)는 자신의 책 제목뿐만 아니라 내용에서도 치료와 코칭이라는 두 단어를 사용한다. '감정 코칭emotion coaching'에 대한 그의 생각은 기본적인 교육적 접근으로 개인이 복잡한 정보와 의사소통 패턴들을 다룰 수 있도록 고안되었다. 그는 자신의 접근에 대하여 설명하면서 교육 장면의 비유를 사용하는데, 교사는 학습자에게 학습자의 '근접발달 영역zone of proximal development' 내에 있는 다음 단계로의 학습에 도전하도록 기회를 제공한다(Vygotsky, 1986). 메리 베스 오닐(Mary Beth O'Neill, 2000)은 임원 코칭에 대해 쓴 글에서 공감empathy의 중요성에 대해 말하고, 경청listening, 존중respect, 직면confrontation, 구체성concreteness과 같은 핵심적인 상담 기술들을 강조했다. 위트워스 등(Whitworth et al., 1998)은 '과정 코칭process coaching'에 대해 논의하면서, 과정은 마음에 대한 상담과정에서 가져온 용어인데, 정서를 증상보다는 정보로 이해하는 것의 중요성을 강조한다. 그들은 또한 사례공식화와 정확한 의사결정의 측면에서 심리치료 대 코칭과정의 복잡성을 제기했다. 그들은 내담자와의 신중하고 개방적인 논의를 제안하는 동시에 "치료와 코칭 둘 모두가 관계에서의 배신 또는 사업의 실패와 같은 어려운 삶의 상황을 다룰 수 있다고 제안하였다. 상담자와 코치 모두는 비슷한 방식으로 상황에 접근할 것이다. 배울 것을 찾고 내담자를 좀 더 자원이 풍부한 상태로 이끌어 줄 행동을 찾을 것이다."(p. 174)라고 주장하였다. 관련된 이슈는 주의 깊은 분석과 내담지와의 심층적인 논의라고 하였다.

그러나 기본적인 입장은 통합적이고 다수준에서 작업하는 것이며, 최선의 전문적 관여라는 측면에서 이슈에 대한 상투적이지 않은 열린 커뮤니케이션을 통해 이 작업이 발전된다는 것이다. 펠티에(Peltier, 2001)는 상담과 코칭의 상당히 겹치는 부분을 강조하면서 실제를 위한 윤리적이고 전문적인 체계의 중요성을 언급했다. 그러나 나는 상담과 코칭에서 전문적이고 윤리적인 규정이 아무리 중요하다 할지라도 많은 이슈들은 다수준의 복잡성으로 인하여 아마도 특정한 딜레마에 대한 '정답'이 있지는 않을 것이라고 생각한다. 나는 이를 심리치료 및 상담 분야의 윤리적 이슈와 관련하여 다른 곳에서(Orlans, 2007) 논의했었다. 그리고 전문가 및 내담자 사이의 열린 토론은 제기된 이슈들의 전체적인 복잡성을 이해하도록 돕고 또한 전문가들이 그들을 무척 거대하거나 강력하다고 상상하는 것을 막는 데 기여할 것이라고 제안한다.

다수준적 · 다학제적인 관점의 중요성

코치나 상담자가 조직 장면에서 다룰 가능성이 있는 경험의 이슈는 관계 영역에서 제기될 것이다. 이런 이슈에 대한 통합적인 반응은 맥락 안에서 제기된 이슈를 고려하는 것이며 개인 내적인 것에서부터 조직 수준까지 경험의 모든 세계를 포함하는 다수준적인 관점이 필요하다. 이러한 서로 다른 수준에서 능숙하게 작업하기 위해 코치와 상담자 모두는 심리적이고 관계적이며, 그리고 체계적인 이슈들에 대해 철저하게 이해해야 할 뿐만 아니라 각각의 기능에 대하여 유연하게 초점을 맞추는 것을 포함하는 광범위한 훈련을할 필요가 있다. 또한 이처럼 서로 다른 전문성이 하나의 틀 안에서 유지되고조망되기 위해서는 지속적인 자문과 슈퍼비전이 요구될 것이다. 서로 다른전문가 집단들은 자신의 전문가 집단 안에서 가장 지지받는다고 느끼며 그들영역의 경계를 유지하고 누가 (그들 집단에) 속하거나 속하지 않는지 모니터링하길 원하지만, 만약 상호 간 배움이 가능한 관점에서의 아이디어와 사례들이 공유되는 적절한 포럼이 없다면 정보와 기회는 사라지게 될 것이다. 포스트모더니즘 시대에 조직이 마주한 도전들은 상당하며, 조직은 가능한 최선의 반응을 받을 만한 가치가 있다.

EMPLOYEE WELL-BEING SUPPORT

A Workplace Resource

제16장

좋은 근로자 지원 프로그램을 만드는 것은 무엇인가

마크 A. 윈우드, 스테파니 비어(Mark A. Winwood and Stephanie Beer)[*]

도입

대부분의 경우 조직의 효과성은 직원의 웰빙에 달려 있다. 근로자 지원 프로그램Employee Assistance programme: EAP은 근로자들이 직장에서 수행을 잘하고, 점차로 우리 모두가 겪고 있는 개인적인 일들과 직장 간의 균형을 잘 맞출 수 있게 돕는다. EAP는 근로자, 조직 그리고 사회의 끊임없는 변화 요구에 부응하고, 임직원과 그 가족들 모두가 EAP를 이용할 수 있을 때 비로소 그 의미를 찾을 수 있다. EAP가 제공하는 지원은 융통성과 접근성을 반영해야 한다는 점이 필수적이다.

---

[*] AXA PPP 헬스케어 개발자, 근로자지원전문가협회 영국 지부장

(AXA PPP Healthcare, and Employee Assistance Profressronals Association)

이 장에서 저자들은 EAP의 개념과 EAP를 도입함으로써 조직이 얻게 되는 가능한 이득을 소개하고, 21세기에 바람직한 EAP를 구성하는 필수적인 핵심 서비스와 지원이 무엇인지를 살펴본다.

배경

현대사회에서 EAP는 고용주들이 직장에서 실시하는 예방적 조치의 일부로서, 질병과 결근을 막고 생산성과 직무 수행을 향상시키기 위한 심리적 지원을 제공하고 있다. 국가감사원(the National Audit Office, 2006)에 따르면, "EAP는 …… 질병 수준을 줄이고, 비용절감의 효과가 있다고 알려져 있다".

EAP는 호손Hawthorne 연구 이후, 비정신의학적 상담 프로그램의 개발이 그 시초다. 그 당시 초점은 정상 근로자를 상담하는 것에서부터 문제가 있는 근로자, 특히 알코올 문제를 지닌 사람들을 치료하는 것으로 옮겨지고 있었다. 이러한 변화는 직장 내 알코올 중독 프로그램occupational alcoholism programs이 등장했다는 것에서도 입증된다. 지금도 여전히 미국에서의 근로자 지원은 알코올과 약물 남용 문제에 집중하고 있다(Menninger & Levinson, 1954). 미국에서 5,000명 이상의 근로자를 고용하고 있는 회사의 97%는 EAP를 제공하고 있다. 미국은 세계에서 EAP를 가장 많이 이용하고 있는 국가다(EAPA, 2007).

영국에서는 EAP가 1980년대에 처음 도입되었는데 알코올 문제에 집중했던 미국과는 크게 다르다. 사람들이 경험하는 문제의 원인은 모두 다르고, 따라서 그 결과 또한 매우 다양하다고 생각되었다. 따라서 서비스가 하나의 렌즈(예, 알코올 문제)를 통해 문제를 보게 되면, 각 개인의 문제가 무엇인지를 알지 못할 위험에 빠질 수 있다. 영국에서 EAP의 보급은 훨씬 낮았고, 근로자 지원프로그램협회the Employee Assistance Programme Association: EAPA의 영국 지부에서 나온 최근 정보에 따르면, 1,476개의 영국 조직이 314만 명의 근로자를 대상으로 EAP를 제공하고 있는데 이는 노동인구의 약 15%에 해당한다(PARN Research, 2003).

EAP는 근로자에게 무언가 문제가 있음을 확인할 수 있게 돕고, 이러한 문제를 해결할 수 있는 개입방법을 개발하는 직장 맞춤 관리 도구a worksite-focused management tool다. 근로자의 문제는 반드시 그렇지는 않지만 전형적으로 다음과 같은 것들을 포함한다.

- 개인적 문제들: 건강, 대인관계, 가족, 경제, 정서, 법, 불안, 알코올, 약물 등 관련 이슈들
- 직무 관련 문제들: 직무 요구, 직장에서의 공정성, 직장 내 대인관계, 괴롭힘 및 따돌림, 개인적/대인 간 기술, 일-삶의 균형, 스트레스 등 관련 이슈들(EAPA, 2000)

이러한 이슈는 근로자의 성취와 웰빙에 직·간접적으로 영향을 미칠 수 있다.

EAP는 체계적이고 동일한 근거와 공인된 표준에 따라 근로자에게 상담, 다른 형태의 지원, 조언, 정보 등을 제공하는 메커니즘이다. EAP에 적용되는 표준은 프로그램이 운영되고 제공되는 카운티/주의 법적 규제에 어느 정도 달려 있다. 예를 들어, 만약 영국 EAP가 독일에 있는 조직에 서비스를 제공하면, 그 서비스는 지원과 심리적 서비스에 관한 독일의 법적 규제를 고려해서 제공될 필요가 있다.

EAP는 프로그램을 구매할 조직의 관심 영역과 EAP의 구매에 영향을 미치는 이슈들에 초점을 둘 수 있다[예, 직장 내 스트레스 법 조항(HSE, 2004), 병가, 직업 재활, 직장 내 대인관계 향상, 불만 조정과 같은 개입 전략을 초기에 사용함으로써 '직장생활'이라고 불리는 광범위한 실제적 지원 서비스를 제공하여 외부 압력과 주의산만을 없애서 일에 집중할 수 있게 함].

EAP는 팀과 개인의 직장 성취와 웰빙에도 관심을 갖는다. EAP는 그것이

무엇으로 이루어졌는가보다는 그 성과에 따라서, 즉 그 프로그램이 이루어
낸 것을 통해서 정의된다. 이것은 각 조직이라는 고객의 요구를 만족시킬 수
있는 서비스를 구상할 기회를 극대화시킨다. 이는 전략적 개입이고, 어떤 조
직의 이득은 성과 측정에 의해서 수량화되어야 한다.

　　EAP는 독특한 위치에 있다. 정신건강 분야의 다른 지원 메커니즘과는 달
리 EAP는 개인과 조직 모두에게 이득을 주어야 한다.

　　EAP는 조직 내에서 이용 가능한 다른 지원들과 따로 떼어 보아서는 안 된
다. [그림 16-1]은 EAP가 근로자와 조직의 웰빙에 영향을 미치기 위해서 조

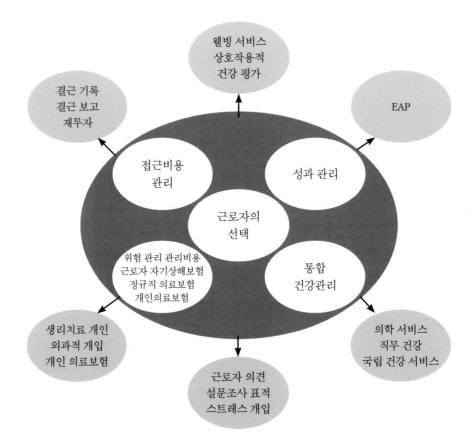

[그림 16-1] 웰빙 서비스의 상호작용

직의 내부와 외부 모두에 존재하는 다른 서비스와 어떻게 상호작용해야 하는 지를 보여 주고 있다.

프로그램을 제공하는 3개의 주요 모델이 있다. 첫째, 외부 제공자에 의한 외부 모델, 둘째, 조직은 EAP 전문가를 채용하고, EAP 전문가는 그 조직의 근로자들에게 서비스를 제공하는 내부 모델, 셋째, 내부와 외부 서비스를 혼합한 혼합 모델이다. 어떤 조직은 외부 EAP 제공자가 서비스를 향상시킬 수 있는 내부 복지 시스템을 설립하기도 한다.

왜 조직은 EAP를 도입해야 하는가?

지난 10년 동안 상업세계는 급격히 변화되었다. 정부는 법인조직에 대해서 심리적 어려움이 있는 근로자에게 돌봄 의무를 실행하고, 지원을 제공하라는 압력을 더해 가고 있다. 직장 내 「보건안전법」1974.s.2(1)(The Health and Safety at Work Act 1974.s.2(1)) 조항에 따르면, "모든 근로자의 건강과 안전을 보장하는 것은 모든 고용주의 의무다." HSE가 지원하는 최근의 법령은 5명 이상의 근로자를 고용하고 있는 조직은 규칙적으로(1년마다) 근로자들을 대상으로 스트레스 위험을 평가하도록 하고 있다. 2002년 공소심 법원 판결에 따르면 판사 헤일Hale은 "치료를 포함하여 비밀이 보장되는 상담과 조언을 제공하는 고용주는 의무를 위반했다고 볼 수 없다."라고 판결했다(Sutherland vs Hatton, 2002). 이러한 이슈는 고용주가 그들의 근로자를 위해서 EAP를 제공해야 하는 강력한 이유가 된다.

그러나 EAP 혹은 상담 서비스를 제공한다고 해서 자동적으로 고용주가 돌봄의 의무를 다 했다는 의미는 아니다. 영국 Intel 주식회사 대 Daw의 판례(2007)에서는 다음과 같은 판결이 나왔다. "비록 고용주가 직무 관련 스트레스로 인해 고통받는 직원을 적절히 지지하기 위한 시스템을 갖추었으나, 직원의

업무 부담을 줄이기 위한 계획은 적절히 수행하지 않았다."(Delaney, 2007)

간단히 말해서, EAP는 오늘날 근로자들이 안고 있는 많은 '사람 문제people problems'를 해결하기에 비용 대비 효과적인 방식이다.

핵심 기술

EAP의 핵심 기술이란 EAP의 필수적인 요소들로서, 어떤 수준의 제공자이든 이 기술을 반드시 갖추고 있어야 한다.

EAP 핵심 기술은 다음과 같다.

- 문제가 있는 근로자를 다루고, 직무환경을 개선하며, 근로자 직무 수행을 향상시키고, 근로자와 그 가족을 대상으로 가능한 EAP 서비스를 제공하고자 하는 조직 리더(관리자, 슈퍼바이저)를 대상으로 하는 자문, 훈련, 지원
- 직무 수행에 영향을 미치는 개인적 문제를 지닌 직원의 문제를 비밀을 보장하면서 적시에 확인 및 평가
- 직무 수행에 영향을 미치는 문제를 언급하기 위해서 건설적 직면, 동기 강화, 단기 개입을 사용
- 평가, 치료와 지원, 사례 모니터링, 추수 서비스를 위해 내담자를 의뢰
- EAP 소속 실무자들과 효과적으로 계약하고 그 계약을 유지하며, 임상적 제휴 관리와 같은 실무자 계약 관리
- EAP 외부의 다른 지지 서비스(예, 건강 서비스)를 이용할 수 있도록 하고, 조직과 개인이 그러한 서비스 이용 여부에 대한 자문
- 성과 평가를 통해 EAP가 조직, 개인, 개인의 직무 수행에 미치는 영향 확인

핵심 조건을 고려한 후, 다음에 제시되는 요소들이 갖춘다면 종합 EAP 프로그램이 될 수 있다.

직접 서비스

단기 심리 개입/상담

연구에 따르면 EAP의 상담은 변화, 선택, 위기에 놓인 내담자를 돕는 것을 목적으로 하는 단기 상담이다(Winwood & Karpas, 2002). 상담 서비스는 EAP에서 가장 일반적으로 사용되는 서비스로서 상담의 제공은 문화적 기대와 법적 규제에 따라 달라진다. 예를 들어, 영국에서 초기 심리평가와 개입(필요할 때)은 수련 중인 상담자에 의해서 전화로 이루어진다. 그러나 대부분의 다른 국가에서 개입은 심리학자나 사회복지사에 의해서 면대면 상담을 통해 이루어지는 편이다. 개입이 어떻게 이루어지는지, 그리고 어떤 수준의 전문가가 하는지는 사실 중요하지 않다. 중요한 것은 그 개입이 공인된 기준에 맞게 일할 수 있는 수련받은 EAP 전문가에 의해서 잘 전달되는가다.

여러 EAP 회사는 정신건강 전문가들을 채용하고, 또한 임상가로서 EAP에 소속해서 일하는 심리학자, 상담자, 사회복지사로 이루어진 네트워크를 맺고 있다.

영국의 주요 EAP 회사와 함께 일할 수 있는 임상가의 기준은 〈표 16-1〉에 제시되어 있다.

내부 직원과 임상 전문가들은 모두 EAPA 지침과 그들 자신의 전문적 기준, 두 가지 모두를 따라야 한다. 임상 전문가들은 규칙적인 슈퍼비전을 받아야 하며(자신이 속한 전문가 집단의 추천에 따라), EAP 맥락에서 일할 수 있는 훈련을 받고, EAP 회사 측에 설명할 수 있어야 한다. 모든 직원은 단기 개입을 수행해 본 경험이 있어야 하고, 내담자, 의뢰 회사 그리고 EAP 회사 간의 이중 혹은 삼중관계 속에서 체계적으로 일할 수 있어야 한다. EAP 장면에서 일하는 임상가의 핵심 기능 중 하나는 평가다. 평가는 사례를 처음 시작할 때 혹은 처음 개입했을 때부터 종결할 때까지 지속적으로 이루어져야 한다. 임상 면접을 통한 평가 요소들은 〈표 16-1〉에 제시되어 있다.

〈표 16-1〉 임상 전문가 네트워크

---

3. 임상 전문가 네트워크

3.1 임상 전문가의 구체적인 자격

EAP 네트워크를 구성하는 임상 전문가에는 다음 두 가지 유형이 있다.

3.1.1 면허가 있는 임상/상담 심리학자(Chartered Clinical/Counseling Psychologists: CCP)

3.1.1.1 CCP는 영국 심리학회에서 면허를 수여받고, 현재에도 유효한 자격증을 소지해야 하며, EAP/평가 경험이 있어야 한다.

3.1.1.2 CCP는 고객의 필요에 대한 평가를 실시하고, 단기 개입이 적절한지 아닌지를 포함해서 어떤 지속적인 지지를 제공할 것인지에 대한 임상적 권고를 내릴 것이다. 대부분의 경우 내담자는 인식될 만한 임상적 장애로 고통을 받지 않을 것이다. 그러나 CCP는 혹시 나타날 수도 있는 어떤 잠재적인 장애가 있는지 세심하게 살펴야 한다.

3.1.1.3 CCP는 필요한 경우 단기 개입이 아니라 장기 자문을 줄 수도 있다. 그러나 CCP는 특별한 경우가 아니라면, 자신이 평가했던 내담자에게 지속적인 심리적 치료/지지를 제공할 필요는 없다.

3.1.2 공인된 상담자/등록된 심리치료자(Accredited Counsellors/Registered Psychotherapists)

3.1.2.1 본질적으로 네 가지 유형으로 전문가 인정이 이루어지고 있다.

3.1.2.1.1 영국 상담 및 심리치료학회에서 공인된 상담자/심리치료자

3.1.2.1.2 영국 행동 및 인지 심리치료학회에서 공인된 상담자/심리치료자

3.1.2.1.3 영국 심리치료협회에 등록된 심리치료자

3.1.2.1.4 스코티시 상담협회 연합에서 공인된 상담자

3.1.2.2 임상 전문가는 상담의 다양한 이론적 접근/모델에 의해 영향받을 수 있다. 그러나 그들은 다음에 초점을 둔 단기 상담에 경력이 있을 것이다. 즉, 해결에 초점을 두고, 구체적인 고객의 이슈와 문제 관리를 다룬다. 이들은 개인상담센터, 외과의원, 학생상담센터, 기업상담/근로자지원센터에서 단기 상담의 경력이 적절하게 있다.

출처: Employee Support, Handbook for Clinical Affiliates (AXA PPP Healthcare, 2007).

모든 임상 작업은 서비스 이용자와 공식적 성과 측정치의 사용을 통해 피드백 받음으로써 모니터링되어야 한다.

경제적 지원과 채무관리 서비스

여러 증거에 따르면, 근로자들은 EAP가 제공하는 종합 서비스의 부분으로서 실제적인 것을 필요로 할 때가 종종 있다. 빚과 경제적 어려움은 삶의 가장 걱정스러운 부분 중 하나다. 돈 걱정 증후군Money Sickness Syndrome: MSS (Henderson, 2006)으로 알려진 상태가 최근에 알려지게 되었는데, 이 상태에서의 경제적 어려움과 관련된 불안으로 인해 몸과 대인관계에 문제가 생길 수 있다. AXA 보험사가 이를 알아보기 위해 전국 단위의 조사를 실시한 결과, 다음과 같은 결과를 얻었다. 인구의 43%는 MSS 증상을 경험하고, 380만 명은 경제적 문제 때문에 직장에서 휴가를 얻은 적이 있다. 또한 이들은 EAP 내부와 외부에서 다른 서비스의 개입을 통해 이득을 볼 수 있는지를 찾았고, 직장에서도 MSS와 관련된 이슈가 있었다.

법적 지원과 정보

누구나 법적 지원을 받는 것이 가능하다. EAP는 조직이 EAP 프로그램 내에 「고용법」 조언을 포함하도록 안내해야 한다. 이때 법 전문가들도 모든 관련된 행동지침을 따라야 하는 것은 물론이다.

아동과 노인 돌봄 서비스

자녀나 노인 가족을 돌보아야 하는 노동인구가 계속해서 증가하고 있다. 놀이방과 요양원을 찾는 이슈를 가진 근로자를 도울 수 있는 EAP는 전문가로 하여금 자녀와 노인 가족들에게 가장 적합한 장소를 찾도록 함으로써, 근로자들이 직장에서 보다 생산적인 시간을 보낼 수 있도록 도울 것이다. EAP는 이런 서비스를 다루기 위해서 적절한 자격을 갖춘 직원을 채용해야 한다.

건강 정보

점차로 EAP는 종합 근로자 지원의 통합된 부분으로서 가능한 건강 정보를 제공하고 있다.

관리 지원과 의뢰

EAP는 관리자가 수행 단계에서 의뢰할 수 있도록 코치한다. 조직의 새로운 관리자는 관리 의뢰에 대한 소개, 촉진, 격려를 위해서 그리고 새로운 관리자(EAP 실무자)가 얼마나 중요한지를 보여 주기 위해서 EAP '전문가'와 함께하는 회기를 가져야 한다.

EAP는 관리자가 조직에서 맡고 있는 역할을 인지하는 것이 중요하다. EAP의 역할은 관리자로 하여금 돌봄의 의무를 갖도록 지지하고, 문제 있는 직원과 직장에서 기대만큼 성과를 내지 못하는 직원들을 어떻게 지원해야 하는지에 대한 지침을 제공하는 것이다.

당사자에게는 관리 의뢰를 명확하고 분명하게 전달해야 한다. 관리 의뢰에서 핵심이 되는 것은 측정된 변화다. 의뢰를 통해서 조직이 기대하는 것은 무엇인가?

EAP에 의뢰된 직원들에게는 관리자에게 공개되는 정보에 대해서 동의서를 받아야 한다. 언제든 동의하지 않을 수 있고, 이는 분명히 해야 한다. 필요할 때만 공개가 이루어져야 한다.

조직에서 누가 EAP에 공식적으로 의뢰를 할 수 있는지를 결정하는 것도 중요하다. 의뢰 양식이 도움이 될 것이다('부록 16-2' 참조).

관리 의뢰는 EAP 내에서 조심스럽게 관리되어야 하는데, 즉 EAP에 의뢰된 후 치료가 '제대로' 이루어져야 하고, 의뢰한 사람에게 피드백을 윤리적이며 책임감 있게 제공해야 한다.

주도적 EAP

EAP는 최근 생활사건(출생, 사망 혹은 노년 가족의 부양자가 됨.)을 겪고 있는 사람을 확인하는 것을 돕기 위해서 조직의 HR 부서와도 함께 일해야 한다. EAP는 전문가 의뢰 서비스를 제공해야 하고, 한계를 알아야 하며, 올바른 지원을 받을 수 있도록 근로자를 지원할 수 있어야 한다.

사례 관리

사례 관리는 근로자 지원이 개인을 지지하는 역할을 하는 것에 주로 초점을 두기 때문에 임상 및 상담 슈퍼비전과는 다르다. 사례 관리는 소속 전문가들을 지지하고, 근로자가 최대한의 이득을 얻고 있는지를 확인하는 데 그 목적이 있다.

구체적으로 사례 관리는 다음과 같은 것을 한다.

- EAP는 서비스를 통해 근로자에게 제공되는 모든 직접적인 평가와 상담 서비스에 대해서 확인해야 한다. 사례 관리 팀은 고객의 치료과정을 항상 모니터하고 통제한다. 소속 전문가들은 평가/개입의 기간 동안 EAP에 책임이 있다.
- 소속 전문가들은 임상 및 조직의 이슈에 대한 모든 관련 정보와 적절한 사례 문서를 제공받는다.
- 제공된 평가 및 상담은 처음에 동의를 받아야 하며, 회사 측과 합의한 관련 계약(예, 얼마나 빨리 시작하는지, 회기 수, 장소, 비밀보장의 구체적 이슈)에 따라야 한다.
- 평가, 상담, 의뢰는 필수적인 질 표준required quality standards에 따라 실시되어야 한다(예, 상담자는 평가자의 임상적 추천서를 따른다).
- EAP 서비스 이외의 도움(예, 응급 정신과적 치료가 필요한 고객)이 필요할 수도 있는 고객을 정확히 확인하기 위해서 소속 전문가들에게 지속적인

임상적 지원을 제공한다.

- 근로자 지원 작업의 핵심 가치와 절차를 따른 근로자 지원 평가 및 상담을 소속 전문가들에게 지속적으로 훈련시킨다.

간접 서비스

관리 정보

관리 정보management Information: MI를 준비하는 것은 기업상담과 EAP 간의 핵심적인 차이다. MI는 EAP를 개인적으로 사용하는 것을 조직적 개입으로 전환시키는 것이다. MI는 측정되거나 보고될 수 있는 임상적 혹은 조직적 변화를 평가할 수 있는 기회다.

기록 관리

조직과 서비스 간의 관계는 기록 관리자에 의해서 관리되어야 한다. 기록 관리자는 임상적 EAP 서비스와 조직의 비즈니스 세계 사이에서 중재자로 활동해야 하는데, 즉 EAP가 제공하는 다층 지원을 조직의 분명한 이익으로 전환시키는 것이다.

EAP 실무자practitioners는 기록 관리자에게 어떤 중요한 조직적 이슈를 경고할 수 있는 적절한 과정이 있어야 한다. '심각한/위험에 처한' 사례는 기록되고 정기적으로 확인되어야 하고, 이슈가 될 때는 조직과 관계를 맺고 있으며, 개입하기에 가장 적합한 위치에 있는 기록 관리자에게 보고되어야 한다. 기록 관리자는 복잡한 피드백 루프의 관리자다. 즉, 그들은 EAP 실무자에게 조직 내 이슈를 알려서 EAP 전문가들이 준비할 수 있고, 지식을 갖추게 하며, 실시요강을 리뷰할 수 있게끔 해야 한다.

외상 서비스

EAP는 조직이 만든 사업 지속성 계획Business Continuity Plan: BCP의 인간 측면과 관련되야 한다. 이 계획에는 필요한 어떤 외상 지원에 개입하기 위한 실시 요강이 있어야 하며, 최소한 다음 사항들이 포함되어야 한다. 즉, 개시자(누가 실시요강을 가동시키는가?), 사건 후 즉시 최전방의 지원, 그 상황에서의 대처 능력과 적절성, 직원을 지원하고 조직에 피드백을 주는 과정이다.

모든 개입은 증거기반으로 이루어져야 하며, 국립임상연구원National Institute for Clinical Excellence: NICE, 2005과 같은 조직이 제공하는 가장 최근 지침을 고려해야 한다.

EAP는 테러위협과 독감유행과 같은 주요한 세계적 사건에 대한 '조직적 준비'를 도와야 한다.

조정과 코칭 서비스에 대한 접근/의뢰

전통적인 EAP 개입이 모든 상황에 적절할 수는 없다. 실무자들은 개인 혹은 조직을 도울 수 있는 다른 처치를 알고, 최신 상태로 유지하는 것이 중요하다.

훈련

EAP 전문가들은 매우 다양한 임상적·상업적 배경을 지니고 있다. 혁신적 EAP는 조직이 EAP를 이용함으로써 확인된 이슈들을 다룰 수 있도록 맞춤 훈련 워크숍을 고객에게 제공해야 한다. 예를 들면, 직장 내 따돌림 해결, 변화관리, 직장 내 정신건강, HR과 법을 최신 상태로 유지하기 등이다.

실시요강

EAP는 서비스의 일관성을 유지하고 각 조직의 필요에 맞추기 위해서 실시요강에 따라 이루어져야 한다. 특히 적절한 서비스 이행을 가능케 하는 관리의뢰 및 비밀보장 정보의 공개와 같은 서비스에 대해서는 실시요강을 조직과 함께 공유해야 한다. EAP는 책임의 의무가 있고 감시를 받아야 하는데, 명확히 성문화된 실시요강에 접근 가능할 때 이것이 가능하다. 실시요강은 구매자의 협조하에 관리자가 정기적으로 검토해야 한다.

성과 측정

EAP가 제공하기로 한 것을 약속대로 제공하고 있는지, 투자한 만큼의 성과 그리고 재투자할 만한 가치가 있는지를 조직에 증명할 수 있는지가 중요하다. 사용된 측정도구와 변인은 EAP와 조직이 동의한 것이어야 한다. 측정도구는 서비스 이용자의 만족도 조사 자료, 핵심 성과 평가 측정도구clinical outcomes routine evaluation: CORE, 직장복귀 자료, 병가 자료를 포함할 수 있다.

윤리

EAP는 프로그램의 윤리적 입장을 분명히 명시하고, 이에 따라야 할 책임이 있다. EAPA는 명확한 윤리지침을 제공하고 있는데 EAP의 주요 과제는 자신들이 윤리지침을 따르고 있음을 명확히 하는 것이다.

핵심 윤리 이슈는 비밀보장이다. 비밀보장은 EAP 사업의 중심이다. 다시 말해서, 비밀보장과 관련된 윤리규정을 어기는 것은 누구에게도 이득이 되지 않는다. 비밀보장이 깨지는 상황에 대한 분명한 지침이 있어야 한다. 기업상담협회의 『기업상담을 위한 지침』에 제시된 그러한 상황들은 〈표 16-2〉에 나타나 있다(Hughes & Kinder, 2007).

관련 동의서에 사인을 하고 그 내용을 이해했을 경우에는 내담자 혹은 서비스 이용객에 대한 정보가 공개될 수도 있다. 동의서는 적절히 설명되어야한다. 그 예는 '부록 16-3'에 제시되어 있다.

〈표 16-2〉 공개가 이루어질 수 있는 상황들

- 자신과 타인에 위험이 됨
- 범죄에 심각하게 연루됨
- 법적 요청이 있음(예, 아동 보호 혹은 테러리즘 예방)
- 조직 내에 있는 사람들의 건강과 안전에 중요한 위험이 있음

결론

이 장에서 저자들은 좋은 EAP 제공자의 필수적인 특징들을 제시하고자 했다. 프로그램은 융통성이 있어야 하고, 실시요강에 따라 이루어져야 하며, 분명한 관리 정보와 엄격한 윤리지침을 따라야 한다.

비록 더 이상 계약이 이루어지지 않는다 해도 윤리지침을 깨는 것은 누구에게도 이득이 되지 않는다. EAP는 상업적 압력이 있다고 해도, 항상 EAPA의 지침을 따라야만 한다.

부록 16-1

전체 평가 실시요강

내담자 정보

만약 이 직 수집되지 않았다면, 고객의 관련 정보는 나이, 성별, 인종, 결혼 유무 등이 될 수 있다.

현재 문제

처음에 왜 도움을 요청하는 전화를 했는지를 확인해야 한다. 현재 문제가 무엇이고, 왜 지금 도움을 요청했는가? 현재 문제에 대한 구체적인 탐색이 필요한데, 이를 통해 문제의 빈도와 심각성에 대한 양적 평가를 할 수 있기 때문이다. 고려해야 할 질문은 "DSM-IV나 ICD-10 기준으로 임상적 장애로 분류될 수 있는 문제를 지니고 있는가?"라는 것이다.

이와 함께 수집해야 할 정보는 문제가 얼마나 오랫동안 지속되었고, 문제가 일반적으로 나타나는지 아니면 맥락에 따라 다른지에 대한 것이다. 문제를 촉진시키는 요인과 문제를 유지시키는 요인 모두를 평가할 필요가 있다.

문제가 직무 수행에 미치는 영향

고객의 현재 어려움이 얼마나 일에 영향을 주는지에 대한 평가가 필요하다. 현재 문제가 직무 수행에 영향을 미치는지, 만약 미친다고 하면 직장 내 인간관계나 출근 등에 어떻게 영향을 주는지, 문제를 악화시키거나 혹은 아무런 영향을 미치지 않는 직무환경이 확인되어야 한다. 고객이 출근하고 있는지 아니면 현재 결근 중인지, 결근 중이라면 얼마나 오랫동안 결근했는지도 알아보아야 한다. 만약 고객이 직장에서 어려움을 경험하고 있다면, 직장 내 지원체계에 대해서 탐색할 필요가 있다. 정상적인 기능으로 돌아오도록 개인을 지원하기 위해서, 직장 내에서 필요한 변화가 무엇인지에 대한 탐색과 논의가 필요하다.

현재 및 과거 심리적/정신적 지원

평가 단계에서 고객이 현재 문제를 해결하기 위해서 어떤 지원을 받았는지를 탐색할 필요가 있다. EAP의 개입이 어떤 다른 심리적 지원과 갈등을 일으키지 않는지를 확인하는 것이 중요하다. 이전 심리적/정신적 지원의 상세한 내용이 기록되어야 하는데, 여기에는 일반 실무자, 정신과 의사, 사회 복지사 혹은 자원봉사 단체/기관과 같은 지지를 제공하는 개인/기관이 있을 수 있다. 현재 문제에 대한 심리적/정신적 지원, 정신적 혹은 의학적 문제에 대한 다른 형태의 지원을 확인할 필요가 있다. 내담자의 과거 혹은 현재의 급성 혹은 만성 신체 질병에 대한 지식도 매우 중요하다. 특히 현재 복용하고 있는 약(처방된, 혹은 처방되지 않은)이 있는지도 반드시 탐색해야 한다.

대처 기제/방어

평가 시 이 부분은 내담자의 기능적/역기능적 대처 기제와 심리적 방어를 분석하는 것이다. 내담자의 현재 기능 수준이 평가되고 자신 및 타인의 안전을 해칠 가능성도 평가될 필요가 있다. 알코올이나 약물 남용, 도박 혹은 과도한 위험 활동과 같은 역기능적 대처 기제를 사용하고 있는지 탐색될 필요가 있다. 충동통제 이슈 또한 탐색될 필요가 있다.

관련 가족력

원가족의 상세한 이력이 자주 필요치는 않다. 그러나 가족 중에 알코올 중독자가 있는지, 고통스런 아동기 학대가 있었는지, 가족 중에 정신적 문제를 지닌 이력이 있었는지, 비슷한 문제를 경험한 친인척이 있었는지와 같은 관런 경험들을 탐색할 필요가 있다. 내담자의 현재 부부/성적 관계에 대한 탐색도 필요하다면 이루어질 필요가 있다. 자녀의 나이와 성별은 중요하다.

가까운 사회적 관계들

성적 및 비성적 대인관계를 맺고 유지할 수 있는 고객의 능력이 있는지를 이해하는 것은 어떤 임상적 평가에서도 중요한 요소다. 현재 관계의 질이 양보다 더 중요하고, 사회적 지지 수준에 대한 내담자의 지각은 특히 중요하다.

교육 및 직업 이력

내담자의 교육 수준은 학교 경험과 마찬가지로 탐색하는 것이 항상 유용하다. EAP에서는 내담자가 맡고 있는 직무의 정확한 본질이 중요하며, 약물 및 알코올 정책과 같이 고용 조직의 안전 민감 이슈와 구체적인 관심에 대해 초점을 두어야 한다. 내담자와 직장 동료 및 관리자와의 관계는 내담자가 자신의 직무 수행을 어떻게 보는가만큼이나 중요하다. 내담자나 고용 조직이 따르는 공식적인 절차(예, 징계조치, 사망에 관한 내부 절차)를 탐색할 필요가 있다.

내담자의 심리적 마음상태

심리적 개입에 대한 고객의 적합성이 평가될 필요가 있다. 이는 적절한 치료적 관계를 맺을 수 있는 심리적 마음과 능력을 이해함으로써 이루어질 수 있다. 장기 상담, 자조그룹 혹은 의학적 개입이 아닌 단기 상담에 고객이 적합한지도 평가할 필요가 있다. 우리는 당신에게 어떤 내담자에 대한 구체적인 평가 정보를 수집하고, 실시요강에 변경을 설명하도록 요청할 수 있다.

부록 16-2

공식적 의뢰 양식

- 의뢰한 관리자의 이름:
- 전화번호:
- 팩스번호:
- 이메일 주소:

- 고용주 이름:
- 의뢰 사유:

- 의뢰의 기대(직장 복귀, 성취 향상, 병가 감소 등)

- 동의: 예   아니요

- 연락 정보:
- 연락이 불가능한 시간:

- 필요한 피드백(필요한 정보를 확인하고, 필요치 않다면 빈칸으로 남기시오)
  - 현재 심리적 상태
  - 원인: 직장 관련, 직장 비관련, 둘 다
  - 직무 능력에 효과적인 조건
  - 예측되는 결근 시간
  - 직무에 필요한 조정 및 지원
  - 치료 권유 및 시간
  - 회복 시간
  - 직무 관련 위험 평가
  - 기타 구체적인 사례에 대한 질문들

- 초기 연락처(연락처와 동의가 이루어진 후 EAP가 관리자에게 연락함): 예/아니요
- 이 양식을 EAP에 팩스로 보낼 것:

부록 16-3

EAP 동의서

당신의 직장 건강 어드바이저/관리자에게 당신의 평가와 상담에 대한 정보를 알려 주는 것에
대한 동의서다.

*자료보호법 1998(Data Protection Act 1998).

우리가 당신에 관해 묻는 일반적 정보는 당신의 개인 자료다.

당신의 건강, 의학적 이력, 당신이 지금까지 받은 치료에 관한 정보는 민감한 개인 자료다.

우리는 당신의 개인 자료와 민감한 자료를 취급하기 위해서 서면으로 된 동의서를 요청한다.

이 동의서에 사인함으로써, 당신은 이에 동의하는 것으로 간주된다.

*나 ○○○는 EAP 서비스 의뢰과정에서 EAP가 의뢰와 관련된 정보들을 나의 직장 건강 어드
바이저/관리자에게 제공하는 것에 대해서 인준한다.

*만약 당신이 서류의 복사본이 필요하면, 전화 ○○-○○○-○○○○로 요청할 수 있다.

*적절한 경우 표시하라. 그렇지 않으면 이 양식은 타당하지 않다.

*이 동의서에 나온 정보가 공개되는 것에 '동의함/동의하지 않음'을 표시하라.

    사인_____   날짜_____

    이름_____

    연락처(전화번호와 주소)_____

    의뢰자의 이름_____   직위_____

    의뢰자의 연락처_____

    의뢰 날짜_____

*당신의 전체 상담회기의 내용은 비밀을 보장한다.

*동의서에 사인하고, 적절한 곳에 표시하라. 그래야만 다음 이슈에 대한 정보를 당신의 직장
건강 어드바이저에게 제공할 수 있다.

    1. 현재 심리적 상태

    2. 어려움의 원인: 직장 관련 혹은 직장 비관련

    3. 직무 능력에 미치는 영향

    4. 예측되는 결근 시간

    5. 직무에 필요한 조정 및 지원

    6. 치료 권유 및 시간

    7. 회복 시간

    8. 직무 관련 위험 평가

    9._____

제17장

남성 중심 문화에 대한 도전

마크 브라이언, 닐 그린버그(Mark Brayne and Neil Greenberg)[*]

뉴스룸 뒤에 서서 구시렁거리는 카메라맨이 외상 브리핑이 끝나갈 무렵 조금 자세를 전환하고, 헛기침을 하며 뭔가 말할 것이 있다는 신호를 보냈다. 이전 30분 동안의 논의에서 30여 명의 참석자들은 많은 사랑을 받았던 동료 2명의 사망과 기자들의 부상에 비통해 하고 있었다. 사망한 2명은 이라크 파견근무 중에 길거리 폭탄으로 4일 전 세상을 뜬 카메라맨과 프로듀서다. 언론인일 뿐 아니라 정상적이고 지각 있는 인간으로서 그 팀은 서두 브리핑에서 죽은 이들에 대해 따뜻함과 슬픔으로 말하고, 서로 대화하며 자신의 슬픔을 표현하는 것을 스스로에게 허용하도록 격려받았다.

좋은 사회적 지지와 함께 대부분의 사람들이 외상적 상실로부터 잘 회복되

---

[*] 다트 언론 외상 센터, 킹 대학, 런던(Dart Centre for Journalism and Trauma, and King's College London) 유럽지부장

는 안심의 과정이 서두에 포함되었다. 그러나 그 팀은 또한 회복이 종종 최소 몇 주 걸리며, 때론 그 이상 걸리기도 한다는 점에 대해서도 상기했다. 만약 외상적 고통이 시스템 안에 고착된다면 전문적인 도움을 받는 것이 좋다는 조언이 그들에게 이루어졌다. 이는 영국 국립임상연구원National Institute for Clinical Excellence: NICE의 2005 가이드라인에서 조언한 바다.

이후 그 자리는 질문이나 논평을 개방하였다. 뒤에 있던 남자가 "내가 관찰한 몇 가지를 이야기하고 싶어요."라고 말했다. 모든 사람은 듣기 위해 돌아섰다. 2명의 진행자(한 사람은 지금은 심리치료자로 전직한 전 언론인이고 다른 한 사람은 EAP 전문가임)는 최악의 상황을 두려워하였다. 그는 외상 자각과 지원에 대한 전체 아이디어를 혹평할 것인가? 그는 이전 30분 동안 이루어졌던 좋은 작업들을 모두 무효로 만들 것인가? 그것은 아니었다. "저 분이 말하는 것을 들어보기로 합시다." 언론인 진행자는 계속하였다. "무엇을 말하고 싶어 하실지 알 것 같은데요." 이후 진행자들의 불안이 누그러지기 시작했다.

"여러분들이 아시다시피 1991년에 나는 1차 이라크 전쟁에서 힘든 시간을 보냈습니다. 돌아왔을 때 회사는 나를 의사에게 보냈지요. 나는 물론 의사에게 육체적·정서적으로 괜찮다고 말했어요. 의사는 괜찮다고 말했지만 내가 몇 달 혹은 몇 년이 지나면서 다르게 느낄 수 있다는 것을 알려 주었어요. 매우 다르고 사소하기조차 한 무언가에 반응하여 감정이 나를 사로잡을 수 있다고 했지요."

전쟁의 고통을 겪은 이 카메라맨이 외상에 대해 상당한 지식을 가지고 있다는 것은 금세 분명해졌다. 30년이 다 되어 가는 뉴스 보도와 함께 그의 세대에서 가장 경험 많고 존경받으며 강인했던 사람 중 한 명이었던 그는 여러 달 동안 이라크의 감옥에 있었고 감옥생활은 매우 혹독하였다.

그는 계속하였다. "나는 당시 그 훌륭한 의사가 말한 내용이 개떡 같다고 생각했습니다. 나는 모두 묻어 버렸어요. 나는 결국 강인했어요. 이것은 우리 언론인들이 살기 위한 거였어요. 그러나 2년 후 의사가 경고한 대로 나는

망가져 가는 것을 느꼈어요. 그것은 좋지 않았지요. 나는 스스로를 도왔어요. 조금은 늦었지만 그것은 차이를 만들었어요. 그래서 나는 그 사람이 우리에게 말하는 내용을 귀담아 들으라고 말하는 겁니다."

우리의 외상 후 언론 브리핑은 이보다 더 효과적으로 구성할 수 없었다. 그러고 나서 여러 사람이 언론인으로서 자신들의 감정적 필요가 이제야 마침내 진지하게 다루어졌다며 감사를 표하면서 말하였다. 똑같은 걸 경험한 다른 동료에 덧붙여진 유일한 문제는 언론인이 수년 전에는 이에 대해 말하지 않았다는 것이다. 그들은 오랫동안 이것이 필요했다.

이것은 자신들의 직업에 있어 핵심적인 부분으로, 외상을 다루는 다른 전문적인 긴급 구조원들에게도 똑같이 적용되는 말이다. 그러나 그러한 영역의 업무가 갖는 남성 중심 문화에 대해 제동을 걸 때라도 남성적인 것 모두를 바꿀 필요는 없다.

긴급 구조원들은 그들이 극단적인 인류 재난에 노출됨으로써 올 수 있는 결과들을 다 수용할 수 있을 정도로까지 강인하지는 않더라도 강인할 필요가 있다. 폭탄이 도시 한복판에 터지거나 열차가 전복되어 사상자가 생기거나 고속도로상에 항공기 사고가 나거나 술 취한 젊은이가 토요일 밤에 소동을 벌이기 시작할 때, 대부분의 평범한 사람들의 건강한 반응은 다른 길로 도망가고 위험으로부터 자신을 멀리하는 것이다. 그러나 이와는 다른 방향으로 위험을 향해 돌진하는 전문가들(경찰, 소방관, 구급차 종사자, 구조 종사자뿐 아니라 언론인을 포함한 집단)은 극단적인 상황을 다루어야 한다.

결정적 사건에 노출되는 일은 때때로 정서적으로 너무 어려운 일이 되기 쉽다. 그러나 그들은 회복력을 요구하며 자신의 감정을 한편에 밀어 두어야 하는 순간의 한복판에서 일해야 하는 직업을 가지고 있다. 한편은 때때로 안정적이지 않은 방식으로 자신을 보일 수 있는 기술과 자질을 뜻한다.

군인, 의사, 영안실 종사자 그리고 언론인과 같은 집단과 함께 일하는 사람이면 누구나 알고 있듯이, 죽음 및 재난과 더불어 일하는 사람들은 외부인에게는 매우 냉담해 보일 수 있는 블랙유머감각을 갖는다. 그러나 가장 극단적인 상황에서조차 재미있는 면을 보는 능력은 제정신으로 있는 데 중요한 부분이다.

정치적으로 옳은 일은 아니지만 경찰들은 자기들 사이에서 용의자와 일반 국민에 대해 때론 지독히도 무감각한 용어로 말할 것이다. 외상과 재난에 대한 넘치는 이야기들을 다루는 언론인들은 편집회의에서 수천 명의 사망자를 낸 지진을 '대단한 이야기'로 흥미진진하게 말할 것이다.

이는 외부인들에게는 너무나 무감각한 것처럼 보일 수 있다. 그러나 그러한 사건을 일상적으로 다루는 이들에게 대단한 이야기는 바로 그러한 것이다. 이 중에 어느 것도 너무 날카롭게 비난받아서는 안 된다. 긴급 구조자들은 공포의 정서적 효과에 어느 정도는 무뎌질 필요가 있다. 그러나 그들 또한 자신이 취약한 사람이 되는 것을 허용할 필요도 있다. 그래서 자신이 경험한 트라우마가 스스로에게 미친 영향을 인식하고, 인정하며, 다룰 수 있어야 한다. 가장 강한 사람이라 할지라도 가끔씩 자신이 '상처 입었음'을 발견할지 모른다. 강인하다는 것이 빈틈이 없음을 의미하지는 않는다.

또한 그런 전문가들을 고용하는 조직은 지원과 훈련을 필요로 하는 사람이 피와 비극의 최전선에 있는 사람들만이 아니라는 것을 알아야 한다. 단순히 후유증, 교통, 친척, 기사나 사진을 다루는 후방에 있는 사람들 또한 위기에 처해 있다. 외상은 전문인 집단이 인위적으로 정한 범위에 국한되지 않는다.

따라서 언론과 같은 직업의 남성 중심 문화에 제동을 걸면서 우리가 배워 온 교훈은 무엇이며 여전히 이루어져야 할 필요가 있는 점은 무엇인가? 2002년 이래 다트 언론 외상 센터Dart Centre for Journalism and Trauma; www. dartcentre.org는 로이터Reuters, 『뉴스위크Newsweek』 잡지, 『워싱턴포스트Washington Post』, 독일 텔레비전, 아랍 텔레비전 뉴스 채널인 알 자지라Al Jazeera, 영국 BBC와 같이 많은 주요 뉴스 조직과 협력해 오면서, 외상에 대한 자각과 지원을 위한 훈련 프로그램을 개발하였다.

우리는 영국왕립해병대_{Britain's Royal Marines}의 경험과 그들의 외상 위기 관리 프로그램_{TRiM}을 가져왔다. 이 프로그램은 내부 문화의 변화와 외상 및 그 영향에 대한 개방된 인식에 특별히 초점을 두고 있다.

외상에 대한 우리의 근원적인 이해는 2005년 NICE 가이드라인에 유용하게 반영되었다. 반영된 내용에는 외상 경험 후 초기 몇 주 동안 '주의 깊게 기다릴 것'을 권하는 것과 전반적으로 대부분의 사람들은 적절한 지원을 통해 자연적으로 회복될 거라 안심시키는 것 등이 있다.

이런 이유로 우리는 비밀상담, 무료 외부직통전화 서비스(이 서비스들은 명백히 돌봄의무 책임에서 손을 떼는 것으로 보일 수 있는 접근임)가 유일한 답이라는 생각에서 벗어나 BBC와 다른 조직들을 지원하였다.

우리는 또래 주도의 감시와 기본적인 훈련을 받은 동료나 관리자들에 의한 팀 내 외상 징후의 평가를 강조하는 해병대로부터 단서를 얻어 분명하게 설명해 줄 필요가 있으며 무엇보다 외상 관련 고통의 개념이 병리적인 것이 아님을 알려 줄 필요가 있다.

그러나 해병대의 TRiM 모델에 추가적으로 우리는 개인이 잠재적 스트레스원에 노출되기 전에 외상과 외상 후 스트레스 장애_{PTSD}의 개념을 소개하는 총체적 사전 임무 브리핑을 매우 강조하였다. 이렇게 하면 그런 일이 생겼을 때 아무도 그들이 어떻게 하고 있는지에 대한 질문으로 인해 당황하거나 낙인찍히는 기분이 들 필요가 없다.

접근에는 다음에 요약된 리스트와 같이 여러 수준이 있다.

- 상급 관리자의 의도적 도입이 있어야 한다.
- 기존의 관리와 입문 수준의 훈련 코스에 최상으로 통합되고 장기간에 걸쳐 체계적으로 진행되는 분명한 외상 중심 훈련 프로그램이 있을 필요가 있다.
- 외상에 대한 개략적 사전 브리핑이 정기적으로 이루어져야 한다. 과제

나 프로젝트는 힘들 수 있음을 사람들에게 알려 주어야 한다.

- 외상을 다루는 팀과 개인은 바로 그 순간 일이 발생하고 있는 동안 적절한 지원과 돌봄이 필요하다.
- 잠재적으로 외상적인 임무로부터 복귀하거나 정서적으로 도전적인 프로젝트가 끝날 때(혹은 진행 중인 동안), 개인들은 며칠 이내에 우리가 훈련된 동료(그들이 어떻게 하고 있는지 평가하는)와의 '구조화된 대화'라고 부르는 대화의 기회를 가져야 한다.
- 한 달 정도 후에 개인이 어떻게 하고 있는지 다시 체크하고 계속되는, 혹은 새로 출현하는 고통을 규명하기 위한 추수 접촉이 있어야 한다.
- 필요하다면(그리고 일반적으로 드물게) 전문적인 정신건강 지원이 제안될 수 있고, 이상적으로는 조직의 직업 건강 제공자나 부서의 권고로 개인들이 의뢰될 수 있다.

이제 왜 이런 접근이 효과적인지 보다 자세히 설명하도록 하겠다.

첫 번째 수준에서 언급하였듯 문화 변화는 조직 리더들로부터의 명백하고 열정적인 지원이 없이는 작동하지 않는다. 최고 관리자가 정기적으로 이러한 메시지를 강조함으로써 사적으로 그리고 공적으로 관심이 많다는 것을 보일 필요가 있다. 이렇게 되기까지는 매우 어렵다.

그렇게 하는 관리자들에게 그들이 처음에 깨달은 것보다 훨씬 더 큰 이득이 생길 수 있다. 조직이 돌봄의 의무를 이행하도록 도울 때, 상급 관리자들은 결국 좋은 여론을 형성할 뿐 아니라, 직원에 대해 실제적인 관심을 갖는 사람으로서 보다 긍정적인 시각으로 비친다.

두번째 수준에서 관리자와 편집자들의 훈련을 위해 마련되고 수용된 프로그램(단지 브리핑이 아닌)은 정서적으로 해가 되는 방식으로 직원을 배치해 왔던 사람들이 자신의 팀을 위해 다음의 사항을 인식하고 정상화하도록 해 줄 것이다.

- 외상에 대한 지식이 사업에 왜, 어떻게 중요한지
- 언론인을 포함하여 아무리 강인한 사람이라 할지라도 현실의 인간이 심리적 외상에 의해 어떻게 영향받을 수 있는지
- 외상에 대한 현대의 과학적 이해가 무엇인지
- 동료와 해당 이슈를 의논하고, 누가 정서적 어려움에 처했는지 인식하는 법. 이는 외상과 그 영향에 대한 기본적인 자각과 적극적인 경청 기술 두 가지면 충분하다.
- 관리자, 편집자 혹은 동료로서 그러한 고통에 대해 무엇을 할 수 있는지와 어디에서 전문가에 대한 의뢰를 조언받을 수 있는지

우리가 모아 놓은 훈련 패키지는 대개 하루는 많은 논의와 경험의 공유가 이루어지고 한나절은 역할극으로 이루어진다. 훈련 코스는 참여자들이 지식뿐 아니라 매우 특별한 기술을 가지고 갈 수 있도록 설계된다.

이 장을 시작할 때 기술했던 뉴스룸 브리핑에서처럼 이 훈련에서 참여자들이 그들 자신이나 동료의 과거로부터 종종 인식되지 않았던 외상에 대한 강력한 개인의 이야기를 얼마나 자주 가져오는지, 또 그 이슈를 현재 공개적으로 솔직하게 말하는 것이 얼마나 많이 감사한지는 주목할 만한 가치가 있다.

세 번째 수준에서는 정기적인 사전 교육과 개략적인 외상 브리핑이 있을 것이라는 예상이 필요하다. 이는 날마다 하는 관리의 일부로서 외상 반응을 다루는 정규성을 강조하기 위한 것이다. 외상은 말라리아, 무거운 설비 들어 올리기, 때론 총알 피하기와 같이 다른 사람이 이미 위험하다고 규정한 특별한 형태의 업무 및 임무와 동일한 방식으로 정상적이고 일상적인 것으로 볼 필요가 있는 직업의 일부다.

수습사원들은 종종 이러한 사전 교육 논의가 가장 힘든 부분 중의 하나임을 발견하게 된다. 동료들이 전쟁, 불, 살인을 취재하기 위해 달려가기 전 정서적인 슈퍼맨 옷을 막 입고 있을 때 어떻게 잠재적인 감정적 고통의 이슈를

꺼내겠는가?

물론 이에 대한 답은 이 과정이 팀과 개인 대상의 정규 브리핑 과정에서 이미 여러 번 이루어졌어야 한다는 것이다. 지금은 단지 상기하는 것만 필요할 뿐이다. 외상에 노출될 가능성은 공식적인 사전 교육 위험 평가의 일부여야 한다.

우리가 관리자와 팀 리더에게 이러한 사전 교육에 담도록 권장하는 메시지는 다음과 같다.

- 전반적으로 동료가 업무를 지속적으로 잘 이행하고 있는 것에 대해 감사하고 인정하라. 여기에서의 생각은 부서 내에서 심리적으로 건강한 애착을 강화하자는 것이며, 이는 좋은 관리가 일상적으로 행해야 하는 것이다.
- 육체적으로뿐 아니라 정서적으로 관여될 수 있는 것에 분명하게 이름을 붙여라. 남성 중심 문화의 부정성에 도전할 때 고비가 있는데 개인과 팀이 실제적으로 해당 이슈에 대해 비공식적으로 말하도록 권장하는 문제다. 외상에 대해 말하는 데 불편해하는 관리자와 리더들은 그들이 다른 모든 사람보다 자신들의 기분 역시 봉쇄하려고 한다는 암묵적인 신호를 보낼 것이다.
- 신뢰할 만한 연락처를 마련하라. 이는 건강을 뒷받침하는 애착과 접촉을 강화하는 것이다. 이 현장에서 일하는 사람은 누구나 알고 있듯이, 본사를 떠난 동료들은 그들 중에 가장 조직적으로 자각하고 책임감 있는 사람조차도 매우 신속하게 '런던'이나 '본사'를 향해 '우리'와 '그들'이란 태도를 취한다. 지도감독자는 단지 정기적인 접촉을 권장하는 것만으로도 이로 인한 고통을 줄일 수 있다.
- 자기돌봄(self-care)을 권장하라. 잠, 물, 음식, 운동 등의 신체적 필요를 살피는 일이 중요하다. 정서적 압박하에 있는 사람들, 특히 언론인들은

그들의 설비가 연료, 물, 냉각과 유지를 필요로 하는 것처럼 자신의 정신과 몸이 가장 중요한 부분이라는 것을 매우 쉽게 잊어버린다.

- 외상을 다룰 때 고통이 이상한 일이 아니라고 안심시켜라. 중요한 것은 그것을 어떻게 다루는가이며, 강제적이지는 않지만 말하는 편이 좋다는 것이다.

이는 매우 단순한 논의가 될 수 있다. 우리가 BBC나 다른 곳에서 발견했듯이, 인간이 서로에게 할 수 있는 최악의 일을 보도하는 언론인이 그에 동반되는 정서적 스트레스를 어떻게 다룰 수 있는지가 큰 차이를 만들 수 있다.

그러나 사전 교육 브리핑은 3차원 패키지의 일부일 뿐이다. 일곱 가지 리스트 중 네 번째 수준에서 임무나 프로젝트를 수행하는 동안의 좋은 관리가 사전 준비나 사후 반응만큼 중요하다는 점은 분명하다.

- 정기적인 접촉을 지속하는 사전 교육이 존중되고 시행될 필요가 있다. 관리자들은 단순히 반응할 뿐 아니라 자세히 물어보고 경각심을 가지며 또 지지적으로 될 필요가 있다.
- 동료들은 가정 및 친구들과 가까운 접촉을 유지하는 것이 허용되며 또 그렇게 하도록 격려받아야 하며, 인터넷 이메일과 전화가 더 이상 그렇게 비싸지는 않지만 이에 대한 재정적 지원을 받아야 한다.
- 리더들은 충분히 잠을 자는 것과 같은 사례를 정착시켜야 한다. 물론 그것이 항상 쉽지는 않으며 매일 밤 8시간은 불가능할 수 있다. 그러나 팀의 태도는 책임자의 행동에 의해 꽤 많이 좌우된다. 군대에서 훈련을 지속적으로 강조하더라도 잠을 빼앗긴 군인들은 싸움을 잘할 수 없다. 동일한 일이 스트레스와 외상을 다루는 모든 직업에 적용된다. 피곤한 상태는 일에 좋지 않다.
- 비판을 할 때는 타이밍과 정도에 주의하라. 현장에 있는 팀원의 정서적

방어가 낮아질 것이며 그들의 민감성이 높아질 것이다.

- 이와 비슷하게, 나머지 본사 팀(재정부서를 포함하는)도 정규 위치에 있으면서 팀원들이 받고 있을 압력을 자각하고 있도록 하라.

마지막 두 가지 사항의 경우, 총격전 한가운데 있는 기자에게 전화해서 한 달 된 택시 영수증 문의를 하는 회계부서나, 기사를 제출하기 위해 지뢰와 게릴라들이 우글거리는 전쟁터를 하루 종일 누비고 있는 기자에게 전화로 고함치며 끔찍한 피드백을 전하는 무감각한 편집장에 대한 경악스러운 이야기를 들으면 쓸쓸한 웃음을 짓게 된다.

이는 한 언론인이 2001년 아프가니스탄 전쟁 후에 쓴 다음 글에 잘 나타나 있다. "나는 죽은 시체에는 대처할 수 있었다. 대처할 수 없었던 것은 내가 하고 있는 일에 비판만 하는 5시 정각 뉴스의 그 ××였다."

- 개인들이 스트레스가 가득한 임무를 마치고 본사로 복귀하기 전에 가능한 한 그들의 동료와 '압력배출'(예, 하루나 이틀 좋은 호텔에 묵거나 그들이 안전하게 돌아오고 나서 일이 편안한 날 출근하는 등)을 권장하라.

이 마지막 제안이 항상 잘 이루어질 수 있는 것은 아니다. 직원은 다음 임무를 위해 필요하다. 그들의 파트너들은 그들이 본사로 오기를 원하며, 이런 종류의 휴지기에 지불할 자원이 없다.

그럼에도 불구하고 현실적으로 사람들에게 긴장을 풀고 신뢰할 만한 팀 동료와 이야기하며 조금의 여유를 가질 공간과 시간을 갖도록 하는 것은 위안을 주고 건강을 강화하는 효과가 뚜렷하다.

이는 그들의 일이 인정받는다고 '느껴지는' 신호를 보낸다. 또한 동료가 복귀해서 겪을 매우 다른 스트레스에 던져지기 전에 각성과 경계 수준을 자연스럽게 완화시켜 준다. 그리고 그것은 많이들 말하길 그들 일의 가장 위험한 측면이며 많은 결혼과 관계를 파괴했던 전쟁지역에서 고국으로의 덜컹거리는 이동으로부터 기자들을 조금은 보호해 준다.

　다섯 번째 수준은 임무 종료 후 이루어진다. 보다 폭넓은 접근의 일환으로서 경험했던 일에 대해 이야기할 기회를 갖도록 하는 것이다. 보다 폭넓은 접근이란, 먼저 사회적 · 실제적 지지의 중요성과 작은 몸짓의 가치를 인식하는 것이다. 이를 테면, 감사, 우리가 언론에서 축하메시지(일을 잘 수행한 데 대한 특별한 개인의 감사말)라고 부르는 것, 이메일, 공항 마중, 파티, 대중의 인정과 같은 것 등이다.

　'당신이 거기 나가 있었을' 때 일어났던 일과 외상 사건으로 인해 가졌던 일련의 정상적인 정서 반응에 대한 사실적 정보는 신경체계를 안심시키고 달래 준다. 따라서 그것은 아낌없이 나눠 주어야 한다.

　우리는 사람들이 임무의 정서적인 면에 대해 관리자나 동료와 말하도록 강요하지 않는다. 그러나 우리는 관리자들이 그들에게 구조화된 대화의 기회를 제공하고 진심으로 격려할 것을 기대한다.

　이러한 대화는 기자들이 보통 서로 하는 대화와는 달라야 한다. "안녕! 돌아와서 좋아. 대단했어! 털북숭이 친구! 괜찮아?" 그에 대한 대답은 거의 예외 없이 "오 고마워. 난 좋아."일 것이다. 이는 많은 좋고 나쁜 경험(실제로는 '빌어먹을, 불안정한, 신경증에 걸린 그리고 감정적인……'을 의미할 수 있는)을 감추어 버리는 말이다.

　많은 사람, 특히 보다 강한 사람들이 도움이 필요함에도 불구하고 도움을 요청하지 못하게 막는 현실의 중요한 이슈는 낙인찍기임을 잊어서는 안 된다. 그들이 진짜 괜찮도록 하기 위해 조직이 진정으로 돌보며 또한 돌보기 원한다는 것을 고통받는 개인이 인정하지 않는다면, 그들은 자신의 보스나 동료에게 개방적이고 솔직하지 않을 것이다. 만약 당신이 구성원에게 관심을 가진다면, 물론 모든 관리자는 그래야 하지만, 그것은 진지한 관심이어야 한다는 점이 훈련에서 강조된다.

그래서 왕립해병대가 개발한 TRiM 접근에서 가져와 조금 수정한 버전으로 우리는 팀 동료나 관리자들에게 그들이 어떻게 말해야 할지에 대해 FINE 이란 약어를 사용하도록 권장한다.

- F는 사실$_{Facts}$의 약자다: 무슨 일이 일어났는가? 정서나 감정에 주의를 기울이기보다 언제 어디서 어떻게 누가 등을 구체적으로 파악한다. 우리는 여기에서 이전$_{Before}$, 동안$_{During}$, 이후$_{After}$의 연속선상에서 사건이나 경험에 대해 연대기적으로 말할 것을 권장한다.
- I는 영향$_{Impact}$의 약자다: 그 사람은 일어난 일을 사적으로 어떻게 경험했는가? 그들의 생각과 감정은?
- N은 지금$_{Now}$의 약자다: 당신은 어떻게 하고 있는가? 그들은 현재 얼마나 잘 기능하고 있으며 어떤 고통이 그들의 '시스템'에 고착되어 있는지 어떻게 알 수 있는가?
- E는 교육$_{Education}$의 약자다: 인간은 외상에 자연스럽게 반응하며, 시종일관 매우 잘 회복하지만, 만약 뭔가가 어려움으로 남으면 약간의 전문적 지원이 도움이 될 수 있음을 안심시키고 상기시킨다.

그 과정은 강요된 카타르시스 중 하나가 아니다. 모든 사람이 거대한 정서를 표현할 필요는 없다. 종종 처음부터 끝까지 한 사람의 이야기를 간단히 말하는 것으로도 충분하다. 중요한 것은 사람들이 자신의 말에 관심을 기울이고 적절한 도움을 제공하거나 알려 줄 수 있으며 필요하다면 지원할 수 있는 위치에 있는 누군가와 말할 기회를 갖는 것이다.

물론 동료가 분명하고 심각한 고통 속에서 기능이 어려운 상태인 게 아니라면 상담 지원이 꼭 필요하지는 않다는 점에 주의하라. 오히려 한 달 정도 후 당사자가 어떻게 하고 있는지 다시 체크하기 위한 추수 대화나 만남이 좋다. 이것이 여섯번째 수준이다.

대개 걱정할 일이 그렇게 많지는 않다. 외상에 대한 정상적인 반응에 대해 그 문화 안에서 안심시켜 주면서 관심을 표현한, 단순한 사실이 사람들로 하여금 보다 생산적이고 건강한 방식으로 자신들의 경험과 타협하도록 해 준다.

그렇다면 우리는 동료에게 무엇을 주의하라고 말할까? 우리는 다시 해병대의 경험을 가져와 두 가지 매우 단순한 체크리스트를 사용한다. 이 체크리스트는 외상 후 스트레스 장애PTSD의 징후를 규명하는 데 매우 신뢰할 만한 것으로 입증된 포괄적 리스트의 축약본이다.

독자들은 유니버시티 칼리지 런던의 크리스 브르윈Chris Brewin이 만든 급성 스트레스Acute Stress 체크리스트에 익숙할 것이다. 이 체크리스트에서는 다음의 사항을 주의하도록 한다.

• 사고나 기억이 왜곡됨
• 꿈이 잘못됨
• 나쁜 일이 다시 일어나는 것으로 행동하거나 느낌
• 상기시키는 것에 의해 잘못됐다고 느낌
• 신체적인 반응(예, 빠른 심장박동, 위장장애, 땀에 젖음, 현기증)
• 수면곤란
• 짜증이나 분노 폭발
• 집중곤란
• 위험에 대한 과민감성
• 예상치 않은 일에 조마조마해하고 깜짝 놀람

그러나 우리는 덧붙여 PTSD 패턴에 꼭 들어맞지 않는 고통을 규명하는 데 도움이 되는 위험 요인 아홉 가지 요소의 유용한 혼합을 만들었다. 이는 결국 외상에 대한 노출로부터 일어난 결과가 우울, 불안 그리고 관계의 어려움과 같은 증상보다 덜할 수 있도록 해 주는 것 같다.

- 당사자는 외상을 경험할 때 통제할 수 없다고 느꼈는가?
- 그들은 자신의 삶이 위협받는다고 느꼈는가?
- 그들은 합리적인 범위를 넘어 타인을 비난하거나 비난했었나?
- 그들은 수치심을 가지며 그들 자신을 비난했거나 비난하는가?
- 그들은 여전히 근본적인 스트레스원에 노출되어 있는가?
- 그들은 매일의 삶에 대처하는 데 문제를 가지고 있는가?
- 그들의 경험은 과거에 있었던 개인적 · 직업적 외상을 고통스러운 방식으로 그들에게 상기시켰는가?
- 그들은 (아마도 핵심적인 위험 요인인) 좋은 사회적 지지를 갖고 있는가 아니면 나쁜 사회적 지지를 갖고 있는가?
- 결국 그들은 기분이 나아지기 위해 술이나 약물을 사용하고 있는가? 기자들의 평소 음주 습관과 비교했을 때 다른 특징이 있는가?

그렇다면 언론에서 외상의 자각에 새롭게 주의를 기울이는 것이 차이를 만드는가? 우리는 그렇다고 믿는다. 영국, 미국, 독일, 스페인, 스칸디나비아의 점점 더 많은 기자가 비극과 폭력을 다뤘던 자신들의 정서 경험에 대해 보다 공개적으로 이야기하기 시작하고 있다.

BBC의 노련한 개발도상국 특파원인 데이빗 라이언David Loyn은 "예전에는 우리 중 아무도 이런 거에 대해 말하지 않으려 했습니다. 요즘은 중동이나 아프리카 술집에 둘러앉아 우리가 이거 말고 다른 거에 대해 이야기하는 일이 거의 없지요."라고 말한다.

라이언은 다트 센터 유럽 자문위원회Dart Centre Europe Advisory Board의 회원으로 외상과 언론이란 주제의 헌신적인 지지자다. 그의 관점은 개인적인 경험에 의한 것이다. 그 일에 종사하는 모든 데이빗 라이언 중에 외상과 언론의 연결을 염두에 두지 않아 온 10명이 아마도 여전히 있을 것이다. 그러나 분위기는 변화하고 있다.

왕립해병대에서 거의 10년의 TRiM 훈련에 의해 남성 중심 문화에 대한 차이가 형성되었는데, 이는 일반 사병과 이 논문의 공동저자인 닐 그린버그Neil Greenberg 박사 간의 대화에 깔끔하게 예시되었다. 그린버그는 군대의 주류 유형인 크고 거친 병장에게 외상에 관해 부대에서 이루어진 일에 대해 물었다. 군인은 다음과 같이 대답했다. "우리는 이 일을 TRiM이라 불렀습니다. 사내들은 그것이 약간 폼잡는 거라 생각합니다. 그러나 그들은 그것이 있다는 걸 알고 좋아합니다."

영국의 언론 중에는 해병대가 외상에 대해 실제적으로 말하는 데 도달한 정도의 수용 수준만큼 아직 가지 못하고 있다. 그러나 유명한 언론인들은 외상과 자신의 경험에 대해 글을 쓰고 방송하기 시작했다. 그들은 상담자와 말하기 시작하였다. 뉴스 관리자들은 조언을 얻기 위해 다트 센터를 부르고 훈련을 의뢰하기 시작하였다.

대부분의 인쇄 매체는 아직 아니지만, 거의 모든 방송국은 온전한 해결책은 아니더라도 비밀전화상담 서비스를 갖춘 근로자 지원 프로그램EAP을 갖고 있다. 2명의 서방 기자가 2006년 이라크에서 폭탄공격으로 사망했을 때, 그들을 잃은 팀에 우리가 했던 반응은 그 일에 대해 입을 다물지 말고 그들에게 그 일을 정리할 며칠을 주기 바란다는 말이었다. 관련 조직은 일어난 일의 정서적 차원에 대해 공개적으로 인정했다. 전문가를 만나기 원하는 사람은 누구나 그렇게 하도록 재정 지원이 된다고 동료들에게 말했다. 구시렁거리던 베테랑들이 뉴스룸으로부터 오는 메시지가 믿을 만하다고 보장하기 시작하였다.

이 논문의 공저자인 마크 브라이언Mark Brayne은 때때로 수십 년의 경력에 걸쳐 누적된 외상을 다루는 언론인과 일하고 있는데, 그가 현재 자신의 컨설팅방 문을 열고 들어오는 사람들로부터 듣고 있는 이야기들은 때때로 가슴이 미어지지만 또한 전형적이다.

이 이야기들은 바그다드발 기사를 취재하는 기자들에게 특별한 심리적 독성의 갈등인 이라크에 관한 것만은 아니다. 그들은 또한 오랫동안 많은 경우에 억눌렸던 외상에 대해 말한다. 이 외상은 아프리카, 발칸반도, 중동, 모든 재난과 과거 20년간의 전쟁으로부터 온 것이며 결혼, 건강, 심지어 경력을 희생한 데서 온 것이다.

남성 중심 문화에 대해 정중한 태도로 도전하고 부드럽게 변화를 추구함으로써, 우리는 1차 대처자로 하여금 외상 반응은 항상 딸려 오는 것임을 인식하도록 도울 수 있다. 우리는 그들에게 그것에 대해 말할 언어를 제공하고, 그들이 자신과 서로에게 그렇게 할 공간과 시간을 주도록 권장할 수 있다.

변화가 일어나려면 수년, 아마도 몇 세대가 걸릴 것이다. 그러나 그 과정은 시작되었다.

EMPLOYEE
WELL-BEING
SUPPORT

제3부

정신건강, 정서 그리고 일

제18장

정신건강장애의 재활

데이빗 라이트(David Wright)[*]

도입

신체적 장애를 가지고 있는 사람들도 작업이 가능한 곳이라면 고용되어야 하고, 고용상태에서 신체적 장애를 갖게 된 경우라면 고용상태가 지속되어야 한다는 것은 이제 널리 받아들여지고 있다. 종종 이런 신체적 장애는 병가로 이어지거나 또는 병가와 관련되고, 피고용인이 직장으로 복귀하기 위해서 재활이 수반될 필요도 있다.

정신건강장애(mental ill health)도 신체적 장애와 마찬가지로 동일한 고려를 해야 한다는 것을 받아들이기를 매우 어려워하는데, 이렇게 난색을 표하는 데에는 다양한 이유가 존재한다. 정신질환에 대한 이해부족과 정신질환

---

[*]아토스 오리진(Atos Origin) 내과의사 과장

의 결과에 대한 공포가 결합되어 몰이해를 낳는다. 이러한 어려움은 정신적 건강 약화가 본질적으로 추상적인데다, 매우 다양하고 변화하는 질병의 추이와 상관 있다.

정신건강 약화를 이유로 결근하는 사례가 증가하고 있다. 영국에서는 정신질환으로 인해 거의 8,000만 일 정도의 근무일수가 사라지고 있다(Palmer et al., 2007). 능력상실 급여신청자의 35%가 정신장애로 고통을 겪고 있는 것으로 나타났다(TSO, 2002: 12). 이때 정신적 장애의 정의는 정신병에서 무쾌감증(쾌감상실)에 이르기까지 상당히 광범위할 것이다. 직업 불만도 정신건강 약화로 변형될 수도 있을 것이다. 직업 건강 의사occupational health physicians 들의 경험에 따르면 이런 경우가 늘어나고 있다고 한다.

정의

정신건강장애를 검토할 때 가장 어려운 점 중의 하나는 무엇을 장애로 여길 것인가를 정의하는 것이다. 정신건강 문제는 주요 정신병에서부터 경도/중증도 정신건강 문제와 스트레스나 소진과 같은 보다 일반적인 불행감까지 다양하다. 이는 성격 특성, 태도적 문제 그리고 학습의 어려움까지 포함할 수도 있다.

일부 사법권(관할구역, jurisdictions)에서는 좀 더 심각한 상태로 정신건강장애의 정의를 제한하고자 시도하기도 했다. 영국의 1995년「장애인 차별금지법」에서는 정신건강장애가 임상적으로 잘 알려진 질병이어야만 했다. 이는 실제로 DSM-IV(AMA, 1994)나 ICD-10(WHO, 1990)의 정의와 합치해야만 한다는 의미였다.

이를 통해 성격 특성, 태도적 문제 그리고 스트레스를 법의 범위로부터 효과적으로 제거할 수 있었다. 그러나 2005년에 개정된「장애인 차별금지법」에서는 이 제한을 삭제함으로써 모든 상태가 이 법에 의해 적용받을 수 있게 되었다. 다른 사법권에서는 정신건강장애에 대한 다른 정의가 있을 수 있고, 같은 사법권 내에서도 목적에 따라 다르게 정의할 수 있다.

이러한 법령과 지침의 예는 다음에서 찾을 수 있다.

- 1990 미국「장애인 법」Americans with Disabilities Act 1990 (USA)
- 2000/78/EC 의회 지침Council Directive 2000/78/EC (EU)
- 1995「장애인 차별금지법」Disability Discrimination Act 1995 (UK)
- 2005「장애인 차별금지법」Disability Discrimination Act 2005 (UK)
- 1992「장애인 차별금지법」Disability Discrimination Act 1992 (Australia)

국제노동기구ILO는『직장에서의 정신건강Mental Health in the Workplace』(ILO, 2000)에서 정신건강 문제와 정신질환을 구분할 방법을 찾았고, 정신건강 문제가 진단을 통한 의료적 개입이 뒤따르는 경우에는 질환으로 판단하자는 제안을 하였다. 이 제안은 진단을 위해 DSM-IV와 ICD의 기준으로 돌아가는 것이 필요하다는 순환논리의 단계로 빠지게 되어 논란을 일으켰다.

관련된 다른 이슈로는 다른 문화권에서는 정신건강장애에 대해 다른 접근을 하며, 아마도 다른 정의를 사용할 것이라는 점이다. 특히 이는 정신건강장애에 대한 사회적 · 재정적 수혜가 수반되는 경우에 그렇다.

명확한 진단이 있는 주요 정신병의 경우는 여러 면에서 처리하기가 수월하다. 질병이 있다는 것에 모두가 합의하므로 처치(치료적 접근) 가능성이 높다. 주요한 어려움의 가능성이 없다고 말하는 것이 아니라 그것들을 맥락에 넣기가 쉽다는 것이다.

정신건강장애의 진단이나 범주가 무엇이든, 상대해야 할 대상이 질병 자체가 아닌 개인이라는 것을 이해해야만 한다. 건강관리 종사자들은 개인이 아닌 질병을 관리하는 것에 죄책감을 가질 수 있는데, 임상적 상황에서는 그것이 적절한 접근일 수 있다. 고용상황에서 관리가 요구되는 것은 질병 자체보다는 개인의 필요와 기대다. 적정선은 사업의 필요와 동료 및 고객의 필요를 더 넓은 공중보건의 관점과 함께 고려하는 것이다.

비즈니스 맥락

고용의 기본은 피고용인과 고용주가 계약을 맺고, 고용주는 피고용인이 일한 만큼의 대가를 지불하는 것이다. 만일 피고용주가 일을 하기 위해 출근하지 못한다면 그 계약은 파기된다. 직무의 정도가 수준 미달이거나 직장에서 행동 문제가 있다면 이 또한 계약 파기를 고려할 수 있다.

모든 비즈니스는 사업을 하는 것이 목적이기 때문에 만일 사업이 좌절된다면 사업적 위치는 위험에 빠지게 된다. 이는 제조업이나 서비스업 또는 공공기업의 모든 고용주에게 해당된다.

선진화된 사회에서는 단기간의 질병을 이유로 누군가를 해고하는 것은 비합리적이라는 인식이 있다. 이러한 관점이 법(Emplyment Rights Act, 1996)에 명문화되어 잘 나타나 있기도 할 것이고, 판례를 통해 개발되거나, 고용계약의 조항에 담겨 있을 수 있으며 혹은 단지 합리적인 태도라고 간주될 수도 있다. 일반적으로는 앞에서 언급된 경우의 하나 혹은 여러 가지의 조합이 있다.

결근이 연장되거나 잦아질 경우에는 사업적 위치가 더 어려워질 수 있다. 특히 이는 업무 수행이나 행동 이슈가 관련될 경우 더 그럴 수 있다.

대기업이 중소기업에 비해 결근이나 업무 수행의 저하를 더 잘 수용할 수 있다. 수천 명의 피고용인을 둔 고용주는 소수의 피고용인을 둔 고용주에 비해 질병이 있는 피고용인으로 인해 상대적으로 더 적게 영향을 받을 것이다. 이러한 상황은 결근을 수용할 수 있는 능력과 정신건강 문제에 대한 고용주의 태도에 불가피하게 영향을 미치게 된다. 법률의 제정에서는 사업체의 규모와 사업 영역과 관련된 서로 다른 고용주의 필요를 반영해야 한다(HMSO, 1996).

경영진이 정신건강 문제에 접근하는 방식이 피고용인이 자신이 겪는 정신 질환을 지각하는 태도에 상당한 영향을 미친다는 것은 의심의 여지가 없다. 만일 경영진이 정신건강 문제에 대해 비호의적이라고 느껴지면, 피고용인으로서는 자신이 문제가 있음을 인정하고, 의논하고, 재활을 위한 도움을 찾거나 직장으로 복귀하는 것이 점점 더 어려워질 것이다. 동정심이 없는 경영진은 직장에서 결근을 촉발시킬 수도 있는데, 직원은 차라리 결근을 함으로써 최소한 한 가지 스트레스원은 제거할 수 있다는 생각을 할 수 있기 때문이다. 이 단계에 있는 직원은 자신의 행동이 단지 한 가지 스트레스원을 더 감당하기 어려운 다른 것으로 대체할 뿐이라는 것을 모를 수 있다.

반대로 지나치게 동정적인 경영 스타일도 그에 따른 문제를 가져올 수 있다. 어쩌면 관리자가 어려움을 극복할 수 있도록 며칠 쉴 것을 조언할 수도 있다. 그런데 그것으론 충분하지 않다는 문제가 발생하게 되면, 며칠은 몇 주가 되고, 몇 주는 몇 달이 되면서 휴직을 연장시키는 악순환이 생길 수 있다.

개인에게 미치는 영향

결근은 이유가 무엇이든 간에 피고용인에게 중요한 영향을 미치게 된다. 가장 즉각적인 영향은 아마도 경제적인 측면일 것이다. 그러나 그 외에도 자존감, 사회적 상호작용 그리고 전반적인 웰빙 등 훨씬 광범위한 주제들과 관련된다. 휴직이 길어질수록 이런 문제들은 더 커지게 된다. 휴직이 해고로 이어지게 되면, 이러한 주제들은 몇 배나 큰 중요성을 갖게 될 것이다.

개인의 휴직기간이 길어질수록 복귀는 더 어려워진다(TSO, 2002: 11). 복귀에 대한 심리적, 사회적 그리고 정서적 장벽이 갈수록 더 강해지기 때문이다. 이는 애초에 일을 쉬게 된 이유와 상관없으며, 비록 처음에 휴직을 하게 된 원인이 심리적 이유가 아니라 할지라도 모든 휴직에는 최소한 한 가지의 심리적 요소가 있다고 주장할 수 있다.

만일 휴직이 처음부터 정신건강 문제로 인해 일어난 것이라면, 복직에 대한 심리적 장벽은 더 강력해질 수 있다. 처음에 신체적 질병으로 인해 휴직을 하게 되었다 할지라도 휴직으로 인하여 정신건강 문제가 생겨서 휴직상태가 지속되기도 한다.

앞에서 언급한 것처럼, 개인은 자신에게 가해지는 스트레스원을 줄이기 위해 휴직을 할 수도 있다. 이 경우 건강관리 전문가로부터 일로 인한 스트레스를 줄이기 위한 수단으로 휴직을 권고받을 수도 있을 것이다. 만일 의사가 권고를 한 경우라면 이는 문제를 치료하기를 권함으로써 병적인 행동을 강화시킬 수 있다.

대부분의 개인은 휴직을 시작하면서 복직에 대한 강한 의지를 표현한다. 그들 중 일부는 복직을 병으로부터 회복되는 과정의 일부로 생각하기도 한다. 어떤 사람들은 복직을 고려하기 전에 완전히 건강해져야 한다고 믿는데 때때로 의사들이 이를 강화시키기도 한다. 때로는 완전히 준비되지 못하는 경우가 불가피하게 생기고 이러한 경우에 개인은 만성적인 질병이 있다고 인식되는 상태로 들어가게 된다.

사회보장과 경제적 수혜 시스템이 이용가능하다는 점이 직장 복귀 가능성에 상당한 영향을 미친다는 점을 반드시 인식해야 한다. 특히 이는 질병이나 정신건강 상태로 인하여 생산적이지 못한 작업 스타일이 생겼다고 지각될 경우 그렇다. 개인은 정부 보조금을 받는 것이 편하기도 하고 재정적으로도 그만한 가치가 있는 소위 혜택의 함정에 빠질 수 있다. 휴직의 직접적인 결과로서 스트레스, 불안 그리고 우울의 악순환에 들어가는 것은 고용 상실로 이어지고 결국에는 사회보장제도로 들어가도록 이끌기도 한다.

제도를 달리하면 이러한 악순환을 관리하기 위한 다양한 접근을 시도할 수 있다. 이 접근은 복지 혜택의 제한을 강화하는 것에서부터 적극적인 재활 프로그램까지를 포함한다.

정신건강 문제를 지닌 많은 사람은 스스로를 장애인으로 고려하지 않는 반면, 다른 사람들은 그렇게 생각한다. 이것이 결과적으로 개인의 재활, 회복 그리고 직장으로 복귀하는 것에 대한 태도에 영향을 미치게 된다. 정신건강 문제를 장애인지 아닌지로 생각하는 관점은 정신건강에 대한 사회의 태도와 법 제도에 의해 분명히 영향을 받는다.

주요 정신질환

DSM-IV와 ICD-10에서 분명하게 정의하고 있는 주요 정신질환은 다음과 같다.

- 조현병schizophrenia
- 양극성 장애bipolar affective disorder
- 정신병적 우울psychotic depression
- 기질성 정신병organic psychosis

만일 명시된 기준을 충족하여 진단을 내릴 수 있으면 치료 계획도 세워진다. 전문가의 도움이 이루어지게 되고 지속적인 지원이 제공될 가능성이 높다. 처방된 치료를 시작할 때만이라도 병원 입원이 필요할 수 있고, 실제로 위기로 인해 입원하고 치료를 시작하기도 한다.

일단 공식적인 전문가의 지원과 치료가 시작되면, 직장으로 복귀하기 위한 재활의 필요성에 대하여 냉철하게 고려할 수 있다. 이는 직장에 복귀할 수 있도록 환자, 의사 그리고 고용주가 공조할 수 있는 체제를 제공해 주는 장애인 법에 의해 촉진된다. 이러한 법률의 요건들은 다양해서 때로는 다른 결론에 도달하게 되기도 한다. 법률은 아마도 사회적이고 재정적인 지원을 지향할 수도 있고, 또는 1995년과 2005년에 발효된 영국의「장애인 차별금지법」처럼, 고용주가 고용상태로 돌아오는 것(직장으로 복귀하는 것)을 허용하는 합리적인 조정을 하도록 요구하는 차별금지에 초점을 맞출 수도 있다.

이러한 법 제도는 아마도 주요 정신질환 이상으로 확장되겠지만, 진단이 내려지고 치료와 지원이 처방되는 경우에는 시행되기가 쉽다.

이의 한 부분으로서, 주요 정신질환은 만성적이거나/혹은 사실상 가끔씩 재발한다는 것을 고용주가 이해할 필요가 있다. 치료가 연장될 가능성도 있고 어쩌면 평생 동안 지속될 수도 있다. 또한 치료가 완전히 효과적이지는 않을 수도 있고 치료의 변화가 필요할 수도 있다는 사실은 고용주에게 항상 달가운 일은 아니다. 고용주에게는 가끔씩 재발하는 질병의 특성이 언제나 이해되는 것도 아니며, 재발되는 것은 환자의 잘못이고 틀림없이 치료 불이행의 결과라고 생각될 수도 있다.

직업 건강 서비스occupational health service의 존재는 이러한 상황에서 환자와 고용주 모두에게 조언과 지원을 제공할 수 있다. 직업 건강지원의 제공은 법적인 관할권이 다른 경우와 같은 관할권일 경우에도 매우 다를 수 있다. 어떤 곳은 포괄적인 접근이 가능하지만 다른 곳은 전혀 없을 수도 있다. 설사 이것이 가능할 때에도 환자와 고용주에게는 해결해야 할 중요한 관리 이슈가 있어서 그들이 제공하는 조언을 받아들이기 힘들 수도 있다.

경증에서 중증의 정신건강 문제

경증에서 중증의 정신건강 문제는 가장 어려운 부분을 제기한다. 이 범위 안에 있는 환자는 다양한 종류의 질병을 가지고 있고, 그중 일부는 DSM-Ⅳ와 ICD-10에서 분류되는 질병을 가지고 있을 수 있다. 다른 경우는 공식적인 진단명이 없을 수도 있고, '스트레스'처럼 모호한 용어로 표현될 수도 있다.

이 범주에 있는 환자의 다수는 정신과 치료를 받을 가능성이 적고, 직장을 잠시 쉬라는 조언을 제외하고는 의료적 개입이 전혀 없을 수도 있다. 만일 스트레스나 질병의 추정되는 원인이 일과 관련되었다고 인식되는 경우에는 후자일 가능성이 특히 높아진다.

가벼운 정신건강 문제의 대부분은 많은 요인이 관련된다. 일과 관련된 요인들이 당연히 있겠지만, 가정적 혹은 사회적 환경 요인들이 문제의 원인일 가능성도 상당히 있다. 어쩌면 일과 관련된 주제는 결근(휴직)을 촉발시키는 마지막 요인이었을 수도 있다. 직장 이슈는 누군가 다른 사람의 탓으로 돌릴 수 있기 때문에 개인은 직장 관련 이슈에 집중하기 쉽다.

이런 상황에서는 이슈들을 분리하여 어디에 문제가 있는지를 명료화하는 것이 중요하다. 실제이거나 혹은 그렇게 지각되는 것이라 할지라도 정말로 직장 이슈가 있다면 그것을 해결해야 한다. 직장에서 이 문제들을 다루게 되면 초점은 가정이나 사회적 이슈를 해결하는 것으로 옮겨 갈 수 있게 된다. 흔한 직장 이슈는 다음의 상황을 포함한다.

- 괴롭힘과 따돌림(실제 또는 지각된)
- 빈약한 대인관계
- 고충(실제 또는 지각된)
- 직무 불만족

만일 중요한 직장 관련 문제가 있는 경우라면 그 문제는 한 명 이상의 개인들에게 영향을 줄 가능성이 높다. 실제로 가벼운 정신건강 문제로 여러 명이 결근을 한다면 공통적인 이슈가 있는 것인지를 확인하기 위해 조직에 대한 검토를 할 필요가 있다. 이러한 이슈는 작업배정, 전반적인 관리 스타일, 특정한 관리자, 다른 동료들 또는 노동조합과 관련된 것일 수 있다. 어떤 공통

적인 문제가 있는지 확인하고 개선하기 위해 감사를 진행할 필요가 있을 수
있다. 만일 이것이 실행되지 않는다면, 어쩌면 고용이나 건강 및 안전과 관련
된 법률의 위반이 있을 수도 있다. 덧붙이자면 민사소송 사례가 발생할 수도
있다.

행동적 문제

주요 정신질환과 경중에서 중증의 정신건강 문제는 모두 행동적 문제와 연
관된다. 게다가 일탈적인 성격 특성이 주요한 행동적 문제로 이어질 수 있다.

직장에서의 가벼운 건강 문제는 많은 경우 환자나 다른 사람의 행동적 문
제와 관련이 있다. 징계 절차는 타당성 여부와 상관없이, 스트레스와 관련된
결근으로 이어지고 복귀를 거부하도록 만들기도 한다.

따돌림이나 괴롭힘에 대한 의혹은 피해자라고 느끼는 사람이나 가해자로
고발된 사람 모두에게 스트레스와 관련된 결근으로 이어질 수 있다. 이런 사
건의 진짜 어려움은 비록 완전한 조사가 이루어진다고 할지라도 고충이 있고
피해자로 인식된 사람은 스트레스, 불안 그리고 우울로 인해 결근을 계속 유
지한다는 것이다. 이러한 경우에 결근이 장기화되면 앞에서 언급한 것처럼
휴직이 길어질수록 업무 복귀 가능성은 줄어들기 때문에 직장으로 복귀하는
것이 매우 어려워지기도 한다.

행동적 문제의 원인이 무엇이건 간에 질병과 행동의 명료한 구분이 필요하
다. 질병이 까다로운 행동의 원인일 수 있고 어느 선까지는 변명의 여지가 될
수 있지만, 그럼에도 불구하고 행동적 문제로써 조직에 의해 다루어질 필요
는 있다. 그렇지 않으면 다른 피고용인들에게 상당한 영향을 미치게 되어 그
들조차도 스트레스로 인해 일을 쉴 필요가 있다고 느끼게 할 수 있기 때문이
다. 이는 결국 고용이나 건강과 안전 법률에 의거한 법적 행동으로 이어질 수

도 있다.

예를 들어, 조현병과 같은 주요 정신질환의 경우는 일탈 행동이 너무 지나쳐서 직장에서는 더 이상 관리할 수 없게 된다. 해고만이 장애와 고용법의 규정에 따른 유일한 해결방안일 수도 있다. 이런 경우에는 연금제도의 규정이 허용된다면 질병으로 인한 은퇴가 적절할 수 있다.

그러나 대부분의 사례에서는 적절치 못한 행동을 질병의 탓으로 볼 수는 없고, 어떤 압력에도 불구하고 그런 부적절한 행동을 의학적 치료의 대상으로 간주해서는 안 된다. 그렇게 하는 것은 해결책을 가져오기보다 오히려 어려움을 증가시킨다. 개인적 그리고 사업적인 관점에서도 적절치 못한 행동을 정신질환으로 범주화함으로써 이를 질병으로 인한 휴직으로 관리할 방법을 찾아야 할 것 같은 큰 압박감을 느끼는 경우가 종종 있다. 병으로 인한 휴직이나 적절치 못한 행동이 계속되는 것, 어느 것도 만족스러운 결과가 되지 못할 가능성이 높다.

징계 절차의 위협이 초래한 스트레스의 결과로 휴직 중인 개인이나 고용주 모두에게 그 문제를 해결하는 방법으로 의학적 치료가 허락되지 말아야 한다. 이 스트레스는 징계를 초래한 문제가 처리되지 않는 한 해결되지 않는다. 고용주나 그들의 조언자들은 어떤 정신질환이 징계 절차에 출석하는 것을 막는지에 대해서 명료화할 필요가 있다. 실제로 이러한 질병은 매우 드물며 급성 정신병과 급성 조증, 언어장애, 치매 등이 포함된다.

상황에 따라 그 당사자가 참석하여 들을 수 있도록 산업보건 의사나 정신과 의사에게 공식적인 의학적 자문을 구하는 것이 적절할 수 있다.

추가적으로 고용주는 고용계약 조항에 행동적 문제에 대한 관리 절차를 포함하고, 피고용인은 비록 의사의 진단서에 의해 권고된 병가 중이라고 할지라도 심리에 출석해야 할 필요가 있음을 포함하도록 조언받아야 할 것이다.

때에 따라 앞에서와 같은 사례에서나 가벼운 정신건강 문제가 결부된 경우에 대한 실용적인 해결책은 고용을 종료시키는 것뿐이라고 생각될 수 있고,

그것이 고용주나 피고용인 모두에게 이득이라고 느껴질 수도 있다. 그러나 고용은 해고나 사직으로만 종료될 수 있다. 그러한 상황에서 해고를 하는 것은 고용법이나 장애인법에 위반될 가능성이 있다. 자발적 퇴직의 경우는 개인들이 스스로 직장을 떠난 것으로 고려되어 실업수당이나 다른 수당 지급이 거부될 가능성을 의미하기도 한다.

때로는 질병으로 인한 은퇴가 좋은 선택이라는 산업보건 전문가나 다른 조언사의 약간 순진한 제안을 받고 개인은 질병 은퇴에 대한 기대를 할 수 있다. 그러나 이런 결과는 연금 규정의 조건과 맞아떨어질 때에만 가능하다. 질병으로 인한 은퇴를 하기 위해서는, 최소한 질병의 한 가지 요소가 있어야 하고, 질병이 영구적이고 더 이상 고용이 불가능할 정도의 심각성이 있어야 한다는 것을 다수의 연금제도에서 명시하고 있다.

결론

직장에서의 정신질환은 선진국에서 늘어나고 있는 병가의 원인이다. 이 용어에 포함되는 조건의 범위는 매우 광범위하며 다음과 같은 것들도 포괄한다.

- 급성 정신병
- 가벼운 정신건강 약화
- 스트레스
- 행동적 문제
- 직무 불만족

고용주는 회사 차원에서 고려해야 할 정신건강 문제의 범위와 그 문제를 관리하는 회사의 역할에 대한 명확한 인식이 필요하다. 다음과 관련한 정책들이 준비되어야 할 필요가 있다.

- 직장 스트레스 요인 감소
- 병가 관리
- 적절치 못한 행동 관리
- 질병, 불행감 그리고 적절치 못한 행동의 분명한 구분

고용주는 다음을 포함하는 법 규정을 고려해야 한다.

- 고용
- 건강과 안전
- 장애
- 인종, 나이, 성별, 종교적 믿음 등에 대한 차별

사법권들 간의 차이는 있겠지만 원칙은 비슷하다. 법은 고용주에게 건강과 안전의 관점과 장애의 관리에 대한 책임을 부과한다. 하지만 법은 그 문제들을 관리할 수 있는 틀 또한 제공할 것이다.

이러한 법 제도는 아마도 회사가 위험 평가를 수행했는지를 직접적으로 요구하거나 강요할지도 모른다. 위험 평가는 다음과 관련된 것을 포함해야 한다.

- 물리적(신체적) 위험
- 화학적 위험
- 정신건강 위험

정신질환으로 인한 병가를 관리하는 목적은 직장으로 복귀하는 것을 촉진하도록 하기 위함인데, 이는 환자와 사업 모두에서 최선의 이득이라는 데에는 추호도 의심의 여지가 없기 때문이다.

제19장

스트레스 관련 질병 이후
근로자의 재활을 위한 조직적 접근[1]

루이즈 톰슨, 조 릭(Louise Thomson and Jo Rick)[*]

도입

심리적 고통, 우울 및 불안이 결근의 중요한 이유가 된다는 연구 증거는 많이 있다(예, Dwyer & Ganster, 1991; Hardy, Woods, & Wall, 2003; Spector, Dwyer, & Jex, 1988). 정부 통계에 따르면 근로자 결근의 원인으로 정신건강과 정서적 웰빙의 역할이 증가하고 있다(〈표 19-1〉 참조). 이런 유형의 결근으로 인

[*] 독립연구자, 쉐필드 대학교(Independent Researcher, and University of Sheffield)

[1] 이 장은 보건안전청의 지원하에 고용 연구 및 산업관계 서비스 연구원(Institute for Employment Studies and Industrial Relations Services Research)이 수행한 연구에 기반하고 있다. 연구 결과 전체는 보건안전청 연구 보고서 138에 게재되었다. 우리는 동료와 이 연구에 기여한 모든 이에게 감사를 표한다.

〈표 19-1〉 2005~2006년도 영국에서 직무 관련 스트레스로 인한 결근의 영향

- 스트레스로 인해서 일을 하지 않았던 근무 일수: 10억 5천 일
- 스트레스로 인해 영향을 받은 사람의 수: 42만 명
- 영향을 받은 사람들로 인해서 일을 하지 않았던 평균 근무일 수: 30.1일

출처: Health and Safety Executive (2006).

해 발생한 비용은 2001년에 38억 파운드(한화 약 5조 4,300억)에 이른다.

산업의 비용 이외에 장기 결근은 개인과 경제 전반에 큰 손실을 야기하기도 한다. 스트레스 관련 질병을 지닌 근로자가 직장으로 복귀하기 위한 재활을 할 수 없다면 그들은 결국 노동시장을 떠나 사회보장제도로 들어갈 수밖에 없다. 통계에 따르면 매년 15만 명 이상의 근로자가 병으로 인해 고용상태에서 벗어나서 장애인 연금Incapacity Benefit을 받는다(Cunningham, James, & Dibben, 2004). 또한 약 180만 명은 직무 관련 질병으로 인해 어쩔 수 없이 직업을 변경한다(Jones et al., 1998). 2006년 2월 97만 7,000명 이상이 '정신적 혹은 행동적 장애'로 인해서 장애인 연금을 신청한 것으로 나타났는데 이는 전체 신청자의 약 40%에 해당하며 이전 5년 동안의 신청자 수보다 약 20만 명이 증가된 셈이다(DWP, 2006). 그러나 이 범주는 다양한 유형과 심각도를 지닌 정신건강 문제가 포함되어서 스트레스로 인해 장애인 연금을 받는 사람들의 숫자를 정확하게 산출하기는 어렵다. 그럼에도 불구하고 스트레스 관련 장애로 인한 장기 결근은 신체적 질병이나 상해로 인한 장기 결근보다 일에 성공적으로 복귀할 가능성이 낮다는 점에 주목한다(Watson Wyatt, 2000). 또한 연구에 따르면, 근속연수가 긴 근로자들일수록 스트레스 관련 질병으로 인해 일을 그만둔 후 복귀할 가능성이 더 낮았다. 예를 들어, 스트레스 관련 질병을 지닌 호주의 교사들에 대한 재활 연구에 따르면 첫 결근 후 505일 이내에 복귀하지 않았던 교사는 끝까지 복귀하지 않을 가능성이 높았다(Young & Russell, 1995). 장기 결근이 성공적인 회사 복귀에 미치는 영향력은 단지 스

트레스 관련 결근뿐만 아니라 다른 원인으로 인한 결근에서도 나타난다. 6개월 결근 후 일에 복귀할 가능성은 단지 50%였고 12개월의 결근 후 복귀 가능성은 25%로 떨어졌다(BSRM, 2001).

영국 정부는 2010년까지 직무 관련 상해와 질병으로 인한 결근 횟수를 30%까지, 그리고 직무 관련 스트레스로 인한 결근 횟수는 20%까지 줄이는 것을 목표로 삼았다(HSC, 2000). 예방조치들이 직무 관련 스트레스의 확산을 줄이기 위한 우선 조치로 받아들여졌으나, 재활을 위한 절차도 함께 채택하는 것이 필요하다. 더욱이 앞에 보고된 숫자는 재활의 작은 성공이 조직과 사회 모두에 의미 있는 이득을 줄 수 있다는 점을 시사하고 있다. 직무 관련 스트레스로 인한 결근을 줄이기 위해서, 그리고 일을 할 수 없는 직원의 영구적인 손실을 막기 위해서 조직은 효과적으로 관리되는 통합된 재활과정을 적절히 도입할 필요가 있다. 여기에서의 재활과정은 직무 관련 스트레스로 인한 결근의 초기 단계에서부터 시작된다.

그러나 영국 조직들의 재활 서비스에 대한 기록은 그리 좋지 않다. 5개의 유럽연합 국가의 직무복귀율을 비교한 최근 유럽 연구에 따르면, 영국은 장기 결근 후 직무복귀 비율이 가장 낮았고(6%), 네덜란드는 가장 높은 비율(54%)을 보였다(Zijlstra et al., 2006). 재활 성과의 이러한 차이는 영국 고용주들은 결근을 줄이고 근로자를 지속적으로 보유하는 것에 있어서 훨씬 좋은 결과를 낼 수 있는 방법이 있음을 시사한다. 영국의 재활 실제에 대한 개관을 한 후 제임스 등(James et al., 2000)은 다음과 같이 결론지었다. 고용주들은 포괄적이고 통합적인 재활 서비스를 거의 제공하지 않으며, 이들은 근로자가 회사로 돌아오도록 돕는 방법을 고려할 때 직업 건강 전문가의 조언이나 전문지식을 거의 사용하지 않았고, 대부분의 고용주는 근로자가 회사로 복귀하도록 도울 수 있는 적절한 조치가 무엇인지에 대한 지식을 전혀 갖추고 있지 않았다는 것이다. 관리자는 장기 결근을 관리하는 것에 자신이 없는데(Cunningham et al., 2004; James et al., 2002), 이는 신체적 질병이나 상해 때문이라기보다 정신건강으로 인한 결근이기 때문이다(Bevan, 2003).

　이 장의 목적은 직무 관련 스트레스로 인해서 결근을 한 근로자가 결근 첫날부터 다시 회사에 복귀할 때까지의 재활 단계, 그리고 조직이 각 단계에서 취해야만 하는 조치들을 기술하는 것이다. 우리는 HSE 지원하에 이루어진 연구의 사례를 통해 자세히 기술할 예정이다(Thomson, Neathey, & Rick, 2003). 또한 재활의 각 단계에서 성공적인 관리에 영향을 미치는 요인들에 대해서도 논의할 것이다. 결근 근로자의 재활에 관한 연구문헌을 살펴보면 주요 쟁점이 신체적 질병과 상해(예, 등 통증)에 맞추어져 있다. 스트레스 관련 질병이 발생한 후 재활의 구체적인 과정을 검토하는 연구는 거의 없다. 따라서 우리는 스트레스 관련 질병에만 국한해서 이슈를 고려하는 것을 출발점으로 삼아서, 신체적 질병을 회복하기 위한 재활 전략의 틀과 기본 원칙들을 적용한다(Pimentel, 2001).

직업 재활의 단계들

　직무 관련 스트레스로 인한 결근 후부터 근로자를 일터로 복귀시키기까지의 재활과정에는 여섯 단계가 있다(〈표 19-2〉 참조). 이 단계들은 차례대로 발생하는 경향이 있으며 단계들이 겹치거나 순서를 바꾸는 것이 필요한 경우도 있다.

　각 단계에서 성공적인 재활과 직무복귀의 가능성을 높일 수 있는 핵심 조치와 과정들을 이제 나열하겠다.

〈표 19-2〉 직업 재활의 여섯 단계

1. 조직의 대표(예, 현장 관리자, HR, 직업 건강 전문가)는 결근이 발생한 첫 주 안에 결
   근한 근로자와 접촉한다.
2. 근로자는 적절한 진단과 치료를 받기 위해서 가능한 한 빨리 건강 평가를 위해 의뢰
   된다.
3. 재활 계획은 점진적인 복귀를 위한 시간과 단계를 근로자에게 설명할 수 있도록 짜
   여진다.
4. 근로자는 필요하면 치료적 개입(예, 인지행동치료 혹은 상담)으로 의뢰된다.
5. 근무 일정으로의 점진적인 복귀는 적절한 사정에서 되도록이면 일찍 시작되어야 하
   며, 필요할 때마다 모니터링되고, 조정되어야 한다.
6. 근로자의 업무는 회복을 방해하거나 재발하게 하는 작업의 측면을 제거하거나 감소
   하도록 조정되어야 하며, 근로자의 건강과 작업은 일에 복귀하는 동안, 그리고 이후
   에도 모니터링되어야 한다.

조직의 초기 접촉

조치가 이루어지는 타이밍은 재활의 전체 과정 내내 중요하지만, 특히 근로자가 스트레스 관련 질병으로 병가를 낸 첫날에 그렇다. 조직 내의 누군가가 초기에 지지적인 접촉을 하는 것은 중요한 첫 단계다. 이것은 결근이 발생한 첫 주에 근로자의 현장 관리자나 직업 건강부서가 전화를 하는 것이다. 이러한 초기 커뮤니케이션의 목적은 다음과 같다.

- 근로자에게 일반적인 지지를 제공한다.
- 개인으로서의 근로자에 대한 조직의 관심을 보여 준다.
- 근로자와 직장 간의 연결을 유지한다.

이 단계에서는 개입, 치료, 업무 적응에 관한 논의를 해서는 안 되며, 중요한 것은 근로자를 재촉하지 않는 것이다. 근로자가 어떤 식으로든 직장과 연

결을 유지하는 것이고 직장에서 완전히 물러나거나 고립되지 않는 것이 핵심
이다. 동시에 근로자들은 조직으로부터 업무에 복귀하라는 즉각적인 압력을
느끼지 않을 필요가 있다. 조직이 근로자의 웰빙을 진정으로 돌보고 있음을
보여 주고, 직무복귀에 대한 근로자의 열정을 자극하는 지속적인 근로자와의
접촉이 중요하다(Zijlstra et al., 2006). 또한 조직은 누가 근로자와 접촉하는 것
이 가장 적절한지, 그 개인은 어떤 정보와 지지를 줄 수 있는지를 고려할 필
요가 있다. 만약 현장 관리자가 초기 접촉을 할 책임이 있다면, 어떻게 하는
것이 가장 좋은지에 대한 지침과 조언을 그에게 제공해야 한다. 근로자는 현
장 관리자나 부서 관리자의 초기 접촉에 대해서 위협을 느낄 수도 있기 때문
에 전화로 초기 접촉을 시도하는 것이 효과적이지 않을 수도 있다. 이 경우
결근 근로자와의 접촉은 친한 동료, 친구, 직업 건강 전문가에 의해서 이루어
지거나 혹은 편지와 같은 다른 방식으로 재빨리 다시 이루어질 필요가 있다.

〈표 19-3〉 초기 접촉의 사례 예

> 결근 첫 주에 현장 관리자와 부서 관리자는 근로자의 집으로 방문했다. 그들은 위로와
> 회복에 초점을 두어 근로자와 대화했다. 근로자는 이를 매우 지지적으로 느꼈고, 편안
> 해졌을 때 비로소 직장에서의 문제가 무엇이었는지에 대해서 관리자에게 이야기할 수
> 있었다.

출처: Thomson, Neathey, & Rick (2003).

초기에 지속적으로 접촉하는 것이 회복을 돕는 데 중요하다는 점은 모두
가 인정하지만, 많은 고용주와 현장 관리자는 그것이 학대로 보일 수도 있다
는 공포 때문에 이를 시작하기 주저한다. 접촉이 정확한 방식으로 이루어진
다면 학대로 보일 수는 없다. 만약 근로자에게 압력을 주거나 또 다른 스트
레스를 주지 않고 지지적인 방식으로 이루어지면 현장 관리자나 동료에 의
한 접촉은 결근한 근로자에게 두려움을 주기보다 감사함을 느끼게 할 가능성
이 높다. 그럼에도 불구하고 정기적인 접촉이 처음에는 감사하게 느껴지지

않는 경우도 있을 수 있으므로, 직업 건강 전문가의 초기 투입으로 그러한 경우를 확인해서 부적절한 접촉을 피하게 할 수도 있다. 또한 결근의 초기 단계에서 지속적인 접촉이 두 사람 모두에게 가장 좋은 방법이 무엇인지를 확인하기 위해서 중요하다는 것을 근로자와 함께 논의하는 것이 유용하다(CIPD, 2004). 그러한 논의들과 근로자를 접촉하는 다른 경우들을 모두 기록하는 것은 적절한 양의 접촉이 어느 정도인가를 알아내는 데 필요하다. 호가스와 칸(Hogarth & Khan, 2003) 또한 결근 중에 조직이 근로자와 접촉을 유지하려는 접근을 근로자들이 많이 알면 알수록 학대로 지각할 가능성은 줄어들 수 있다고 제안했다. 현장 관리자와 고용주는 조직의 결근 및 재활 정책의 본질에 대해서 잘 알고 있어야 하며, 원활한 커뮤니케이션 및 정기적인 검토가 근로자의 회복과 일터로의 복귀를 돕기 위한 조직의 노력에 핵심 역할을 할 수 있음을 인식하고 있어야 한다.

초기 직업 건강 평가

직업 건강 전문가Occupational Health Specialist 혹은 일반의사GP의 초기 건강 평가는 가장 효과적이다. 직업 건강 전문가는 4주 후 근로자가 건강 평가를 받아야 한다고 제안하지만(Thomson et al., 2003), 많은 조직에서는 스트레스 관련 질병을 지닌 근로자를 그보다 일찍 직업 건강 전문가에게 보내고 싶어 한다. 건강 평가의 결과와 그것이 이루어지는 방식 또한 중요하다. 예를 들어, 의사는 동정적이고 지지적이어야 하며, 진단은 정확해야 하고, 적시에 적절한 치료의 처방이 이루어져야 한다. 그러나 증거에 따르면 정신건강의 부적절한 진단 및 치료는 비교적 흔한 일이다(Boland et al., 1996; Gjerris, 1997). 조직은 건강 평가에서 나온 정보를 모으고, 그것이 충분히 상세하다는 것을 확신한 뒤, 다음 단계인 재활과정에서 그 정보를 사용하면서, 누가 직업 건강 전문가 혹은 일반의사와 커뮤니케이션을 할 것인가에 대해서 고려해야 한다. 바람직하기로는 조직은 이러한 역할에 어떤 전문가(예, 사례 관리자)를 지정해야 하며 그 사람은 재활과정이 마무리될 때까지 지속적으로 협력해야 한다(재활과정의 관리에 관한 전체 논의과정은 다음에 제시되어 있다).

〈표 19-4〉 초기 직업 건강 평가의 사례 연구 예

> 어떤 조직에서 근로자가 직업 건강 전문가에게 의뢰되는 것은 보통 결근이 발생한 지 8주 후에 일어나지만 만약 진료 확인서에 스트레스가 명시되어 있으면, 의뢰는 즉시적으로 이루어진다. 한 사례에서 근로자의 일반의는 항우울제를 처방했고, 근로자는 병가를 냈다. 직업 건강 부서는 10일 내에 그 근로자를 만났고, 즉시 상담자에게 의뢰했다.

출처: Thomson, Neathey, & Rick (2003).

재활 계획 수립

재활 계획이란 직장으로 복귀할 시점, 작업량과 시간의 점차적인 증가 스케줄, 직무 적응 혹은 필요한 적응, 계획에 포함되어 있는 일련의 검토를 정하는 것이다. 오랫동안의 결근을 끝내고 일터로 돌아오는 근로자의 대부분은 재활 계획이 유용했다고 보고하고 있다(Zijlstra et al., 2006). 효과적인 재활에 중요한 계획의 내용, 그리고 그런 계획이 수립되는 방식은 모두 중요한 역할을 한다. 모든 이해관계자는 계획을 세우는 데 관여해야 하며, 현장 관리자와 고용주의 관여도 중요하다. 자신의 재활과정을 계획하고 수행하는 데 있어서 근로자의 관여는 가장 핵심적이다(Ekberg, 1995). 재활과정의 참여와 자기 관리는 근로자로 하여금 자신의 내적 동기를 강화함과 동시에 자신의 상황을 다시 통제할 수 있도록 해 준다.

또한 재활 계획을 수립할 때 타이밍은 다시 한번 중요해진다. 업무 복귀를 논의하기 시작하는 시점을 결정할 때는 근로자와 그들이 지니고 있는 질병의 특징을 고려해야 한다. 만약 너무 이를 경우, 근로자는 회복을 늦추고 싶은 압력을 느낄 수도 있다. 그러나 반대로 너무 늦을 경우, 근로자는 복귀할 수 있는 자신의 능력에 대한 동기와 자신감을 잃을 수도 있다. 복귀과정을 보다 작은 단계로 쪼개는 것은 시작 지점을 결정할 때 도움이 된다. 즉, 근로자가 복귀에 대해서 생각할 준비가 되었는지를 확인하는 것에서 시작해서, 실제로 근로자와 함께 복귀를 계획하고(어떤 업무를 시작할지, 무엇을 변화시킬지 등), 그다음 실제 복귀할 준비가 되었을 때 시간 계획을 세우는 것이다.

　업무의 완전한 복귀까지 어느 정도 와 있는지를 확인하기 위해, 그리고 일터에서의 소외와 완전한 철수를 막기 위해 근로자와 고용주 사이의 계약을 유지하기 위한 방법으로서 재활 계획 속에 정기적인 검토가 포함되어야 한다. 또한 조직은 재활 계획을 근로자와 논의 및 동의하고, 재활 계획의 과정을 검토하며, 관련된 다른 이해관계자들과 협력하면서, 재활 계획을 실시하는 책임이 누구에게 있는지를 고려할 필요가 있다. 지정된 협력자 혹은 사례관리자의 역할은 지속적인 지지와 사례에 대한 상세한 지식을 제공하기 때문에 가장 효과적일 수 있다.

〈표 19-5〉 재활 계획 수립의 사례 연구 예

> 한 근로자는 업무 복귀를 생각할 때마다 얼마나 불안했는지 기술했고, 처음에는 다시 업무로 돌아갈 수 없을 것만 같았다고 느꼈다. 이 단계에서 근로자와 함께 재활 계획을 수립하는 것은 부적절해 보인다. 그러나 시간이 지나고, 이러한 증상에 대한 치료를 받았을 때 그는 점차로 자신이 복귀할 수도 있을 것 같다고 생각하게 되었다. 정기적으로 검토하는 과정에서 직업 건강 간호사는 업무에 대해서 생각해 본 적이 있는지 근로자에게 질문했다. 간호사는 이 질문에 대한 근로자의 반응이 달라졌음을 확인한 뒤 점차적인 업무 복귀에 대해서 논의를 시작할 준비가 되었는지 물었다.

출처: Thomson, Neathey, & Rick (2003).

치료적 개입들

　재활 계획의 부분으로서 스트레스 관련 질병으로 인해 결근을 한 근로자는 상담, 인지행동치료 혹은 심리치료와 같은 치료적 개입의 한 형태를 받도록 의뢰된다. 이 치료들이 근로자가 겪는 직무의 어려움을 해결하는 데 효과가 있음을 보여 주는 증거가 점점 많아지고 있다(예, Reynolds & Briner, 1993; Allison et al., 1989; Shapiro & Firth-Cozens, 1990). 최근 검토에 따르면 인지행동치료는 스트레스 관련 질병에 가장 효과적이라고 알려지고 있다(Van der Klink et al., 2001; Seymour & Grove, 2005). 대인 간 치료와 상담과 같은 다른 형태의 치료도 긍정적인 효과를 보였다는 증거가 있다(Department of Health, 2001). 그러나 조직은 효과의 극대화를 위해 치료의 수행과 관리를 함께 고려해야 할 필요가 있다. 예를 들어, 근로자를 적절한 치료적 개입에 의뢰하는 것은 정확한 건강 평가와 진단, 그리고 근로자의 자발적인 개입 참여에 근거해야 한다. 비효과적인 치료는 치료비용과 전반적인 회복 시기의 측면에서 비용을 초래한다(Goodman, 2000).

〈표 19-6〉 치료적 개입의 사례 연구 예

> 상담을 받은 한 근로자는 자신의 느낌을 이해하고, 이러한 느낌의 원인을 인식하며, 느낌을 다룰 수 있는 다양한 전략을 사용하는 데 상담이 얼마나 도움을 주었는지에 대해서 이야기했다. 그는 변화를 통제할 수 없다는 느낌으로 인해 스트레스를 받았는데 상담을 받으면서 자신에게 성취감을 줄 수 있는 작은 목표들을 세울 수 있게 되었고, 통제감을 다시 갖게 되었다. 그는 업무에 완전히 복귀한 이후에도 이러한 전략을 계속적으로 사용하고 있다.

출처: Thomson, Neathey, & Rick (2003).

유연한 업무 복귀 방법

유연한 업무 복귀 방법이란 근로자가 스트레스 관련 결근이 있기 전에 일했던 근무시간과 업무로 즉각 돌아가는 것이 아니라, 근로자를 업무에 **점차적으로** 다시 돌아가도록 하는 데 사용되는 대안적인 업무 스케줄을 말한다. 이것은 궁극적으로는 완전한 고용으로 돌아가기까지 근로자의 업무와 근로시간을 점차적으로 증가시킨다는 장기적인 관점을 지니며, 가능한 한 빨리 직장으로 돌아가게 하는 것을 목표로 한다. 업무에 돌아가는 것이 빠르면 빠를수록 완전 복귀의 가능성은 더 커진다. 6개월의 결근 후 근로자의 업무 복귀 가능성은 50%에 지나지 않는다(BSRM, 2001).

점차적인 업무 복귀a phased return to work는 흔히 사용되는데, 이를 통해 4주 내지 6주간에 걸쳐 업무시간과 업무량의 점차적인 증가가 이루어진다. 증거에 따르면 이러한 방식이 근로자로 하여금 이전의 기능 수준까지 보다 빠르게 이를 수 있도록 해 준다고 알려져 있다(예, Thurgood, 2000). 또한 스케줄이 충실하게 이행되고 있으며, 충분한 지지와 자원이 제공되는지를 확인하기 위해서, 이 과정은 근로자의 일터로의 복귀과정 동안 검토되는 것이 중요하다. 필요하다면 길이와 융통성 측면에서 복귀 스케줄은 조정되어야 한다.

〈표 19-7〉 점차적인 업무 복귀의 사례 연구 예

이 조직에서 유연한 복귀는 근로자가 일에 복귀하기 전에 종종 시작되었다. 일의 구조와 일상을 만들기 위해서 근로자는 집에서 몇 시까지 일어나기, 구체적인 일들을 하기, 활동을 계획하기와 같은 목표를 정하도록 했다. 근로자가 점차적인 업무 복귀를 시작할 준비가 되었을 때, 일주일에 이틀, 하루에 두 시간 동안 일하는 전형적인 계획이 시작되었다. 이것이 모니터링되고, 검토되었으며, 근로자가 더 많이 일을 할 수 있겠다고 느꼈을 때 점차적으로 업무시간을 늘려 나갔다.

출처: Thomson, Neathey, & Rick (2003).

업무 적응과 조정

업무 적응은 직업 질병과 상해 이후의 재활 계획과 유사한 측면이다. 업무 적응은 근로자의 질병 혹은 상해가 악화되는 것을 피하기 위해서 복귀한 근로자의 업무(과업과 도구)가 변화된 측면을 말한다. 그런 적응은 신체적 장애와 근골격장애 이후의 재활과정에서 건강과 출근을 향상시키도록 해 준다 (Butler et al., 1995; Ekberg et al., 1994; Ekberg et al., 1996; Jonsson et al., 1988; Kenny 1995). 직무 관련 스트레스 이후 재활과 관련해서 스트레스 관련 질병의 원인이 되거나 회복을 막는 업무의 측면을 평가하여 이를 제거하거나 줄이는 것이 중요하다. 이는 건강 및 안전 법률, 그리고 장애 차별 법률에서 법적인 필수사항이다. 스트레스 관련 결근 이후에 조직이 근로자를 위해 수립한 이런 유형의 업무 적응은 과업 혹은 업무의 변화, 업무가 관리되는 방식의 변화, 추가 훈련 혹은 재배치 등을 포함한다(Thomson et al., 2003). 그러나 재활과 질병 관리 정책이 지닌 좋은 의도에도 불구하고, 업무 적응에 있어서 어려운 점들은 여전히 산재하고 있다. 커닝햄 등(Cunningham et al., 2004)은 질병이나 장애 근로자의 업무 복귀에 관한 조직의 여러 사례를 연구하고 기술한 바 있는데 이에 따르면 관련 업무 조정이 항상 이루어지는 것이 아니며, 업무 조정은 매우 늦게 이루어지고, 현장 관리자는 과정을 지지하는 데 종종 실패한다. 조직이 근로자가 업무에 빨리 복귀하는 데 필요한 업무 조정을 시행하기 어려운 몇 가지 이유는 변화에 대한 두려움, 비용 증가, 재상해와 그로 인한 결과에 대한 두려움 그리고 업무 복귀 계획을 효과적으로 시행하는 방법에 대한 지식의 부족 때문이었다(Di Guida, 1995).

〈표 19-8〉 업무 조정의 사례 연구 예

스트레스 관련 질병이 발생하기 전, 근로자는 두 개의 영역에서 기술적 지원을 제공하는 것을 책임지고 있었다. 그가 업무에 복귀했을 때 그의 업무량은 그가 일을 처음 시작했을 때처럼 하나의 영역으로 줄었다.

출처: Thomson, Neathey, & Rick (2003).

근로자가 현장 관리자와 함께 지속적인 모니터링과 정기적인 검토를 하는 것이 업무 복귀 후에 지속적으로 이루어져야 하는데, 그 이유는 복귀 스케줄과 업무 조정이 잘 이루어지고 있는지 그리고 필요할 때 제공되고 있는지를 확인하기 위해서다.

직업 재활 관리

앞에 기술한 재활과 다양한 활동의 여러 단계는 효과적으로 관리되어야 성공적으로 실행된다. 재활 관리에 기여하는 2개의 주요 요소는 재활과 실제적인 사례 관리에 관한 문서화된 정책 혹은 가이드라인이다.

조직의 정책들

조직의 재활 절차를 정하는 서면 정책 혹은 가이드라인은 근로자, 현장 관리자, 직업 건강 전문가, 그리고 HR 담당자들에게 무엇을 해야 할지, 언제 해야 할지 그리고 누가 그것을 하는 데 도움을 줄 수 있을지에 대한 정보를 제공할 수 있다. 이러한 재활 정책은 모든 다른 직업 건강 관련 정책 및 HR 정책과 통합되고 일관되어야 한다(CIPD, 2004). 업무 복귀 정책의 잠재적 중요성은 커닝햄과 제임스(Cunningham & James, 1997)가 설명한 바 있는데, 이들은 서면으로 이루어진 업무 복귀 정책을 갖춘 조직은 그렇지 않은 조직에 비해서 업무 적응에 대한 주도적인 조치들을 사용할 가능성이 높고, 결근 수준에 대해서도 보다 편의를 봐 주는 경향성을 지니고 있음을 확인했다. 그러나 서면 정책이 직장에 적용되면 조직 정책과 관리의 실제 간에 차이가 존재한다.

재활 관리의 실제

스트레스 관련 질병을 지닌 근로자의 재활을 관리하는 것은 긴 시간이 소요되고 까다롭다. 재활과정과 관련된 여러 이해 당사자(근로자, 직업 건강 전문가, 현장 관리자, HR/전문가/보험회사, 법률 서비스, 건강 및 안전 전문가, 노동조합 대표, 일반의 등)가 있는데, 그들 간에는 복합적인 상호작용이 있고 때로는 경쟁적인 의제가 존재하기도 한다. 효과적인 업무 복귀의 성공 여부는 이해관계자들 모두의 통합되고 조정된 활동에 달려 있다(Bruyere & Shrey, 1991; Kenny, 1994). 그러나 실제로는 사례를 관리하는 데 있어서 조정된 활동의 부족과 현장 관리자의 지지 부족이 흔히 발생한다(Cunningham et al., 2004). 직무 관련 스트레스 이후의 재활에 대한 사례 관리 접근은 활동들의 바람직한 통합을 이루는 방법이다(Nowland, 1997; Kendall et al., 2000). 이것은 재활과정을 상호 통합할 수 있는 사례 관리자를 지명하는 것을 포함한다. 이 사람은 직업 건강 전문가 혹은 HR 전문가이거나 적절히 훈련된 현장 관리자가 될 수 있다. 이해관계자 간의 지속적이고 효과적인 커뮤니케이션, 분명한 역할과 책임 설정이 이루어지면 근로자의 욕구는 가장 먼저 만족될 수 있다.

여러 이해관계자가 존재하게 되면 재활의 각 단계를 감독하는 데 누가 가장 적합한지에 관한 의문이 제기된다. 직업 건강 부서가 있는 보다 큰 조직에서는, 직업 건강 전문가가 일반적으로 재활과정을 이끌 것이다. 많은 다른 조직에서 주요 책임은 근로자의 현장 관리자가 맡는다. 그 외 조직의 경우 HR이나 인사 부서가 근로자의 재활을 감독한다. 재활은 수개월에서 수년이 소요되는 긴 과정으로서 재활 관리의 연속성을 유지하려고 노력하는 것이 중요하다. 예를 들어, 직업 건강 대표가 몇 개월 후에 일을 그만두게 된다면 HR 대표가 재활 사례의 전반적인 관리를 책임지는 게 더 낫다.

재활과정에 대한 전반적인 관리 책임을 누가 맡든 간에 근로자의 현장 관리자는 재활이 성공하는 데 중요한 역할을 한다. 현장 관리자는 근로자와 매일 만나고, 근로자의 직무, 환경, 동료에 대해서 잘 알고 있기 때문에 재활 주체로서 역할을 하는 것은 너무나 당연하다(Pransky, 2001). 최근의 추세는 매일의 HR 관리 절차가 현장 관리 책임으로 넘어가고 있다(Larsen & Brewster, 2003). 따라서 현장 관리자는 결근한 근로자에게 지속적으로 접촉을 취할 책임이 있고, 근로자의 업무 관련 스트레스의 원인이 무엇인지를 확인해야 하며, 업무 적응과 조정을 설계하고, 실현 가능한 단계적 복귀 선택지를 제안해야 한다. 근로자에 대한 현장 관리자의 지지와 관여는 직무 관련 스트레스 이후의 효과적인 재활에 결정적인 요인이다(Dollard et al., 1999; Pimental, 2002). 어떤 구체적인 관리 행동이 업무 관련 스트레스를 막거나 줄이는 데 도움이 되는지를 확인하는 연구들이 시작되고 있다(Donaldson-Feilder & Pryce, 2006).

현장 관리자의 역할은 매우 중요하기 때문에 현장 관리자들은 직무 관련 스트레스의 원인, 신호 및 증상에 대해서 감지하고 이해할 필요가 있다. 이를 위해서 정책 문서, 안내 및 훈련은 현장 관리자가 업무 관련 스트레스로 인해 결근하는 직원을 어떻게 관리하는 것이 가장 효과적인가를 아는 데 유용하다. 그러한 훈련이나 감지가 없다면, 현장 관리자는 업무 관련 스트레스가 있는 근로자와 어떻게 커뮤니케이션해야 하는지 모르고, 업무 조정을 통해 복귀할 수 있는 기회를 어떻게 제공하는지 모르며, 복귀과정 동안 적절한 지지를 제공할 수도 없다(Cunningham et al., 2004). 또한 이를 알게 되면 현장 관리자는 근로자가 결근하기 전에 업무 관련 스트레스를 경험하고 있는 상황을 확인하고 개입하는 데에도 도움이 된다. 질스트라 등(Zijlstra et al., 2006)에 따르면, 오랜 기간 결근한 사람들은 결근하기 전에 결근을 심사숙고하는 경향이 있고, 이러한 숙고 기간은 스트레스 관련 병가를 낸 근로자의 경우 수개월이 걸리기도 한다. 만약 관리자가 이 기간 동안 업무 관련 문제를 알아차릴 수만 있다면, 근로자가 스트레스 관련 결근을 하지 않게 할 수도 있는 것이다.

근로자의 재활을 관리하는 데 있어 어려운 측면 중 하나는 재활 계획에 대한 조직과 근로자의 욕구를 통합하는 것이다. 재활의 전반적인 목표는 근로자로 하여금 일터로 복귀하게 하고, 어떤 불필요한 결근이나 질병으로 인한 은퇴 혹은 해고를 막는 것이다(Hogarth & Khan, 2004). 고용주는 근로자가 가능한 한 빨리 일터로 복귀하기를 원하지만, 이러한 과정을 서두르고, 근로자에게 복귀하는 데 있어 너무 많은 책임을 부여하면 역효과가 나타날 수 있고, 결근이 더 길어질 수도 있다. 근로자의 증상 그리고 의사나 직업 건강 전문가의 조언은 업무 복귀가 언제 그리고 어떻게 이루어지는 것이 가장 적합한지를 결정하는 데 중요하다. 따라서 고용주와 근로자가 의사나 직업 건강 전문가의 조언을 만족시킬 수 있도록 함께 협업하면서, 융통성 있고, 협조적이며, 협의된 접근이 추천된다. 이러한 접근을 사용할 때 고용주는 성공적인 업무 복귀의 긍정적인 기대를 제공하고, 결근한 근로자와 협조적이고 지지적인 관계를 유지하며, 조직과 접촉을 유지하는 것의 이점을 전달하고, 현실적인 목표를 확인하며, 성공적인 재활 가능성을 늘리기 위해서 업무 복귀 방문과 초기 단계의 복귀를 격려하는 것이 중요하다(CIPD, 2004; Kendall, Linton, & Main, 1997).

결론

직무 관련 스트레스로 인해 결근한 근로자를 재활시키는 것에 관한 문헌이 많지는 않지만, 조직으로 하여금 현재의 성공적인 업무 복귀 비율을 늘리기 위해서 업무 복귀를 촉진시키거나 가로막는 핵심 요소에 대해서 우리는 충분히 알게 되었다. 업무 관련 스트레스로 인한 결근 후 복귀한 근로자를 위한 재활 활동은 여러 가지가 있다. 이러한 활동의 성공여부는 어떤 활동이 조직 및 각 근로자와 관련이 되는지 그리고 그러한 활동이 얼마나 잘 관리되는지에 달려 있다. 이러한 요인들은 [그림 19-1]에 요약되어 있다.

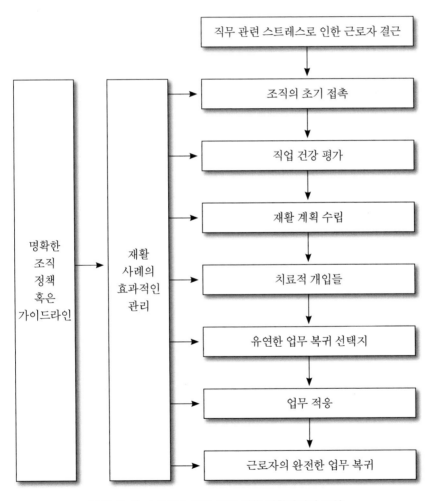

[그림 19-1] 스트레스 관련 질병 이후 재활과정의 요약

조직은 이러한 활동을 개발할 때 다음의 질문들을 사용할 수도 있다(Thomson et al., 2003에서 발췌).

조직의 초기 접촉

- 근로자와 접촉한다고 했을 때 '초기'라는 것은 언제인가?
- 누가 접촉해야 하는가?
- 어떤 안내와 지원이 접촉하는 사람에게 도움이 되는가?
- 만약 근로자가 조직에 알리고 싶어하지 않을 경우 어떤 일이 발생하는가?

직업 건강 평가

- 업무 관련 스트레스의 경우 건강 평가를 위해(즉각 혹은 발생시키는 요인이 있을 때) 의뢰할 때 조직이 해야 할 것은 무엇인가?
- 건강 평가를 위해 언제 의뢰할 것인가에 대해서 현장 관리자는 어떤 조언을 들어야 하는가?
- 누가 건강 평가의 적임자인가?
- 누가 의사 혹은 직업 건강 전문가와 커뮤니케이션할 책임이 있는가?
- 건강 평가를 통해 얻을 수 있는 정보는 충분히 상세한가?
- 근로자에 대한 민감한 정보는 어떻게 다루어질 것인가?

재활 계획 수립

- 재활 계획을 실천하는 전반적인 책임은 누구에게 있는가?
- 계획을 근로자와 논의하고, 동의하는 책임은 누구에게 있는가?
- 현장 관리자와 근로자 이외에 추가로 누구에게 의뢰할 수 있는가?
- 어떤 준비가 미리 이루어질 수 있는가?(예, 어떤 상이한 업무 복귀 선택지들이 가능할 수 있는지를 정함)
- 검토는 어떻게, 언제, 누가 하는가?

치료적 개입들

- 조직은 어떤 형태의 심리치료를 제공하는가?
- 이러한 치료는 언제 제공되는가?
- 얼마나 오래 가능한가?
- 누가 제공자가 되어야 하는가?
- 적절한 유형의 치료를 받고 있는지 어떻게 보장하는가?
- 조직은 상담을 통해서 학습한 전략을 장기간 사용할 수 있도록 어떻게 촉진할 것인가?

유연한 업무 복귀 방법

- 현재의 업무 복귀 계획은 얼마나 융통성이 있는가?
- 업무 복귀에 대한 결정은 어떻게 이루어지는가?
- 누가 계획을 점검하는가?
- 진전은 언제, 얼마나 자주 검토하는가?
- 검토와 수정은 어떻게 결정되는가?
- 조직은 효과가 없는 계획에 대해서 어떻게 반응하는가?

업무 적응

- 근로자의 업무 적응은 어떻게, 어떤 단계에서 고려되는가?
- 어떤 범위의 업무 적응이 가능한가?

EMPLOYEE WELL-BEING SUPPORT
A Workplace Resource

근로자 스트레스 관리:
증거기반 접근

스테판 팔머, 크리스티나 길렌스텐(Stephen Palmer and Kristina Gyllensten)[*]

직장 내 스트레스

이 장에서는 조직의 맥락에서 근로자를 위한 스트레스 관리와 예방에 중점을 두고자 한다.

스트레스가 심리적·신체적 질병의 원인이 되는 중요한 요인이라고 여러 연구에서 지속적으로 밝혀 왔다(Cooper, Dewe, & O'Driscoll, 2001; Hemingway & Marmot, 1999; Resengren et al., 2004; Vahtera et al., 2004; Yusuf et al., 2004 참조). 실로 많은 조사가 업무 관련 스트레스가 개인의 건강뿐 아니라 조직의 생산성에 부정적인 영향을 미친다는 것을 밝혀 왔다(Cartwright & Cooper, 2005). 예를 들어, 높은 심리적 직무 요구에 노출되는 일은 주요 우울장애와

[*] 시티 대학교, 런던/고텐부르그, 스웨덴(City University, London, and Gothenberg, Sweden) 명예교수

범불안장애의 위험을 대단히 증가시킨다(Melchior et al., 2007). 영국 보건안
전부the Health and Safety Executive: HSE(2004)에서 실시한 '2003/2004 자기보고식
업무 관련 질병' 조사에서 스트레스, 우울, 불안이 영국에서 업무 관련 건강
문제의 두 번째로 만연한 유형이라고 보고했다. 미국의 보험회사 노스웨스
턴 내셔널 라이프Northwestern National Life에서 수행한 조사에서는 참여한 근로자
의 40%가 그들의 직무가 '매우 혹은 극도로 스트레스가 많다'고 느끼는 것으
로 보고했다. 이와 유사하게, 예일 대학교에서 수행한 조사에서는 참여 근로
자의 29%가 '일에서 매우 혹은 극도로 스트레스를 받는다'고 느끼는 것으로
보고했다(NIOSH, 1999). 스트레스는 비단 영국과 미국의 문제만은 아니다.
유럽 전역의 약 1만 5,000명의 근로자에 대한 조사에서는 28%가 스트레스가
업무 관련 건강 문제라고 보고한 것으로 나타났다(Paoli, 1997). 나아가 유럽
의 1억 4,700만 근로자에 대한 조사는 28%가 스트레스에 대해 호소한 것으
로 나타났다(Employment and Social Affairs, 1999).

스트레스의 정의

스트레스는 여러 문헌에서 다양한 방식으로 정의되어 왔다. HSE(2001: 1)
에 의하면 스트레스는 "사람들이 지나친 압력이나 그들에게 부여되는 요구
에 대해 갖는 부정적인 반응"으로 정의된다. 미국 국립 직업 안전 및 건강연
구소American National Institute for Occupational Safety and Health: NIOSH(1999: 6)에서는 직
무 스트레스를 "업무에서 해야 하는 일이 노동자의 능력, 자원, 필요와 맞지
않을 때 발생하는 해로운 신체적·정서적 반응"으로 정의 내린다. 유럽 위원
회Europe Commission의 보고서는 스트레스를 다음과 같이 설명한다(Employment
and Social Affairs, 1999: 3).

스트레스는 업무, 업무환경, 업무조직의 혐오적이고 유해한 측면에 대

한 정서적 · 인지적 · 행동적 · 생리적 반응이다. 그것은 높은 수준의 각성 과 고통 그리고 대처하지 못하는 느낌을 특징으로 하는 용어다.

스트레스에 대한 인지적 정의에서는 개인의 지각과 신념에 대해 좀 더 초점을 두고 있다. 팔머, 쿠퍼, 그리고 토머스(Palmer, Cooper, & Thomas, 2003: 2)는 "스트레스는 지각된 압력이 당신이 대처할 수 있을 것으로 지각된 능력을 초과할 때 발생한다."라는 인지적 정의를 제안한다. 인지행동적 접근은 임상 및 비임상 표본에서 스트레스 증상을 관리하고 감소시키는 데 도움이 되고(예, Grbcic & Palmer, 2006a, b; White et al., 1992), 근로자를 돕는 데 적절한 것으로 밝혀져 왔다. 쿠퍼 등(2001)은 스트레스의 원천으로 기능할 수 있는 환경 요인들이 곧 스트레스원$_{stressors}$이며, 스트레스원에 대한 개인의 반응이 바로 압박이라고 제안하였다.

교류적 스트레스 이론

업무 관련 스트레스에 초점을 둔 많은 연구가 있음에도 불구하고, 위험이 심리적 웰빙 및 신체건강에 영향을 미치는 과정과 결과에 대해서는 여전히 논란과 논쟁이 진행중이다(HSE, 2002a). 쿠퍼 등(2001)의 최근 정의를 살펴보면, 스트레스는 교류$_{transaction}$라고 제안한다. 스트레스에 대한 이 독특한 접근은 개인과 환경 간 교류의 결과다(Lazarus & Folkman, 1984). 스트레스는 개인에게 부과된 요구와 개인의 자원 간에 불균형이 있을 때 생긴다(Cartwright & Cooper, 2005). 교류적 접근에서는 스트레스의 원인이 개인이나 환경 안에 배타적으로 존재하지 않는 것으로 인식된다. 오히려 양자 간의 교류에서 일어나며 스트레스의 원인은 과정의 맥락에서만 이해될 수 있다. 따라서 스트레스는 스트레스원, 압박, 중압감, 대처를 포함하는 전체 과정을 언급할 때 이해될 수 있다(Cooper et al., 2001).

위기 평가 및 관리표준

위기 평가

연구자들은 조직이 업무 관련 스트레스를 다루기 위해서는 스트레스 감사나 위기 평가를 수행해야 한다고 제안해 왔다(예, Briner, 1997; Cooper & Cartwright, 1997; Cox, 1993). 이와 마찬가지로, HSE는 조직이 스트레스 위기 평가를 수행해야 하며, 위기 평가 과정용 지침서를 개발해야 한다고 권장한다(HSE, 2001, 2007). 위기 평가의 목적은 직장에서의 잠재적 위험을 규명하고 결과에 따른 조치를 안내하는 것이다. 초점 집단, 직원과의 비공식적 대화, 수행평가, 질병/결근 자료, 생산성 자료, 이직 자료 등을 포함해 자료를 획득할 수 있는 적절한 많은 방식이 있다. 직장 내 스트레스는 여러 측면을 갖는 이슈이며, 전반적인 그림을 얻기 위해서는 고용주들이 스트레스에 대한 한 가지 측정에만 의존하지 말고 여러 출처로부터의 자료를 고려하는 것이 중요하다(HSE, 2001). 평가는 현장의 관심을 얻을 수 있어야 하며 근로자가 참여해야 한다(Mackay et al., 2004).

일단 조직을 위한 5단계 위기 평가 개입이 이루어지는 스트레스 관리 예방 프로그램이 준비되어 왔다. 그 단계는 다음과 같다(Health and Safety Executive, 2007).

- 스트레스 요인을 규명하라—관리 요인을 이해하라.
- 누가 어떻게 해를 입을 수 있는지 결정하라—자료를 수집하라.
- 위기를 평가하라—문제를 탐색하고 해결책을 개발하라.
- 결과를 기록하라—조치 계획을 개발하고 실행하라.
- 조치 계획을 검토하고 효과성을 평가하라.

관리표준

HSE(2007)는 스트레스가 조직 내 문제인지 조사할 때 평가되어야 하는 폭 넓은 범주의 위험 요인을 다수 규명해 왔다. 이러한 스트레스원 영역들은 근로조건에 대한 광범위한 연구로부터 도출되었다(Mackay et al., 2004). 스트레스원 영역에 기초하여 HSE는 표준지침을 개발하였다. 이러한 스트레스 관리표준은 여섯 가지 핵심 스트레스원 영역인 요구, 통제, 지원, 역할, 관계, 변화에서의 좋은 실제를 포함하고 있다. 여섯 가지 요인에서 말하는 각각의 상태에 도달하기 위해 요구되는 과업의 정확한 특성은 여기에서 기술하지 않을 것이다(Cousins et al., 2004 참조). 그럼에도 불구하고, 여섯 가지 위험의 의미를 간략하게 설명하는 것은 유용하다.

- 요구Demands: 업무부담, 업무패턴, 업무환경
- 통제Control: 요구에 맞서 균형을 이루는 통제와 같이 근로자들이 일하는 방식에 대한 근로자의 개입
- 지원Support: 한 사람이 조직과 동료들로부터 받고 있는 격려, 후원, 자원
- 관계Relationships: 직장 내 긍정적인 습관의 촉진과 괴롭힘이나 따돌림과 같이 수용할 수 없는 행동에 대한 관리
- 역할Role: 한 사람이 직장 내 자신의 역할을 이해하고 있는 정도와 개인이 역할갈등을 갖고 있는 정도
- 변화Change: 조직의 변화가 관리되고 소통되는 방식

이 표준은 업무조건에 대한 연구에 기반하였으며 여러 이해관계자와 함께 개발되었기 때문에, 조직의 스트레스에 대한 이런 접근은 유럽 대륙과 미국의 조직에도 역시 유용할 수 있다. 여섯 가지 스트레스 요인이나 위험 범주들은 앞에서 제안했듯이 체계적인 스트레스 평가를 위한 좋은 기초가 되나, 만

약 이것이 매력적이지 않다면 직무 스트레스 관련 논의를 시작하는 기초가
될 수 있을 것이다. '직무 스트레스 모형'(Palmer, Cooper, & Thomas, 2001에서
발췌)은 여섯 가지 관리표준 혹은 잠재적 위기에 기반하고 있고 이러한 위기
와 스트레스 증상 및 원인 간의 관계를 강조한다([그림 20-1] 참조).

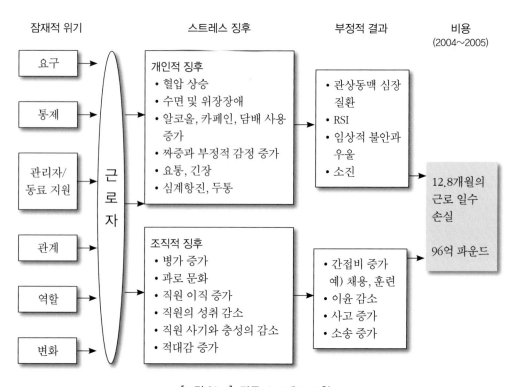

[그림 20-1] 직무 스트레스 모형

출처: Palmer, Cooper, & Thomas (2001)에서 발췌.

스트레스 개입

스트레스 개입을 위한 개념적 틀

위기 평가에 이어 조직은 평가가 강조했던 이슈들에 대해 관리를 위한 개입을 설계하고 시행할 필요가 있다. 스트레스 예방과 감소 개입은 1차 수준, 2차 수준, 3차 수준 개입의 형태로 이루어질 수 있다(Cartwright & Cooper, 2005). 1차 개입은 직장 내 내재하는 스트레스의 근원을 수정하거나 제거하는 데 관심이 있다. 1차 개입의 예에는 직무 재설계, 유연근무제, 조직 구조 변화 등이 포함된다(Cooper & Cartwright, 1997; HSE, 2002b). 많은 연구자는 이 접근이 계속 도전받아 왔음에도 불구하고(Reynolds, 1997), 세 수준의 개입 중에서 가장 능동적이고 예방적이기 때문에 가장 효과적이라고 제안한다(Cartwright & Cooper, 2005). 2차 개입은 스트레스를 다루는 개인의 자원을 확장하는 데 관심이 있다(Cartwright & Cooper, 2005). 개입에는 스트레스 관리 프로그램, 이완 기술, 교육 활동, 건강증진 활동 등이 포함된다. 3차 개입은 근로자들이 일시해고/정리해고를 다루도록 돕는 개입도 포함할 수 있지만, 그럼에도 불구하고 스트레스로 인해 심각한 건강 문제를 겪는 개인의 치료와 재활에 관심이 있다. 전직 및 커리어 코칭, 상담과 근로자 지원 프로그램(EAP)은 3차 개입의 예다. 대부분의 활동은 2차와 3차 수준에 집중하는 반면, 1차 개입은 덜 일반적인 것처럼 보인다(Cooper & Cartwright, 1997; Employment and Social Affirs, 1999). 〈표 20-1〉에 이 개념적 틀을 요약하였다.

〈표 20-1〉 스트레스 관리와 예방을 위한 개념적 틀

개입 수준	활동 예시
1차	직무 재설계 유연근무제 구조적 변화 자원개발
2차	스트레스 자각 혹은 스트레스 관리 훈련 혹은 코칭 프로그램 이완 및 바이오피드백 훈련 교육 건강증진
3차	상담 및 심리치료 전직 혹은 커리어 상담/코칭 의료적 개입 재활

업무 관련 스트레스 관리를 위한 2차 수준 개입: 증거기반 접근

조직 스트레스 관리 및 예방 프로그램에 대한 증거기반 접근은 출판된 연구에 기반하여 실제에 근거를 제공하고자 한다. 많은 논문이 스트레스 관리 분야에서 출판되어 왔음에도 불구하고, 더 많은 개입 연구가 직장 및 조직의 스트레스 분야에 필요하다(Briner, 1997 참조). 여기에서는 2차 수준 개입에 경험적 근거를 제공할 수 있는 연구들에 초점을 두고자 한다.

스트레스 관리 훈련에는 많은 상이한 개입이 있지만, 아마도 가장 흔한 것은 2차 수준의 개입이다(Briner, 1997). 스트레스 관리 훈련 프로그램의 내용과 지속기간은 다양하다. 훈련 프로그램은 이완, 바이오피드백, 명상, 생활양식, 운동, 영양, 스트레스 자각 교육, A타입 행동수정, 대처 기술, 시간 관리, 주장 훈련, 인지적 재구조화, 인지 기술의 획득 등의 조합에 초점을 둔다

(Murphy, 1996; Cartwright & Cooper, 2005; Palmer, 2003; Cox, 1993). 스트레스의 속성에 대한 설명의 일부로서, 스트레스 원에 대한 인지모형은 개인이 스트레스의 영향을 관리하는 데 활용될 수 있으며 근로자가 이 모형의 상이한 1~6단계에서 자신을 돕기 위해 다양한 심리적·생리적·행동적 기술과 전략을 어떻게 사용할 수 있는지에 활용될 수 있다([그림 20-2] 참조, Palmer & Strickland, 1996). 덧붙여, 직무 스트레스 모형은 잠재적 위험, 증상과 결과 간의 관계를 설명하는 데 활용될 수 있다([그림 20-1] 참조).

  관련 논문들을 개관한 쿠퍼와 카트라이트(Cooper & Cartwright, 1997)는 직장 스트레스 관리 훈련의 효과성에 대한 증거가 혼란스럽고 부정확하다고 말한다. 논문의 결과를 검토해보면, 증상과 부담에서 약간의 향상이 보고되었

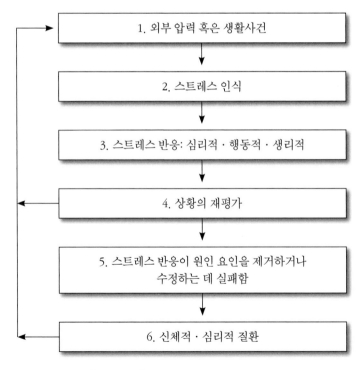

[그림 20-2] 스트레스에 대한 인지모형

출처: Palmer & Strickland (1996).

지만, 직업 만족도, 혈압, 업무 스트레스 수준이 거의 혹은 전혀 변화하지 않았다. 이와 비슷하게 브라이너(Briner, 1997)는 논문들을 개관하여 스트레스 관리 훈련의 효과성에 대한 제한된 증거들이 있는 반면에 장기 효과를 보여 주지는 않는다고 제안하였다. 나아가, 브라이너(1997)는 훈련 이후에 갖게 된 일반적으로 '기분 좋은' 요인이 훈련내용보다 심리적 웰빙에 대한 단기 효과를 설명한다고 주장하였다. 임상 장면에서 스트레스를 감소시키는 개인 및 집단 인지행동 훈련/치료는 효과적인 것으로 밝혀져 왔다는 점을 주목해야 한다(예, White et al., 1992). 반 데르 클링크 등(Van der Klink et al., 2001)의 메타분석은 "스트레스 관리 개입은 효과적이며 인지행동 개입은 다른 개입 유형보다 더 효과적"이라고 결론 내렸다.

　스트레스 관리 프로그램은 조직이 변화시킬 준비가 되어 있지 않은 직장 스트레스원을 근로자들이 다룰 수 있도록 돕는 데 효과적이다(Cooper, Liukkonen, & Cartwright, 1996). 이와 유사하게, 쿠퍼 등(2001)은 기술 훈련과 스트레스에 대한 자각증진 훈련이 근로자의 스트레스 요인에 대한 회복탄력성과 저항력을 개발할 수 있도록 돕는다고 제안하였다. 그러나 2차 개입이 스트레스의 외부적 원인보다는 결과를 자주 다룬다는 것을 강조하는 것이 중요하다. 만약 스트레스 요인이 구조적이라면, 근로자의 업무환경에 대처하는 능력을 높이기 위한 훈련이 때때로 충분하지 않을 수 있다(Cooper et al., 2001). 교류적 스트레스 모형은 스트레스를 유발하는 환경과 개인 간의 상호작용이 있으며 이로 인해 근로자가 스트레스를 개선하기 위한 기술과 전략을 배울 수 있다는 점을 강조한다.

　조직 내 스트레스 개입을 탐구하는 많은 연구가 방법론적 한계를 가지고 있다(Cox, 1993). 실로 일터에서 엄격한 설계를 갖는 연구를 수행하기란 매우 어렵다. 공통의 문제로 통제집단의 부재, 선별효과(대부분의 프로그램은 자발적이다), 불특정 효과, 전파diffusion 등이 포함된다. 전파란 한 근로자 집단에 제공된 개입의 효과가 이 집단과 가깝게 일하는 근로자들에게 영향을 미치는 경향이다(Cox, 1993; HSE, 1998).

그러나 인지행동 실험조건을 사용한 무선통제실험에서 직장 스트레스원이 두 집단에서 지속되고 있는 동안 관리자의 스트레스 증상이 대기 통제 집단과 비교해서 유의미하게 감소된 것을 밝혀냈다(Grbcic & Palmer, 2006a, b). 이는 비임상 장면에서 인지행동 접근이 갖는 효과성에 대해 추가적인 증거를 제공해 준다. 사용된 개입은 인지행동 기술, 특히 자기자각 훈련, 스트레스적 사고 인식, 목표 설정, 우선순위 매기기, 시간 관리, 동기, 미루기 극복하기, 긍정적 자기대화self-talk, 생활양식 선택지 등에 기반한 자기조력self-help 매뉴얼이었다. 이 프로그램의 시행과 운영에는 훈련자도 없고 상담자나 코치도 없다. 이는 보통 상담 및 심리치료 장면에서 내담자의 향상에 관여하는 유의미한 요인으로 여겨지는 훈련자 및 상담자/코치와 내담자 간의 관계성을 제거했다(O'Broin & Palmer, 출판 중).

직장 내 코칭은 수행을 향상시키기 위한 대중적인 개입이 되었다. 그러나 질적 연구들에서는 참여자 보고에 의한 스트레스 감소가 밝혀졌지만(예, Wales, 2003; Gyllensten & Palmer, 2006), 양적 연구에서는 스트레스의 유의미한 감소를 밝히지 못했다(예, Gyllensten & Palmer, 2005). 이와 반대로, 학생 및 라이프 코칭 현장에서 인지행동과 해결 중심 접근을 사용했던 양적 연구들은 코칭이 꼭 사용되지 않았을 때조차 스트레스, 불안, 우울의 유의미한 감소와 정신건강 및 웰빙의 향상을 발견했다(예, Grant, 2001, 2003; Green et al., 2005, 2006 참조). 직장에서 활용된 인지행동 코칭과 해결 중심 코칭의 효과성을 입증하기 위한 추후 연구가 필요하기는 하지만, 한 연구(Grbcic & Palmer, 2006b)는 코칭이 스트레스를 감소하고 예방하는 데 효과적일 수 있다는 것을 보여 주었다. 그것은 또한 심리적으로 '부적합한' 관리자의 필요에 대해 설명한다(Jenkins & Palmer, 2004 참조).

이 장의 주요 부분은 스트레스의 조직적 측면에 초점을 두고 있다. 그러나 개인마다 스트레스 경험이 고유하며 스트레스 요인으로 작용하는 것이 개인별로 다르다는 것을 주의하는 것이 중요하다. 한 사람이 스트레스가 많다고 보는 사건이 다른 사람에 의해서는 긍정적인 도전으로 보일 수 있다. 팔머, 쿠퍼, 그리고 토머스(2003)는 사건이 개인에 의해 지각되는 방식이 그들이 특정 상황에 어떻게 반응하고 이에 대처하는지를 결정한다고 주장하였다. 따라서 개인 역시 스트레스 관리에 있어 한 개인으로서의 책임을 진다. 부가적으로 조직에서 근로자는 자신과 타인의 건강과 안전에 대한 책임을 법적으로 질 수 있다.

요약

이 장은 직장에서의 스트레스에 초점을 두었다. 특히 위기 평가에 대해 논의하고 5단계 위기 평가 과정의 개요를 기술하였다. 나아가, HSE의 관리표준이 제시되었다. 이 관리표준은 여섯 가지 핵심 잠재적 스트레스 요인/위험 영역에서의 좋은 실제를 위한 지침을 제공한다. 스트레스 개입을 위한 개념적 틀의 개요에 대해, 특히 근로자가 여섯 가지 위험에 의해 촉발된 스트레스를 다룰 수 있도록 하는 2차 수준 개입에 초점을 두어 기술하였다.

결국 조직의 특별한 요구를 충족하기 위해서는 포괄적 스트레스 예방 및 관리 프로그램이 개발되어 적용되어야 한다는 점을 강조하는 것이 중요하다. 위기와 필요조건에 대한 지속적인 평가가 이것이 사실이라는 점을 보장하는 데 도움이 될 것이다(HSE, 2003). 이는 HSE가 권장한 지속적 향상 모형과 일치한다. 직장에서 인지행동 훈련, 상담, 코칭 프로그램이 효과적이라는 증거가 많아지고 있지만, 조직은 스트레스를 관리하고 예방하기 위해 2차와 3차 수준의 개입에만 지나치게 의존해서는 안 된다.

직장 갈등 관리에 대한 관점

토니 번(Tony Buon)[*]

도입

이 장에서는 경험적 관점에서 직장 갈등을 탐색해 보고, 갈등에 대한 인식의 재구성이 어떻게 직장 갈등에 반응하고 관리하기 위한 틀을 만들 수 있도록 돕는지, 그리고 궁극적으로는 개인과 조직에게 동기를 부여하고 변화할수 있게 하는지를 설명하고자 한다.

---

[*] 로버트 고든 대학교, 스캇코치 컨설팅 회사(Robert Gordon University and ScotCoach Consattancy Firm) 관리 파트너

직장 갈등에 대한 인식

직장 갈등은 무엇인가라는 질문을 받으면, 대부분의 사람은 '갈등'이라는 단어에 현재와 과거에 직장생활에서 있었던 부정적이었고 스트레스 받았으며 고통스러웠던 경험을 연상할 것이다. 이런 상황들은 거의 좌절감과 무력감으로 특징 지어질 가능성이 높은데, 이는 자신이 관리자나 지도감독자 또는 팀원이라는 역할과는 별 상관이 없을 것이다.

또는 직장에서 갈등을 해결하는 과정에서 열린 대화를 통해 자신이 경청되고 이해받은 긍정적인 경험을 회상할 수도 있다. 이러한 갈등 해결의 긍정적인 경험은 비록 원하는 결과를 항상 얻지는 못할지라도 공유된 권한, 신뢰 그리고 상호 존중으로 특징 지어진다.

이런 점에서 직장에서의 갈등은 개인적 갈등이나 가족 내 갈등과 다르지 않은데, 갈등을 함께 해결해 갈 수 있다는 의미 있고 보상적인 경험을 할 수 있다는 면에서 그러하다. 그러나 우리는 너무도 쉽게 갈등은 달갑지 않고, 부정적이며, 다루기 어렵다고 인식하는 경향이 있다.

이어지는 사례 연구에서는 직장에서 상대적으로 갈등이 없다는 것이 기능적이고, 건강한 일터이며, 직원들의 웰빙을 나타내는 지표로 간주될 수 있는가라는 질문을 탐색할 것이다.

사례 연구 1: 신념체계의 힘

앨런Alan은 동료 중 한 사람의 태도 때문에 업신여김을 당한다고 느낀다. 빌Bill은 월례회의 때마다 직속상사와 부서원들 앞에서 앨런의 아이디어나 발표를 늘 비난한다. 앨런은 빌의 비난에 대하여 대응하는 것이 자신을 '예민하고' 약하게 보이게 만들어 오히려 상황을 더 나쁘게 할 뿐이라고 믿었으며, 회사에서는 그가 느끼는 어느 것도 '관대하게' 여기지 않을 것 같았다. 그래서 그 상황이 끝나기만을 몇 달 동안 기다리면서 이제는 회의에서 발언할 자신감이 거의 사라지고 있음에도 불구하고, 그 상황을 '참고 견디기'로 한 결정을 이어 오고 있다.

주요 이슈에 대한 논의

자신이 처한 상황을 다루는 방법으로 회피 전략을 사용하기로 한 앨런의 결정을 몇 가지 강한 신념이 뒷받침하고 있다.

- 그는 빌의 행동이 자신을 비하하는 것이라고 믿고 있다.
- 그 상황에 대해 공개적으로 의사소통하는 것은 그를 취약하게 하고 상황을 더 나쁘게 만들 것이라고 믿고 있다.
- 그는 상사나 회사가 자신의 문제를 이해하거나 지지하지 않을 것이라고 믿고 있다.

그 상황을 해결하려는 노력은 결국 부정적인 갈등으로 끝나게 될 것이라는 앨런의 믿음과 갈등을 회피하려는 소망이 대안적인 행동을 제한적으로 인식하도록 작용하고 있다. 어쩌면 이 신념체계가 그 상황이 어떻게 진전될지에 대한 결정 요인이라는 것이 더 중요한 부분일 수 있다. 왜냐하면 그의 신념체계가 지속적으로 직장에서의 웰빙과 업무 수행 능력에 영향을 미치고 업무에 있어서의 기여도를 만들어 내기 때문이다.

앞서 제기한 질문에 답을 하자면, 이와 같은 사례에서 앨런과 빌 사이의 갈등에 대한 회피나 갈등의 부재는 조직의 기능이나 직원들의 웰빙에 기여하지 않는다. 만일 우리가 앨런의 세계관보다 좀 더 넓은 시각을 갖는다면, 이러한 상황이 전개되는 데 기여하는 다른 요인들을 볼 수 있을 것이다.

직장 갈등의 원인

직장 갈등의 전개에는 개인적이고 조직적인 전조나 기여 요인들이 많이 있다. 가장 빈번하게 보고되는 전조 또는 기여 요인들을 요약하여 다음에 제시하였다. 실제에서는 한 가지 갈등 상황이 하나 또는 여러 요소의 조합에 의해 발생할 수 있으므로 갈등 상황의 본질은 간단할 수도 혹은 복잡할 수도 있다.

개인적 요인

- 빈약한 대인 간 상호작용 기술
- 협상 그리고(또는) 자기주장 기술의 부족
- 다양성과 다름
- 요구와 목표의 대립
- 오지각과 오해
- 개인적 권력이나 집단 권력의 부적절한 사용
- 미발달된 정서 역량
- 내적 정서 상태
- 업무 외의 개인적 문제
- 가치와 원칙의 갈등
- 직무 만족의 부족
- 낮은 자존감
- 알코올 또는 다른 약물 관련 문제
- 관계 문제
- 신체적 또는 정신적 건강 문제
- 언어의 어려움

• 업무에서 자율성 또는 선택 능력의 부족

조직적 요인

• 유연 근무제
• 불충분한 보고 그리고/또는 위임
• 팀 리더십의 부족
• 부적절한 관리방식
• 훈련의 부족
• 회사 정책
• 비효과적인 갈등 해결 과정 또는 체계
• 효과적인 업무 수행 관리체계의 부족
• 이메일 의사소통의 지나친 의존
• 비난하고 모욕을 주는 조직 문화
• 지나치게 경쟁적인 조직 문화
• 물리적 환경
• 빈약한 정보의 흐름
• 공정하지 않은 의사결정 관행
• 회사의 적법한 절차의 부족
• 자원의 부족
• 역할 명료성의 부족
• 사기 저하
• 기술적 지식만을 근거로 인사관리 역할로의 승진
• 인식의 부족
• 직무 설계
• 고용 불안정

- 비현실적인 기대
- 업무량
- 권한 배분

직장 갈등의 특성

현실에서 한 직원의 직장 갈등 경험은 부정적인 면과 긍정적인 면이 동시에 있을 수 있고, 그 경험이 어느 한쪽이거나 또는 혼합된 경험일지라도 그 원인을 제공하는 요인은 복잡하고 다면적이다.

이 요인들을 좀 더 깊이 탐색하기 전에 발생 가능성이 있는 갈등 또는 부조화의 단계에 대해 간략히 설명하는 것이 도움이 될 것이다. 이 단계들은 한쪽 또는 그 이상의 당사자들이 갈등에 대해 경험하는 내적인 감정이나 정서의 정도를 나타낸다.

[그림 21-1](Weeks, 1994)은 경험할 수 있는 갈등의 단계를 요약하였다. 이

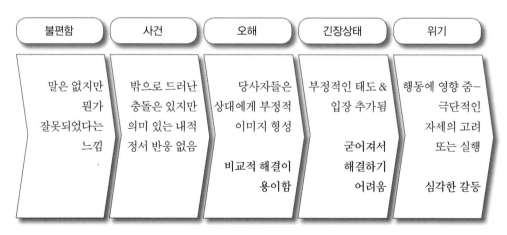

[그림 21-1] 갈등의 단계

출처: Weeks (1994).

단계는 명시적으로 발생한 것은 없으나 당사자는 뭔가 잘못되었다는 느낌을 갖는 **불편함**discomfort부터 시작한다. 다음 단계는 밖으로 드러나는 충돌이 당사자 간에 발생하지만 아직은 그 당사자가 그 상황에 대해 의미 있는 내적 정서 반응을 느끼지는 않는 상태인 **사건**incidents 단계다.

갈등이 그다음 단계인 **오해**misunderstanding에 이르게 되면 한쪽 또는 그 이상의 당사자들이 상대방에 대해 부정적인 이미지를 갖기 시작하지만, 이 단계의 갈등은 정보의 공유나 개방적 의사소통을 통하여 상대적으로 쉽게 해결될수 있다. 그러나 갈등이 **긴장**tensions에 이르게 되면 한쪽 또는 그 이상의 당사자들은 상대방에 대한 고정된 신념과 입장을 형성하기 시작하게 되어, 이 단계에서의 갈등은 점점 더 해결이 어려워지기 시작한다.

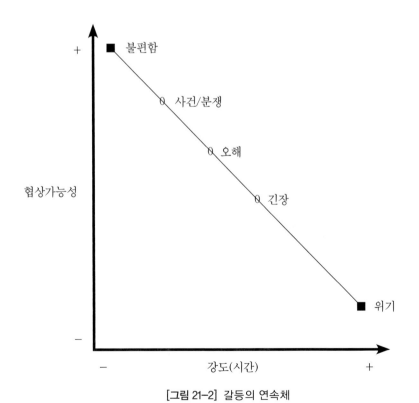

[그림 21-2] 갈등의 연속체

출처: Tidwell (1998)을 수정함.

마지막 단계인 위기_{crisis}에서는 갈등이 한쪽 또는 그 이상의 당사자들의 행동에 영향을 미쳐 당사자들 간의 신뢰와 건강한 업무 관계를 다시 회복할 기회를 무너뜨릴 수 있는 극단적인 행동이 고려되거나 실행된다.

모든 갈등이 가장 낮은 단계에서 시작해서 위기 단계까지 올라가는 것은 분명 아니다. 갈등이 한 단계에 무기한으로 머물러 더 이상 나빠지지 않을 수도 있고 또는 점차 줄어들어서 개선될 수도 있다. 반면, 상황의 본질 때문에 매우 극심한 단계에서 시작하여 위기로 급속히 발전할 수도 있다.

그러나 일반적인 측면에서 [그림 21-2]에서 보는 것처럼, 우리는 갈등이 갈등의 연속체에서 시간의 흐름에 따라 발생하는 양상을 설명하고자 하였다 (Tidwell, 1998). 세로축은 협상가능성 또는 해결 방법을 협상할 기회의 정도를 나타내고, 가로축은 갈등이 지속되는 시간이 길어질수록 증가되는 강도의 수준과 시간의 양을 나타낸다. 시간이 흐름에 따라 일반적으로 상황도 더 치열해지고, 협상가능성의 기회도 적어지는 것을 볼 수 있다.

당사자가 갈등에 대해 특정 강도의 내적 정서 반응을 느끼는 시점이 다양하다는 것을 이해하는 것 역시 중요하다. 한 사람에게는 사소하고 하찮게 여겨지는 갈등 상황이나 주제가 다른 사람에게는 극심한 분노, 배신감, 부당함 또는 상처받은 느낌을 불러일으킬 수 있다. 또 한쪽 편은 벌어지는 상황을 괴롭게 느끼는 데 반해 상대방은 전혀 알아차리지 못하는 상황도 흔히 일어난다.

앨런과 빌의 사례로 돌아가 보면, 바로 이런 상태가 벌어지고 있음을 볼 수 있다. 빌의 행동이 앨런에게 어떤 느낌을 갖게 하는지에 대해 앨런은 아무 말도 하지 않고 있어서, 빌은 자신의 행동이 동료에게 어떤 영향을 미치는지에 대해 자각하지 못하고 있을 수 있다.

주어진 상황에 대한 개인적 반응은 매우 다른 데 반해, 일반적으로 개인이나 집단의 정체성, 인정 또는 발달적 욕구 같은 인간의 고유한 욕구와 관련된 상황은 강력한 감정을 불러일으키는 경향이 있는 것으로 알려져 있다. 충족되지 않았거나 인정되지 않은 인간 욕구는 상황을 상당히 갈등적이라고 느껴지게 만든다. 이러한 갈등의 핵심에서 개인은 자신의 정체성에 대한 위협감을 느끼고 고통과 스트레스의 주요한 증상을 경험하기 시작한다.

어떠한 갈등 상황에도 충족되지 않은 인간 욕구와 물리적 또는 협상 가능한 이슈의 요소는 있다. 갈등이 시간의 흐름에 따라 더 강렬하게 느껴지기 시작하면 해결점을 찾으려는 시도는 이러한 요소들을 가능한 정확하게 평가한 후에 이러한 양상 모두를 다루기에 가장 적절한 접근을 채택하는 것이다.

갈등의 변형

시간이 흐름에 따라 갈등이 진화하고 심화된다는 생각에 기반을 둔 개념이 '행동의 연속체'다. [그림 21-3]에서 직장 갈등의 진화에 기여할 수 있는 행동의 전반적인 다양성을 볼 수 있다.

어떠한 업무 그룹이나 팀에서도 이러한 행동은 항상 발생하며, 갈등의 특성, 인적 구성, 그룹이나 팀의 역사, 관리자의 기술과 경험, 갈등 상황의 개입 방법, 조직 문화에 따라 강도와 기간이 달라진다.

가벼워 보이거나 일상적인 직장생활의 정상적인 부분이라고 생각할 수 있을 만한 행동을 포함하는 이 연속체 한 끝에서 갈등이 시작한다고 해도, 가벼운 갈등 상황이 따돌림, 괴롭힘 같은 행동이나 보복, 근무태만, 신체적 폭행이나 폭력 등의 행동을 수반하는 훨씬 심각한 갈등으로 변화 또는 '변형 metamorphose'(Fortado, 2001)될 가능성이 있다.

만일 갈등이 효과적인 조기 개입으로 다루어지지 않거나 잘못 다루어진다면 이러한 유형의 변형이 일어날 가능성이 증가한다. 특히 갈등이 한 명 이상의 개인의 충족되지 못한 욕구나 격렬한 정서 반응 강도를 중심으로 진행되는 경우는 더욱 그러하다.

[그림 21-3]에서 물결 모양의 선은 정확히 어느 부분에서 이러한 변화가 일어날지를 찾아내거나 예측하는 것이 매우 어렵다는 것을 가리키고 있다.

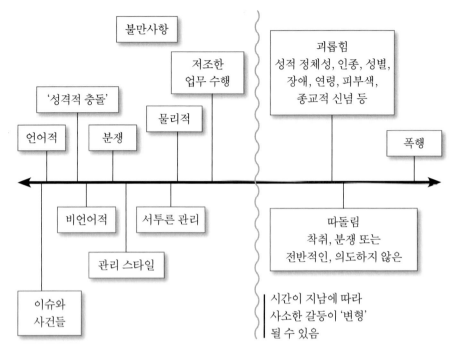

[그림 21-3] 행동의 연속체

'사례 연구 2'에서 이러한 현상을 좀 더 탐색하고자 한다.

사례 연구 2: 갈등의 변형

클레어Claire는 대기업 보험회사에서 사정 전문가로 구성된 팀의 일원으로 일하고 있었다. 그녀는 2년 동안 그 일을 해 왔으며 선임 사정 전문가가 되고자 경력을 쌓고 있었다. 그때까지는 어떤 특정한 보고서를 승인하여 완료하기 위해 동료들과 매우 긴밀하게 협력할 필요가 있었다. 클레어는 자신의 일에 매우 전념했지만 회사의 규정과 다르게 일하는 경향이 있었고 일을 기록하는 방식이 일관되지 않았다. 사정팀은 업무에서 매우 긴밀한 그룹을 형성하였고 개인적 관계에서도 마찬가지였는데 클레어는 결코 그 관계에 참여하지 않으면서 약간 우월감을 갖는 것처럼 보였고, 점심식사 시간에는 정치나 다른 시사와 관련된 주제에 대해 종종 비평을 하였는데 그룹의 다른 사람들은 이에 동의하지 않았고 불쾌해했다.

클레어의 상사인 스테판Stefan은 자신의 팀원들과 매우 친밀하게 지내면서 클레어에게 문제점에 대하여 주의를 주기도 했지만 실제로 그녀를 좋아하지는 않았다. 클레어는 그룹에서 배제되는 느낌이 커져 갔고 스테판이나 다른 팀원들은 그녀의 업무 수행에 대해서 그녀와 의견을 나누어야 할 필요가 있을 때 매우 감정적이고 방어적인 반응과 맞닥뜨려야 했다. 클레어가 자신의 업무에 대한 그들의 모니터링을 괴롭힘의 형태로 받아들였기 때문이다. 결국 클레어는 일을 하면서 더 자주 고통스러워했고 업무 성과는 현저히 나빠지기 시작했다.

상황이 너무 힘들어지자 클레어는 스트레스로 인한 휴직을 하고 상사와 다른 팀원들을 상대로 괴롭힘과 부당한 희생에 대한 공식적인 고충처리를 요구했다. 공식적인 조사가 진행된 결과, 고충은 인정되지 않았고 클레어는 항소했지만 역시 인정되지 않았다. 그녀는 병가에서 돌아오지 않고 건설적 해고constructive dismissal[1]를 요구했는데, 이는 조사위원회의 청문회로 진행되기 전에 타협안으로 동의가 이루어졌다.

주요 이슈에 대한 논의

상대적으로 사소한 갈등이 괴롭힘에 대한 고충으로 변화 혹은 변형되는 것에 기여하는 요인들을 다음과 같이 요약될 수 있다.

- 클레어는 그룹에 받아들여지는 수월한 방법을 찾지 않았다.
- 클레어는 업무 수행에 있어 상사가 개입해야 할 약간의 문제가 있었다.

---

1) 근무환경 변화를 따라잡지 못해 직장을 떠나게 되는 상황(역자 주).

- 상사인 스테판과 팀원들은 클레어를 좋아하지 않았고, 자신들의 그룹에 그녀를 받아들이는 것이 편치 않았다.
- 클레어의 업무 수행에 관한 이슈가 불거졌을 때 그녀는 그룹에서 배제되는 느낌이 들었고, 이로 인한 괴로움으로 과잉반응하였다.
- 클레어의 과잉반응은 그녀는 같이 일하기 힘든 사람이라는 팀원들의 신념을 강화시켰다.
- 스테판은 팀원들에 대한 친밀함과 직속 상사로서의 역할 간에 적절한 경계를 유지할 수 없었다. 그래서 클레어에게 공평한 수준의 지지를 제공하지 않았다.

갈등이 공식적 고충처리까지 확대되는 데에는 분명히 팀 내의 역동이 중요한 요소로 작용했다.

클레어에게는 자신이 소속된 그룹에 맞지 않는 것 같고 받아들여지지 않고 있다는 느낌으로 시작된 것이 결과적으로 부당하게 괴롭힘을 당하고 배제된다는 강한 느낌으로 변형되었다. 그녀의 관점에서 보면, 그룹 내에서 그녀의 정체성이 위태로워졌고, 이러한 충족되지 못한 강력한 욕구가 갈등을 심화시키고 확대시킨 것이다. 그룹의 입장에서는 클레어가 그룹에 잘 맞지 않는다는 신념이 이미 잘 만들어진 그룹의 정체성에 위협이 된다고 생각하게 만들었다. 따라서 그들이 말하거나 행동하는 어떠한 것이 그녀가 그룹의 일원이 되는 것을 방해하는 것이 아니라, 클레어가 '맞추기' 위해 해야 할 것을 하지 못한 것으로 받아들였다.

게다가 상사가 이 상황을 다룬 방식에서는 스테판 역시 그룹 역동의 일부였기 때문에, 팀 내에서 이러한 역동을 바꾸기 위해서나 갈등이 확대되는 것을 막기 위해서 아무것도 하지 않았다. 만일 그녀가 적절한 경계를 유지할 수 있어서 팀원들 모두를 위한 지지를 제공하고 클레어의 업무 수행을 적절하게 관리했다면, 이 팀은 하나의 팀 내에서 접근방식과 성격의 다양성에 대해 가치 있는 교훈을 얻을 수 있었을 것이고 클레어는 직업을 잃지 않았을 것이다.

역기능적 직장 갈등의 부정적인 영향

갈등에 시기적절하고 효과적인 방법으로 대응하지 않거나, 갈등이 시간이 지나면서 확대되거나 고정되면 갈등은 기능적이기보다는 역기능적이 된다. 결과적으로 개인이나 회사 또는 양측 모두는 부정적인 영향을 받게 된다. 직장에 미치는 갈등의 부정적인 영향으로 가장 자주 보고되는 결과는 다음과 같다.

개인적

- 직무, 업무그룹work group 그리고/또는 조직에 대한 관여의 상실
- 좌절감, 스트레스, 불안 또는 신경생리적 증상을 수반하는 우울
- 긴장되는 또는 역기능적인 업무관계
- 치료약 사용의 증가 또는 술 및 약물 사용의 증가
- 고립감
- 괴롭힘, 따돌림 행동의 사용 또는 경험
- 자존감의 상실
- 분노감 또는 부당함의 증가
- 배신감
- 타인에 대한 고정된 입장, 고정관념 및 행동의 증가
- 업무 성과의 하락

조직적

- 직원 이직율 증가
- 생산성과 성과의 감소
- 결근 및 프리젠티즘[2]$_{presenteeism}$의 증가
- 공식적인 고충처리 조사 또는 요청의 증가
- 근무 태만 또는 복수 행위
- 부상과 사고의 증가
- 산재 청구의 증가
- 창조성과 혁신의 손실
- 직원 관계 문제
- 관리시간의 손실
- 고객 불만족

갈등에 대한 대응

갈등에 대한 중립적 또는 기능적 인식

갈등에 대한 부정적 인식이 지배적이라는 처음의 논의로 돌아가 보면, 갈등에 보다 효과적으로 대응하기 위해서는 직장 갈등의 정의를 부정적 또는 긍정적이 아닌 중립적으로 재구성할 필요가 있다. 직장 갈등은 다양성과 다름의 부산물이고 소통의 자연스러운 과정이다(Weeks, 1994).

갈등에 내재하는 중립적 특성을 수용한다면, 대부분의 갈등의 핵심에 있는

---

2) 실직에 대한 불안감 때문에 필요 이상으로 직장에서 많은 시간을 보내는 것을 의미한다(역자 주).

힘을 빼앗는 병리적 측면으로부터 초점을 옮길 수 있다. 또한 타인과 갈등을 겪으면서 나타나는 잠재적인 부정적 결과를 회피하거나 갈등에 개입하는 데 에너지를 사용하는 것을 중단할 수 있다. 대신에 그보다는 개인 혹은 조직 차원에서 어떻게 하면 갈등에 효과적이고 긍정적으로 반응할 수 있는지에 초점을 맞출 수 있다.

이런 면에서 갈등 그 자체가 부정적인 것이 아니라 특정한 행동의 부정적 또는 긍정적 측면이 있고 그러한 행동에 반응하는 방식이 갈등을 건설적 또는 부정적 경험으로 결정하게 하는 것이다.

이제 주요 질문은 경험되는 갈등이 기능적 또는 역기능적으로 보일 수 있는가 아닌가가 된다. 달리 말해서 이런 갈등 상황이 나 자신, 나의 업무관계, 나의 팀 또는 회사에 대해 무엇을 말해 주는가?

이 질문에 대한 답은 궁극적으로 주관적이고 가치 판단적이기는 하지만, 자신에 대해서, 또 서로에 대해서 질문을 하면서 자기알아차림 수준을 향상시킴으로써 좀 더 효과적으로 대응할 능력도 향상시킬 수 있다.

기능적 직장 갈등의 긍정적인 영향

앞에 있는 리스트와는 대조적으로 갈등을 기능적 과정으로 이해하고, 개인과 조직이 효과적이고 빠르게 대응할 수 있는 힘이 있다고 느낄 때에는 다음과 같은 다양한 범위의 긍정적인 결과를 만드는 것이 관찰되었다. 이 모든 결과는 조직과 개인의 성과를 향상시키는 결과를 가져온다.

- 문제를 해결하고 타인과 협상하는 능력과 자신감의 향상
- 의사결정 성과의 질 향상
- 결정에 대한 관여의 증가
- 창조성과 혁신의 증가

- 팀 또는 업무그룹 응집력의 향상
- 자기와 관계의 알아차림 증가와 직장에서 정서와 관계를 관리하는 능력의 향상
- 다름과 다양성에 대한 학습과 수용의 향상
- 나 대 너의 대립적 권력보다는 공유된 권력의 사용 증가
- 자기책임감의 수준 향상으로 개인이 직무, 팀, 기능, 조직에서 가지고 있는 책임을 받아들이고 그렇게 되기를 원함
- 개인적인 소통이 보다 개방적이고, 정직하고, 솔직하고, 섬세함
- 개인들이 새로운 행동을 시도할 만큼 충분히 안전하다고 느끼고, 실수를 하더라도 상사나 동료로부터 질책을 받거나 무시당할 것에 대한 부담 없이 위험을 감수함
- 개인과 업무그룹 그리고 조직 모두 전반적으로 회복탄력성이 증가함
- 개인들이 변화할 필요가 있는 본질적인 행동/이슈에 대한 작업을 하도록 격려받음
- 개인들이 스스로를 도전하도록 격려하고 함께 배우고 성장할 수 있도록 서로를 지지함
- 개인들이 가치 있는 존재라고 느끼고 조직을 위하여 최선의 노력을 다하고자 고무됨
- 더 자유롭고 개방적이고 그래서 스트레스가 적은 작업환경이 됨

갈등에 대응하기 위한 자원

갈등에 효과적이고 긍정적으로 반응할 수 있는 개인 또는 조직의 능력은 그러한 대응을 만들고 지지할 수 있는 개인과 조직의 내적 자원에 달려 있다.

직장 갈등의 대응에 활용되는 몇 가지 주요 자원에 대한 간략한 개요를 다음에 제시하였다.

- 자기알아차림
- 회복탄력성
- 사회적 그리고 대인관계적 기술
- 갈등을 다루는 중립적 방식
- 의사소통 과정
- 제3자 개입
- 정책과 절차
- 관리적 개입
- 비공식적 문제 해결 과정
- 공식적 과정 그리고 조직의 정당한 법적 절차
- 훈련, 개발 그리고 코칭
- 첫 번째 신고 또는 괴롭힘 신고 절차
- 근로자 지원 또는 복지 지원
- 직업 건강 기관 또는 서비스

직장 갈등 관리를 위한 틀

모든 직장 갈등에 대응하는 하나의 옳은 방식이 있는 것은 분명히 아니다. 각 갈등 상황마다 고유한 이슈와 도전이 있기 때문이다. 우리의 대응과 개입이 지속적으로 효과적이길 원한다면 융통성 있고 적응할 수 있는 능력이 있어야만 할 것이다. 보장된 해결책이 없다고 해서 직관과 실용주의적 접근으로 다루어 나가는 것만으로는 충분치 않다. 왜냐하면 이는 의심할 바 없이 커다란 어려움에 봉착하게 할 것이기 때문이다. 그러므로 무엇이 효과적으로 작동하는지를 발견할 수 있는 틀이 필요하다.

직장 갈등에 어떻게 대응하고 관리할 것인지에 대한 틀을 세우기 위해서 다음의 요소들이 고려되어야 할 필요가 있다.

힘의 불균형과 조직의 공정한 법적 절차

2004년부터 영국의 고용주들은 최소한 법으로 정한 고충처리 및 징계 절차를 시행하고 따라야만 한다. 우리의 관점에서는, 이 법률을 준수하기 위한 법적 요건과 관계없이, 강력하고 유의미한 불만 또는 고충처리절차 체계를 갖추는 것이 필수적이다. 이것이 조직의 공정한 법적 절차가 회사 내에서 소통되고 관리되는 방법에 대한 기준점이 되기 때문이다.

고용관계에는 힘의 불균형이 내재한다는 사실이 이것에 대한 필요를 지지한다. 그러므로 모든 직원들은 조직의 정책과 절차 안에 자연적 정의natural justice[3)]가 보장되어 있음을 알 필요가 있다. 이러한 절차가 효과적이기 위해서는 제도화되어야 하고, 공정하게 인식되어야 하며, 이용하기 편리하고, 가시적이며, 잘 알려져야 하고, 모두에게 일관성 있게 적용되어야 하며, 직원의 권리가 인정되고 그에 따른 조치가 취해지는 것이 실제로 입증되어야만 한다 (Ewing, 1977).

덧붙여서 따돌림과 괴롭힘 혐의를 처리하기 위해 개별화된 간단한 불만처리 절차를 시행할 것을 권한다. 이것은 만족스러운 결론에 도달하기도 전에 고충처리 절차의 여러 단계에서 관련된 직원들이 고충처리의 괴로운 측면을 계속 이야기하도록 강요당하지 않게 하기 위함이다.

---

3) 자연적 정의(natural justice): 영국의 법원으로서, 미국과 한국에서도 적법절차조항에 의해 헌법적 원리로 적용되고 있다. 영국에서의 자연적 정의란 다음의 두 가지를 내용으로 한다.
   • 편견배제원칙: 누구든지 자기의 사건에 대한 심판관이 될 수 없다.
   • 쌍방청문원칙: 누구든지 청문없이 불이익을 당하지 않는다. 쌍방이 청문되어야 한다.
   (출처: 위키백과)(역자 주)

비공식적인 소통과 문제 해결 과정

대부분의 고충처리 절차는 비공식적 절차를 포함하고는 있지만, 경험에 의하면 오직 소수의 조직들만이 이러한 비공식적 절차를 어떻게 운용하는지에 대한 안내를 제공하고 있다. 오히려 훨씬 더 많은 고용주는 공식적인 고충처리로 진척되기 전에 갈등을 해결하기 위해 직장에서의 중재 형태 또는 비공식적 과정을 소개하기 시작하고 있으며 아직은 주된 접근으로 인식되고 있지 않다.

고용권리의 보호적 범주가 늘어나고 있으므로, 이를 올바르게 이해시키고 잠재적 위험을 피하려는 노력에도 불구하고, 많은 관리자는 직장 갈등에 개입하려는 시도를 할 자신감과 기술이 부족하다고 느껴서인지 차라리 공식적인 기준에 맞추어 다루려고 하는데 이는 문제가 되기도 한다. 이 방식의 위험 요인은 법률적 틀로 대응하는 것이 직장 갈등을 관리하는 데 있어 '규정 준수 접근'에 지나치게 의존하게 할 수 있다는 것이다.

2004년에 발효되고 2002년에 개정된 「고용법」(분쟁 해결) 규정에 대한 최근의 검토(심리)에 의해 이 점이 강조되었다. 이 규정은 당사자들이 분쟁을 가능한 빨리 해결하도록 격려할 의도였으나 마이클 깁슨Michael Gibbons이 최근 이러한 규정들을 검토하며 발견한 주요 결과는 '규정이 분쟁의 빠른 해결을 촉진하기보다는 오히려 분쟁을 악화시키고 가속화시킨다'는 것이었다 (Gibbons, 2007). 그의 주요 권고사항은 이러한 규정은 폐지되어야 하고 모든 고용주와 직원 조직은 '조속한 분쟁 해결을 시행하고 촉진하도록 하여야 하는데, 그 방법으로 예를 들면, 중재, 중립적인 평가, 고용계약의 이행 등을 더 많이 이용하기'를 활용하도록 권장해야 한다고 제안하였다(Gibbons, 2007).

비공식적 직장 갈등 문제 해결 과정 Workplace Informal Problem-solving Process의 본보기가 '부록 21-1'에 제시되어 있다.

갈등의 발생과 가속화를 방지하고 직원들이 스스로 해법을 찾도록 격려하는 가장 효과적인 방법은 좋은 비공식적 문제 해결 과정과 대인관계 과정 기술을 개발하고 활용하는 것이다. 직장에서 서로의 다름을 존중함으로 '살얼음판을 걷는' 두려움에서 벗어나고, 관리자로서 실수할 수 있다는 두려움에서 벗어나야 할 필요가 있다. 그리고 갈등에 잘 대응한다는 것은 자신과 자신이 속한 조직에 대해 학습하는 것에 개방적임을 의미한다.

이는 또한 우리 자신의 강점과 약점, 그리고 역량을 평가하고 조직 안에서 변화해야 할 영역을 확인하는 기회가 주어져야 한다는 것을 의미한다. 개인적인 판단에 따른 결정을 하고 어떤 결과가 나오는지를 배울 기회를 가져야만, 그 경험을 통해서 갈등 상황에서 스스로를 조절하며 좋은 중재자가 될 수 있다.

결론

갈등 관리를 위한 모든 자원을 가지고 있고, 훌륭한 법적 절차를 가지고 있으며, 모든 것을 체크했다고 말할 수 있는 조직에서조차도 조직 안에 '격려하는 조직 문화적 관행'(Gershon, 2006)이 없다면 원하는 행동 변화를 가져오고 지속적인 해결책을 찾고자 쏟은 노력에 대해 좌절만 느끼게 될 것이다.

이는 조직 안에 있는 사람들이 해결책을 만들어 내기 위한 책임을 맡을 수 있게 격려하고 진짜 문제가 무엇인지에 대해 개방적으로 소통할 수 있을 만큼 충분히 안전하다고 느낄 수 있는 환경을 조직이 조성하는 것이 선행되어야만 한다는 의미다. 또한 조직 내에서 개인은 갈등을 통해서 배우고 성장하도록 격려받고, 자신의 문제를 미래의 성공으로 변화시킬 힘이 스스로에게 있다고 느낄 수 있어야 한다.

틀의 요약

1. 상황을 평가하기: 갈등의 특성이 무엇인가? 충족되지 못한 인간 욕구가 관련되어 있는가? 협상가능성은 어느 정도인가?
2. 사회적, 구조적 그리고 법적 영향과 함의에 대해 이해하기
3. 갈등에 대한 반응 평가하기
   a. 갈등은 기능적인가?
   b. 무엇이 근원/원인인가?
   c. 해결을 위한 조건(기회, 능력, 의지)이 존재하는가?
   d. 갈등을 다루기 위한 최선의 방법은 무엇인가? 공식적 아니면 비공식적 방법인가?
   e. 해결 또는 동의된 접근방식을 시행하고 검토하기
4. 업무 수행에 영향을 주거나 갈등을 초래하는 개인적 문제에 관해 직원과 상담하는 것은 피하기. 이러한 경우로 판단되면 의뢰하기
5. 비공식적 의사소통, 문제 해결 과정 그리고 대인관계 과정 기술을 광범위하게 사용하기
6. 특정한 고충/불만처리 절차를 적절한 상황에서 활용하되 규정 준수 접근에 지나치게 의존하지 말기
7. 자연적 정의와 정당한 법적 절차가 모든 과정과 사용된 개입에 포함되어 있고 준수되는지를 확인하기
8. 비밀보장과 공평성의 적절한 경계를 준수하기
9. 이 모든 것을 조직 문화적 관행을 강조함으로써 보강하기

부록 21-1

비공식적 직장 갈등 문제 해결 과정의 본보기

1. 직원들은 먼저 문제에 대해 서로 이야기하고 실행 가능한 해결책을 찾는 시도를 한다.

   a. 직원들은 문제를 경험하고 있는 상대와 직접적으로 이야기하는 것이 항상 가능하다고 생각하지는 않는다. 왜냐하면 안전하지 않을 수도 있고 또는 그렇게 하다가 오히려 상황이 더 나빠질 수 있다는 것을 포함한 많은 이유 때문이다.

   b. 그러므로 이 단계는 상대방과의 문제/이슈/분쟁의 특성, 두 당사자 간의 과거사, 그리고 그들의 의사소통과 문제 해결 기술에 따라 매우 달라진다.

   c. 그러나 현장관리자의 지지, 훈련, 개발을 통해 이런 과정이 조직 문화로서 격려되면, 좀 더 안정감이 있고 유능한 직원은 중재 없이도 문제를 함께 해결하게 될 것이다.

2. 직원이 이슈와 관련되어 있는 다른 동료(들)와 단독으로 이야기하는 것이 불가능하다고 느껴지면 현장 관리자와 이 문제를 논의한다. 직속상사가 이슈와 관련되어 있는 경우에는 현장 관리자의 상관과 이 문제를 논의할 수 있다.

   a. 직원이 동료와 문제 해결을 시도하지 않은 채 바로 현장 관리자에게 왔을 경우에는 직원과 우선적으로 이 대안에 대해 탐색을 하는 것이 중요하다. 이 과정에서 직원이 그렇게 하지 않은 이유를 찾아낼 수 있다.

   b. 상황에 따라서, 직원이 동료(들)와 대화하기 위해 접근할 수 있는 자

신감을 가질 수 있도록 최소한의 코칭을 제공하거나 도와주는 것이 가능할 수 있다.

3. 관리자가 평가하였을 때 제기된 그 문제가 보호 의무나 관리차원의 이슈로 언급되는 경우에는 비록 직원이 관리자에게 아무것도 하지 않기를 부탁했다 할지라도 개입할 필요가 있다.

   a. 이런 상황에서 현장 관리자는 자신의 상사나 인사 부서의 조언을 받을 필요가 있으며, 직원에게도 이 필요에 대해 언급해야 한다.

   b. 이렇게 일을 진행함에 있어, 현장 관리자는 오직 조언을 구하는 데 꼭 필요한 정보만을 개방할 것임을 알려 주고, 경영진이 어떤 조치를 취할 것을 결정할 경우 그 조치가 취해지기 전에 직원에게 미리 알려 줄 것임을 명시하도록 한다.

4. 보호 의무나 관리차원의 쟁점이 없고, 관리자가 개입하지 말아야 할 이유가 없을 때, 직원은 다른 동료와의 문제를 해결하기 위해 어떤 행동을 취할 것인지를 관리자와 합의한다.

   a. 비록 관리자가 그 상황에 개입하지는 않는다 할지라도 직원이 어떤 행동을 취할 것인지에 대해 관리자는 직원과 함께 명료한 이해를 하고 있어야 한다.

   b. 관리자는 직원이 동료와 겪고 있는 문제에 대해 다음 단계로 무엇을 할지 동의하지 않은 상태에서는 논의하는 것을 중단해서는 안 된다. 이는 비록 다음 단계가 직원이 상사와 이슈에 대해 논의하는 것을 그만두고 이후에 무엇을 할지에 대하여 생각해 보는 것이라 할지라도 동일하다.

   c. 여기에서 목표는 다음 단계가 무엇이며, 누가, 어떤 행동을 할 것인지에 대해 분명하게 하는 것이다.

5. 다음에 나오는 행동 대안은 제기된 이슈에 따라 한 가지 또는 여러 가지를 복합적으로 선택할 수 있다.

   • 논의와 해결을 촉진하기 위해 관리자가 관련된 모든 직원과 함께

비공식적으로 만남
- 관리자가 관련된 직원들과 개별적으로 만남
- 관리자를 제외하고 직원들끼리 해결하기 위해 만남
- 관리자가 팀 회의에서 문제를 다룸
- 관련된 직원(들)에게 상담이나 다른 지원을 받을 수 있도록 의뢰
- 내부 혹은 외부의 훈련된 중재자를 활용하여 관련 이슈를 다룸
- 관리자나 동료에 의해 다루어지던 이슈에 대해 공식적인 절차를 활용함

관리자는 영향을 받은 직원(들), 가능하다면 상급 관리자나 인사 부서와 함께 앞서 언급된 접근 중 어느 것이 가장 상황에 적절한지에 관하여 협의하여 스스로 평가를 내릴 필요가 있다. 물론 한 가지 접근이 취해지고 난 후 시간이 흐르면서 몇 가지 행동이 더 실행될 수 있다.

6. 어떤 행동이 취해지는지와 상관없이 아무것도 취하지 않는 선택은 권장하지 않는다. 왜냐하면 아무것도 하지 않는 것은 오해나 착오로 발전될 수 있고 갈등을 가속화시킬 수 있다.

   a. 이는 4번에서 논의한 것을 강화하는 것이며, 직원이 현장 관리자에게 문제를 이야기한 것만으로, 다음에 무엇을 누가 할 것인지에 대해 아무것도 합의된 바가 없음에도 불구하고 상사에게 문제를 넘기고 가지 않도록 확실히 하는 것을 의미한다.

   b. 이것은 직원과 관리자 모두에게 앞으로 진행될 상황에 대한 오해와 착오가 생기지 않도록 하기 위함이다.

7. 현장 관리자와 비공식적인 이야기를 마친 후, 직원이 염려했던 문제가 만족스럽게 명료화되었고 직원이나 관리자가 더 이상의 어떤 조치를 할 필요 없이 문제가 해결되었다고 느낄 가능성도 있다.

8. 만일 이런 경우라면, 직원은 그 문제가 해결되었다고 여긴다는 것에 대해 관리자와 논의한 후에, 동의된 일정 기한을 명시할 필요가 있다. 이 기간

동안 추가적인 조치를 고려해야 할 보호 의무가 없거나 관리상의 이슈가 없다는 것이 직원(들)이나 관리자(들)에 의해 채택될 필요가 있다.

a. 앞에 나타난 것처럼 직원은 관리자와 이슈에 대해 자세히 이야기하는 것으로서 자신의 입장을 명료히 할 수 있고 그들이 경험했던 문제를 덜 힘들게 느낄 수 있다.

b. 이 과정을 활용함에 있어 피해야 할 상황은 직원이 무엇인가가 진행되기를 원하지 않기에 더 이상 관리자와 이야기할 필요가 없다고 느끼는 것이다.

c. 상황이 가속화되는 것을 방지하는 것과 이것의 중요성을 견주어 볼 필요가 있다. 그러므로 이런 상황에서 관리자는 직원과 후속 조치를 하고 어떤 진전이 있었는가를 확인하는 것이 여전히 중요하다.

d. 만일 직원이 문제가 아직 해결되지는 않았지만 어떻게 하면 좋을지 숙고하고 있으며, 관리자가 개입하는 것을 원하지 않는다고(그리고 보호 의무나 운영상의 쟁점이 없다고) 보고하였다면, 갈등 상황이 어떠한 개입이나 해결이 없이 장시간 유지되어 갈등이 악화되지 않도록 하는 것이 중요하므로 관리자는 자신의 판단으로 앞으로의 방법을 찾는 것이 필요하다.

9. 모든 문제와 동의된 행동은 실제로 진척되었는지를 관리자와 관련 직원이 확인해야 한다.

10. 의사소통은 문제가 해결될 때까지 계속 진행되고 열려 있다.

a. 관리자는 무엇을 동의했는가와 관계없이 직원과 진척을 평가하고 언제 해결이 되었는지를 확인하기 위해 후속 논의가 이루어지고 있는지 항상 확인해야 한다.

b. 이러한 비공식적인 논의, 그 결과와 후속 조치 날짜 기록 등의 간략한 기록은 관리자가 보관하도록 한다.

c. 그러나 어떠한 비공식적 만남과 논의의 회의록은 만들거나 보관되지

말아야 하는데, 비공식 논의의 본질의 중요성을 손상시키기 때문이다.

d. 갈등 해결 과정이 직원들에게 신뢰를 얻을 수 있고 문제 해결을 위한 일관된 접근이 개발될 수 있도록 하기 위해 관리자가 동의된 조치를 지속적으로 이행하고 직원과 논의를 계속하는 것은 매우 중요하다.

11. 직원이 갈등을 회피하거나 방지하기 위한 방책으로서 어느 직원과도 일상적인 의사소통/상호작용을 피하는 것은 수용될 수 없다.

   a. 모든 직원은 때로 좋아하지 않거나 피하고 싶은 사람들과 함께 일하는 것을 수용해야 하는데, 이것이 다양한 직장에서 일하는 데 생기는 도전 중의 하나다.

   b. 특정 직원이 일상에서 서로 간에 정상적이고 예의를 지키는 의사소통을 유지하는 것이 불가능하다는 것이 분명한 경우에는 관리자의 개입이 요구되는데, 직원들이 서로 간에 적절한 예의를 갖춘 업무관계를 유지할 때 필요한 대인관계 기술에 대한 지원, 코칭 또는 상담을 받을 수 있도록 관리자의 개입이 필요하다.

12. 직원은 또한 노동조합, 복지 부서, 인사 부서 그리고 괴롭힘 신고센터에 조언/지원을 구할 수 있다.

   a. 직장에서 겪는 문제에 대한 비공식적 대화를 진행하는 중에 직원이 관리자에게 개인적이고 사적인 문제를 공개하더라도 관리자는 이러한 사안에 대한 조언을 하려는 시도를 해서는 안 된다.

   b. 이런 상황에서 관리자의 초점은 직원에게 적절한 지원을 제안하고 필요한 의뢰를 하는 것이다.

   c. 이러한 사적 문제가 업무 수행에 악영향을 주는 경우에 관리자는 직원의 업무 수행을 증진시키기 위한 방안을 찾기 위한 작업을 할 필요가 있다.

   d. 직원이 또한 다른 정책이나 절차에 의해 더 적절하게 다루어질 수 있는 업무 관련 문제를 드러낼 수도 있다. 이때 관리자는 관련 정보를

구하거나 조직 안에 있는 다른 사람에게 적절한 의뢰를 함으로써 그 직원을 도울 수 있다.

비밀보장과 보호 의무 사항에 대한 부가적 안내

모든 관리자가 알고 있다시피, 영국「산업안전보건법British occupational health and safety law」은 동료 직원의 신체적 또는 심리적 안전에 위협이 되는 사안을 알게 된 사람은 해당 업무를 담당하는 사람에게 그러한 정보를 보고할 '보호 의무'를 지킬 것을 요구한다.

현장 관리자가 발생하는 모든 상황에 대한 답을 가지고 있거나 최선의 중재방법을 아는 것이 불가능하므로 때때로 최선의 조치가 취해지도록 하기 위해 관리자는 상급 관리자나 인사 부서와 협의하거나 조언을 구할 필요가 있다.

이러한 문제가 발생하고, 해당 직원이나 다른 동료가 스스로나 다른 사람 또는 조직에 해를 끼칠 수 있다고 관리자에 의해 판단될 경우에는 보호 의무가 있으므로 현장 관리자는 자신의 상사와 협의를 통해 결정하여 관련된 세부사항을 다른 사람들에게 개방할 필요가 있다.

또 다른 경우로 직원이 현장 관리자와 정보를 공유했는데 현장 관리자는 분과/부서의 경영 또는 운영 절차를 크게 위험에 빠뜨리거나 충격을 줄 수 있다고 판단할 수 있다. 이런 상황에 대한 의무 절차가 있다면 상급 관리자와 협의하여 관련된 세부사항을 다른 이들에게 공개한다.

직원이 아무것도 개방되거나 조치되기를 원하지 않는다고 밝혔다 할지라도 관리자는 보호 의무가 있음을 설명할 필요가 있고, 보고된 당면 상황과 관련된 정보만을 최소한으로 개방할 것임을 직원에게 보장하도록 한다.

다른 이들에게 정보가 개방되는 경우, 현장 관리자는 사전에 직원에게 알리고 협의해야 한다.

상급 관리자나 인사 부서에 의해 추가적 조치가 필요하다고 결정되었을 때에는 직원에게 사전에 이에 대해 미리 알리고 언제 누구와 무엇을 논의하게 될 것인지에 대해 정보를 제공해야 한다.

이러한 전반적인 상황에 대한 기본적 접근법은, 특히 잠재적인 따돌림과 괴롭힘이 불필요하게 악화되거나 갈등이 가속화되지 않도록 하는 것이다.

기업상담은 누구의 의제를
따라야 하는가

릭 휴즈(Rick Hughes)*

　기업상담의 현재 의제를 리뷰한 결과, '상담'개입이란 근로자에 대한 '치료적' 작업뿐만 아니라, 근로자의 직장에서의 웰빙을 증진시킴으로써 조직에의 기여를 높이려는 조직적 및 교육적 개입을 포함하는 넓은 개념으로 받아들여지고 있는 것 같다. 이 장에서는 상담적 영향을 증가시키거나 감소시키는 변인들을 리뷰하고, 특히 상담 영역에서 근로자 지원의 최선이란 무엇을 말하는지에 대해서 관심을 기울인다.

---

* 영국 상담 및 심리치료협회(British Association for Counselling and Psychotherapy) 기업상담 분과
　수석 고문

도입

조직 내 상담은 알코올과 중독과 같은 직장의 특수한 이슈에 초점을 맞추기 위해 근로자 상담 프로그램의 형태로 1950년대에 미국에서 시작되었다. 그러나 '상담'을 조직 웰빙 지원의 한 형태로 간주하면 1945년 제2차 세계대전 후 미국에서 시작된 것으로 보아야 하는데, 그때는 노동시장이 여성과 이민 노동자들을 의미 있게 더 많이 수용하게 되었고, 이러한 노동시장의 변화를 다룰 수 있는 구체적인 프로그램들이 개발되고 있었다(Kotschessa, 1994). 실제로 미다닉(Midanik, 1991)에 따르면, 근로자 지원 프로그램EAPs은 19세기 말 산업혁명에서 그 기원을 찾을 수 있다. 미국에서 브랜디스(Brandes, 1976)는 직원 복지를 '복지 자본주의Welfare Capitalism'를 위한 정치적 열정과 연결시켰다. 실제로 이러한 발전은 미국 사회에서 취약계층의 정서적·신체적 요구에 관심을 가지고(Trattner, 1974) 평범한 사람들의 삶의 질과 환경에 향상을 가져온 루즈벨트의 '뉴딜' 정책(Zevin, 1946; Hofstader, 1966)으로 이어졌다.

영국에서는 1800년 로버트 오언Robert Owen(협동조합운동의 아버지로 일컬어짐)을 근로자 지원의 초기 모델 제공자로 보아야 하는데, 그는 자신의 라나크Lanark 면직공장의 노동개혁에 혁신적인 접근을 적용하였다. 즉, 사람은 환경의 산물이라는 관점이 바로 그것이다. 컨더와 파크(Kinder & Park, 2004)는 영국 우체국의 복지/상담 서비스를 1944년까지 추적했는데 그때 조직은 근로자의 웰빙을 위해 주택, 채무, 자녀양육, 사별과 같은 개인적 문제들에 대한 조언을 제공하는 책임을 지고 있었다.

그 이후 상담 영역은 알코올 및 약물 남용, 빚, 진로, 개인 혹은 관계와 같은 문제를 언급하는 구체적인 이슈 중심으로 발전되고 있으며, 이와 함께 조직 변화, 발전, 개인 전략에 영향을 미치는 핵심 역할을 하는 방향으로 진화하고 있다(Reddy, 1993). 현재의 발전과 트렌드는 근로자 지원 서비스를 통합하고 합치기보다, 더욱 차별화된 영역들을 제안하고 있다.

이 장의 목적은 상담 서비스가 누구의 의제를 따라야 하는가를 평가하고, 미래 발전을 위한 기회를 구상하기 위해서 직장 상담에 관한 문헌과 이전 연구들을 리뷰할 예정이다. 이것은 기업상담에 관한 방대한 문헌을 모두 리뷰하는 것이 목적이 아니라, 현재의 이슈들 중에 중요한 것이 무엇인지를 분명히 하고, 앞으로의 트렌드를 탐색하기 위해서 간단하게 요약하는 것이다. 논문에서 논의된 주제들에 대하여 상세하게 이해하고자 하는 독자들에게는 참고문헌을 보는 것을 권한다.

기업상담에 관한 연구는 현대의 논쟁들, 역사 · 경제 · 사회적 발전, 국가 및 조직 문화, 이론적 지향점 및 일터의 변화 등을 포함하는 광범위한 요인에 의해서 영향을 받는다. 연구과업의 첫 번째 과제는 어떤 연구들이 사전에 진행되어 왔는지를 알기 위해서 여러 데이터 베이스_{Psychlit, ERIC, BIDS, Caredata, BEI, SSA, Internet}를 살펴보는 것이다. 이러한 작업을 통해 떠오르는 주제, 트렌드, 통찰이 생겨나는 연구 자료들의 세계를 주목했다. 어떤 연구 오리엔테이션을 사용했는가를 고려함으로써 자료들의 초기 차별화를 시도했다. 연구 오리엔테이션은 인본주의 심리학, 조직심리학, 사회심리학, 행동심리학 분야들 그리고 인간 중심이론, 교류분석, 정신분석이론 등의 치료적 오리엔테이션을 기준으로 나뉘어진다. 각 오리엔테이션은 그 특정 기반을 바탕으로 연구의 방향을 결정한다. 이는 오리엔테이션과 관련된 이슈에 주목하지만 비교를 어렵게 만들기도 한다. 예를 들어, 조직심리학 연구는 보다 광범위한 조직 차원에 목표를 두지만, 사회심리학 접근에서는 조직 내의 사회적 차원만을 탐색한다.

다른 연구 오리엔테이션에도 불구하고, 스트레스, 동기, 근로자 지원 프로그램들, 복지, 협력적 문화, 진화 연구들, 조직 변화, 개인적 · 전문적 효과, 생산성과 훈련 등과 같은 영역들을 다루는 공통된 핵심 주제들이 많이 있다.

앞으로의 리뷰가 지닌 목표는 다음의 질문들에 해당하는 주요 의제를 찾는 것이다.

- 기업상담이란 무엇인가? ─ 실행되는 데 있어서의 다양성과 범위의 탐색
- 기업에서 상담의 목표는 무엇인가? ─ 특히 무엇이 목적이고, 어떤 필요가 있는가?
- 관리 실제의 맥락에서 상담이 어떻게 적합할 수 있는가?
- 기업상담은 어떻게 실행되는가? 무엇이 핵심적인 윤리적 이슈인가? 상담은 조직 내의 다양한 스트레스를 어떻게 다루는가?
- 기업상담은 어떻게 평가되는가?
- 미래를 위한 벤치마크로서 무엇이 사용될 수 있는가?

기업상담이란 무엇인가

영국의 기업상담협회The Association for Counseling at Work: ACW에서는 미션을 다음과 같이 적고 있다.

> 지원하고, 양육하며, 동기화하는 긍정적인 작업환경 내에서 영국의 모든 근로자가 일하도록 하여, 최적의 효과와 생산성을 성취할 수 있게 하기 위해서 고용주 및 다른 이해관계자와 계약하는 것(ACW, 2007)

기업상담에 대한 이러한 언급은 상담계에 반향을 일으켰다. 기업상담이 공식적인 의미에서 '상담'이라고 할 수 있는가에 대한 논쟁도 있었다. 기업상담이 얼마나 지시적이어야 하는가? 그리고 조언과 정보 제공이 기업상담의 일부여야 하는가 아닌가에 관해서 혼동이 있을 수도 있다.

일대일 작업에 국한하여 생각한다고 할지라도 계약의 시간 제한적인 측면

은 생각해 봐야 할 부분인데(Roman & Blum, 1988), 유사한 단기 작업이 1차 돌봄과 같은 다른 영역에서 이루어진다고 할지라도 그렇긴 하다. 사설 상담 센터의 상담자에게 기업상담 영역은 정해져 있지 않은 듯하고, 심지어 모순 적이기도 해서, 상담자가 조직과 근로자를 변화시키는 역할을 할 때에는 많은 '경계'의 문제를 낳을 가능성까지 있다. 슈벵크(Schwenk, 2006)는 기업상 담자의 여러 가지 가능한 역할과 책임에 주목했다.

기업상담이 무엇인가에 대한 입장은 치료적인 일대일 상담뿐만 아니라, 스트레스에 대한 자문, 인적 관리 시스템, 관련 담당자를 위한 상담기술 훈련까 지를 포함한다(Charles-Edwards, 1992; Hughes, 1998; Martin, 1997; Megrenahan, 1989; Newby, 1983; Orlans, 1986). 어떤 상담 전문가들은 이러한 광범위함이 치료적 관계를 지키는 데 위험하다는 점에서 우려하고 있지만, 어떤 사람들 은 조직 내에서 일하는 경우 이러한 역할은 피할 수 없는 특징이라고 보기도 한다. 실제로 학교상담에서도 상담은 '치료적'이면서 동시에 '예방적'이고 발 달적 기능을 모두 수행하는 것으로 여겨져 왔다(Ratigan, 1989). 달리 말해서, 바람직한 학교상담 서비스는 개별 학생들을 치료적으로 다루는 동시에 학생 들이 지닌 일반적인 문제들을 확인하기도 해야 하며, 예방적 혹은 예비적 조 치를 취하기도 하고, 학교 내의 확인된 스트레스 요소를 발견하고 조치를 취 함으로써 학생들의 발달에 기여하기도 한다.

기업상담의 목표는 무엇인가

상담 제공-법적 보험, 기능적 개입 혹은 사회적 책임

좀 더 논의되어야 할 부분은 상담 제공의 궁극적인 가치, 사용 그리고 목적 에 대한 것이다. 몇 개의 소송 사례를 보면 조직이 스트레스나 외상을 경험한 근로자를 위해서 직원 지원 규정을 만들어야 한다는 점을 시사하고 있다. 스트레스와 외상은 다른 형태의 소송을 제기할 수 있기 때문에 스트레스와 외상을 어떻게 다르게 정의할 수 있는지를 분명히 해야 한다. 스트레스 관련 소송은 반복적 혹은 지속적으로 과도한 긴장을 야기시키는 작업 맥락에 놓인 근로자의 경우 혹은 스트레스를 줄이거나 최소화하려는 적절한 조치를 근로자가 취하지 못하는 경우 이루어진다. 항소법원Court of Appeal의 최근 판결에 따르면 상담을 제공했다고 해서 조직이 보호 의무 책임에서 자동적으로 벗어날 수는 없다는 점을 보여 주며(Jenkins, 2007), 오히려 외상은 9 · 11 사건이나 런던 폭발사건과 같은 한 번의 사고와 관련될 수 있다.

한편, 상담을 제공하지 않는 조직은 안전하고 건강한 환경을 제공해야 하는 법적 조항을 따르고 있지 않는 것이지만, 상담을 제공하도록 주문하는 것 또한 조직이 스트레스 상황을 야기시킨다는 것을 인정하는 것이기 때문에 복잡한 문제다. 2개의 시나리오 모두 소송에 걸릴 가능성이 있다(Loomis, 1986). 많은 조직은 조직이 스트레스의 원인이 아니며, 스트레스는 개인이 직장을 어떻게 지각하는가의 결과라고 주장한다. 보다 현실적인 지각은 조직이 스트레스를 야기시키고, 개인은 스트레스를 영속시키거나 악화시킬 수 있다고 보는 것이다.

'상담 평가하기'라는 제목으로 나중에 다루겠지만, 상담을 제공함으로써 비용을 절감하고, 절약을 가져왔다는 많은 연구가 있다. 그러한 서비스를 이용하는 사람들에게 이는 건전한 사업의 실제(지원과 발달 프로그램에 대해 가치를 부여하는 기능적 개입)를 보여 주는 것이다. 실제로 쿠퍼와 카트라이트(Cooper & Cartwright, 1994b)는 영국 우체국의 상담 프로그램을 연구한 결과, 참여 근로자의 정신건강과 자기존중감에서 의미 있는 진전이 일어났는데 이것이 조직에 중요한 기능적 이득을 가져왔다는 것을 발견했다.

몇몇 회사는 상담을 근로자의 가족에게까지 확대하여 제공하는 것으로 알려져 있다(Berridge et al., 1997). 어느 정도는 사회적 책임감이 이를 가능케 한다. 물론 이것은 가족들에게까지 이득을 주기 때문에 근로자가 직장을 떠날 수 없도록 하는 황금수갑_{golden handcuff}[1]으로 작용할 수도 있다. 그러나 아마도 누군가는 이를 보다 넓은 사회적 책임이라고 볼 수도 있다. 근로자의 가족을 돌보는 고용주는 직원이 가족과의 삶이 있고, 이것이 직장에서 직원에게 영향을 줄 것임을 알고 있다. 직장과 가정 모두에 투자하고, 신경을 쓰는 것은 이해가 된다. 가족의 욕구는 조직의 욕구와 함께 갈 수 있다.

프리어리(Friery, 2006)는 조직이 상담을 왜 구매해야 하는지의 이유를 동기와 포부를 함께 고려하면서 다음과 같이 열거했다.

- 추가적인 지원을 제공함
- 돌봄의 의무
- 중요한 변화를 통해 근로자를 지원함
- 스트레스를 감소시키도록 도움
- 복지 패키지를 증가함
- HR을 지원함
- 소송에서 조직을 보호함
- 근로자로 하여금 회사에 근속/충성하게 함
- 병가/휴가를 신청함

이는 적합한 틀이 적절한 균형을 통해 이루어져야 한다는 점을 제안하기 때문에 근로자 지원 제공의 반응적·주도적 영역과 겹친다.

고용주의 필요와 근로자의 필요

궁극적으로 서비스나 상품을 제공하는 기능을 하는 조직의 필요와 조직

[1) 황금수갑이란 직원들을 잡아 두기 위한 수단을 의미하는데, 수년간 행사가 불가능한 스톡옵션이나 이직 시 보너스를 환수하는 조항 등이 이에 해당된다(역자 주).

의 노력을 지원하지만 경제적 필요와 사회적 필요 각각을 지닌 근로자의 필요 사이에는 내재된 갈등 혹은 긴장이 존재한다(Briar & Vinet, 1985; Hopkins, 1998; Oberer & Lee, 1986).

직원들은 맡은 바 업무를 다 마치는 분명한 목표 이상으로 무엇을 원하는가라는 질문은 거의 받지 않는다. 또한 코트쉐샤(Kotschessa, 1994)는 많은 관리자가 근로자의 필요를 정확히 알지 못한다는 점을 발견했다. 그러나 초점 집단과 품질관리 써클과 같은 자문 훈련을 통해 촉진된 직원의 몰입은 작업을 더 잘 통제할 수 있도록 돕는데, 이는 직원의 만족을 높이고, 장기 결근과 분쟁을 줄이며, 정신건강을 향상시킬 수 있다(Isaksson, 1989). 실제로 근로자가 최소한만 몰입을 해도 효율성과 생산성은 향상될 수 있다. 이같은 점은 엘튼 마요Elton Mayo의 유명한 호손 연구[2]에서도 나타났다. 이 연구에 따르면 연구대상이 된 집단은 연구에 몰입하고 참여함으로써 자신들이 주목을 받았기 때문에 수행이 향상되었다(Mayo, 1945).

직원 필요 평가A staff needs assessment는 모호함을 줄이고, 정확한 직원 계획과 우선순위 매김을 중요시한다(Dooner, 1990). 지와 리즌(Jee & Reason, 1992)이 주장하기를 직원 필요 평가는 직장 내 건강이라는 틀에서 직무 평가와 재설계, 팀 작업, 자율적 근로자 그룹, 품질관리 써클, 공동 계획과 몰입에 의미 있는 기여를 할 수 있다.

조직과 개인의 필요가 다르다는 점은 조직 내에서 일하는 상담자들의 어려움('누가 내담자인가?')과 관련될 수 있다(Schonberg & Lee, 1996). 조직의 맥

---

2) 호손 연구는 호손 실험(Howthorn Experiment)이라고도 불린다. 이 연구는 1924년부터 1932년까지 미국 Western Electric Co의 호손 공장에서 실시된 노무관리에 관한 실험의 총칭으로서 생산성을 좌우하는 것은 작업시간, 조명, 임금이 아니라, 근로자가 자신이 속하는 집단에 대해서 갖는 감정, 태도 등의 심리조건, 사람과 사람과의 관계, 특히 비공식적인 작용이므로, 노동 생산성을 향상시키기 위해서는 근로자를 에워싸고 있는 인적 환경을 개선하는 것이 필요하다는 것이다. 이러한 호손 실험은 노무관리의 자세에 큰 영향을 주었다(출처: 산업안전대사전, 2004)(역자 주).

락에서 상담자는 여러 명의 고객master을 위해 일한다. 즉, 상담자를 고용한 상담 제공 회사, 상담자가 만나는 근로자, 상담자가 일하는 조직이 그것이다 (Googins & Davidson, 1993; Schwenk, 2006). 상담자는 각 고객을 책임져야 하지만, 종종 갈등도 있다(Brady et al., 1995). 상담을 직장에 도입하기 위한 구조화되고 계획된 전략이 있어야만 하며(Hughes & Kinder, 2007), 이는 조직과 개인의 필요 사이의 갈등을 강조하고 누그러뜨리는 데 도움이 될 것이다. 조직을 변화시키기보다 개인을 변화시키는 데 더 편안한 경향이 있는 '개입 전문가'라고 기업상담자를 묘사한 이반세비치 등(Ivancevich et al., 1985)이 제기한 염려는 이러한 갈등과 관련된다. 이는 개인을 변화시키는 '개입 전문가'의 도움에 의존해서, 변화하지 않으려는 조직은 다룰 수 없는, 혹은 다루려고 하지 않는 '밴드 에이드(일회용)' 접근이 상담이라고 보는 시각과 일맥상통한다 (Cooper & Cartwright, 1994a).

전문적 발달의 촉매로서 개인적 발달

인적 자원 및 인간발달 부서는 **전문적 발달**professional development을 기획하는 업무를 맡고 있다. 이 부서는 인력 모집과 채용, 커리어 발달 평가와 기술 훈련의 기획을 지원하고 있다. 다른 일반 관리 훈련 프로그램은 모니터링을 통한 리더십 발달에 보다 주력하고 있다(Clutterbuck, 1985). 그러나 문헌에서는 **개인적 발달**personal development에 지속적인 초점을 두고 있다는 점이 주목할 만하다. 심리측정도구를 사용해서 인지와 행동을 측정하는 것은 전문적 발달 영역 내에서는 조화롭지만, 개인적 발달의 영역과는 공통점이 많지 않다.

골먼(Goleman, 1995, 1998)은 **정서지능**emotional intelligence의 원리에 찬성함으로써 개인적 발달의 중요성을 보다 현대적으로 평가했다. 그의 초기 저서 (1996)에서 그는 직장에서의 정서지능에 큰 관심을 두지 않았으나, 『정서지능을 갖추고 작업하기Working with Emotional Intelligence』(1998)에서는 정서지능에 큰 관심을 두었다. 골자는 자기알아차림, 자기조절, 동기 그리고 공감과 사회적 기술을 포함하는 사회적 능력 등의 개인적 능력의 발달을 촉진시켜야 한다는 것이다. 그의 주장은 인간 중심 치료(Rogers, 1951)의 '핵심 조건' 및 상담기술을 가르치는 여러 과목과 일맥상통한다(Hughes, 1998).

영국에서 기업상담협회 주관 1997년 학회에서 포스터(Foster, 1997)는 경청, 공감의 사용, 판단하지 않음과 같은 '부드러운 기술 역량soft skill competencies'의 중요성을 지적했다. 이것이 쉽게 들릴 수도 있겠지만, 실제로는 '부드러운 기술이 사실은 가장 어렵다.'라는 속담처럼 바꾸어 말할 수 있다(Foster, 1997; Natale, 1971; Spencer, 1983).

골먼의 정서지능에 근거하고, 쿠퍼와 사와프(Cooper & Sawaf, 1997)의 저서에 언급되었듯이, 부드러운 기술의 핵심은 정서지능의 발달이 직장 내 스트레스와 갈등 감소에 기여할 수 있다는 가설이다. 또한 부드러운 기술은 동기, 개인적 효율성, 의사소통과 같은 직장생활의 다른 많은 측면을 가능하게 한다. 예컨대, 의사소통을 보면 관리자가 사용하는 시간의 80%는 다른 사람과 말로 의사소통하는 데 사용하고 있다(Hughes, 1991). 만약 관리자가 효과적인 의사소통 기술이 부족하면 관리자 역할은 제대로 기능할 수 없다.

정서지능에 초점을 두든 두지 않든, 상담자들은 치료 장면 밖에서 사용될 수 있는 여러 핵심 기술들을 지니고 있다. 코칭과 멘토링은 재능을 활용하고, 보다 큰 개인적·전문적 발달을 위해 개인의 역량을 강화하기 위해 촉진적 조건을 제공하는 관리과정이다(Clutterbuck, 1985; Flaherty, 1999; Thomas, 1995; Turner, 1998). 코치 혹은 멘토의 스킬 혹은 과정적 접근은 상담자와 유사하며 훈련과 직원의 성장에 보다 중점을 둔다. 그럼에도 불구하고 상담자들이 자신의 역할을 약화함으로써 자신이 가장 잘하는 분야, 즉 상담을 간과하고 있다는 주장도 있다.

관리의 실제

조직 내의 맥락적 변인들은 상담 영역의 목표와 성과에 극적인 영향을 줄 수 있다. 실제로 맥락은 어떤 영역의 성공과 실패를 좌우한다.

관리의 역할

이 장(그리고 이 책)에서 반복적으로 언급되는 것은 관리자의 역할로서, 관리자의 역할은 사업이 어떻게 운영되는지, 또한 사업은 회사 문화에 어떻게 기여하는지, 그 결과 직원은 어떻게 평가되고 다루어지는지 등에 영향을 미치는 조직에서의 핵심 역할이다(Bunce & West, 1989; Cooper & Melhuish, 1980).

요컨대, 전체 조직의 문화, 목표, 실제는 관리자가 근로자와 맺는 관계를 통해 가능하다. 대부분의 관리체계에서 근로자의 목소리는 관리자를 통해 조직에 전달된다는 점을 고려할 때 관리자의 역할은 보다 중요하다. 기업상담을 생각할 때 관리자에 대해서 다음 두 가지 측면이 제기될 수 있다.

- 관리자(특히 중간급 관리자)는 상담 서비스를 가장 적게 사용하는 것으로 알려졌다(Gerstein et al., 1993; Kotschessa, 1994; McSulskis, 1996; Shirley, 1985; Warr, 1992).
- 관리자는 가장 공통적으로 확인된 스트레스 원인이었다(Buck, 1972; Craft, 1993; Donaldson & Gowler, 1975; Poe & Courter, 1995; Woollcott, 1991). 아기리스(Argyris, 1986)는 이에 대한 이유를 관리자는 의도하지 않은 것을 만들어 내는 체화된 고정 행동을 사용하는 '숙련된 무능skilled incompetence'을 오랫동안 가지고 있기 때문이라고 지적했다. 조직에서 관리자와 다른

사람이 맺는 관계는 스트레스가 만연하는 정도를 결정했다(French et al., 1982; Donaldson & Gowler, 1975).

직장에서 상담 서비스의 제공

내부 대 외부 모델

이제 살펴볼 것은 상담 서비스가 직장에서 어떻게 제공되는가다. '내부 모델'(Carroll, 1997)과 '외부 모델'(Woollcott, 1991) 같이 다양한 형태의 상담 서비스 제공방식이 지니는 다양한 장단점에 대해서 많은 논의가 있어 왔다.

『직장에서 상담 서비스 제공을 위한 지침Guidelines for Counseling in the Workplace』 (Hughes & Kinder, 2007)에 따르면, 기업상담협회Association for Counseling at Work는 기민성과 다양성의 가치를 강조하는 방식으로 상담 서비스 제공 형태의 범위를 규정하고 있다. 영국의 일곱 가지 다른 상담 서비스 제공 형태는 고용주와 근로자의 요구를 만족시키고, 자원의 요청과 산업의 특정 요소들에 반응할 수 있도록 변형되고 있다. 추가로 영향을 미치는 요인들은 노동력과 관리 간의 관계, 기업의 규모, 지형적 위치, 기업구조, 고용 정책과 절차, 사적 혹은 공적 영역(이윤추구인가 혹은 이윤추구가 아닌가?) 그리고 기업 문화(아마도 가장 중요한 부분) 등이다(Carroll, 1996).

비밀보장과 관련된 이슈들

상담 서비스 제공에 관한 논의는 비밀보장에 관한 이슈와 함께 고려되어야 한다(Salt et al., 1992; Wright, 1985). 상담 서비스 제공의 형태에 따라서 약간 상이한 비밀보장에 대한 윤리적 고려사항이 있다. 그러나 상담 서비스 제공을 통해서 무엇을 기대하는지, 상담 서비스를 위한 요건은 무엇인지가 피드백 실시요강으로 분명하게 이루어져야 한다. 조직은 상담 서비스 이용에 대한 피드백을 성과 측정과 평가의 형태로 원하는데, 이것은 비밀보장이 위협받을 가능성도 제기한다(Carroll, 1996).

어떤 형태의 피드백은 지속적인 모니터링 메커니즘의 일부이고, 상담 서비스가 필요할 때 수정되고 재조정되도록 돕기 때문에, 녹음될 수도 있다는 점이 중요하다. 만약 그러한 시스템이 근로자와 조직 전체의 관심에 반한다고 판명되었을 때 축적된 피드백은 정책과 절차를 변경하기 위해 사용된다.

서비스 제공자가 피드백 정보를 다르게 제공할 수 있지만, 절차는 고용주에게 보고된다. 여기에서 고용주란, 인적 자원HR 혹은 직업 건강 부서의 지정된 사람을 말하며, 이때 현재 이슈, 사용 빈도, 연령대, 성별, 직급 및 부서, 상담 후 진전이 있었는지의 여부 등의 내담자 이용 자료 요약이 제공된다. 모든 직원들에게 미리 그리고 명확히 설명한 뒤, 합의된 피드백 정보를 제공하는 문서화된 절차의 존재 여부가 중요하다. 근로자지원전문가협회The Employee Assistance Professionals Association: EAPA; EAP 제공자들이 조직한 전문가 조직으로서 산업분야의 기준을 따름는 피드백의 적절성에 대해서 조언하고 있다(EAPA, 1990). 고려해야 할 다른 이슈는 상담 자체에 보다 초점을 둔 자료로 요약되어 있다(Hughes & Kinder, 2007). 윤리 혹은 '윤리적 지침'에 대한 공식 규정이 경계의 이슈들을 명확히 하는 데 도움이 된다(Clarkson, 1994; Puder, 1983; Schonberg & Lee, 1996). 그러나 윤리적 틀이 사설 상담센터와 EAP와 같이 매우 다른 맥락들을 모두 포함해야 하는 영국 상담 및 심리치료협회The British Association for Counseling and Psychotherapy: BACP 내에서는 지속적인 갈등이 있어 왔다. 특히 비밀보장이 적어도 내담자의 입장에서는 보다 더 큰 문제가 될 수 있는 내부 모델 상담자의 경우 갈등은 더 심해질 수 있다.

내부 모델 상담자는 보통 실제 만나서 상담을 하며, 사내에서 이전 내담자와 마주칠 수 있는 가능성에 대비할 필요가 있다. 실제로 이런 상황은 상담 서비스의 이용을 촉진할 수 있는 유용한 도구이며, '상담자의 얼굴'을 보여 줄 수 있고, 상담 받는 것과 관련된 여러 부정적인 이미지를 없앨 수도 있다. 그러나 비밀보장에 대한 염려는 여전히 남아 있다. 상담자는 두 주요 '내담자(상담자가 소속한 조직과 상담자가 상담하는 근로자)'와 함께 효율적으로 일을 해야만 한다. 이로 인해 두 내담자 간에 긴장이 유발될 수 있고, 또 두 내담자의 경계가 없어질 수도 있기 때문이다(Lee & Rosen, 1984).

스트레스 개입

여기서는 스트레스 혹은 스트레스의 원인을 리뷰하지도 않고, 할 수도 없다. 그러나 기업상담이 변화 관리(내담자를 위한 변화를 촉진함.)에 대한 것이라면, 상담은 스트레스와 스트레스 관리를 다루는 데 아주 적합하다.

머피(Murphy, 1988)는 세 가지 '개입' 단계로 이루어진 모델에 주목하였다. 그가 제안하기를, 1차 개입 단계에서는 조직적 스트레스 요인을 막고, 정책 혹은 경영상의 변화를 요청한다. 2차 개입 단계에서는 스트레스 관리 기법을 개입적으로 사용하는데, 이것은 스트레스가 개인을 약화시키기 전에 개인과 함께 작업함으로써 스트레스를 다루는 단계다. 3차 개입 단계에서는 스트레스가 개인에게 영향을 줄 때 상담 서비스를 제공하는 것이다. 이러한 세 가지 개입 전략은 기업상담 서비스의 차원으로서 앞에 언급했던 '개입' '발달' '치료'라는 세 가지 기능과 일맥상통한다(Ratigan, 1989). EAP 혹은 내부 상담자의 역할은 이러한 세 가지 개입 시점에서 영향력을 발휘한다. 실제로 번스(Bunce, 1997)는 '기법적 접근'의 조합이 '단일' 접근보다 더 효과적일 수 있다고 주장했다. 마찬가지로 글래서(Glasser, 1985)의 통제이론의 발달은 상황 내의 변화 그리고 상황 지각 내에서의 변화를 추구하기 위해서 선택과 통제의 적용을 격려하고, 인간 및 인지행동적 상담 접근을 결합함으로써 스트레스를 관리하기 위한 보다 개인적 접근을 강조한다.

관심 있는 사람들에게 자문을 제공할 수 있는 이 세 가지 개입 개념은 조직에서 충분한 역할을 수행할 수 있다면 상담의 방향에 시사점을 제공한다. 그러나 이 개념이 매우 정확한 '경계'를 유지하고자 하는 사설 상담센터의 상담자가 가진 개념과는 매우 다른 과업이라는 점을 명심해야 한다. 상담이 조직에서 최대한의 가능성을 향해 발달하기 위해서는 전문 영역 내에서 보다 넓은 관점을 발달시켜 나가야 한다.

상담의 평가

상담 서비스 제공으로 인한 법적 · 사회적 이점에도 불구하고 추가 이득은 조직이 만들어 낼 수 있는 실제적 비용절감이 될 수 있다. 지금까지 상담 서비스를 제공하는 조직에 중요한 비용절감이 있었다(MacDonald, 1986)는 점을 지적하는 많은 평가 연구가 수행되어 왔다(McLeod, 2001). 이 결과들은 일반적으로 장기 결근 감소, 자기존중감 증가, 그리고 그 결과 생산성 증가와 같은 요인들에 근거하고 있다.

상담이 주는 이득의 증거는 놀랍지 않을 수도 있으나(Keaton, 1990; Kim, 1988; Sexton & Whiston, 1991; Smith et al., 1980), 당황스러운 것은 이렇게 증거가 많음에도 불구하고 아직도 많은 기업이 상담 서비스를 제공하지 않는다는 점이다(Highley & Cooper, 1994). 그 이유에 대해서는 분명히 알려지지 않고 있다. 가능한 이유는 인적 자원$_{HR}$ 혹은 직업 건강 부서 혹은 고참 관리자들의 일반적인 무관심 때문일 수도 있고, 그런 이득을 신뢰하지 못하기 때문일 수도 있으며, 상담에 대한 이해가 부족하거나 상담 서비스에 돈을 쓰는 것은 스트레스를 야기시킨 것이 조직의 과실임을 인정하는 것이라는 두려움 때문일 수도 있다. 어떤 경우 스트레스 관련 무단결근이 있을 때 직원들에게 적절한 지원을 주지 못하는 것은 전문적 무능과 무관심이 될 수도 있다. 조직은 직원에 대해 책임이 있으며, 이를 무시할 때 조직은 그 결과에 반드시 책임을 져야 한다(Jenkins, 2007; Goss & Mearns, 1997).

결론: 상담 서비스 제공을 위한 기준

상담 서비스 제공을 위한 여러 가지 의제를 평가한 뒤 휴즈와 킨더(Hughes & Kinder, 2007)는 앞서 언급한 모든 변인을 포함하고 건강한 산업 실제를 반영하는 체크리스트를 제안했다.

서비스 설치

- 선임 관리자가 명확하고, 모호하지 않은 책임과 지원을 제공해 줄 수 있는지 확인하라.
- 서비스를 설치하는 이유, 즉 목적과 성과가 무엇인지를 정하라.
- 근로자와 조직의 구체적인 필요(특히 최근의 변화 후에)를 고려하라.
- 근로자 교섭단체(특히 조합) 및 연결된 사람들과 함께하는 가장 좋은 방법을 평가하라.
- 선임급의 지지를 받고 있는 부서의 특징을 직원들에게 가장 잘 설명할 수 있는 방법을 계획하라.
- 서비스를 관리하고 실행할 책임이 있는 사람들로 구성된 임시위원회a steering committee를 구성하라.
- 비밀보장의 범위를 정하고, 이것이 이해당사자와 임시위원회에 어떤 영향을 줄지를 정하라.
- 서비스 인식과 서비스 이용을 평가하는 것과 함께, 부서를 어떻게 활성화시킬지(홍보와 마케팅 전략) 평가하라.

서비스 제공자와 구매 조직 간의 통합

• 공식적인 지침, 한계, 서비스 실시요강(무엇이, 어떻게, 언제, 누구에 의해 제공될 것인가?)을 만들어라.

• 이것이 약물과 알코올, 불만과 징계, 따돌림과 괴롭힘, (외상에 대한)사고 관리 정책과 같은 핵심 정책에 적합한지를 명확히 하라.

• 비밀보장의 정도와 한계를 고려하라. 즉, HR 혹은 직업 건강 복지 관리 부서 중에서 누가 비밀을 알아도 되는가? 그리고 그 이유는 무엇인가? 또한 어떤 상황에서 서비스 제공자는 정보를 요청할 수 있는가?

• 분명한 책임소재를 포함하여 위기 예방 계획을 준비하고 계획하라.

• 당사자가 직접 서비스를 신청할 때 혹은 관리자가 서비스를 의뢰할 때의 장단점과 같은 의뢰과정을 고려하라.

언급할 필요가 있는 서비스 제공자 이슈들

• 현재의 「자료 보호법」에 대한 동의를 포함해서 적절한 자료 수집과 기록 보관 실시요강을 고려하라.

• 면대면, 전화, 온라인, 인트라넷 등 상담의 적절한 제공방식을 선정하라.

• 상담 및 관련 활동에 필요한 전문적 배상보험의 적절한 수준을 분명히 하라.

• 적절한 질적 기준을 마련하고, 이것이 무엇을 보장할 수 있는지 고려하라.

• 고소 절차를 문서화하고 서비스를 이용하는 사람은 누구나 이것을 인지할 수 있도록 하라.

• 비밀보장을 보호할 수 있는 상담회기가 진행될 수 있는지 분명히 하라 (내부 요건 혹은 외부 기준들).

• 상담회기의 수 및 빈도 등을 포함해서 상담이 어떻게 진행되는지와 같

은 상담 신청 시스템을 구축하라.

• 상담자, 서비스 제공자, 그리고 고용주의 역할과 책임인 상담 절차를 구축하라.

• 기업에 적합한 슈퍼비전 제공을 분명히 하라[이 주제에 대해서 좀 더 많은 논의를 읽고 싶으면 Copeland(2004) 참조].

평가

• 적절한 서비스 감독과 감사 절차가 있는지 분명히 하라.

• 이용자 숫자를 모니터하고, 마케팅/홍보 캠페인에 활용하라.

• 서비스가 윤리적인지, 서비스가 장애, 연령, 성별, 인종, 종교적 필요를 만족시키는지 평가하라.

결론

수백 년 동안 근로자의 생산성을 극대화하려는 탐색은 근로자들이 자신의 업무와 역할에서 꽃을 피우고, 적절히 수행하도록 하기 위한 생산적이고 촉진적인 작업환경을 제공하는 데 초점을 맞추어 왔다. 근로자 지원과 상담을 제공하려는 동기는 '보호의 의무duty of care'라는 진공상태에서 시작되었는데, 근로자가 아니라 고용주가 이를 주도했기 때문에 준비 부족의 상태에 놓였다. 가장 생산적으로 건전하고 비용 대비 효율이 좋은 상담 성과는 근로자 지원에 대해서 충분히 생각하고, 계획된 처방을 통해서만 가능하다.

신종 직업인 코칭의 출현과
코칭의 세계적 영향

패트릭 윌리엄스(Patrick Williams)[*]

　코칭이 시장을 잠식해 가는 가장 핫한 최신 트렌드이기는 하지만, 그렇다
고 실제로 그렇게 새로운 것은 아니다. 그것은 20세기로 넘어오면서 자기향
상에 있어 최선의 사고에서 나온 파생물이다. 코칭은 역사 가운데서 그리고
최근에는 사업 세계 안에서 그 자리를 찾았으며, 1990년대 기업환경에서 폭
발적으로 성장하였다. 오늘날 기업 코칭에는 모든 종류의 사업적 관심마다
(마치 약처럼) 수십 개의 전문 영역[개인 경력 코칭, 이전 및 합병 코칭, 스타트업
벤처 및 기업가 코칭, 임원 코칭(팀 코칭), 라이프 코칭 등]이 존재한다. 결국 모든
직업 뒤에는 사람이 있다.

　코칭과 멘토링은 지난 수십 년 동안 기업환경에서 일반화되었다. 임원 코
칭은 고위 경영진을 위한 '특전'으로 수용된 지 오래되었다. 게다가 기업에 있

---

[*] 라이프 코칭 연구소(Institute for Life Coach Training and Coaching the Global Village) 설립자

지 않은 사람들도 코치를 두는 것이 이득이 있다라는 것을 알게 되었다. 오늘
날 사람들은 벤처 사업, 양육, 관계, 심지어 은퇴로 인해 자영업(고립과 산만성
의 증가와 같은)에 도전하면서 경력전환을 돕는 코치를 고용한다. 라이프 코
칭은 개인적으로나 기관, 학교, 교회, 기타 다른 공동체를 통해 이용할 수 있
게 되었다.

코칭의 뿌리

코칭은 세 가지 주류로부터 발전하였다.

- 심리치료와 상담과 같은 조력 전문직
- 사업 컨설팅과 조직 개발
- EST, Landmark 포럼, 토니 로빈스Tony Robbins, 코비Covey 세미나, 여타 이
  같은 집중 훈련의 일부로서 일대일 코칭 등을 포함한 자기개발 훈련

1990년대 초반 이래로 많은 심리학 이론가와 임상가들이 비즈니스 코칭
현장의 개척과 발전에 영향을 미쳐 왔다. 미국 심리학의 아버지인 윌리엄 제
임스William James의 이론은 코치들이 클라이언트로 하여금 자신의 탁월함을 발
견하도록 돕는 데 영향을 미쳤다. 이 탁월함은 종종 가려졌거나 묻혀 있던 것
으로 그들이 자신의 삶과 일을 의식적으로 목적 의식을 가지고 설계하기 시
작할 때 경험될 수 있다. 칼 융(Carl Jung, 1933, 1953, 1970, 1976)과 알프레드
아들러(Alfred Adler, 1956, 1998)의 많은 이론은 현재 코칭의 선조다. 아들러
는 개인을 자기 삶의 창조자와 예술가로 보았고, 자신의 내담자를 목표 설정,
인생 계획, 미래창조(이는 오늘날 코칭의 모든 신조이자 접근이다.)에 자주 관여
시켰다. 이와 유사하게 융은 우리가 비전과 목적 의식 있는 삶을 통해 미래를
창조할 수 있다는 '미래 지향'이나 목적론적 신념을 믿었다. 불행히도 그 방

식을 따랐던 심리치료는 중간에 내담자를 '병'에 걸려 진단과 치료가 필요한 '환자'로 보는 의학모형을 받아들이게 되었다. 물론 심각한 정신질환은 분명히 존재하며 이는 임상심리사나 상담자의 심리치료 및 상담으로부터 도움을 받을 수 있다. 그러나 과거 많은 사람은 현실을 살아가면서 겪게 되는 어려운 일들로 인해 치료를 받고 낙인찍혔다. 이러한 상황은 병리학의 진단이나 가설을 필요로 하는 것이 아니었다.

인본주의 심리학과 인간 잠재력 운동의 영향

1951년 인간 잠재력 운동이 일어나는 동안 칼 로저스Carl Rogers는 자신의 기념비적 저서 『내담자 중심 치료Client-Centered Therapy』를 썼다. 이 책은 상담과 심리치료의 역동을 내담자가 변화하고 성장할 능력을 가지고 있다고 가정하는 관계성으로 전환시켰다. 이러한 관점의 전환은 오늘날 소위 코칭이라 불리는 것의 의미 있는 전조였다.

에이브러햄 매슬로(Abraham Maslow, 1954, 1993)는 생동감과 목적을 갖고 살아가는 사람들 그리고 심리적으로 지속적인 성장을 추구하고 더 많은 인간 잠재력에 도달하는 사람들에 대해 관찰하고 탐구하였다. 이전의 심리학자들이 그랬던 것처럼 그는 욕구와 동기에 대해 말했다. 그러나 그의 관점은 사람들이 만약 개인적 성장의 장애물이 제거되기만 하면, 자연스럽게 자기실현, 활발함, 호기심, 창조성을 추구하려고 하는, 그렇게 건강을 추구하는 생명체라고 보는 것이었다. 매슬로는 이를 '존재 동기being motivation' 혹은 '충만동기abundance motivation'로 언급했다. 이 수준에서 욕구는 우리의 '존재'나 상위 자아highdr self의 자양분과 개발을 위해 1차적으로 존재한다. 이는 오늘날 코칭의 근본적인 신념이다. 매슬로의 논문 「존재의 심리학을 향해서Toward a Psychology of Being」는 1960년대와 1970년대의 인간 잠재력 운동을 응용한 코칭이 1990년대 완전히 등장할 수 있는 틀을 제공했다.

중요한 차이

심리치료와 코칭 간에 주요 차이를 인식하는 것이 중요하다. 심리치료는 한 사람이 치료(치유)를 찾게 만드는 자신의 과거와 고통스러운 사건(외상)을 주로 다룬다. 코칭은 한 사람의 현재를 더 많이 다루며 그 사람을 보다 바람직한 미래로 안내하고자 한다. 코칭에서는 과거에 쓸 시간이 거의 없으며, 짧은 '방문'을 제외하곤 클라이언트의 미래를 개발하는 데 초점을 둔다.

이러한 철학적 전환은 질병이라는 생각을 거부하고 대신 건강wellness, 온전함wholeness, 목적 의식 있는 삶을 추구하는 세대에 뿌리를 내려왔다. 그래서 라이프 코칭이 출현했다! 코칭은 컨설팅의 특별한 형태로, 상호 창조적인 파트너십이다. 코칭에서는 클라이언트의 의제와 사적 혹은 직업적으로 충만한 삶을 창조하고자 하는 그의 열망이 주요 초점이 된다. 코칭 관계는 클라이언트이 더 큰 성공의 걸림돌을 탐색하고, 보다 의도적으로 살아 있는 삶의 가능성을 가지고 더 높은 수준의 만족과 표현으로 자신의 가장 큰 꿈과 열망을 열도록 한다.

클라이언트를 '아프거나' 병리를 가진 것으로 보는 것이 아니라 그들을 '건강하고 온전하며well and whole' 보다 풍요로운 삶을 추구하는 존재로 보는 전환은 라이프 코칭의 발전을 이해하는 데 무엇보다 가장 중요하다. 라이프 코치들은 클라이언트가 그들 자신에 대해 꿈을 꾸기만 하는 것이 아니라, 닫힌 자신의 의도intentions를 털어놓고 그 의도를 따라 살도록 돕는다. 나는 종종 치료가 회복하기recovering와 털어놓기uncovering에 관한 것이라면, 코칭은 발견하기discovering에 관한 것이라고 말한다.

코칭과 다른 유형의 지지적이고 전문적인 관계 간의 차이는 코칭의 특수한 역할과 코치와 클라이언트 간의 역동적이고 독특한 관계에 있다(〈표 23-1〉 참조).

〈표 23-1〉 교차와 클라이언트 간의 역동적이고 독특한 관계

치료	멘토링	컨설팅	교정
개인의 과거와 외상을 가장 잘 다룬다. 즉, 치유를 추구한다	전수 훈련을 가장 잘 다룬다. 즉, 누군가에게 당신이 하는 것을 하도록 돕고자 한다	문제를 가장 잘 다룬다. 즉, 문제를 해결하기 위한 정보 제공을 추구한다(전문지식, 전략, 구조, 방법론)	한 사람이 현재를 가장 잘 다룬다. 즉, 보다 바람직한 미래로의 안내를 추구한다
의사-환자 관계 (치료자가 답을 갖고 있다.)	'나이 든/현명한'-'젊은/덜 숙련된 관계(멘토가 답을 갖고 있다.)	전문가와 문제를 지닌 사람의 관계(컨설턴트가 답을 갖느다.)	상호 창조적인 평등한 파트너십 (교차는 클라이언트가 자신의 답을 발견하도록 돕는다.)
정서를 잘못된 일의 증상으로 가정한다	멘토링과 관련된 정서 반응으로 제한된다(전수 등)	보통 정서를 말하거나 다루지 않는다(정보만)	정서를 자연스러운 것으로 가정하고 그것을 정상화한다
치료자가 진단하고 당신을 치유이 길로 안내하는 전문지식과 지침을 제공한다	멘토는 멘토링에 진술된 목적을 위해 당신으로 하여금 멘토의 행동을 관찰하도록 허용하며, 전문 지식을 공유하고, 지침과 지혜를 제공한다	컨설턴트는 물러서서 상황을 평가하고, 당신에게 문제와 그것을 교치는 방법을 말한다	교차는 당신과 조화를 이루어 당신이 도전을 규명하도록 도우며, 당신이 승리로 바꾸기 위해 당신과 작업하고, 당신이 소망하는 목적에 도달하기까지 책임을 갖을 수 있도록 버텨 준다

미래가 견지하는 것

사람들이 어떻게 조력자를 찾으며 왜 찾는지에 있어서 근본적인 전환의 직전에 서 있다는 것이 나의 입장이다. 오늘날 사람들은 급격한 속도 변화, 지속적인 관계를 만들어 가는 데 있어서의 어려움, 목적 있는 삶을 살고자 하는 열망, 그리고 기타 많은 이유로 이전 어느 때보다 멘토/코치/가이드와의 연결을 필요로 한다.

나는 몇 년 지나면 코칭의 전문성이 심리치료보다 더 커질 거라고 믿는다. 일반 대중은 치료와 코칭의 차이를 알게 되고 치료자를 찾을 때와 코치를 찾을 때가 분명해질 것이다. 부가적으로 앞으로는 코칭이 사회에 더 보급되어 임원과 중진의 전문가뿐 아니라 모든 사람이 접근할 수 있는 서비스가 될 것이다. 교회, 학교, 지역사회 기관에 코치가 있을 것이다. 코치들을 가족 단위로부터 가장 규모가 큰 대기업에 이르기까지의 모든 조직과 집단에서 볼 수 있게 될 것이다.

직업의 인지도가 생기면서 다양한 특화가 개발될 것이다. 여기에는 다음과 같은 코칭이 포함될 것이다.

• 가능한 최선의 관계를 얻기 원하는 싱글과 커플을 위한 관계 코칭
• 인생 후반기에 접어든 사람으로 노화에 대한 전통적인 예상과 상관없이 그들 인생의 마지막 십여 년을 재정의하기 원하는 이들을 위한 희망퇴직 protirement 코칭[『The Adult Years』(1991a), 가장 최근에는 『The Joy of Old』와 『The Handbook of Coaching』(1999b)의 저자인 프레드릭 허드슨Frederic Hudson 이 만든 용어]

다른 특화에는 양육과 가족 코칭, 건강 코칭, 영적 개발 코칭 등이 포함될 것이다.

내가 볼 때 전체 코칭 직업은 클라이언트가 비즈니스 코칭을 찾든, 직무 도전이나 인생의 과도기(경력, 관계, 상실이나 건강과 같은)에 지지를 해 주는 코칭을 찾든, 순수하게 인생 설계 코칭을 찾든, 모든 코칭의 우산 개념으로서 라이프 코칭을 발전시켜 가게 될 것이다. 코치 역시 클라이언트가 필요로 하거나 요청하는 전문 코칭의 위탁처referral source로 기여할 수 있다.

코칭은 역동적인 성장과 변화를 경험하는 직업이다. 그것은 의심할 여지없이 사회적·경제적·정치적 과정과 발전적으로 상호작용해 나갈 것이고, 훈련의 다양한 지식기반을 활용해 나갈 것이며, 지적·전문적 성숙을 고양해 갈 것이고, 인생의 모든 영역에서 가장 강력하고 효과적인 도구로서 코칭 자체를 주류 미국에서뿐 아니라 국제적으로 확립해 갈 것이다. 만약 이러한 움직임들이 코칭의 장래를 대표한다면, 이 직업은 실행가능성과 성장을 지원하는 방식으로 변화할 것이다. 라이프 코칭은 도움이 되기 때문에 존재하며, 그것이 변형될 수 있기 때문에 융성할 것이다.

기업에서 코칭의 이점

코칭이 개인생활이나 기업에서 이용된다면, 사람들을 소망하는 목적에 이르도록 돕는 데 있어 코칭의 가치는 아무리 과장해도 지나치지 않다. 홈 디포Home Depot의 전 CEO인 밥 나델리Bob Nardelli는 "코치가 없으면 사람들은 결코 자신의 최대 능력에 이르지 못할 것이다."라고 말했다. 이는 진실이 아닐 수도 있지만, 코칭의 이점에 대한 강력한 증언이다. 전 세계에 중역들이 주의를 기울이고 있는데, 특히 코칭의 투자에 따른 보상이 측정 가능하고 심지어 유의미할 때 그러하다.

우리는 기업이 어떻게 직원 유지, 팀 응집력, 판매 및 생산의 증가, 전반적인 고용인 효과성과 만족을 보장하는지에 있어 근본적인 전환의 문턱에 있다. 코칭은 미래를 위한 다른 어떤 형태의 조직투자보다 더 크게 더 성공적이

되어 가는 중에 있다. 자영업을 하는 단독 사업주 형태의 코칭 프로그램에서
부터 포춘지 500대 기업 내의 거대한 코칭 프로그램까지, 코칭은 모든 유형
과 크기의 사업을 위해 존재한다. 보잉 인터내셔널Boeing International조차 코칭
부서가 있다. 코칭은 짧지만 놀라운 역사 속에서 가치 있는 투자임이 입증되
었다. 게다가 관계 코칭, 건강 코칭, 은퇴 코칭과 같은 여타 전문 코칭들이 생
겨났다.

　기업에서 코칭은 다양한 형태를 띨 수 있다. 외부 코치는 조직 내 개별 리
더 코칭이나 팀/집단 코칭을 제공하도록 계약을 맺을 수 있다. 이와 달리 어
떤 조직들은 전임 내부 코치를 고용하거나 훈련시킨다. 둘 다 이점이 있으며
활용되는 이점은 회사와 상황에 따라 다르다. 많은 기업은 리더 및 관리자들
을 코치로 훈련시켜서, 코칭의 성공적인 신조를 관리 및 리더십에 쓸 수 있도
록 하는 것이 가치있음을 인식하고 있다. 리더들은 덜 '명령 통제하고' 코치를
더 많이 하는 법을 배우고 있다. 결과는 놀라웠다.

> 이전에는 개인 내부에 숨겨졌던 기술이나 재능을 이끌어 내는 코칭과정의 힘에 나는 계
> 속해서 놀라며, 코칭과정을 통해 이전에는 풀 수 없을 거라 생각했던 문제를 해결하는 방법
> 을 변함없이 찾게 된다.
>
> 　　　　　　　　　　　　　　　　　　　　　　　　존 러셀 관리감독자,
> 　　　　　　　　　　　　　　　　　　　　Harley-Davidson Europe Ltd.

　조직들은 또한 문제를 가능성으로 변경시키는 방식으로서 코칭을 채택하
고 있다. 이러한 '코칭 문화'는 직장에서의 패러다임 전환을 야기한다. 보통
직장에서는 정수기 근처(혹은 모이는 곳이면 어디든)에서 직원들이 모여 불평
을 한다. 그러나 코칭 문화가 있는 곳에는 불평이 '나는 확실히 코칭을 사용
할 수 있었다.' 혹은 '당신이 좀 더 분명해지는 데 코칭이 도움이 될 것 같다.'
와 같은 코멘트로 종종 대체된다. 코칭이 급성장해 가는 동안 직장에 적용되

어 내부 후원, 훈련, 장려 등에 의한 연료를 공급받게 되면 힘을 북돋는 문화 empowering culture를 창조하는 데도 도움을 줄 수 있다.

코칭도구

현대의 직장에서 코칭은 꽤 오랫동안 주변에 있는 이론과 실제를 활용하고 있다. 코칭 자원의 중요한 일부인 이 도구들에는 집단 역동, 조하리의 창 Johari Window, 360도 다면평가 등이 포함된다. 이 도구들은 클라이언트가 보지 못하는 지점(효과성을 막는 행동경향성의 아킬레스건)과 보다 효과적으로 활용될 수 있는 숨겨진 강점에 대해 배울 수 있도록 해 준다. 스타일 평가나 검사들FIRO-B, MBTI, Peoplemap, DISC은 사람들이 서로에게 어떻게 가장 효과적으로 관계를 맺는지 배울 수 있도록 돕는다.

정서지능EI, Daniel Goleman은 매우 인기가 있는데, 특히 모든 사람이 항상 알고 있었지만 인정하기 원하지 않았던 사실인 직장 내 관계가 기업이나 조직의 전반적 성공에 중요하다는 것이 강조된 이래로 더 그러하다. 직원들이 더 행복하고, 더불어 일을 잘해 나가며, 조기에 갈등을 해결하는 한 팀으로서 소통하고 기능한다면, 사업은 보다 향상될 것이다(보다 건강한 결산을 보여 준다).

Peoplemap(E. Michael Lillibridge 박사)은 빨리 완성하고 쉽게 이해하며 적용할 수 있는 사용자에게 쉽고 강력한 성격평가도구다. 클라이언트는 자신의 일반적인 성격유형과 성격이 어떻게 일과 가족, 사회환경에 영향을 미치는지 인식하고 이해하게 된다. 사람들이 자신의 강점과 잠재적인 도전이나 갈등 영역을 자각할 때, 다른 사람들이 자신을 바라보고 자신에게 반응하는 방식에 보다 민감해질 수 있다.

개인 코칭 클라이언트가 이러한 평가도구로부터 결과를 얻고 자신에 대해 발견하게 될 때, 그들은 코치와 작업해 나간다. 코치는 그들이 정보를 이해하고, 만들고자 하는 변화를 결정하고, 소망하는 목적을 이루기 위해 전략을 계획하도록 돕는다. 코치는 클라이언트가 행동을 변화시킬 수 있는 방식을 도출해 낸다. 코치는 클라이언트에게 자신의 행동을 변화시키는 법을 말하지 않는다. 대신, 코치는 변화를 위한 개별화된 전략을 창조하는 자신의 지혜에 접근하도록 클라이언트를 조력한다. 코칭은 동기부여 면접, 강력한 질문(발견), 의도적 경청, 협력적 브레인스토밍, 임파워먼트, 일관성 창조, 책임 등을 포함한다.

캐롤은 메이저 국제은행 부사장으로서의 역할을 향상시키고자 임원 코칭으로 나를 찾아 왔다. 그녀는 자신의 일에 매우 행복해하는 편이었으나 팀에 어려움을 겪고 있었다. 구체적으로 말하면, 팀원들은 종종 그녀를 독불장군이면서 냉담한 사람으로 보고 있었다. 이는 그녀의 의도가 아니었다. 캐롤은 코칭을 통해 더 나은 관리자가 되는 법을 알기 원했다. 그러나 그녀가 배운 것은 더 나은 관리자란 감독자가 아니라 코치라는 점이었다. 좋은 관리자는 팀이 효율적이고 부드럽게 일하도록 보장해 주면서 팀원들에게서 최선을 이끌어 낸다. 캐롤은 부하들이 하는 360도 평가를 비롯하여 MBTI를 이미 다 해 보았다. 나는 그녀에게 Peoplemap(14문항밖에 안 되는!)을 소개했고 그녀는 검사 결과 보고서에 놀라워했다. 캐롤의 프로파일은 가장 흔한 관리자의 조합인 '리더-과제' 형태의 경향을 보여 주었다. 나는 그녀의 성격(MBTI와 360도 평가에 드러난 것과 완벽하게 일치하는)이 갖는 강점과 맹점에 대해 코치 했다. 캐롤은 팀원 간의 잠재적 갈등을 예상할 뿐 아니라 성격이 다른 팀원과 보다 효과적으로 소통하고 그들 고유의 기여에 대해 인정하는 법을 배웠다. 코칭을 하는 동안, 캐롤은 또한 부하들에게 더 많은 책임을 위임하고, 팀원을 관리하기보다 코치하며, 비전을 주장할 때 더 재미있게 할 기회를 찾을 필요가 있음을 발견했다.

캐롤은 효과적인 팀이 가족과 같으며 관계는 때때로 성격 갈등을 조장할 수 있다는 것을 깨달았다. 정서지능 개념에 대한 학습을 통해 각각의 팀원 또한 직장에서 정서적 욕구를 갖는다는 것을 이해하게 되었다. 캐롤은 Peoplemap을 팀원 전체에게 주고 결과를 리뷰하기 위한 두 번의 전화회의를 했다. 모든 사람은 인정받고 보다 효과적으로 일하도록 격려받는다고 느꼈다. 모두는 캐롤의 개방성과 변화의지를 인정하였다. 그녀는 팀원들의 모델이 되었으며, 그녀 자신이 코치가 되었다.

작동체계로서의 종합적 라이프 코칭

전문 코치에게 가장 눈에 보이고 수익성이 좋은 영역이 주로 대기업의 임원 및 리더십 코칭 영역임에도 불구하고, 점점 더 작은 사업체의 사업주와 기업가들 역시 개인 코치를 고용하고 있다. 나는 개인이 잠재력을 펼쳐 내기 위해 이제까지 고안된 것 중 가장 강력하고 가장 비지시적이며 가장 단순한 체계가 코칭이라고 믿는다. 코칭은 클라이언트에게서 지혜를 찾아내는 클라이언트 중심적이며, 전인적이고, 비지시적인 전문관계다. 국제코치협회 International Coach Federation(www.coachfederation.org)에서는 코칭은 "클라이언트의 개인적 · 직업적 삶에 성취감을 주는 결과를 낳도록 고안된 지속적인 파트너십이다. 코치는 사람들이 자신의 수행을 향상시키고 삶의 질을 고양시키도록 돕는다". 정의는 다음과 같이 계속된다.

코치는 경청하고 관찰하며 클라이언트의 필요에 따라 맞춤식 접근을 하도록 훈련받는다. 그들은 클라이언트로부터 해결책과 전략을 이끌어 내고자 한다. 그들은 클라이언트가 본래 창조적이고 지략이 있다고 믿는다. 코치의 직무는 클라이언트가 이미 가지고 있는 기술, 자원, 창조성을 고양하기 위해 조력을 제공하는 것이다.

『라이프 코칭Total Life Coaching』(Williams & Thomas, 2005)에 다음과 같이 쓰여 있다. '라이프 코칭은 기법과 기술의 모음 이상이다. 그것은 당신이 하는 것 이상이다. 라이프 코칭은 당신이 누구인지를 비추어 준다. 그것은 당신의 실제 행동이다.'

나는 모든 코칭이 라이프 코칭이라고 믿는다. 종합 라이프 코칭은 Windows XP나 Mac OS와 같이 항상 켜져 있는 작동체계operating system다. 그것은 항상 배경에서 움직이고 있다. 다시 말해, 클라이언트가 코칭에 오는 이유가 무엇이든지 양질의 코칭은 전인적인 사람과 그의 모든 체계 및 관계와 작업한다.

코치 훈련 기회

이 책을 읽는 여러분 중 많은 이는 전문 코치가 되기 위해 훈련과 교육 기회를 연구하기 원할지 모르겠다. 또 다른 이들은 자신의 현재 직업에 추가할 코치 기술을 배우기 원하거나 단순히 자신의 개인적 발전을 위할 수도 있다.

코칭이라는 단어의 사용이 매우 흔해져서 코칭 기술을 전문적으로 훈련받지 않은 사람들에 의해서도 종종 사용되기 때문에, 양질로 인정되는 학교에서 적절하고 평판 있는 훈련이나 교육을 반드시 받아야 한다고 나는 믿는다. 오늘날 최선의 원천은 인증 코치 훈련 프로그램Accredited Coach Training Programs: ACTP에 선별되어 온 학교와 훈련 기관만 회원으로 하고 있는 국제코치협회 (www.coachfederation.org)다. 이러한 학교들은 최소한 125시간의 코치 훈련을 제공해야 하고, 핵심 역량에 따라 졸업생의 코칭 숙련도를 확인하는 실습과 구두 및 지필 시험을 포함해야 한다. 기타 학교들은 인증 코치 훈련 시간 Accredited Coach-specific Training Hours: ACSTH을 제공하는 ICF 사이트에 올라가 있다. 이 프로그램들은 포괄적인 코치 훈련은 아니지만, 그 코스들은 기초적인 코칭 역량 훈련을 제공하는 것으로, 어떤 경우에는 임원 코치 훈련, 관계 코칭, 부모 코칭, 리더십 코칭과 같은 특정 영역의 기술을 제공하는 것으로 ICF 에 의해 승인되었다.

이러한 국제적 · 다문화적 코치 훈련 기관들에 더하여, 지금은 코칭 자격증 프로그램과 많은 경우 코칭 석사나 박사학위를 제공하는 수십 개의 대학원이 있다.

개인 코칭 및 직업 코칭 학위의 출현: 이것이 코칭의 미래에 의미하는 바는 무엇인가?

내 책『Therapist as Life Coach: Transforming your Practice』(Williams & Davis, 2002, 2007)에서 나는 코칭 직업의 발전 및 코칭 훈련 기관의 증가와 함께, 다음의 논리적인 단계는 코칭 학위가 될 거라고 예견했다. 20세기 후반부와 21세기 초반부에는 그러한 학위를 제공하는 대학이 소수 있었다. 조지 워싱턴 대학교는 조직개발학과 내의 자격증 프로그램으로 시작한 후 처음으로 ICF 인증 코치 훈련 프로그램을 마련했다. 안소니 그랜트Anthony Grant가 선봉에 있는 시드니 대학교(호주)에서는 1990년대 후반에 코칭심리학 석사학위MA를 처음 수여했다. 곧 다른 대학들이 뒤를 이어 최소한의 코칭 수업을 제공하였고, 이는 조직개발, 경영 혹은 리더십과 같은 관련 분야 학위의 일부로서 코칭 자격증으로 이어졌다.

2005년 무렵에는 20개 이상의 대학이 코칭 자격증 프로그램이나 코칭 학위를 제공하였다. 코칭 직업의 성장에 학문기관이 함께하게 된 것은 매우 환영할 만한 일이다. 이러한 트렌드는 성격발달, 발달심리, 인간변화이론, 연구방법론, 조직개발, 다문화 이슈와 같은 실제적인 코칭 관계를 뒷받침하는 학문과정을 더하게 된다.

코칭에 있어 학문적 프로그램의 증가는 또한 임상심리학 분야의 경로와 아주 유사하다. 과학자−실무자 모델의 학문을 가르치는 임상심리학 분야와 박사PhD 프로그램을 새롭게 만들기 위해 소위 Boulder Conference라 불리는 역사적 사건이 1949년 콜로라도에서 개최되었다. 이 모델은 기술의 실제적인 적용과 증거기반 연구 및 연구방법론의 과학적 엄격함 및 지식 둘 다에 초점을 두고 있다. 1973년 콜로라도의 발리Vali에서 열린 콘퍼런스(Vali Conference로 불림)에서는 연구자가 되기를 원하지 않고 대신 장인masterful 심리학자가 되고자 구체적으로 적용되는 기술을 배우기 원하는 학습자들에게 대안을 제공했다. 학식 있는 직업인 모델로 알려지게 된 이 모델은 심리학 박사(PsyD나 Doctor of Psychology)가 만들어지는 데 탄력을 불어넣었다. 오늘날 수적으로는 PhD 프로그램이 더 많음에도 불구하고 많은 학생이 PsyD 프로그램에 등록한다.

많은 대학원 수준 코칭 자격증이 조지타운 대학교, 텍사스 대학교, JFK 대학교, 듀크 대학교, 뉴욕 대학교, 빌라노바 대학교, 조지메이슨 대학교, 필딩 대학교와 같은 오랜 전통의 고등교육으로 승인받고 있는 대학들에서 수여된다. 월든(Walden) 대학교나 International University of Professional Studies와 같은 대학은 '대안교육'과 창의적인 학위 설계(학습자들의 선택과 위원회의 승인에 의해 교실학습도 가능한 멘토 및 원거리 양식의 자기주도 학습)를 허용하는 곳들이다. 콜로라도 주립대학교는 학제 간 연구 및 건강 코칭 분야에 PhD 프로그램을 만들기 위해 나와 대화를 시작하였다.

대부분의 대학원들은 임원이나 기업 코칭에 초점을 두지만, 소수(IUPS.edu와 같은)는 클라이언트에 따라 다양하게 적용될 수 있는 보다 일반적인 코칭 및 인간발달 교육에 중점을 둔다. 영국의 여러 기관에서는 전문 코칭 학위나 자격을 제공하고 있다(University of Wolverhampton, Middlesex University, Oxford Brookes University 등).

나는 다양한 코치 훈련 프로그램을 보유한 4개 기관, 즉 시드니 대학교, 필딩 대학교, 조지타운 대학교, International University of Professional Studies의 대표들을 인터뷰하며 그들에게 다음의 질문을 동일하게 하였다.

- 왜 코칭 대학원 학위/자격입니까?
- 당신은 코칭 자격증을 위해 특별히 ICF 지침에 관심이 있습니까?
- 설립된 코치 훈련 학교들과 관련하여 코칭 학위의 미래에 대해 어떻게 생각하십니까?

- 당신의 프로그램이 고유한 점은 무엇입니까?
- 당신의 학생들은 코칭 학문에 어떻게 영향을 미칠까요?

이 장에서 그들의 사려 깊고 깨우침을 주는 답을 모두 제시하기에는 지면이 부족하지만, 그들 각각이 최첨단에 있는 코칭 직업에 관심이 있으며, 코칭의 학문적 철학과 코칭 기술, 코치와 클라이언트에게 예측 가능한 성과에 대한 증거기반 연구를 만들어 가거나 견고하게 하는 일을 조력하는 데, 다시 말해 무엇이 진정 효과가 있고 왜 그러한지에 대한 자료를 축적해 가는 데 관심을 가지고 있다고 나는 말할 수 있다.

내가 이야기 나눴던 4명의 대표 모두 대학원 코칭 교육이 직업의 신뢰성을 높여 주고, 여러 정부가 대학원 학위를 주의 깊게 지켜볼 때 자기조절의 미래를 보조할 수 있다고 말했다.

시드니 대학교의 안소니 그랜트Anthony Grant는 말한다. "이러한 트렌드는 사립 코칭 스쿨의 기대치를 높이는 작용을 할 것이며, 나는 이것이 학생들에게도, 코칭산업에도 좋으며 학교에도 좋다는 점에 우리 모두 동의한다고 확신한다."

필딩 대학교의 레니 와일드플라워Leni Wildflower 박사는 말한다. "학문적 프로그램과 코치 훈련 기관을 위한 자리와 요구가 있다. 장기간의 학문적으로 엄격한 기초교육 프로그램을 원하는 사람들에게 학위 프로그램은 답이 된다. 단지 기술 훈련을 원하고 직무의 일부로서 코치 접근을 사용하기 원하는 사람들에게는 마찬가지로 양질의 코치 훈련이 답이 될 수 있다."

조지타운 대학교 코칭 프로그램의 크리스 월Chris Wall, MA, MCC는 다음과 같이 말한다.

우리는 과거 수년에 걸쳐 기업의 소비자들이 점점 더 교육을 받고 코칭에 대해 잘 알고 있다는 것을 발견했다. 많은 경우에 그들이 고용하는 코치들이

ICF 자격을 가지고 있기를 요구한다. 나는 코칭에 대한 가장 최신의 사고(인지 역량을 포함한 발달이론에 기반한)를 통합하고, 발달적으로 접근할 수 있는 증거에 근거하여 코칭을 발전시키는 등의 코칭의 표준을 높이는 데 전적으로 관심이 있다. 이는 세계적으로 코칭의 힘을 강화하는 데 기여할 것이다.

International University for Professional Studies의 혁신적인 총장 어브 카츠Irv Katz 박사는 다음과 같이 연관 짓는다.

> 만약 코칭 분야가 신뢰성을 얻을 만하다면 코칭 연구는 핵심적이다. 단계별로 코칭을 통해 얻는 이득은 자료화되어야 한다. 코칭 분야의 리더십은 이것을 인식하고 있다. 만약 코치들이 연구를 계획하거나, 이미 이루어진 연구에 기여했다면, IUPS는 그러한 연구자들이 박사학위를 받는 데 보조할 준비가 되어 있다.

여러분이 볼 수 있듯이, 직업으로서의 코칭은 학문이론, 엄격함, 연구, 그리고 대학원 교육을 동반한 응용과 함께 성장하고 있다. 코칭 직업은 세계적으로 계속해서 확산되어 가듯이, 대학원 코칭 자격증과 학위를 제공하는 고등 학문기관의 영향은 다음 10년에 주목해야 할 트렌드가 될 것이다.

이는 가까운 미래에 여러분이 코치가 되기 위해 꼭 대학원 학위를 가져야 한다는 것을 의미할까? 아마도 아닐 것이다. 그러나 대학원 교육은 지식 기반을 확장하고, 현 상태에 도전하며, 훈련 프로그램에 대한 기대치를 높일 것이다. 그리고 이와 유사하게, 국제코치협회ICF와 다른 코칭기관들에서 가르치는 최상의 실제에 대한 표준이 승인되어 대학의 교육과정에 흡수될 것이다. 우리의 직업이 자기조절되고 공적으로 인정되기 위해서는 학계와 코칭 직업 간에 파트너십이 전체적으로 있어야 한다. 이 파트너십과 연구, 응용이론, 양질의 기술 습득을 통한 우리 직업의 성장은 라이프 코칭 직업의 생존 및 번영에 관심 있는 우리 모두를 기다리고 있다.

멘토링과 직원의 웰빙

데이비드 클러터벅(David Clutterbuck)[*]

 공식적으로 구조화되거나 지원되는 멘토링이 직원의 웰빙과 강력하게 연결된다는 것은 여러 연구와 전문가가 말해 주고 있다. 이 장에서는 이러한 연결의 여러 가지 측면을, 특히 심리적 계약 및 일과 삶의 균형의 개념을 참조하여 탐색한다. 또한 멘토링 프로그램을 운영하는 훌륭한 사례에 대해 증가하는 정보를 검토할 것이다.

 최근의 산업조사는 영국 회사의 72%가 어떤 방식으로든 멘토링을 활용하고 있다고 제시한다(CIPD, 2006). 멘토링을 활용하는 이유는 조직과 직원 모두에게 큰 이득을 가져오는 것으로 인식되기 때문이다. 멘토링에 대한 문헌들은 멘티의 이득과, 그리고 그 정도는 덜하지만, 멘토의 이득을 보여 주는

---

[*]클러터벅 자문센터, 유럽 멘토링 및 코칭 협의회

  (Clutterbuck Associates, and European Mentoring and Coaching Council) 연구위원장

참조 자료로 넘쳐난다. 멘토링은 직업 만족(Kram, 2004), 직무 헌신(Joiner et al., 2004), 자신감/자존감 그리고 다양한 경력 성과(Turban & Dougherty, 1994)와 관계가 있음을 경험적 연구나 사례 보고를 통해 보고되고 있다.

　조직적 관점에서 볼 때, 멘토링 프로그램의 이득 중에서 가장 공통적으로 보고되는 것은 고용 유지에 대한 효과다. 예를 들어, 아일랜드 은행연합Allied Irish Banks은 멘토링 프로그램을 도입한 이후 대졸 채용자의 1년 이내 이직이 3분의 2로 감소하였다고 보고하고 있고, 글락소 스미스 클라인Glaxo Smith Kline사는 멘토링을 받은 직원과 받지 않은 직원들을 비교하였을 때 1,300%의 이직률의 차이를 발견했다고 하며, 다양한 국제조사의 결과를 살펴보면 향후 12개월 안에 직장을 그만둘 의사가 있는지를 물었을 때 멘토링에 참여한 직원이 그렇다고 응답한 경우는 멘토링에 참여하지 않은 직원이 그렇다고 응답한 경우에 비해 절반에 해당하였다(Anon, 1999-2005).

　멘토링이 정확하게 어떻게 고용 유지에 영향을 미치는지는 아직 경험적 연구를 통해 체계적으로 조사되지 않았다. 그러나 다음과 같은 몇 가지 가능한 설명이 있을 수 있다.

- 사람들은 조직이 자신을 가치 있게 여긴다고 느끼고 싶어 한다. 개인적으로 자신에게 관심을 갖고 일의 진행을 신경 써 주는 누군가가 있다는 것은 적응과 조직에 대한 헌신에 도움이 된다(Kleinmann et al., 2001).
- 사람들은 종종 승진 경로가 분명하게 보이지 않을 때 조직을 떠난다. 멘토가 더 높은 직급에 있는 사람이라면, 그(그녀)는 광범위한 기회를 볼 수 있고 잠재적인 경력의 장애물을 어떻게 이겨 내는지에 대해 알고 있을 것이다.
- 소속 팀이나 부서가 아닌 외부에 일과 직무 역할에 대해 논의할 누군가가 있는 것은 스트레스를 줄이고 직무 만족을 증가시킨다(Kram, 1983, 1985). 예를 들어, 상사 및 동료와의 관계에 대한 현실적인 관리가 멘토

링의 가장 흔한 논의 주제다.

- 사람들은 때때로 자잘한 일상에서 벗어나, 큰 그림을 보고, 단지 일에만 국한된 것이 아니라 일과 일 이외의 삶이 어떻게 관련되는지 그리고 그 각각의 영역이 갈등하기보다는 공생할 수 있도록 어떻게 관리할 것인지 에 대해 숙고해 볼 필요가 있다.
- 특히 성숙한 멘토링 관계는 이런 논의를 위한 안전한 환경을 제공한다.

멘토의 고용 유지에도 역시 비슷한 효과가 기록되고 있고 비슷한 설명이 적용될 수 있다.

- 멘토들도 종종 다른 사람을 도움으로써 스스로를 가치 있는 존재라고 느낀다[Levinson(1978)과 다른 연구자들은 생성감 효과라고 설명한다].
- 멘토들은 자신에게 보고하는 것이 아니라 고무적인 질문을 하는 누군가 와 함께 작업하는 지적인 도전이 멘토링의 주요한 매력이며 자신들의 학습의 원천이라고 종종 말하곤 한다.
- 일을 멈추고 숙고할 기회, 즉 한 시간 정도 일에서 벗어나는 시간을 갖는 것은 멘토에게 창의력과 자신이 가진 사안과 관련한 통찰에 긍정적인 영향을 준다.
- 개인적 성장이 멘토를 위한 네 가지 핵심 성과 중 하나로 최근 연구에서 확인되었다(Clutterbuck, 2005).

이 장에서는 직장에서 멘토링 활용을 효과적으로 만드는 것과 관련된 세 가지 주제에 초점을 맞출 것이다. 멘토링이 심리적 계약을 지원하는 방식과 관련된 것, 멘토링이 일과 삶의 균형을 잡도록 지원하는 방법, 그리고 세 번 째로 멘토링 프로그램을 설계하고, 실행하고, 지속시킬 수 있는 실현 가능성 이다. 그러나 우선적으로 멘토링이라는 용어가 종종 다른 도움을 주는 활동인 코칭 또는 상담과 혼동되므로 멘토링의 의미가 무엇인지를 밝히는 것이 적절할 것 같다.

현대적인 멘토링의 기원

[그림 24-1]에서 볼 수 있는 것처럼, 멘토링과 코칭 각각의 우세한 두 모델이 있다. 후원적 멘토링sponsorship mentoring은 수백 년 전 프랑스에서 있었던 역할에 대한 묘사에서 유래를 찾는다. 구조화된 혹은 지원되는 멘토링 프로그램이 미국을 거쳐서 왔는데, 1970년대 후반과 1980년대 초기에 처음으로 시작된 이 프로그램의 목적은 때로 나이 든 직원과 젊은 직원들 사이에 전개되었던 상대적으로 통제적인 방식의 비공식적 관계를 재현하기 위한 것이었다. 이 관계의 '계약'은 멘토가 같은 직종에 종사하는 젊은이들을 만나면서 그(초기에는 독점적으로 남성적인 현상으로 보인다.)의 권력, 영향력 그리고 풍부한 경험을 사용하여 젊은이를 지도하고 촉진함으로써 그들에게 기회를 주

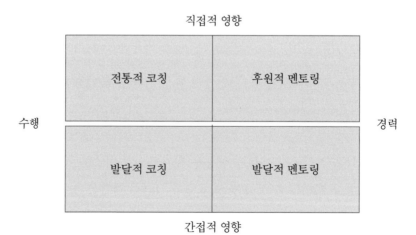

[그림 24-1] 코칭과 멘토링의 모델

출처: Clutterbuck Associates(2004)의 허락하에 발췌.

고 관계와 정치적 통찰력으로 무장하게 해 줄 것이라는 기대 위에 세워졌다.

몇 년 후 유럽에 소개되었지만, 이 모델은 전반적으로 비참하게 실패하였다. 유럽의 고용주들은 경력의 자기계발과 자기관리를 격려했고, '올드 보이 네트워크old boy networks'에 대한 강한 불신도 있었다. 대신에, 그리스 원작 이야기의 다른 해석을 기초로 한 멘토링의 한 가지 모델, 즉 잘 만들어진 질문을 통해 통찰을 자극하는 소크라테스적 전통에 확고한 기반을 둔 모델이 출현했다. 이 모델에서는 멘토와 멘티가 질적으로 수준 높은 대화를 통하여 서로에게 배우며, 멘토의 권력은 전혀 관련이 없을 뿐더러 멘토의 경험은 멘티에게 무엇을 하라고 말하는 데 사용되는 것이 아니라 이해를 촉진하여 궁극적으로 지혜에 이르도록 안내하는 데 이용된다.

코칭에서도 비슷한 진화가 일어났는데, 피코치(코칭받는 사람)coachee에게 피드백하는 것을 강조하는 전통적인 '말하기tell' 형식 코칭은 발달적 멘토링과 매우 비슷한 발달적 형식으로 대체되었다. 여기서는 과정이라는 용어를 사용하는데, 내재적 피드백(예, 자기관찰을 통해 피코치 스스로가 하는)을 강조한다. 발달적 멘토링과 발달적 코칭 사이의 기본적인 차이점은 경력에 초점을 맞출 때에, 전자가 좀 더 폭넓고 전인적인 관점을 채택하는 데 반해 후자는 언제나 성과 향상을 목표로 하는 것에 있다. 그리고 멘토링은 멘티로 하여금 자신의 네트워크를 개발하도록 하고 조직 내 정치와 협상하는 것을 돕는 것 같은 다른 역할들이 있다. 때때로 겉으로만 그럴싸한 다양한 차이점들이 제안되는데, 예로 코치나 멘토는 주제의 전문가여야만 한다는 것이다. 실제로는 두 역할 모두 주제의 전문가여야 한다고 추정하는 접근과 그렇지 않은 접근이 있다.

멘토링과 심리적 계약

심리적 계약은 가장 간단하게 말하면 직원(또는 다른 이해당사자 그룹)과 조직 사이의 가치 교환과 관련된다. 심리적 계약에는 많은 요소가 포함되어 있는데, 각 당사자가 상대방에게 보여 주어야 하는 태도와 행동에 대한 미묘한 그리고 덜 미묘한 지각과 기대도 있다. 최소한 이론적으로는 심리적 계약 조건에 대한 일치(양 당사자 모두 같은 기대를 가지고 있음)가 직무 만족, 고용 유지 그리고 그 외의 이득을 양 당사자 모두에게 증가시킨다(Guest & Conway, 2002; Conway & Briner, 2005).

가치 교환으로서의 심리적 계약을 설명하는 한 가지 간단한 방식은 가치의 세 가지 핵심 요소를 밝히는 것이다.

- 가치worth: 부가가치의 창출. 조직에게는 이것이 주주의 부가가치로 나타나고, 직원 개개인에게는 포상/보상, 직업시장에서 자신들의 가치를 높일 수 있는 경험을 쌓을 수 있는 훈련이나 기회의 혼합일 수 있다. 고객에게는 주로 가격 대비 가치와 관련된다.
- 존중respect: '나는 당신의 기여/구입을 가치 있게 여깁니다.' 또는 '이 회사에서 일하는 것이 자랑스럽습니다.'로 표현되는 것과 같은 것이다.
- 믿음belief: 사람들이 중요하다고 믿는 것. 즉, 결정과 행동의 밑바탕에 깔려 있는 가치를 말한다. 예를 들어, 더 바디샵Body Shop에서 직원과 관리자와 고객은 환경적인 측면의 고려의 중요성에 대한 공통의 믿음을 공유하고 있다. 이해관계자들은 또한 이러한 믿음을 공유할 수 있지만, 기관투자자는 그렇지 않을 수도 있다.

이러한 각 상호 교환에는 양측의 기대와 행동의 지각이 상호작용하고 있다. 일부의 경우에는 서로 상대방의 의도에 대해 매우 다른 관점을 가질 수 있고, 이는 심리적 계약의 특성에 부정적인 영향을 미친다. 예를 들면, 대기업 식품제조업체에서 경영진은 인터뷰에서 생산직 직원들이 주도적이지 않고 책임을 회피한다고 불평하고, 반면에 직원들은 관리자들이 자율권을 주겠다는 입에 발린 말만 할 뿐 자신들의 제안을 듣지 않으며 생산성을 향상시키기 위한 조치를 취하지 못하게 한다고 불평한다. 기대나 실제 행동 또는 두 가지 모두에 대한 관점의 격차가 있을 때, 이는 불공평함, 신뢰 상실 그리고 조직에 대한 헌신의 감소로 바뀌는 경향이 있다.

멘토링은 직원이 보다 일관성 있는 경력 계획을 세우고 추진할 수 있도록 돕고, 보다 폭넓고 효과적인 네트워크를 형성하도록 도움으로써 평형상태의 가치 요소에 기여한다. 그 결과로 취업시장(그리고 조직)에서 멘티의 순 가치가 향상된다. 고용 유지의 증가는 회사의 이익을 증대시켜 주는데, 특히 장기근속이 근무 성과의 질을 높이는 것과 연관되기 때문이다(Hesket et al., 1997). 멘토링 관계 또는 직원이 자신들이 기여하고 있으며 보다 가치 있는 자산이 되고 있다고 느낄 수 있게 하는 대체 기제가 없다면, 장기근속은 때로 대조적으로 고객 서비스를 저하시키는 것과 관련될 수 있다. 어떤 항공사에서는 고집스럽고 냉소적인 장기근속자가 덜 친절하고, 심드렁하며 그들 앞에 있는 배울 수 있는 기회의 혜택을 덜 선택하는 것으로 나타났다. 멘토들은 종종 성공적이고 도전적인 멘토링 관계로부터 새로운 열정을 얻는다.

멘토링은 멘티들이 경청되고 있고 개별적으로 대우받는다고 느낄 수 있는 포럼을 제공함으로써 심리적 계약의 존중 요소에 기여한다. 시간이 지나면서, 멘토링 만남은 멘티가 아이디어를 제안하고, 자존감을 키우며, 현재의 역할이나 열망하는 역할 모두를 해낼 수 있는 능력에 대한 자신감을 쌓도록 도와준다. 노르웨이의 여성 리더를 개발하기 위한 멘토링 프로그램은 80% 이상이 역할 자신감이 커졌다고 보고했음을 발견했다(멘토의 절반이 남자였는데도!). 건설적인 도전이 가능한 안전한 환경에서 멘티는 조직 안에서 어떻게 자신의 평판을 만들어 가고, 어떻게 상사를 관리하며(야망이 있는 직원에게는 대단히 중요한 기술임), 어떻게 자신의 정서적이고 지적인 동력을 이해하여 자본화할 것인가를 작업할 수 있다.

멘토링은 조직 문화를 긍정적이지만 비판적인 태도로 탐색함으로써 심리적 계약의 믿음 요소를 돕는다. 각 양자관계는 조직에 영향을 미치는 작은 포럼(토론의 장)이다. 예를 들어, 한 규모가 큰 재무 서비스 회사에서 최상위 경영진이 일과 삶의 균형의 중요성에 대한 여러 가지 발표를 했다고 하더라도, 상아탑으로부터 멀리 있는 실제 현장에서 직원들은 여전히 가정의 필요보다는 일을 우선순위에 두어야 했으며, 하루에 12시간 이상 일을 해야 했다. 멘토들은 무엇이 힘들게 하는지를 찾기 위해(지속적인 기술 개발의 기밀과정의 일부로서) 기록을 비교 검토할 기회가 있었는데, 회사가 설명하는 것과 실제 실행되는 것 사이의 모순으로 인한 멘티의 좌절이 분명하게 나타났다. 이에 대한 감정의 강도를 인식하면서 회사는 정책과 시행을 다시 검토해야만 했다.

이와 동시에, 믿음과 가치의 공존가능성은 멘토링 관계 그 자체의 질에 중요한 요소다(Hale, 2000).

심리적 계약이 깨어지는 데 흔히 원인을 제공하는 사건 중의 하나는 인수와 합병이다. 멘토링은 그 손상을 회복시키는 데 도움이 된다. 사례를 예로 들면, 한 서비스 회사는 장기간의 합의 끝에 경쟁사를 매입했다. 비록 법적인 합병에는 9개월이나 걸렸지만 두 회사의 직원들은 빠르게 긴밀한 관계가 되었다. 이유는? 새롭게 편입된 더 작은 회사의 모든 직원들은 더 큰 회사의 멘토와 짝이 이루어졌고 공동 학습을 위한 지침을 가지고 만났다. 멘토링 관계는 빠른 신뢰 형성을 가능하게 함으로써 편안하게 함께 일하게 하였다.

비록 많은 조직이 심리적 계약을 측정하지만, 단지 일부분만을 보여 주는 직원 만족도 조사 같은 별 관계가 없는 수치일 뿐인 경우가 대부분이어서, 이를 적극적으로 관리하는 것은 완전히 다른 문제가 된다. 조직의 수준에서 개별 구성원과 신뢰를 형성하는 것은 지극히 어렵다. 하지만 개인 수준에서 신뢰를 구축하는 것은 조직에 대한 신뢰의 근본을 세우는 비교적 쉬운 방법이다. 아직 출판되지 않은 우리의 멘토링에 대한 최근 연구는 이러한 개인 간의 강력한 관계가 조직의 영향(예, 사람들은 조직이 성장에 대해 우호적인지 혹은 적대적인지를 인식하여 신뢰하고 학습하는 관계를 형성함)과는 별개이지만, 성공적이고 효과적인 멘토링 관계는 신뢰/불신의 지배적인 조직 분위기에 긍정적인 영향을 미칠 수 있다.

멘토링 그리고 일-삶의 균형

멘토와 멘티에게 멘토링 초기에 무엇에 관한 이야기를 나누었는지를 물었을 때, 일반적으로 경력과 포부, 정치 및 관계와 관련된 것들을 꼽는다. 그러나 6개월 정도가 지난 후에는 그들 사이에 또 다른 주제가 확고히 자리를 잡기 시작한다. 일과 삶의 균형을 잡는 것이 젊은 신입사원부터 유능한 고위 경영진까지의 관심사이며, 멘토링 관계의 안전한 범위를 벗어나서는 솔직하게 이야기하기가 어려운 주제다.

많은 코치와 멘토에게 가장 무서운 시나리오 중 하나는 일 또는 경력에만 한정된 주제라는 편안한 영역에서 벗어나서 일 밖의 개인적 삶과 관련된 '소프트한/부드러운softer' 주제로 들어가는 것이다. 그러나 이러한 주제들이 양 당사자에게 가장 보람된 통찰과 성찰을 제공할 수 있다.

일 그리고 일과 관련되지 않은 영역이 한 인간의 실존에서 별개의 분리된 부분이 아니라는 것을 인식하고 받아들이는 것이 시작점이다. 두 주제는 끊임없이 서로의 영역을 침범한다. 부모들은 자녀에 대한 걱정으로 주의가 산만해지고 또는 부부관계 때문에 일에 집중하지 못하기도 하고, 직원은 직장의 문제에 집중하느라 식탁에서 배우자의 이야기가 귀에 들어오지 않기도 하는 것은 일상에서 다반사로 일어나는 일이다. 일이 가정생활을 침범하는 것도 만연하다. 예를 들어, 5명의 관리자 중에서 4명 이상이 근무시간이 아닌데도 규칙적으로 업무상 전화통화를 한다. 심지어 상위 100위권에 드는 고용주들 사이에도, 직원들은 가정생활을 즐기기에는 너무 피곤한 상태로 자주 집에 돌아간다고 말하고 있다.

일과 삶의 균형에서 암시되는 갈등을 관리하는 비결은 이 주제가 가장 복잡한 관리 중의 하나임을 인식하는 것이다(Clutterbuck, 2003). 그리고 이 복잡성을 관리하는 비결이 들어 있는 몇 안 되는 필수적인 기술은 다음과 같다.

- 자신이 무엇을 원하는지 그리고 인생에서 무엇에 가치를 두는지 알기
- 시간과 정신적 에너지 그리고 신체적 에너지의 상충되는 요구를 이해하고 양을 계산하기
- 인생의 각 측면의 경계를 세우기
- 그 경계를 넘어가지 않도록 자기훈련하기

그 복잡성 관리가 암시하고 있는 것은 이런 주제를 숙고하고, 좀 더 광범위하고 창조적인 대안을 개발하며, 무엇을 하거나 무엇을 그만둘 것인지에 대해 성찰하는 시간을 갖는 것이다. 멘토가 중요한 영향을 미칠 수 있는 것이 바로 이 지점인데 학습자인 멘티가 체계적으로 생각하고 새로운 선택지와 대안을 개발하도록 도울 수 있다.

같은 원칙이 일-일 균형이라는 주제에도 똑같이 적용될 수 있다. 특히 지식노동자들은 직장에서 시간을 어떻게 보낼 것인가에 대한 선택의 복잡한 조합에 직면한다. 별로 중요하지 않은 일에 많은 노력을 쏟아붓기가 매우 쉽다. 일반적으로 시간과 다른 자원을 활용하는 방식을 전반적으로 숙고하는 것이 일과 일 이외의 주제를 분리하여 다루는 것보다 훨씬 나은 해결책을 산출한다. 코치나 멘토가 고려해 볼 만한 유용한 질문은 다음과 같다.

- 이러한 일 관련 주제에 신선하고 이완된 마음의 상태로 접근할 수 있기 위해 당신은 무엇을 할 수 있습니까?
- 당신의 시간과 에너지를 통제하거나/통제하지 못한다고 느끼는 것은 어떤 상황이고, 얼마만큼 그렇다고 느낍니까? 누가 그것들을 통제하는 것

같습니까?

- 일 그리고 일 이외에 삶의 각 주요 측면에서 무엇을 성취하길 원합니까? 그 이유는 무엇입니까?
- 갈등은 어떻게 일어납니까? 갈등이 일어나게끔 당신이 하지 않는 것은 무엇입니까?

멘티가 일-삶work-life, 그리고 일-일work-work 주제를 숙고할 수 있도록 돕기 위해 멘토가 사용할 수 있는 가장 유용한 도구 중 하나는 라이프스트림 lifestream의 개념이다. 즉, 일과 일 이외의 삶의 핵심 측면으로, 사람들이 그들의 야망을 이루려고 한다면 각각은 관리될 필요가 있다. 이 장에서는 여섯 가지 라이프스트림을 언급할 것이다.

- 직업: 현재의 역할과 그에 따른 요구
- 경력: 미래의 잠재적인 역할들 그리고 학습자가 이것을 어떻게 달성할 수 있게 만들 것이며, 멘티가 효과적으로 역할을 실행할 수 있게 준비하는 방법
- 가족/가정: 삶에서 중요한 사람들과 관계의 질을 유지하는 방법
- 건강/신체 단련: 신체적으로 건강한 삶의 질을 유지할 방법
- 지적 성장: 직업과 경력의 좁은 제한 밖에서 우리를 개발하기 위해 하는 것
- 영적: 공동체에 소속감을 유지하고 되돌려 주는 방법

코치나 멘토는 학습자가 이러한 각각의 라이프스트림을 다루어야 할 필요를 인식하도록 그리고 각각에 대하여 어떻게 진전해 나갈 것인지에 대한 계획을 세울 수 있도록 도울 수 있다.

멘토는 또한 멘티가 다음을 할 수 있도록 도울 수 있다.

- 그(그녀)의 일과 일 이외의 영역에서 우선순위 정하기
- 각 우선순위에 어느 정도의 노력을 기울일 것이며 무엇을 그만둘 것인 지를 정하기
- 어려운 결정에 자주 동반되는 죄책감 관리하기
- 멘티의 상황과 관련된 이해관계자 그리고/또는 영향력을 미치는 사람과 우선순위와 행동 변화에 대해 협상하기
- 일과 삶의 균형이 일단 이루어지면, 이에 대한 통제를 유지할 수 있는 기 술 개발하기

조직 내에서 멘토링 수행하기

지금까지 우리는 멘토링이 직원의 웰빙 그리고 그로 인한 조직의 웰빙과 어떻게 관련되는지 살펴보았다. 이제는 멘토링의 다른 연관성을 검토하기보 다 그동안 언급된 멘토링의 이득을 실제로 성취할 수 있는 확실한 방법을 검 토하고자 한다. 멘토링 프로그램의 성공률에 대한 신뢰할 만한 통계자료가 없는 것은, 특히 성공을 정의하기 어렵기 때문이다(예를 들어, 멘티, 멘토, 조직 중 누구를 대상으로 성과를 측정할 것이며, 혹은 셋 모두에 대한 성과를 측정할 것인 가?). 그럼에도 불구하고 프로그램의 50%가 후원자나 참여자의 최소한의 기 대에 미치지 못한다는 것이 믿을 만한 추정치다. 훈련, 매칭matching, 지속적인 지원, 측정 면에서 자원이 부적절하게 제공되는 프로그램은 성공하기 어렵 다. 잘 준비되고, 잘 지원되는 프로그램(예, 직장 내 멘토링 프로그램의 국제 기 준을 따르는)은 계획 단계에서 거의 실패가 없고, 개별적인 관계 단계에서도 상대적으로 거의 실패가 없다. 성공한 프로그램과 실패한 프로그램의 근본 적인 차이와 관련 있는 것들은 다음과 같다.

목적

목표 지향에 대한 멘토링의 최근 연구는 멘토와 멘티, 그리고 두 당사자와 조직 간의 목표의 조화가 멘토링 관계의 질과 그 성과에 중요한 요인이라고 제안한다. 조직의 목표가 모호하면 시작을 지연시키는 관계의 문제를 극복하기 어렵다.

또한 이타적인 멘토(무언가를 정리하려는 막연한 소망으로 역할을 수행하는 사람)는 관계에서 자신들만의 명료한 학습 목표를 가진 사람에 비해 덜 효과적이라는 것을 연구에서 보여 주고 있다(Engstrom, 1997/8).

그러므로 모든 참여자와 영향력을 가진 사람들은 멘토링 프로그램의 특성과 그것이(사업적인 측면과 개인적인 측면 모두에서) 발생하기를 의도하는 이득을 이해한다는 것을 확실히 하기 위해 선행 투자가 필요하다. 가장 효과적인 멘토링 프로그램은 거의 대부분 목적$_{purpose}$과 멘토 및 멘티의 기대를 조화시킬 수 있게 하는 과정에 대한 출간된 선언문을 가지고 있다.

선발과 매칭

현실적으로는 매우 소수의 회사만이 모두에게 동시에 멘토를 제공할 수 있는 발달 지향적 관리자와 같은 충분한 자원을 가지고 있다. 그러니 그 자원을 절약해야만 한다. 마찬가지로 잘 선정된 대상이 아닌 매우 넓은 범위의 사람들과는 목적의 명료성을 성취하기가 더 어려워진다. 많은 회사가 특정 집단(다양한 목적에 기반을 둔)을 위한 프로그램을 시작하였다가 더 많은 사람이 멘토 역할에 능숙해지고 자신감을 갖게 되었을 때 이를 확장해 갔다.

하나의 제도를 도입하는 데 필수적인 요소는 그 목표 대상을 포함시키고 자문을 하는 것이다. 많은 제도가 수혜 대상자들로부터 피드백을 받아 체계와 접근방식을 근본적으로 수정했다.

일단 목표 대상이 정해지면 멘티를 선정$_{selection}$하는 것은 상대적으로 쉬워지지만, 관계에 헌신하는 것이 성공에 큰 영향을 미치기 때문에 자발적으로 참여하는 것이 중요하다. 멘토의 선정은 경험/직급, 지리적 고려, 필요한 구체적인 역량을 포함하는 몇 가지 요인에 의해 결정된다. 조직에서의 연공서열과 멘토로서의 기량이 반드시 같은 것은 아니다.

가능하다면 매칭matching은 양 당사자의 헌신을 확실히 하기 위해 선택의 요소가 포함되어야 한다. 멘티에게는 선택할 수 있는 최소한 2개의 조건이 제안되어야 하고, 멘토는 거절할 수 있어야 훌륭한 매칭이라고 할 것이다. 모든 관계에서 최초 두 번의 시험적 만남이 필요하다.

훈련

하나의 제도가 아무런 훈련training 없이 구조화된 프로그램을 통해 일방 또는 양 당사자에게 의미 있는 가치를 제공한 것으로 여겨진 최대의 성취도는 30%다. 멘토만 훈련을 받은 경우는 일반적으로 두 배, 즉 60%에서 65%가 된다. 멘토와 멘티 모두를 훈련하고, 직속상사 같은 다른 영향력 있는 자들을 교육했을 때는 그 비율이 90%를 넘어 상승한다. 발달적 멘토링에서 멘티는 관계를 만들어 나가고 멘토가 자신을 도울 수 있게 돕는 비중 있는 역할을 할 것으로 기대된다는 것을 기억하는 것이 중요하므로, 이를 위한 맥락적 이해와 적절한 기술을 습득할 필요가 있다.

리더십과 지원

제 몫을 해내는 프로그램의 또 다른 공통적 특성은 최상위 경영진으로부터 가시적인 지원이 있다는 것이다. 어떤 사례에서는 최고 경영자가 어떻게 멘토링을 받았는지를 공개적으로 이야기함으로써 멘토링을 중요한 활동으로 간주되도록 한다.

멘토와 멘티가 세세한 것까지 다룰 필요는 없으며, 이 관계는 격식에 얽매이지 않을 때 가장 성공적이다. 그러나 그들이 경험을 나누고 멘토링 기술을 더 발전시키기 위해서는 다시 만나는 기회와 같은 지원이 필요하다. 이는 검토과정의 일부로 구성할 수 있다. 각 쌍을 관찰했던 기획 코디네이터나 운영진 등 그들이 질문을 할 누군가가 있는 것 또한 중요하다.

기획 코디네이터의 역할은 다음과 같다.

1. 멘토링에 대한 경영 사례 만들기
2. 참여자와 후원자로 구성된 운영진을 포함하는 열렬하고 적극적인 지원자 핵심 그룹 만들기
3. 프로그램 광고하기
4. 강력한 시스템 구축하기
5. 프로그램과 관련된 암시적 현상들을 계속적으로 확인하기
6. 다른 조직 벤치마킹하기
7. 승계 계획 세우기(성공적인 멘토링 프로그램을 운영하는 것은 종종 그들 자신의 경력을 위한 중요한 디딤돌이 된다. 최고 경영진으로부터 이전에는 받지 못했던 긍정적인 주목을 받을 수 있어서, 결과적으로 더 큰 임무를 배정받거나, 다른 조직으로부터 스카우트 제의를 받거나, 또는 전임 임원 코치나 멘토로 전업을 하는 경향이 있다.)

측정

측정measurement과 검토는 멘토와 멘티의 관계를 강화시키고, 제도를 조정하며, 제도가 결과를 만들어 낸다는 것을 입증하는 데 필수적이다. 측정하기 좋은 타이밍은 다음과 같다.

- 시작 당시에 멘토와 멘티의 기대가 조화롭게 맞추어졌는지를 평가한다.
- 몇 번의 만남이 있은 후, 관계의 진전 여부와 참여자가 적절한 행동을 보이는지를 확인한다.
- 12개월 이후, 양 당사자와 조직에게 어떤 이득이 있었는지를 규명한다.

멘토링 관계와 프로그램 모두에 대한 효과적인 측정과 검토는 직장 내 멘토링 프로그램의 국제 기준의 중요한 요소다. 많은 회사가 이제는 관계와 프로그램 수준 모두에서 과정과 결과를 망라하는 다측정 방법을 채택하고 있다. 전형적인 다측정은 10개에서 12개의 주제가 포함되어 있고, 일부는 '소프트한soft 것'(예, 멘토와 멘티가 라포 형성을 하였는가 등)이며 일부는 '하드한hard 것'(예, 비참여자 대조집단과 비교한 유지 효과 등)이다. 우리 회사의 클라이언트는 온라인 측정에 접속하여 관계의 질 측면의 평균값을 다른 조직의 측정치와 비교할 수 있다.

원 완성하기

직원의 웰빙을 관리하는 다른 측면들, 예를 들어 건강과 안전, 직무 설계와 가족친화 정책 같은 것들과 비교할 때 멘토링이 첫 단계에서 고려되는 개입은 아니다. 그러나 초점을 잘 맞추고 잘 설계된 멘토링은 조직의 문화와 분위기에 광범위하고 미세한 영향을 미칠 수 있다. 멘토링이 근본적으로 대화를 배우는 하나의 과정이고, 또 잘 수행되었을 때에는 학습이 일어나는 대화라는 것이 그 이유다. 조직, 직원 그리고 중간 관리자가 서로 개방적이고 정직하고 당당하게 이야기할 때 심리적 계약이 잘 실행된다. 일과 삶의 균형 주제는 조직과 직원 사이의 대화의 질을 통해 해결된다. 멘토링은 개방된 대화의 기술을 꽃 피울 수 있는 연습무대를 제공한다. 멘토링 영역에서 최근에 논의되는 주제는, 조직 문화에 극적이고 지속 가능한 변화를 가져올 수 있는 경험이 풍부하고 노련한 멘토나 코치들의 특징은 무엇인가? 라는 것이다. 아직까지 자료는 없지만 최소한 논의는 하고 있다!

회복탄력성 개발하기—직장 정신건강과
웰빙을 위한 조직 문화적 접근: 1차 예방 프로그램

데렉 모브레이(Derek Mowbray)[*]

도입

영국에서는 직장인을 위한 2차 예방 서비스 제공(EAP, 상담, 자각 훈련, 직업 건강 서비스)이 증가하고 있음에도 불구하고, 질병, 결근, 직원 이직률, 빙산 효과(문제의 대부분이 '표면 아래'에 있음을 의미하는 은유적 표현), 그리고 생산성 이라는 지표로 측정되는 직장에서의 스트레스와 정신건강 문제는 여전히 비 즈니스와 서비스 성과에 영향을 미치는 중요한 요인으로 간주되고 있다. 이 장에서는 스트레스와 정신적 문제를 일으키는 위험을 예방하기 위한 조직의 회복탄력성resilience을 개발하는 것에 대한 내용을 다룬다.

---

[*]조직건강센터®(Centre for OrganisationHealth®) 총 책임자

| 조직 맥락: 목적 규칙 '게임하기' | 리더와 구성원 간의 상호작용 – 자유재량 행동 | 신뢰, 헌신, 그리고 심리적 계약 | 직장에서의 스트레스와 정신건강 장애 위험에 대한 심리적 회복탄력성 |

[그림 25-1] 조직과 회복탄력성 사이의 상호작용

회복탄력성이란 "조직 또는 개인이 당면한 상황에 맞추어 적절한 긍정적 적응 행동을 신속하게 설계하고 실행하면서 스트레스를 최소한으로 유지하는 능력"이다(Mallak, 1998).

이 장에서 다루게 될 회복탄력성 개발의 초점은 조직 내 구성원과 상호작용하는 리더와 관리자의 기술, 지식과 경험 그리고 조직에서의 행동과 관련된 '규칙들'과의 상호작용이다([그림 25-1] 참조). 이는 결과적으로 신뢰, 헌신, 그리고 심리적 계약의 정도에 영향을 미치게 됨으로써 직장에서의 스트레스와 정신건강장애에 대한 심리적 회복탄력성으로 이어지게 된다. 이 접근은 사람들의 상호작용과 서로에 대한 행동은 상호작용이 발생하는 상황에 의해 영향을 받는다는 경험적 증거에 입각하고 있다(Mangham, 2005).

조직의 구성원과 조직(조직은 리더 또는 관리자에 의해 표상된다.) 사이의 신뢰, 헌신, 강한 심리적 계약은 질병, 결근, 직원 이직률로 정의될 수 있는 성과를 향상시킨다는 상당한 경험적 증거가 있다(Mowday et al., 1982, Mowday, 1998; Meyer & Allen, 1997; Geiger, 1998; Van der Post et al., 1998; Pool, 2000; Atkinson, 2007). 이 장에서 제시된 회복탄력성 개발 접근은 구성원과 조직 사이에 신뢰, 헌신, 강한 심리적 계약을 형성함으로써 조직의 정신건강과 웰빙을 향상시키는 조직 문화를 만드는 것이다.

앞으로 회복탄력성이 있는 조직의 특징과 조직 내의 몇 가지 문제들을 간략히 기술하고, 직장 내 스트레스를 막을 수 있는 전략의 개요를 제시한다. 이러한 전략은 회복탄력성을 창출하는 전략이다. 그리고 회복탄력성 개발을

위한 프로그램을 제안하고, 개별 구성원의 회복탄력성을 증진시키는 효과적
인 리더의 행동을 기술하고자 한다.

회복탄력성이 좋은 조직의 특징

　다음에 기술된 회복탄력성이 좋은 조직의 특징은 영국의 상위 100개 회사
에 대한 경험적 연구에 기초한다. 이 회사들에는 공공, 민간, 교육 부문의 회
사들이 포함된다. 여기서 회복탄력성은 질병, 결근, 직원 이직율의 낮은 수준
을 일컬으며, 또한 이는 낮은 수준의 스트레스를 말한다.

　회복탄력성이 있는 조직은 다음의 특징을 가지고 있다.

- 명료하고 모호하지 않은 목적이 있고, 이 목적은 간단히 '빅 아이디어$_{big}$
$_{idea}$'로 표현되며, 모든 직원과 밀접하게 관련되어 있는 아이디어다. 직원
은 자부심을 갖고 친구나 동료와 목적을 논의한다(Purcell, 2004).

- 신뢰하는 분위기가 있어 모든 직원이 서로에게 관심이 있고, 서로를 지지
하며, 이러한 신뢰를 클라이언트와 고객에게 투사한다(Johnston, 1996).

- 직원은 서로를 존중하는 태도를 가지고 행동하며, 서로의 관점과 의견
을 가치 있게 여기고, 상호 지지하는 한 팀으로 일한다. 이러한 팀에서는
모욕감에 대한 염려 없이 무엇이든 토론할 수 있고, 개인과 팀의 작업에
대한 비평이 환영받고 논의되며, 이러한 가운데 새로운 학습이 일어나
고 배운 점은 곧바로 실행된다(Ingram, 1996; Firth-Cozens, 2004).

- 직원은 요청하지 않은 아이디어나 생각을 제시하는 등 '한층 더 노력하
고', 서로에게 자극이 되며, 고객에 대한 관심으로 고객이 기대하는 이상
을 제공하고, 의례적인 예절과 서비스를 넘어서는 세심한 배려와 개인
적인 관심을 보인다(Johnston, 1996).

- 직원의 도전 의식을 북돋우는 문화가 있어, 새로운 경험을 통해 개인적 발전 기회를 제공하고, 조직은 직원 모두를 공정함과 이해심을 가지고 대한다(Hutchinson et al., 2003; Purcell, 2004).
- 직원들이 조직과 개인의 성공을 위해 내적으로 동기부여되는 문화가 있으며 성공에는 지적·재정적·사회적·정서적 측면이 포함된다(Mowbray, 2004).

이러한 특징은 높은 수행을 보이는 조직과 그렇지 않은 조직 간의 차이를 만드는 핵심 요소들에 대한 경험적 연구에서 도출되었다. 이 특징은 신뢰와 헌신(조직의 목표에 대한 강한 믿음과 헌신, 기꺼이 조직을 위해 전력을 다하겠는 의지, 조직의 일원으로서의 자격을 유지하겠다는 열망)(Porter et al., 1974) 그리고 고용주와 구성원 간의 강한 심리적 계약, 즉 "구성원이 그들의 권리와 의무에 대해 갖고 있는 상보적인 기대의 개별적인 집합"(Mclean Parks et al., 1998)을 창출하는 데 사용될 것이다. 신뢰, 헌신, 강한 심리적 계약은 질병, 결근, 직원 이직률에 상당한 영향을 미친다는 것이 입증되어 왔으며, 핵심 요소들은 이러한 사건들을 불러일으키는 서곡에 해당한다(Purcell, 2004; Hutchinson et al., 2003; West et al., 2002; Firth-Cozens, 2004; Atkinson, 2007). 신뢰가 있고 헌신하는 조직 문화의 창출은 회복탄력성을 만들어 내고, 직장 내 스트레스와 정신적 고통의 위험을 희석시키며, 직장 내 스트레스에 대한 일차적 예방 기능을 제공한다.

조직 내의 문제들

아마도 조직 내의 가장 주요한 문제는 직장 내 스트레스와 정신적 고통을 둘러싼 심각한 주제를 다루고자 하는 리더와 관리자들의 결단력 부족으로부

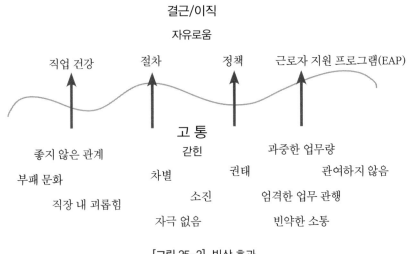

[그림 25-2] 빙산 효과

터 발생할 것이다. 이러한 현상이 가능한 이유로는 스트레스가 가진 복잡성
과 애매모호함, 개별 구성원마다 다른 스트레스 반응 등의 특징, 그리고 분석
과 해결을 위해 문제를 드러냄으로 인한 결과를 감당하기 어려울 수 있다는
예상 때문일 것이다.

　　조직과 리더들이 마주한 근본적인 문제는 때로 '자유재량 행동'으로 언급
되는 리더와 부하직원 사이의 행동이다(Purcell, 2004). 둘 이상의 사람 간의
상호작용은 한 조직의 성공에 결정적이며(Mangham, 2005), 이 상호작용이 와
해되거나, 또는 아예 일어나지 않으면 스트레스와 정신적 고통이 시작된다.

　　조직에서의 문제는 저조한 수행 성과뿐만 아니라 질병, 결근, 이직율의 수
준으로도 나타난다. 그 외의 지표로는 직장 내 괴롭힘, 따돌림, 다양한 형태
의 차별로 고통받는 직원의 수와 개인 통제의 부족, 피로, 소진 그리고 권태
와 같은 일련의 스트레스원이 있다(Spiers, 2003). 이러한 표면 아래에 있는 것
들이 주의를 산만하게 하고, 불안, 우울, 모호함, 불안전함 그리고 '벗어나고'
싶은 열망이 커지게 함으로써 업무 수행 저하의 주요한 원인으로 작용하여
'빙산 효과'를 만든다([그림 25-2] 참조). 직원들이 고통을 견딜 수 있도록 지원

하는 서비스가 존재하기는 하지만, 결과적으로 '자유로움'을 위하여 직장에서 탈출하는 숫자에는 직접적으로 큰 영향을 미치지는 않는다. 영국 전국 평균 이직율은 18%로서, 일부는 이사나 경력 전환 등의 '긍정적인' 이유로 직장을 떠나기도 하지만, 대부분은 조직적인 사건에 의해 '밀려나고' 있다(CIPD, 2006).

『Sunday Times』(March, 2007)에서 실시한 가장 일하기 좋은 회사the Best Companies to Work For 조사에서, 직원들이 뽑은 회사들 중 대부분의 회사가 연 10% 넘는 이직률을 보여 준다. CIPD의 이직비용조사에 의하면(CIPD, 2006) 직원의 이직으로 인한 공석을 채우고 임시직원을 사용하는 데 얼마의 비용을 쓰는지를 알고 있는 회사는 단지 8%뿐이었다. 2006년 직원 한 명이 이직했을 때 회사가 사용하는 1인당 평균 비용은 8천 파운드(한화로 약 123만 원)로

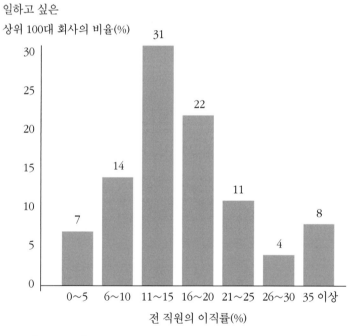

[그림 25-3] 2006년 일하고 싶은 상위 100대 회사의 이직률

출처: 『Sunday Times』, 2007년 3월 연구 자료를 제공한 회사에 감사를 표함

나타났다. 『Sunday Times』 조사에서 500명 이상의 직원을 가진 회사 중 직원 이직에 50만 파운드(한화 약 7억 7천만 원)보다 적은 비용을 지출하고 있는 회사는 오직 9개뿐이었다. 11개의 회사는 연 2백만 파운드(한화 약 30억 7천만 원)에서 6백만 파운드(한화 약 92억 2천만 원)를 지출하고 있었는데, 이 비용 중 대부분은 효율적으로 절감할 수 있는 것이었다. 이 비용도 단지 보이는 비용만을 포함할 뿐이다. 빙산 효과에는 직원이 이직을 고려하면서 집중력이 흐트러지고 생산성이 낮아지게 되는 일정한 시간을 고려해봐야 한다.

상위 100대 회사의 평균 이직율은 16%로서 전국 평균 18%에 육박한다. [그림 25-3]에서 분포와 범위를 보여 준다.

부적절한 결근은 조직의 또 다른 문제다. CBI/AXA의 연례 건강관리조사 (2007년 4월)에서 모든 질병 및 결근의 12%가 정당하지 않았으며, 구성원들이 정기적으로 주말이나 공휴일에 연이어 사용하는 것으로 나타났다. 이 조사에서는 결근 비용이 구성원당 537파운드(한화 약 83만 원)라고 추산했는데, 250명의 구성원이 있는 회사라면 매년 13만 4,250파운드(한화 2억 640만 원)의 비용과 함께 생산성의 감소까지 더해지는 것이다. 이 모든 비용 부담은 방지할 수 있는 것이었다.

조직 내에서 발생할 수 있는 문제의 원인

직장에서 일어나는 문제의 가능한 원인을 조직의 네 가지 차원과 관련하여 추정할 수 있다.

- 조직 목적
- 조직 구조
- 조직행동과 과정에 관한 '규칙들'

- 리더와 관리자들이 구성원과 상호작용하는 방식 또는 '게임하기'(Mowbray, 1994)

조직건강 설문지OrganisationHealth Questionnaire(Mowbray, 2007a)는 조직 개발 모델을 기반으로 하는 측정도구로 리더, 관리자, 직원들의 신뢰와 헌신의 정도를 측정한다(Mowbray, 1994). 이것은 헌신과 신뢰를 조성하는 맥락으로서의 조직을 평가하는 접근이다.

이 평가는 경험적 연구에 기반하고 있는데, 모호하지 않은 목적이 헌신에 도움이 되고(Purcell, 2004), 수평 구조는 의사결정과 관여를 향상시키며(Hankinson, 1999), 조직의 크기 그 자체가 스트레스 요인을 촉발시키는 데 상당한 영향을 미치며(Wall et al., 1997), 긍정적 관여, 어떠한 모욕감이나 창피함에 대한 두려움 없는 비판적 분석과 상호 간에 지지적인 환경을 격려하는 팀은 스트레스의 위험을 제한하고 회복탄력성을 향상시킨다(Firth-Cozens & Mowbray, 2001).

스트레스를 멈추고 직장 내 정신적 웰빙을 향상시키는 전략

회복탄력성이 좋은 조직을 만들고자 한다면 조직에서 스트레스를 막을 수 있는 사람들의 정신적 웰빙을 향상시키는 광범위한 맥락의 전략이 실행되어야 할 필요가 있다. 1차 예방 전략과 개입은 직장에서 일어나는 스트레스를 감소시키는 접근으로 여러 문헌에서 강력하게 지지되고 있다(Cousins et al., 2004).

다음의 전략 틀은 모브레이(Mowbray, 1994, [그림 25-4] 참조)에게서 가져온 것으로 5개의 전략적 목적을 담고 있다.

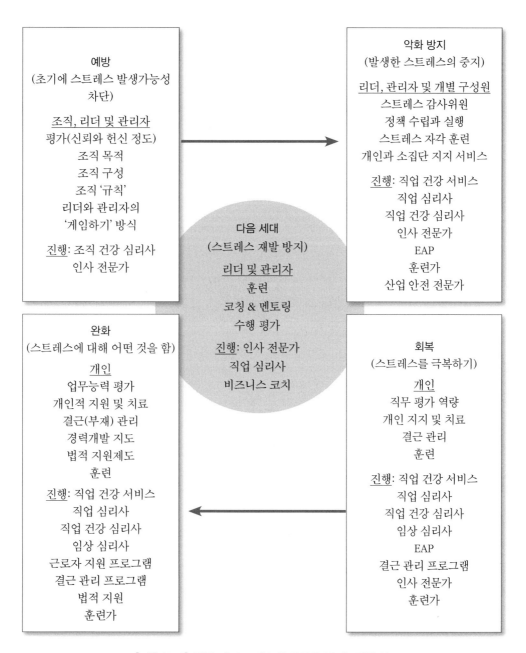

[그림 25-4] 직장 내 스트레스와 갈등을 막기-전략 틀

출처: Derek Mowbray (1994)에서 채택

예방(1차 예방): 조직 회복탄력성 조성하기

목적

직장에서의 스트레스와 정신적 고통에 대한 회복탄력성을 키우고, 스트레스가 발생하려는 초기에 방지하기 위함이다.

악화 방지(2차 예방)

목적

- 정신건강 이슈에 대한 자각을 향상시키고, 구성원에게 스트레스에 대처할 수 있는 도구를 제공하기 위함이다.
- 스트레스로 인하여 고통받는 개인을 식별하여 진행 중인 스트레스를 막기 위함이다.

회복(3차 예방)

목적

스트레스 사건으로 고통을 받고 직장에 결근을 했던 직원이 정상적인 직장 생활로 복귀하도록 하기 위함이다.

완화

목적

(질병으로 인해 얼마간 결근했던 구성원과 원래 소속된 직장으로 돌아갈 가능성이 희박하거나 없는 구성원에게 이 전략은) 이 그룹의 사람들이 어떤 형태의 일(유급 또는 자원봉사)을 하도록 하거나, 다른 곳의 직업을 찾도록 지원하는 것

을 포함하는 격려를 하기 위함이다.

다음 세대

목적

예방 전략이 실행되고 나면 다음 세대의 리더나 관리자가 이러한 구조, 규칙, 행동을 지속적으로 유지하여, 스트레스의 위험이 일어나는 것을 방지하는 것을 보장하기 위함이다.

상세한 내용은 모브레이(2007c)와 『New Ways of Working for Applied Psychologists』를 참조하라.

회복탄력성 개발: 직장에서의 정신건강과 웰빙을 위한 조직 문화적 접근

회복탄력성 개발은 1차 예방 전략에 초점을 맞춘 접근으로 신뢰와 헌신, 구성원과 리더들 사이의 강한 심리적 계약을 창출하고, 유지하며, 지속하는 데 강조점이 있다. 신뢰와 헌신의 창출은 조직을 개인들의 상호작용이 일어나는 맥락으로 접근할 필요가 있다. 그리고 신뢰와 헌신을 조성하는 리더와 관리자의 자질을 함양하기 위한 교육과 개발이 요구된다.

회복탄력성 모델은 신뢰와 헌신을 촉진하는 영향 요인들과 리더, 관리자와 구성원 사이의 강한 심리적 계약을 만들게 하는 요소들에 대한 경험적 연구 결과를 통해 개념화되었다(Purcell, 2004; Hankinson, 1999; Wall et al., 1997; Firth-Cozens, 2001; Hutchinson et al., 2003; West et al., 2002). 이 모델은 베스_{Bath}의 인간과 성과 모델_{Bath Model of People and Performance}(Purcell, 2004)에 상당한 도움을 받았는데, 조직과 관련된 부가적인 특징은 이 모델에서 가져왔다. 또한 모브레이의 조직 개발 모델의 틀(1994, [그림 25-5] 참조)과 관련된다.

목적

'빅 아이디어'

다른 사람에게 조직이 무엇을 하는지 설명할 수 있는 명료하고, 간단하며, 모호하지 않은 조직의 진정한 목저은 조직에 대한 구성원의 헌신을 얻게 한다.

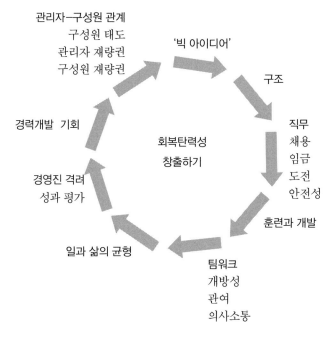

[그림 25-5] 회복탄력성 모델

조직 구조

구조

수평적이고 관리가 가능한 크기로 나뉜 조직 구조structure는 구성원으로 하여금 의사결정 과정에 더 관여하게 할 가능성이 높다. 이를 통해 구성원의 조직에 대한 신뢰와 헌신을 향상시킨다.

규칙

직무

• 채용

고용주와 미래의 구성원(구직자) 양자의 기대와 성격, 기술, 지식, 경험을 매칭시키는 것은 '적합도'를 향상시키는 결과를 낳고, 구성원이 자신의 직무에 자신감을 갖게 한다. 자신감은 신뢰와 강한 심리적 계약을 창출한다.

• 보수

보수와 관련해서는 구성원이 공정하다고 지각하는 것이 핵심이다. 구성원이 수행한 일의 가치를 잘 반영하는 보수는 구성원에 의해 공정하다고 지각될 것이다. 공정한 보수는 헌신을 창출한다.

• 도전

개인은 자신이 하는 일에서 도전을 찾는다. 도전은 구성원의 능력을 확장시키고 일에 대한 자신의 욕구가 존중받고 있음을 확인하게 한다. 이는 헌신을 창출한다.

• 안전성

업무가 주어졌을 때, 동의된 기간 이전에 중지하라는 개입 없이 임무를 완수할 수 있도록 보장하는 것을 의미한다. 이는 신뢰를 쌓는 데 도움이 된다.

훈련과 개발

지속적인 개인적 · 직업적 개발은 개인 성장의 기회를 제공한다. 이를 통해 구성원으로부터 헌신을 얻는다.

팀워크

일을 잘하는 팀은 팀 구성원 서로에 대한 신뢰와 헌신을 기반으로 상호적인 이익을 추구하는 문화를 지니고 있다.

- 개방성

  서로 간의 의사소통, 관찰, 비판적 분석에 대한 개방을 격려하는 팀은 서로에게 헌신하게 되고, 신뢰를 쌓아 간다. 이것은 팀원 간의 스트레스 위험에 상당한 영향을 미친다.

- 관여

  팀은 부분의 합보다 더 큰 전체가 된다는 신념을 성취하기 위해 존재한다. 이것은 팀원이 모두 함께 이 이슈에 관여될 때에만 성취될 수 있다.

- 의사소통

  성공적인 팀은 서로를 돌보고, 팀의 전반적 효과성을 향상시킬 수 있는 어떠한 주제에 대해서도 서로의 주의를 환기시킬 수 있는 팀원들로 구성된다.

일과 삶의 균형

구성원의 개별적 필요에 대한 관리자의 배려는 조직에 대한 구성원의 신뢰와 헌신을 이끌어 내고 심리적 계약을 강화시킨다.

경영진 격려

개인에게 자유재량 행동과 위험 감수를 격려하는 관리자는 구성원에 대한 배려를 보여 주는 것으로, 이는 헌신을 불러온다.

경력개발 기회

구성원에게 자신들의 기술, 지식, 경험의 확장을 고려하도록 격려하는 경영진은 구성원의 헌신을 얻게 된다.

게임하는 방법

관리자-구성원 관계

이 관계는 구성원에 대한 관리자의 배려, 즉 자유재량 행동으로 나타나는 것을 반영해야 하며, 그 결과로 구성원은 관리자를 배려하게 되고 헌신하게 된다.

회복탄력성을 창출하는 리더십 행동

회복탄력성 모델의 실행은 리더와 관리자에게 헌신, 신뢰, 강한 심리적 계약을 증진하는 방식으로 행동을 조성하기를 요구한다. 훌륭한 리더십은 성과를 모니터링하는 것을 넘어 직원의 웰빙을 통한 결과를 살펴보는 눈이 필요하다(Firth-Cozens & Mowbray, 2001).

행동을 조성하는 능력은 조직 및 리더와 관련된 심리적인 측면에 대한 관심의 중심에 있고, 조직이라는 맥락에서 일어나는 상호작용에 대한 관심 영역 중에서도 초점이 되어 왔다(Mangham & Overington, 1987). 최근의 관심은 리더십과 부모역할 사이의 비교(Durston, 2007), 보건안전청 관리표준Health and Safety Executive Management Standards(HSE, 2004; HSE/CIPD, 2007)을 실행하는 데 요구되는 리더십 역량 등으로 이어졌다.

변혁적 리더십 스타일에 대한 초점(Bass & Steidlmeier, 1998)과 리더의 정서지능 개발(Cooper & Sawaf, 1998)은 리더십 차원 설문지(Dulewicz & Higgs, 2005)의 구성에 부분적으로 영향을 미쳤다. 이 설문지는 네 가지 차원의 리더십을 평가하는데, 네 가지 차원은 리더의 수행, 부하직원의 헌신, 조직 맥락 그리고 리더십 스타일이다. 이 접근은 신뢰, 헌신, 강한 심리적 계약을 발달시키는 데 적합하며, 스트레스 수준을 감소시킴으로써 수행을 향상시키는 데 필요한 행동을 리더들에게 훈련시키는 데 좋은 벤치마킹을 제공할 수 있다.

구성원과 상호작용하는 리더와 관리자에게 요구되는 행동은 매력(Calas & Smircich, 1991; Persaud, 2006), 변혁적 리더십(Burns, 1978), 정서 관리(Landen, 2002), 인상 관리(Rosenfeld et al., 1995) 그리고 카리스마적 리더십(House, 1977) 등에 관련된 문헌에서 확인되었다. 이러한 연구들을 종합적으로 분석해 보면 개발될 주요 역량은 개별적인 배려다. 즉, 심사숙고하여 신중하게 개인이 행동을 하도록 유도하는 방식으로 그 개인에게 초점을 맞춘 것이다. 개별적인 배려를 보이는 데 있어 리더가 더 진정성이 있을수록 리더는 더 강한 매력을 갖게 된다. 그러므로 리더로서 다른 사람이 헌신하기를 바라는 깊이만큼 조직을 신뢰하고 헌신하는 것이 중요하다.

매력을 더하게 하는 다른 능력으로는 열정을 불러일으키고 헌신할 수 있는 방향을 제시할 수 있는 것, 어떤 심리상태를 불러일으키는 사람이 되는 것인데, 유머를 지닌 지적 수준을 갖추고, 구성원의 개인적 필요를 해결함으로써 영향력을 만들 수 있고, 필요에 따라 스트레스를 만들 수도 있고 줄일 수도 있는 사람이 되는 것이다(Persaud, 2006에서 발전됨).

매력의 원리에 기반을 둔 리더십 개발 프로그램이 실험 중이다(Mowbray, 2007b). 프로그램에는 이 접근법에 대한 평가가 포함되어 있다.

실행

선호되는 실행방식은 회복탄력성 모델에서 개관한 각 주제에 대한 추가적인 워크숍과 함께 실행 연구_{action research}와 학습방법론을 따른다(Johnson, 1998). 과정은 리더 및 관리자를 선발하여 1명의 촉진자와 8명의 사람으로 구성된 액션 러닝 조를 만든다. 각 조들은 최소 12개월의 기간 동안 매달 만나게 되고, 매 모임마다 자신과 다른 사람들의 행동에 일어난 변화를 만들어 낸 선별된 주제를 조원들의 관점에서 검토한다. 각 만남의 사이에 조원들은 각자 한 가지 회복탄력성 주제에 초점을 맞추어 사용함으로써 조직에 변화를 가져오도록 기대된다. 학습 조(액션 러닝 조)가 만날 때마다, 각 조원들은 서로를 통해 변화과정에서 마주한 성공과 도전에 대하여 학습하고, 다른 조원들의 자원을 활용하여 도전을 극복하도록 도움을 받고 성공을 축하한다.

참고문헌

서문

McLeod, J. (2001). *Counselling in the Workplace: The Facts. A Systematic Study of the Research Evidence.* Rugby: British Association for Counselling and Psychotherapy.

McLeod, J. (2007). *Counselling in the Workplace: A Comprehensive Review of the Research Evidence,* 2nd edn. Lutterworth: British Association for Counselling and Psychotherapy.

1장

Ackroyd, S., & Thompson, P. (1999). *Organizational Misbehaviour.* London: Sage.

Adams, S. (1996a). *The Dilbert Principle.* New York: Boxtree.

Adams, S. (1996b). *Dogbert's Management Handbook.* New York: Boxtree.

Alford, C. (2001). *Whistleblowers: Broken Lives and Organizational Power.* Ithaca, New York State: Cornell University Press.

Anand, V., Ashforth, B., & Joshi, M. (2004). Business as usual: The acceptance and perpetuation of corruption in organizations. *Academy of Management Executive, 19.*

Anderson, H. (1991). *The Emperor's New Clothes.* Neugebauer Press.

Avolio, B. (1999). *Full Leadership Development.* Thousand Oaks, CA: Sage.

Babiak, P. (1995). When psychopaths go to work: A case study of an industrial psychopath. *Applied Psychology: An International Review, 44,* 171-188.

Babiak, P. & Hare, R. (2006). *Snakes in Suits.* New York: HarperCollins.

Beer, M., & Eisenstat, R. (2000). The silent killers of strategy implementation and learning. *Sloan Management Review.*

Bolden, R., & Gosling, J. (2006). Leadership competencies. *Leadership, 2,* 147-163.

Bramson, R. (1996). *What Your Boss Doesn't Tell You Untill It's Too Late.* New York: Fireside.

Burns, J. (1978). *Leadership.* New York: Harper & Row.

Case, P., & Gosling, J. (2006). Wisdom of the moment. *Social Epistemology, 20.* Special issue on Wisdom and Stupidity in Management.

Cavaiola, A., & Lavender, N. (2000). *Toxic Coworkers.* Oakland, CA: Harbinger.

Charan, R. & Colvin, G. (1999). Why CEOs fail. *Fortune Magazine.*

Conger, J. (1999). The Dark side of leadership. *Organizational Dynamics, 19,* 44-55.

Dotlich, D., & Cairo, P. (2003). *Why CEOs Fail.* San Francisco: Jossey-Bass.

Finkelstein, S. (2003). *Why Smart Executives Fail.* New York: Portfolio, Penguin.

Frost, P. (2003). *Toxic Emotions at Work.* Boston: HBS.

Frost, P., & Robinson, S. (1999). The toxic handler. *Harvard Business Review, 97.*

Furnham, A. & Taylor, J. (2004). *The Dark Side of Behaviour at Work.* Basingstoke: Palgrave Macmillan.

Gabriel, Y. (1999). *Organizations in Depth.* London: Sage.

Galbraith, J. (1977). *The Age of Uncertainty.* London: Andre Deutsch.

Giacalone, R., & Greenberg, J. (1997). *Antisocial Behaviour in Organization.* Thousand Oaks, CA: Sage.

Harvey, J. (1988). *The Abilene Paradox.* Lexington, MA: Lexington Books.

Hogan, R., & Hogan, J. (2001). Assessing leadership: A view from the dark side. *International Journal of Selection and Assessment, 9*: 40-51.

Hogan, R., & Smither, R. (2001). *Personality: Theories and Applications.* Boulder, CO: Westview Press.

Janis, I. (1982). *Groupthink.* Boston: Houghton Mifflin.

Kahn, J., & Langlieb, A. (2003). *Mental Health and Productivity in the Workplace.* San Francisco: Jossey-Bass.

Kellerman, B. (2004). *Bad Leadership.* Boston: HBS.

Kets de Vries, M. (1979). Managers can drive their subordinates mad. *Harvard Business Review,* 125-134.

Kets de Vries, M. (1985). The dark side of entrepreneurship. *Harvard Business Review,* 160-167.

Kets de Vries, M. (1989). Leaders who self-destruct; the causes and cures. *Organizational Dynamics, 17,* 5-17.

Khurana, R. (2002). The curse of the superstar CEO. *Harvard Business Review,* 60-66.

Kilburg, R. (2000). *Executive Coaching.* Washington DC: American Psychological Association.

Kofodimos, J. (1989). *Why Executives Lose Their Balance.* Greensboro, North Carolina: Centre for Creative Leadership.

Kofodimos, J. (1990). Why executives lose their balance. *Organizational Dynamics, 19,* 58-73.

Levinson, H. (1978). The abrasive personality. *Harvard Business Review,* 86-94.

Lipman-Blumen, J. (2005). *The Allure of Toxic Leaders.* New York: Oxford University Press.

Lombardo, M., & Eichinger, R. (1989). *Preventing Derailment; What to Do Before Its' Too Late.* Greensboro, North Carolina: Centre for Creative Leadership.

Lowman, R. (1993). *Counselling and Psychotherapy of Work Dysfunctions.* Washington, DC: American

Psychological Association.

Lubit, R. (2002). The long-term organizational impact of destructively narcissistc managers. *Academy of Management Executive, 16*, 127-138.

Maccoby, M. (2000). Narcissistic leaders: The incredible pros, the inevitable cons. *Harvard Business Review,* 69-77.

Maccoby, M. (2004). Why people follow the leader: The power of transference. *Harvard Business Review,* 76-85.

McCall, M. (1998). *High Flyers.* Boston: HBS.

McCall, M., & Lombardo, M. (1983). Off The Track: *Why and How Successful Executives Get Derailed.* Greensboro, North Carolina: Centre for Creative Leadership.

McCalley, R. (2002). *Patterns of Management Power.* Westport, CT: Quorum Books.

Milgrams, S. (1974). *Obedience to Authority.* New York: HarperCollins.

Offermann, L. (2004). When followers become toxic. *Harvard Business Review.*

Padilla, A., Hogan, R., & Kaiser, R. (2005). *The Toxic Triangle: Destructive Leaders, Vulnerable Followers, and Conducive Environments.* Department of Business Management, NC State University.

Paulhus, D., & Williams, K. (2002). The dark triad of personality: Narcissism, Machiavellianism, and psychopathy. *Journal of Research in Psychology, 36*, 556-563.

Peters, T., & Waterman, R. (1982). *In Search of Excellence.* New York: Harper & Row.

Price, T. (2000). Explaining ethical failures of leadership. *The Leadership and Organization Development Journal, 21*, 177-184.

Roberts, B., & Hogan, R. (2002). *Personality Psychology in the Workplace.* Washington DC: American Psychological Association.

Sankowsky, D. (1995). The charismatic leader as narcissist: Understanding the abuse of power. *Organizational Dynamics, 23*, 57-71.

Schell, B. (1999). *Management in the Mirror.* Westport, CT: Quorum Books.

Smith, N., & Quirk, M. (2005). From grace to disgrace: The rise and fall of Arthur Anderson. *Journal of Business Ethics Education, 1*, 93-132.

Sperry, L. (2002). *Effective Leadership.* New York: Brunner-Routledge.

Stein, M. (2005). The Othello conundrum: The inner contagion of leadership. *Organization Studies, 26*, 1405-1419.

Sulkowwicz, K. (2004). Worse than enemies: The CEO's destructive confident. *Harvard Business Review.*

Thomas, J., & Hersen, M. (Eds.) (2002). *Handbook of Mental Health in the Workplace.* Thousand Oaks, CA: Sage.

Tobias, L. (1990). *Psychological Consulting to Management.* New Yokr: Brunner Mazel.

Tourish, D. (2005). Charismatic leadership and corporate cultism at Enron: The Elimination of dissent, the promotion of conformity and organizational collapse. *Leadership, 1*.

Walton, M. (2005). Executive Behaviour-in-Context. Unpublished MPhil thesis, University of Bradford.

Walton, M. (2007). Leadership toxicity – an inevitable affliction of organizations? *Organisations and People*, February, 14.

Wright, L., & Smye, M. (1996). *Corporate Abuse*. New York: Macmillan.

Zaleznik, A. (1970). Power and politics in organizational life. *Harvard Business Review*.

Zaleznik, A., & Kets de Vries, M. (1985). *Power and the Corporate Mind*. Chicago: Bonus Books.

Zimbardo, P. (1969). *The Cognitive Control of Motivation*. Glenview: Scott Foresman.

Zimbardo, P. (2007). *The Lucifer Effect: How Good People Turn Evil*. London: Rider Books.

2장

Ames, G. M., Grube, J. W., & Moore, R. S. (2000). Social control and workplace drinking norms: A comparison of two organizational cultures. *Journal of Studies on Alcohol, 61*, 203-219.

Arnold, K., Turner, N., Barling, J. et al. (in press). Transformational leadership and psychological well-being: The mediating role of meaningful work. *Journal of Occupational Health Psychology*.

Aryee, S., Chen, Z. X., Sun, L., & Debrah, Y. A. (2007). Antecedents and outcomes of abusive supervision: Test of a trickle-down model. *Journal of Applied Psychology, 92*, 191-201.

Ashforth, B. (1994). Petty tyranny in organizations. *Human Relations, 47*, 755-778.

Ashforth, B. (1997). Petty tyranny in organizations: A preliminary examination of antecedents and consequences. *Canadian Journal of Administratives Sciences, 14*, 1173-1182.

Avolio, B. J. (1999). *Full Leadership Development: Building the Vital Forces in Organizations*. Newbury Park, CA: Sage Publications.

Bamberger, P. A., & Bacharach, S. B. (2006). Abusive supervision and subordinate problem drinking: Taking resistance, stress and subordinate personality into account. *Human Relations, 59*, 723-752.

Bamberger, P. A., & Donahue, L. (1999). Employee discharge and reinstatement: Moral hazards and the mixed consequences of last chance agreements. *Industrial and Labor Relations Review, 53*, 3-20.

Barling, J., Loughlin, C., & Kelloway, E. K. (2002). Development and test of a model linking safety-specific transformational leadership and occupational safety. *Journal of Applied Psychology, 87*, 488-496.

Barling, J., Rogers, G., & Kelloway, E. K. (2001). Behind closed doors: In-home workers' experience of sexual harassment and workplace violence. *Journal of Occupational Health Psychology, 6*, 255-269.

Barling, J., Weber, T., & Kelloway, E. K. (1996). Effects of transformational leadership training on attitudinal and financial outcomes: A field experiment. *Journal of Applied Psychology, 81*, 827-832.

Bass, B. M. (1985). *Leadership and Performance beyond Expectations*. New York: Free Press.

Bass, B. M. (1998). *Transformational Leadership; Industrial, Military, and Educational Impact.* Lahwah, NJ: Lawrence Erlbaum Associates.

Bass, B. M., & Avolio, B. J. (1990). *Transformational Leadership Development: Manual for the Multifactor Leadership Questionnaire.* Palo Alto, CA: Consulting Psychologists Press.

Bass, B. M., & Avolio, B. J. (1994). *Improving organizational Effectiveness through Transformational Leadership.* Thousand Oaks, CA: SAGE Publications.

Bono, J. E., & Ilies, R. (2006). Charisma, positive emotions and mood contagion. *Leadership Quarterly, 17,* 317-334.

Buss, A. H. (1961). *The Psychology of Aggression.* New York: John Wiley & Sons, Inc.

Bycio, P., Hackett, R. D., & Allen, J. S. (1995). Further assessments of Bass's (1985) conceptualization of transactional and transformational leadership. *Journal of Applied Psychology, 80,* 468-478.

Cree, T., & Kelloway, E. K. (1997). Responses to occupational hazards: Exit and participation. *Journal of Occupational Health Psychology, 2,* 304-311.

Day, R. C., & Hamblin, R. L. (1964). Some effects of close and punitive styles of supervision. *American Journal of Sociology, 69,* 499-510.

Dekker, I., & Barling, J. (1998). Personal and organizational predictors of workplace sexual harassment of women by men. *Journal of Occupational Health Psychology, 3,* 7-18.

Den Hartog, D. N., Van Muijen, J. J., & Koopman, P. (1997). Transactional versus transformational leadership: An analysis of the MLQ. *Journal of Occupational and Organizational Psychology, 70,* 19-34.

Einarsen, S. (1999). The nature and causes of bullying at work. *International Journal of Manpower, 20,* 16-27.

Fielding, J. E. (1984). Health promotion and disease prevention at the worksite. *Annual Review of Public Health, 5,* 237-265.

Fitzgerald, L. F., Drasgow, F., Hulin, C. L. et al. (1997). Antecedents and consequences of sexual harassment in organizations: a test of an integrated model. *Journal of Applied Psychology, 82,* 578-589.

Frischer, J., & Larsson, K. (2000). Laissez-faire in research education: An inquiry into a Swedish doctoral program. *Higher Education Policy, 13,* 131-155.

Frone, M. (2006). Prevalence and distribution of illicit drug use in the workforce and in the workplace: findings and implications from a US national survey. *Journal of Applied Psychology, 91,* 856-869.

Garman, A. N., Davis-Lenane, D., & Corrigan, P. W. (2003). Factor structure of the transformational leadership model in human service teams. *Journal of Organizational Behavior, 24,* 803-812.

Gilbreath, B. (2004). Creating healthy workplaces: the supervisor's role. In C. Cooper & I. Robertson (Eds.), *International Review of Industrial and Organizational Psychology, Volume 19.* Chichester, UK: John Wiley & Sons, Ltd.

Gilbreath, B., & Benson, P. G. (2004). The contribution of supervisor behaviour to employee psychological well-being. *Work and Stress, 18*, 255-266.

Greenberg, J. (2006). Losing sleep over organizational injustice: Attenuating insomniac reactions to underpayment inequity with supervisory training in interactional justice. *Journal of Applied Psychology, 91*, 58-69.

Hater, J. J., & Bass, B. M. (1988). Superior's evaluations and subordinates' perceptions of transformational and transactional leadership. *Journal of Applied Psychology, 73*, 695-702.

Hoel, H., Rayner, C., & Cooper, C. L. (1999). Workplace bullying. In C. L. Cooper and I. T. Robertson (Eds.), *International Review of Industrial and Organizational Psychology (Vol. 14)*. Chichester, UK: John Wiley & Sons, Ltd.

Hofmann, D. A., & Morgeson, F. P. (1999). Safety-related behaviour as a social exchange: The role of perceived organizational support and leader-member exchange. *Journal of Applied Psychology, 84*, 286-296.

Hofmann, D. A., Jacobs, R., & Landy, F. (1995). High reliability process industries: Individual, micro, and macro organizational influences on safety performance. *Journal of Safety Research, 26*, 131-149.

Hollis, D., & Goodson, J. (1989). Stress: The legal and organizational implications. *Employee Rights and Responsibilities Journal, 2*, 255-262.

Howell, J. M., & Avolio, B. J. (1993). Transformational leadership, transactional leadership, locus of control and support for innovation: Key predictors of consolidated-business-unit performance. *Journal of Applied Psychology, 78*, 891-902.

Howell, J. M., & Frost, P. J. (1989). A laboratory study of charismatic leadership. *Organizational Behavior and Human Decision Processes, 43*, 243-269.

Judge, T. A., & Bono, J. E. (2000). Five-factor model of personality and transformational leadership. *Journal of Applied Psychology, 85*, 751-765.

Karlin, W. A., Brondolo, E., & Schwartz, J. (2003). Workplace social support and ambulatory cardiovascular activity in New York city traffic agents. *Psychosomatic Medicine, 65*, 167-176.

Keashly, L. (1998). Emotional abuse in the workplace: Conceptual and empirical issues. *Journal of Emotional Abuse, 1*, 85-115.

Keashly, L. (2001). Interpersonal and systemic aspects of emotional abuse at work: The target's perspective. *Violence and Victims, 16*, 233-268.

Keashly, L., & Harvey, S. (2006). Workplace emotional abuse. In E. K. Kelloway, J. Barling & J. J. Hurrell (Eds.), *Handbook of Workplace Violence*. Thousand Oaks, CA: Sage Publications.

Keashly, L., Trott, V., & MacLean, L. M. (1994). Abusive behavior in the workplace: A preliminary investigation. *Violence and Victims, 9*, 125-141.

Kelloway, E. K., & Barling, J. (2000). What we've learned about developing transformational leaders. *Leadership and Organization Development Journal, 21*, 157-161.

Kelloway, E. K., Barling, J., & Hurrell, J. J. (Eds.) (2006). *Handbook of Workplace Violence.* Thousand Oaks, CA: Sage Publications.

Kelloway, E. K., Francis, L., & Montgomery, J. (2002). *Management of Occupational Health and Safety in Canada*, 3rd ed. Toronto, ON: Thomson-Nelson.

Kelloway, E. K., Mullen, J., & Francis, L. (2006). Divergent effects of passive and transformational leadership on safety outcomes. *Journal of Occupational Health Psychology, 11*, 76-86.

Kelloway, E. K., Sivanthan, N., Francis, L., & Barling, J. (2005). Poor leadership. In J. Barling, E. K. Kelloway & M. Frone, *Handbook of Workplace Stress.* Thousand Oaks: Sage Publications.

Kirkpatrick, S. A., & Locke, E. A. (1996). Direct and indirect effects of three core charismatic leadership components on performance and attitudes. *Journal of Applied Psychology, 81*, 36-51.

Kivimaki, M., Ferrie, J. E., Brunner, E. et al. (2005). Justice at work and reduced risk of coronary heart disease among employees: The Whitehall II Study. *Archives of Internal Medicine, 165*, 2245-2251.

Koh, W. L., Steers, R. M., & Terborg, J. R. (1995). The effects of transformational leadership on teacher attitudes and student performance in Singapore. *Journal of Organizational Behavior, 16*, 319-333.

LeBlanc, M., & Kelloway, E. K. (2002). Predictors and outcomes of workplace violence and aggression. *Journal of Applied Psychology, 87*, 444-453.

MacEwen, K. E., Barling, J., & Kelloway, E. K. (1992). Effects of acute role overload on individual well-being and marital interaction. *Work and Stress, 6*, 117-126.

McDowell-Larsen, S. L., Kearney, L., & Campbell, D. (2002). Fitness and leadership: is there a relationship?: Regular exercise correlates with higher leadership ratings in senior-level executives. *Journal of Managerial Psychology, 17*, 316-324.

Mio, J. S., & Goishi, C. K. (1988). The employee assistance program: Raising productivity by lifting constraints. In P. Whitney & R. B. Ochsman (Eds.), *Psychology and Productivity,* pp. 105-125. New York: Plenum Press.

Mullen, J. (2005). Testing a model of employee willingness to raise safety issues. *Canadian Journal of Behavioural Science, 37*, 273-282.

Neuman, J. H., & Baron, R. M. (2005). Aggression in the workplace: A social-psychological perspective. In S. Fox and P. E. Spector (Eds.), *Counterproductive Behavior: Investigation of Actors and Targets.* Washington, DC: APA Books.

Offermann, L. R., & Hellmann, P. S. (1996). Leadership behavior and subordinate stress: A 360°view. *Journal of Occupational Health Psychology, 1*, 382-390.

Pizzino, A. (2002). Dealing with violence in the workplace: the experience of Canadian unions. In M.

Gill, B. Fisher & V. Bowie (Eds.), *Violence at Work: Causes, Patterns, And Prevention*, pp. 165-179. Cullompton, England: Willan.

Rayner, C., & Cooper, C. L. (2006). Workplace bullying. In E. K. Kelloway, J. Barling & J. J. Hurrell (Eds.), *Handbook of Workplace Violence*. Thousand Oaks, CA: Sage Publications.

Richman, J. A., Flaherty, J. A., Rospenda, K. M., & Christensen, M. (1992). Mental health consequences and correlates of medical student abuse. *Journal of the American Medical Association, 267*, 692-694.

Rogers, K., & Kelloway, E. K. (1997). Violence at work: Personal and organizational outcomes. *Journal of Occupational Health Psychology, 2*, 63-71.

Rospenda, K. M. (2002). Workplace harassment, services utilization, and drinking outcomes. *Journal of Occupational Health Psychology, 7*, 141-155.

Salancik, G. R., & Pfeffer, J. (1978). A social information processing approach to job attitudes and task design. *Administrative Science Quarterly, 23*, 224-253.

Sauter, S. L., Murphy, L. R., & Hurrell, Jr., J. J. (1990). Prevention of work-related psychological disorders: A national strategy proposed by the National Institute for Occupational Safety and Health (NIOSH). *American Psychologist, 45*, 1146-1158.

Schat, A., & Kelloway, E. K. (2005). Workplace violence. In J. Barling, E. K. Kelloway & M. Frone (Eds.), *Handbook of Workplace Stress*. Thousand Oaks: Sage Publications.

Schat, A., Frone, M. R., & Kelloway, E. K. (2006). Prevalence of workplace aggression in the US workforce: Findings from a national study. In E. K. Kelloway, J. Barling & J. J. Hurrell (Eds.), *Handbook of Workplace Violence*, Thousand Oaks, CA: Sage Publications.

Schat, A. C. H., & Kelloway, E. K. (2000). The effects of perceived control on the outcomes of workplace aggression and violence. *Journal of Occupational Health Psychology, 4*, 386-402.

Schat, A. C. H., & Kelloway, E. K. (2003). Reducing the adverse consequences of workplace aggression and violence: the buffering effects of organizational support. *Journal of Occupational Health Psychology, 8*, 110-122.

Shamir, B., House, R. J., & Arthur, M. B. (1993). The motivational effects of charismatic leadership: A self-concept based theory. *Organization Science, 4*, 577-594.

Shannon, H. S., Mayr, J., & Haines, T. (1997). Overview of the relationship between organizational and workplace factors and injury rates. *Safety Science, 26*, 201-217.

Skogstad, A., Einarsen, S., Torsheim, T. et al. (2007). The destructiveness of laissez-faire leadership behavior. *Journal of Occupational Health Psychology, 12*, 80-92.

Sosik, J. J., & Godshalk, V. M. (2000). Leadership styles, mentoring functions received, and job-related stress: A conceptual model and preliminary study. *Journal of Organizational Behavior, 21*, 365-390.

Tepper, B. J. (2000). Consequences of abusive supervision. *Academy of Management Journal, 43*, 178-190.

Townsend, J., Phillips, J. S., & Elkins, T. J. (2000). Employee retaliation: The neglected consequence of poor leader-member exchange relations. *Journal of Occupational Health Psychology, 5*, 457-463.

van Dierendonck, D., Haynes, C., Borrill, C., & Stride, C. (2004). Leadership behaviour and subordinate well-being. *Journal of Occupational Health Psychology, 9*, 165-175.

Wager, N., Feldman, G., & Hussey, T. (2003). The effect on ambulatory blood pressure of working under favourably and unfavourably perceived supervisors. *Occupational and Environmental Medicine, 60*, 468-474.

White, S. E., & Mitchell, T. R. (1979). Job enrichment versus social cues: A comparison and competitive test. *Journal of Applied Psychology, 64*, 1-9.

Whiteman, J. A., Snyder, D. A., & Ragland, J. J. (2001). The value of leadership in implementing and maintaining a successful health promotion program in the Navel Surface Force, US Pacific Fleet. *American Journal of Health Promotion, 15*, 437-440.

Zellars, K. L., Tepper, B. J., & Duffy, K. M. (2002). Abusive supervision and subordinates' organizational citizenship behavior. *Journal of Applied Psychology, 87*, 1068-1076.

Zohar, D. (1980). Safety climate in industrial organizations: Theoretical and applied implications. *Journal of Applied Psychology, 65*, 96-102.

Zohar, D. (2002a). The effects of leadership dimensions, safety climate, and assigned priorities on minor injuries in work groups. *Journal of Organizational Behavior, 23*, 75-92.

Zohar, D. (2002b). Modifying supervisory practices to improve subunit safety: A leadership-based intervention model. *Journal of Applied Psychology, 87*, 156-163.

3장

Cropanzano, R., & Wright, T. A. (1999). A 5-year study of change in the relationship between well-being and performance. *Consulting Psychology Journal: Practice and Research, 51*, 252-265.

Cropanzano, R., & Wright, T. A. (2001). When a 'happy' worker is really a 'productive' worker: A review and refinement of the happy-productive worker thesis. *Consulting Psychology Journal: Practice and Research, 53*, 182-199.

Derryberry, D., & Read, M. A. (1994). Temperament and attention: orienting toward and away from positive and negative signals. *Journal of Personality and Social Psychology, 68*, 1128-1139.

Donald, I., Taylor, P., Johnson, S. et al. (2005). Work environments, stress and productivity: An examination using ASSET. *International Journal of Stress Management, 12*, 409-423.

Fredrickson, B. L. (1998). What good are positive emotions? *Review of General Psychology, 2*, 300-319.

Fredrickson, B. L., & Joiner, T. (2002). Positive emotions trigger upward spirals toward emotional well-being. *Psychological Science, 13*, 172-175.

Harter, J. K., Schmidt, F. L., & Hayes, T. L. (2002). Business unit level outcomes between employee satisfaction, employee engagement and business outcomes: A meta-analysis. *Journal of Applied Psychology, 87*, 268-279.

Larsen, R. J., & Ketelar, T. (1991). Personality and susceptibility to positive and negative emotional states. *Journal of Personality and Social Psychology, 61*, 132-140.

Locke, E. A., & Latham, G. P. (1990). *A Theory of Goal-setting and Task Performance*. Englewood Cliffs, New Jersey: Prentice Hall.

Seidlitz, L., & Diener, E. (1993). Memory for positive versus negative events: Theories for the differences between happy and unhappy persons. *Journal of Personality and Social Psychology, 64*, 654-664.

Seidlitz, L., Wyer, R. S., & Diener, E. (1997). Cognitive correlates of subjective well-being: The processing of valenced life events by happy and unhappy persons. *Journal of Research in Personality, 31*, 240-256.

Seligman, M. E. P., Steen, T. A., Park, N., & Petersen, C. (2005). Positive psychology progress: empirical validation of interventions. *American Psychologist, 60*, 410-421.

Wright, T. A., & Cropanzano, R. (2004). Psychological well-being and job satisfaction as predictors of job performance. *Journal of Occupational Health Psychology, 5*, 84-94.

4장

Bandura, A. (1982). Self-efficacy mechanism in human agency. *American Psychologist, 37*: 122-147.

Barrick, M. R., & Mount, M. K. (1991). The Big Five personality dimensions and job performance: A meta-analysis. *Personnel Psychology, 44*, 1-26.

Best, R. G., Stapleton, L. M., & Downey, R. G. (2005). Core self-evaluations and job burnout: The test of alternative models. *Journal of Occupational Health Psychology, 10*, 441-451.

Benyamini, Y., Idler, E. L., Leventhal, H., & Leventhal, E. A. (2000). Positive affect and function as influences on self-assessment of health: Expanding our view beyond illness and disability. *Journals of Gerontology, 55B*, 107-116.

Brief, A. P. (2001). Organizational behavior and the study of affect: Keep your eyes on the organization. *Organizational Behavior and Human Decision Processes, 86*, 131-139.

Cameron, K., Dutton, J. E., & Quinn, R. E. (Eds.) (2003). *Positive Organizational Scholarship: Foundations of a New Discipline*. San Francisco: Berrett-Koehler Publishers.

Csikszentmihalyi, M. (1990). *Flow: The Psychology of Optimal Experience*. New York: Harper & Row.

Dormann, C., & Zapf, D. (2001). Job satisfaction: A meta-analysis of stabilities. *Journal of Organizational Behavior, 22*, 483-504.

Dormann, C., Fay, D., Zapf, D., & Frese, M. (2006). A state-trait analysis of job satisfaction: on the effect of core self-evaluations. *Applied Psychology - an International Review, 55*, 27-51.

Edwards, J. R., & Cooper, C. L. (1988). The impacts of positive psychological states on physical health: A review and theoretical framework. *Social Science Medicine, 27,* 1147-1459.

Erez, A., & Isen, A. (2002). The influence of positive affect on the components of expectancy motivation. *Journal of Applied Psychology, 87,* 1055-1067.

Erez, A., & Judge, T. A. (2001). Relationship of core self-evaluations to goal setting, motivation, and performance. *Journal of Applied Psychology, 86,* 1270-1279.

Evans, P. D., & Egerton, N. (1992). Mood states and minor illness. *British Journal of Medical Psychology, 65,* 177-186.

Frederickson, B. L. (1998). What good are positive emotions? *Review of General Psychology, 2,* 300-319.

Gil, K. M., Carson, J. W., Porter, L. S. et al. (2003). Daily stress and mood and their association with pain, health-care use, and school activity in adolescents with sickle cell disease. *Journal of Pediatric Psychology, 28,* 363-373.

Glenn, N. D., & Weaver, C. N. (1981). The contributions of marital happiness to global happiness. *Journal of Marriage and the Family, 43,* 161-168.

Hart, P. M., & Cooper, C. L. (2002). Occupational stress: Toward a more integrated framework. In N. Anderson, D. S. Ones, H. K. Sinangil & C. Viswesvaran (Eds.), *Handbook of Industrial, Work and Organizational Psychology,* Vol. 2, pp. 93-114. Thousand Oaks, CA: Sage Publications.

Harter, S. (1990). Causes, correlates, and the functional role of global self-worth: A life-span perspective. In R. J. Sternberg & J. Kolligan (Eds.), *Competence Considered,* pp. 67-97. New Haven: Yale University Press.

Judge, T. A., & Bono, J. E. (2001). Relationship of core self-evaluations traits - selfesteem, generalized selfefficacy, locus of control, and emotional stability - with job satisfaction and job performance: A metaanalysis. *Journal of Applied Psychology, 86,* 80-92.

Judge, T. A., Locke, E. A., & Durham, C. C. (1997). The dispositional causes of job satisfaction: A core evaluations approach. *Research in Organizational Behavior, 19,* 151-188.

Judge, T. A., Van Vianen, A. E. M., & De Pater, I. E. (2004). Emotional stability, core selfevaluations, and job outcomes: A review of the evidence and an agenda for future research. *Human Performance, 17,* 325-346.

Lazarus, R. S. (1966). *Psychological Stress and the Coping Process.* New York: McGraw-Hill.

Lazarus, R. S., & Folkman, S. (1984). *Stress, Appraisal, and Coping.* New York: Springer Publishing Company.

Lucas, R. E., Diener, E., & Suh, E. M. (1996). Discriminant validity of well-being measures. *Journal of Personality and Social Psychology, 71,* 616-628.

Luthans, F. (2002a). The need for and meaning of positive organizational behavior. *Journal of*

Organizational Behavior, 23, 695-706.

Luthans, F. (2002b). Positive organizational behavior: Developing and managing psychological strengths. *Academy of Management Executive, 16*, 57-72.

Nelson, D. L., & Cooper, C. L. (2007). *Positive Organizational Behavior.* London: Sage Publications, forthcoming.

Nelson, D. L., & Simmons, B. L. (2004). Eustress: An elusive construct, an engaging pursuit (monograph). In P. Perrewe & D. Ganster (Eds.), *Research in Occupational Stress and Well-Being, 3*, 265-322.

Nelson, D. L., & Simmons, B. L. (2006). Eustress and hope at work: Accentuating the positive. I A. M. Rossi, S. Sauter & P. Perrewe (Eds.), *Stress and Quality of Working Life: New Perspectives in Occupational Health*, pp. 121-134. Greenwich, CT: Information Age Publishing.

Piccolo, R. F., Judge, T. A., Takahashi, K. et al. (2005). Core self-evaluations in Japan: Relative effects on job satisfaction, life satisfaction, and happiness. *Journal of Organizational Behavior, 26*, 965-984.

Rothman, J. C. (1993). *Aristotle's Eudaemonia, Terminal Illness, and the Question of Life Support.* New York: P. Lang.

Russell, B. (1958). *The Conquest of Happiness.* New York: Liveright. (Original work published 1930).

Russell, J. A. (2003). Core affect and the psychological construction of emotion. *Psychological Review, 110*, 145-172.

Ryff, C. D., & Singer, B. (1998). The contours of positive human health. *Psychological Inquiry, 9*, 1-28.

Ryff, C. D., & Singer, B. (2002). From social structures to biology: Integrative science in pursuit of human health and well-being. In C. R. Snyder and S. J. Lopez (Eds.), *Handbook of Positive Ppsychology*, (pp. 541-555). New York: Oxford University Press.

Simmons, B. L., & Nelson, D. L. (2007). Eustress at work: Extending the Holistic Stress Model. In D. L. Nelson & C. L. Cooper (Eds.), *Positive Organizational Behavior.* London: Sage Publications, forthcoming.

Simmons, B. L., Nelson, D. L., & Neal, L. J. (2001). A comparison of positive and negative work attitudes of home healthcare and hospital nurses. *Health Care Management Review, 26*, 64-75.

Stone, A. A., Cox, D. S., Vladimarsdottier, H., & Jandorf, L. (1987). Evidence that secretory IgA antibody is associated with daily mood. *Journal of Personality and Social Psychology, 52*, 988-993.

Stone, A. A., Neale, J. M., Cox, D. S., & Napoli, A. (1994). Daily events are associated with a secretory immune response to an oral antigen in men. *Health Psychology, 13*, 400-418.

Warr, P. (1999). Well-being and the workplace. In D. Kahneman, E. Diener & N. Schwarz (Eds.), *Well-being: The Foundations of Hedonic Psychology*, pp. 392-412. New York: Russell Sage Foundation.

Watson, D., & Clark, L. A. (1992). Affects separable and inseparable: On the hierarchical arrangement of negative affects. *Journal of Personality and Social Psychology, 62*, 489-505.

5장

Kinder, A., & Park, R. (2004). From welfare to workplace counselling. *Counselling at work, Spring,* 14–17.

Rick, J., O' Regan, S., & Kinder, A. (2006). Early intervention following trauma: A controlled longitudinal study at Royal Mail Group Institute of Employment Studies. Report 435.

6장

AC, Association for Coaching. (2004). *Guidelines for Coaching in Organisations.* London, UK: Association for Coaching.

Anderson, M. C. (2001). *Metrix Global ROI Study.* USA: Metrix Global, LLC.

CIPD. (2004). *Coaching and Buying Coaching Services: A Guide.* London, UK: CIPD.

Egan, G. (2004). *The Skilled Helper: A Problem Management and Opportunity Development Approach to Helping/Skilled Helping Around the World,* 7th ed. California, USA: Wadsworth Publishing Company, USA.

Leimon, A., Moscovici, F., & McMahon, G. (2005). *Business Coaching.* Essential Coaching Skills and Knowledge Series, (Eds.). G. McMahon, S. Palmer & A. Leimon. London, UK: Brunner Routledge.

McMahon, G. (2002). *Confidence Works: – Learn to be Your Own Life Coach.* London, UK: Sheldon Press.

McMahon, G. (2005). *Behavioural Contracting in Organisations: Coach the Coach.* Kent, UK: Fenman Publications.

Megginson, D., Clutterbuck, D., Garvey, B. et al. (2005). *Mentoring in Action: A Practical Guide for Managers.* London, UK: Kogan Page.

Neenan, M. & Dryden, W. (2001). *Life Coaching – The CognitiveBehavioural Way.* London, UK: Brunner Routledge.

Palmer, S., & Neenan, M. (2001). Cognitive behavioural coaching. *Stress News, 13,* July.

Parsloe, E. (1999). *The Manager as Coach and Mentor.* London, UK: CIPD.

Redshaw, B. (2001). Do we really understand coaching? How can we make it work better? *Industrial and Commercial Training Journal, 32,* June.

Sommers, M. (2001). *Coaching in Call Centres: Summary Report.* Articles, Coaching and Mentoring Network, www.coachingnetwork.org.uk

Thorne, B. (2003). *Carl Rogers,* 2nd ed. Key Figures in Counselling and Psychotherapy, Ed. Windy Dryden. London, UK: Sage Publications.

Wasik, B. (1984). *Teaching Parents Effective Problem–Solving: A Handbook for Professionals.* Unpublished manuscript. University of North Carolina.

Whitmore, J. (2002). *Coaching for Performance: Growing People, Performance and Purpose,* 3rd ed.

Boston, USA: Nicholas Beasley Publishing.

Wilson, C., & McMahon, G. (2006). What's the difference? *Training Journal,* pp. 54-57, September.

7장

Berridge, J., Cooper, C. L., & Highley-Marchington, C. (1997). *Employee Assistance Programmes and Workplace Counselling.* Chichester: John Wiley & Sons, Ltd.

Burke, M. J., & Sarpy, S. A. (2003). Improving worker safety and health through interventions. In D. A. Hofmann & L. E. Tetrick (Eds.), *Health and Safety in Organizations: A Multilevel Perspective,* pp. 56-90. San Francisco: Jossey-Bass.

Clarke, S., & Cooper, C. L. (2004). *Managing the Risk of Workplace Stress: Health and Safety Hazards.* London: Routledge.

Colligan, M. J., & Cohen, A. (2004). The role of training in promoting workplace safety and health. In J. Barling & M. R. Frone (Eds.), *The Psychology of Workplace Safety,* pp. 223-248. Washington, DC: American Psychological Association.

Cooper, C. L., Liukkonen, P., & Cartwright, S. (1996). Stress Prevention in the Workplace: Assessing the costs and benefits to organizations. European Foundation for the Improvement of Living and Working Conditions. Luxembourg: Office for Official Publications of the European Communities.

Cooper, M. D., Phillips, R. A., Sutherland, V. J., & Makin, P. J. (1994). Reducing accidents using goal setting and feedback: A field study. *Journal of Occupational and Organisational Psychology, 67,* 219-240.

Cox, S., Jones, B., & Rycraft, H. (2004). Behavioural approaches to safety management within UK reactor plants. *Safety Science, 42,* 825-839.

Cox, T., & Griffiths, A. (1996). Assessment of psychosocial hazards at work. In M. J. Schabracq, J. A. M. Winnubst & C. L. Cooper (Eds.), *Handbook of Work and Health Psychology,* pp. 127-143. New York: John Wiley & Sons, Inc.

Cox, T., Griffiths, A., Barlowe, C. et al. (2000). *Organizational Interventions for Work Stress: A Risk Management Approach.* Sudbury: HSE Books.

Cullen, W. D. (1990). *Report of the Official Inquiry into the Piper Alpha Disaster.* London: HMSO.

DeJoy, D. (2005). Behavior change versus culture change: Divergent approaches to managing workplace safety. *Safety Science, 43,* 105-129.

DePasquale, J. P., & Geller, E. S. (1999). Critical success factors for behaviour-based safety: A study of twenty industry-wide applications. *Journal of Safety Research, 30,* 237-249.

Elliot, T. R., & Maples, S. (1991). Stress management training for employees experiencing corporate acquisition. *Journal of Employment Counselling, 28,* 107-114.

European Framework Directive on Health and Safety at Work. (1989). Council Directive 89 / 391 / EEC of 12 June 1989 on the introduction of measures to encourage improvements in the safety and health of workers at work. Official Journal No. L183, pp. 1-8.

Fleming, M., & Lardner, R. (2002). Strategies to promote safe behaviour as part of a health and safety management system. Contract Research Report 430/2002 for the Health & Safety Executive. Sudbury: HSE Books.

Geurts, S., & Grundemann, R. (1999). Workplace stress and stress prevention in Europe. In M. Kompier & C. Cooper (Eds.), *Preventing Stress, Improving Productivity: European Case Studies in the Workplace*. London: Routledge.

Giga, S., Faragher, B., & Cooper, C. L. (2003). Part 1: Identification of good practice in stress prevention/ management. In J. Jordan, E. Gurr, G. Tinline *et al.* (Eds.), *Beacons of Excellence in Stress Prevention.*, pp. 1-45. HSE research report no. 133. Sudbury: HSE Books.

Glendon, A. I., Clarke, S. G., & McKenna, E. (2006). *Human Safety and Risk Management*, 2nd edn. Boca Raton, Florida: CRC Press.

Goldenhar, L. M., Williams, L. J., & Swanson, N. G. (2003). Modeling relationships between job stressors and injury and near-miss outcomes for construction laborers. *Work and Stress, 17*, 218-240.

Griffin, M. A., Hart, P. M., & Wilson-Evered, E. (2000). Using employee opinion surveys to improve organizational health. In L. R. Murphy & C. L. Cooper (Eds.), *Healthy and Productive Work: An International Perspective*, pp. 15-36. London: Taylor & Francis.

Hemingway, M., & Smith, C. S. (1999). Organizational climate and occupational stressors as predictors of withdrawal behaviors and injuries in nurses. *Journal of Occupational and Organizational Psychology, 72*, 285-299.

Hofmann, D. A., & Morgeson, F. P. (1999). Safety-related behavior as a social exchange: The role of perceived organizational support and leader-member exchange. *Journal of Applied Psychology, 84*, 286-296.

Hopkins, A. (2006). What are we to make of safe behaviour programs? *Safety Science, 44*: 583-597.

Iverson, R. D., & Erwin, P. J. (1997). Predicting occupational injury: The role of affectivity. *Journal of Occupational and Organizational Psychology, 70*, 113-128.

Kalimo, R., & Toppinen, S. (1999). Finland: Organizational well-being. Ten years of research and development in forest industry corporation. In M. Kompier & C. L. Cooper (Eds.), *Preventing Stress, Improving Productivity: European Case Studies in the Workplace*, pp. 52-85. London: Routledge.

Lees, S., & Ellis, N. (1990). The design of a stress-management programme for nursing personnel. *Journal of Advanced Nursing, 15*, 946-961.

Lund, J., & Aaro, L. E. (2004). Accident prevention: Presentation of a model placing emphasis on human, structural and cultural factors. *Safety Science, 42*, 271-324.

McCue, J. D., & Sachs, C. L. (1991). A stress management workshop improves residents' coping skills. *Archives of International Medicine, 151*, 2273-2277.

Mearns, K., Whitaker, S. M., & Flin, R. (2003). Safety climate, safety management practice and safety performance in offshore environments. *Safety Science, 41*, 641-680.

Morrow, P. C., & Crum, M. R. (1998). The effects of perceived and objective safety risk on employee outcomes. *Journal of Vocational Behaviour, 53*, 300-313.

Murphy, L. R. (1988). Workplace interventions for stress reduction and prevention. In C. L. Cooper & R. Payne (Eds.), *Causes, Coping and Consequences of Stress At Work*, pp. 301-339. New York: John Wiley & Sons, Inc.

NIOSH, National Institute of Occupational Safety and Health. (1996). *National Occupational Research Agenda (NORA)*. Cincinnati, OH: National Institute of Occupational Safety and Health. Available at: www.cdc.gov/niosh/nora.html.

Oliver, A., Cheyne, A., Tomás, J. M., & Cox, S. (2002). The effects of organizational and individual factors on occupational accidents. *Journal of Occupational and Organizational Psychology, 75*, 473-488.

Parker, S. K., Axtell, C. M., & Turner, N. (2001). Designing a safer workplace: Importance of job autonomy, communication quality and supportive supervisors. *Journal of Occupational Health Psychology, 6*, 211-218.

Reason, J. T., Parker, D., & Free, R. (1994). *Bending the Rules: The Varieties, Origins and Management of Safety Violations*. Leiden, The Netherlands: Rijks Universiteit Leiden.

Reason, J. T., Parker, D., & Lawton, R. (1998). Organizational controls and safety: The varieties of rule-related behaviour. *Journal of Occupational and Organizational Psychology, 71*, 289-304.

Shannon, H. S., Mayr, J., & Haines, T. (1997). Overview of the relationship between organizational and workplace factors and injury rates. *Safety Science, 26*, 201-217.

Sulzer-Azaroff, B., & Austin, J. (2000). Does BBS work? *Professional Safety, 45*, 19-24.

Vredenburgh, A. G. (2002). Organizational safety: Which management practices are most effective in reducing employee injury rates? *Journal of Safety Research, 33*, 259-276.

Wallace, J. C., Popp, E., & Mondore, S. (2006). Safety climate as a mediator between foundation climates and occupational accidents: A group-level investigation. *Journal of Applied Psychology, 91*, 681-688.

Whitener, E. M. (2001). Do 'high commitment' human resource practices affect employee commitment? A cross-level analysis using hierarchical linear modeling. *Journal of Management, 27*, 515-535.

Wright, P. M., & Geary, G. (2001). Changing the mindset: The training myth and the need for world class performance. *International Journal of Human Resource Management, 12*, 586-600.

Zhu, Z., Wallin, J. A., & Reber, R. (2000). Safety improvements: An application of behavior modification techniques. *Journal of Applied Management Studies, 9,* 135-140.

Zohar, D., & Fussfeld, N. (1981). A systems approach to organisational behavior modification: Theoretical considerations and empirical evidence. *International Review of Applied Psychology, 30,* 491-505.

8장

Aldwin, C. M. (2000). *Stress, Coping and Development: An Integrative Perspective.* London: The Guilford Press.

Dewe, P., & Cooper, C. (2007). Coping research and measurement in the context of work related stress. In G. Hodgkinson & K. Ford (Eds.), *International Review of Industrial and Organizational Psychology, 22* (in press). Chicester: John Wiley & Sons, Ltd.

Folkman, S., & Moskowitz, J. T. (2000). Positive affect and the other side of coping. *American Psychologist, 55,* 647-654.

Folkman, S., & Moskowitz, J. T. (2003). Positive coping from a coping perspective. *Psychological Inquiry, 14,* 121-124.

Fredrickson, B. L. (1998). What good are positive emotions? *Review of General Psychology, 25,* 364-372.

Fredrickson, B. L. (2001). The role of positive emotions in positive psychology. *American Psychologist, 56,* 218-226.

Fredrickson, B. L., & Branigan, C. (2005). Positive emotions broaden the scope of attention and thought-action repertoires. *Cognition & Emotion, 19,* 313-332.

Greenglass, E. R. (2001). Proactive coping, work stress and burnout. *Stress News, 13,* 1-5.

Greenglass, E. R. (2002). Proactive coping and quality of life management. In E. Frydenberg (Ed.), *Beyond Coping: Meeting Goals, Visions, and Challenges,* pp. 37-62. Oxford: Oxford University Press.

Greenglass, E., Fiksenbaum, L., & Eaton, J. (2006). The relationship between coping, social support, functional disability and depression in the elderly. *Anxiety, Stress, and Coping, 19,* 15-31.

Greenglass, E. R., Schwarzer, R., & Taubert, S. (1996). *The Proactive Coping Inventory (PCI): A Multidimensional Research Instrument.* [Online publication]. Available at: http://www.psych.yorku.ca/greenglass/

Hobfoll, S. E. (2001). The influence of culture, community, and the nested-self in the stress process: Advancing conservation of resources theory. *Applied Psychology: An International Review, 50,* 337-421.

Latack, J. C., & Havlovic, S. J. (1992). Coping with job stress: A conceptual evaluation framework for coping measures. *Journal of Organizational Behavior, 13,* 479-508.

Lazarus, R. S. (1991). Psychological stress in the workplace. In P. L. Perrewé (Ed.) Handbook on job stress [special issue], *Journal of Social Behavior and Personality, 6,* 1-13.

Lazarus, R. S. (2001). Conservation of Resources Theory (COR): Little more than words masquerading as a new theory. *Applied Psychology: An International Journal, 50*, 381-391.

Lazarus, R. S. (2003). Does the positive psychology movement have legs? *Psychological Inquiry, 14*, 93-109.

Lazarus, R. S., & Folkman, S. (1984). *Stress, Appraisal and Coping.* New York: Springer.

Schwarzer, R. (1999). *Proactive Coping Theory.* Paper presented at the 20th International Conference of the Stress and Anxiety Research Society (STAR), Cracow, Poland, 12-14 July.

Schwarzer, R. (2001). Stress, resources, and proactive coping. *Applied Psychology: An International Review, 50*, 400-407.

Schwarzer, R. (2004). Manage stress at work through preventive and proactive coping. In E. A. Locke (Ed.), *The Blackwell Handbook of Principles of Organizational Behavior,* pp. 342-355. Oxford: Blackwell Publishing.

Schwarzer, R., & Knoll, N. (2003). Positive coping: Mastering demands and searching for meaning. In S. Lopez & C. R. Snyder (Eds.), *Positive Psychological Assessment: A Handbook of Models and Measures,* pp. 393-409. Washington DC: APA.

Schwarzer, R., & Taubert, S. (2002). Tenacious goal pursuits and strivings: Toward personal growth. In E. Frydenberg (Ed.), *Beyond Coping: Meeting Goals, Visions, and Challenges,* pp. 19-35. Oxford: Oxford University Press.

Seligman, M. E. P., & Csikszentmihalyi, M. (2000). Positive psychology: An introduction. *American Psychologist, 55*, 5-14.

Zeidner, M., & Saklofske, D. (1996). Adaptive and maladaptive coping. In M. Zeidner & N. S. Endler (Eds.), *Handbook of Coping: Theory, Research, Applications,* pp. 505-531. New York: John Wiley & Sons, Inc.

9장

AMOSSHE, Association of Managers of Student Services in Higher Education. (2001). *Responding To Student Mental Health Issues: 'Duty of Care' Responsibilities in Student Services in Higher Education: Good Practice Guide.* Winchester: AMOSSHE.

Beale, D. (2002). Organisational issues related to psychological debriefing. In British Psychological Society, *Psychological Debriefing,* pp. 31-41. Leicester: BPS.

Blomberg, T. (1978). *Social Control and the Proliferation of Juvenile Court Sessions.* San Francisco: R & E. Research Associates Inc.

Bullock, R. (1997). *Report of the Independent Inquiry into the Major Employment and Ethical Issues Arising from the Events Leading to the Trial of Amanda Jenkinson.* Nottingham: North

Nottinghamshire Health Authority.

CVCP, Committee of Vice Chancellors and Principals (2000). *Guidelines on Student Mental Health and Procedures for Higher Education.* London: CVCP.

Copeland, S. (2005). *Counselling Supervision in Organisations: Professional and Ethical Dilemmas Explored.* London: Routledge.

HoCDC, House of Commons Defence Committee. (2005). *Duty of Care: Third Report of Session 2004-5.* Volume 1. NC 63-1. London: Stationery Office.

Hughes, O. (2002). Training, supervision and the assessment of competence. In British Psychological Society, *Psychological Debriefing,* pp. 25-30. Leicester: BPS.

Jenkins, P. (2007). *Counselling, Psychotherapy and the Law,* 2nd Edn. London: Sage.

McDermott, F. (1975). *Self-determination in Social Work.* London: Routledge & Kegan Paul.

McLeod, J. (2007). *Counselling in the Workplace: A Comprehensive Review of the Research Evidence.* 2nd Edn. Rugby: BACP.

NHSE, National Health Service Executive. (1998). *Working Together: Securing a Quality Workforce for the NHS.* London: HMSO.

NHSE, National Health Service Executive. (2006). *Post-traumatic Stress Disorder: The Management of PTSD in Adults and Children in Primary and Secondary Care.* Clinical Guideline 26. London: HMSO.

NICE, National Institute for Clinical Excellence. (2006). *Post-traumatic Stress Disorder: The Management of PTSD in Adults and Children in Primary and Secondary Care.* Clinical Guideline 26. London: NHS.

Pattenden, R. (2003). *The Law of Professional-Client Confidentiality: Regulating the Disclosure of Personal Information.* Oxford: Oxford University Press.

Reeves, A. (2005). Supporting staff dealing with suicide. *Association of University and College Counsellors Journal,* Autumn, pp. 8-12.

Rose, S., Bisson, J., & Wessely, S. (2002). Psychological debriefing for preventing post traumatic stress disorder (PTSD). *Cochrane Database of Systematic Reviews,* Issue 2. Art. No.: CD000560. DOI: 10.102/14651858.CD000560.

Sher, M. (2003). Ethical issues for the therapists working in organisations. In H. F. Solomon & M. Twyman (Eds.), *The Ethical Attitude in Analytic Practice.* London: Free Association.

Tehrani, N. (2004). *Workplace Trauma: Concepts, Assessment and Intervention.* Hove: Brunner-Routledge.

Wheat, K. (2002). Psychological debriefing and legal issues. In British Psychological Society, *Psychological Debriefing,* pp. 51-58. Leicester: BPS.

Internet Reference

www.the-hutton-enquiry.org/uk/content/transcripts/hearing-trans36.htm

Legal References

Bolam v Friern HMC [1957] 2 All ER 118.

Bolitho v City and Hackney Health Authority [1997] 3 WLR, 1151, [1197] 4 All ER 771 (HL).

Donoghue v Stevenson [1932] AC 562 (HL).

Hatton v Sutherland [2002] 2 All ER 1.

Howell v State Rail Authority of New South Wales Sup. Ct. NSW 7/6/96; Ct. of App. NSW 19/12/96; Sup. Ct. NSW 7/5/98 (Unreported).

Intel Incorporation Ltd v Tracy Ann Daw [2007] EWCA Civ 70.

Multiple Claimants v MOD [2003] EWHC 1134 (QB).

Walker v Northumberland County Council [1995] 1 All ER 737.

Werner v Landau TLR 8/3/1961, 23/11/1961, Sol Jo (1961) 105, 1008.

10장

Boniwell, I., & Henry, J. (2007). Developing conceptions of well-being: Advancing subjective, hedonic and hedonic series. *Social Psychological Review, 9*, 3–8.

Good Boss Questionnaire. (2006). Version 0.7, p. 3. Good Boss Company, Surrey.

Hewlett, S. A., Luce, C. B., & West, C. (2005). Leadership in your midst. *Harvard Business Review.* November, *83*(11), 74–82.

London Development Agency. (2005). Diversity Works for London, London.

Robertson, I. (2007). Using business psychology to close the well-being gap. *Selection and Development Review, 23*(4), 13.

Thomas, D., & Ely, R. (1996). Making differences matter: A new paradigm for managing diversity. *Harvard Business Review,* September to October, *74*(5), 79–90.

Weaver, D. (2002). Diversity change management–the 7 point plan. Making Difference Pay Conference, Trust, London, 1990.

11장

APA, American Psychiatric Association. (1994). *Diagnostic and Statistical Manual of Mental Disorders,* 4th edn. Washington, DC: APA.

Buckley, A., & Buckley, C. (2006). *A Guide to Coaching and Mental Health: The Recognition and Management of Psychological Issues.* London: Routledge.

Department of Health. (2006). *Action on Stigma: Promoting Mental Health, Ending Discrimination at Work.* London: Shift. Available online at www.shift.org.uk (accessed 5 May 2007).

Grove, B., Secker, J., & Seebohm, P. (2005). *New Thinking about Mental Health and Employment.*

Oxford: Radcliffe Publishing.

Kitchener, B. A., & Jorm, A. F. (2004). Mental health first aid in a workplace setting: A randomized controlled trial. *BMC Psychiatry, 4*, 23.

Miller, D. M., Lipsedge, M., & Litchfield, P. (2002). *Work and Mental Health, an Employers Guide.* London: Gaskell.

Moor, S., Maguire, A., McQueen, H. B. et al. (2007). Improving the recognition of depression in adolescence: Can we teach the teachers? *Journal of Adolescence, 30*, 81-95.

St John, T. (2005). Mental health at work: The hard facts. *Training Journal,* May, pp. 44-47.

Rethink. (2004). How can we make mental health education work? Rethink. Available online at www.rethink.org.uk (accessed 5 May 2007).

WHO, World Health Organisation. (1994). *International Statistical Classification of Diseases and Related Health Problems,* 10th Revision (ICD-10), 2nd edn. Geneva: WHO.

12장

Berger, H. (2001). Trauma and the therapist. In T. Spiers (Ed.), *Trauma: A Practitioner's Guide to Counselling.* Hove: Brunner-Routledge.

Brewin, C., Rose, S., & Andrews, B. (2003). Screening to identify individuals at risk after exposure to trauma. In R. Orner & U. Schnyder (Eds.), *Reconstructing Early Interventions after Trauma; Innovations in the Care of Survivors.* Oxford: Oxford University Press.

Orner, R., & Schnyder, U. (2003). Progress made towards reconstructing early intervention after trauma: Emergent themes. In R. Orner & U. Schnyder (Eds.), *Reconstructing Early Interventions after Trauma; Innovations in the Care of Survivors.* Oxford: Oxford University Press.

Reddy, M. (2005). Critical incident services post-Nice. *Counselling at Work,* Summer.

Tehrani, N. (2004). *Workplace Trauma: Concepts, Assessments and Interventions.* Hove: Brunner-Routledge.

13장

Clark, S. E., & Goldney, R. D. (2000). Impact of suicide on relatives and friends. In K. Hawton & K. van Heeringen (Eds.), *The International Handbook of Suicide and Attempted Suicide.* Chichester: John Wiley & Sons, Ltd.

Clarke, S., & Cooper, C. (2004). *Managing the Risk of Workplace Stress.* London: Taylor & Francis.

Cooper, C. (2005). *Handbook of Stress Medicine and Health.* Boca Raton, FL: CRC PRess.

Fine, C. (1997). *No Time to Say Goodbye: Surviving the Suicide of a Loved One.* New York: Doubleday.

Heckler, R. (1995). *Waking Up Alive.* London: Piatkus.

Joiner, T., Walker, R., Rudd, M., & Jobes, D. (1999). Scientising and routinising the assessment of suicidality in outpatient practice. *Professional Psychology: Research and Practice, 30*, 447–453.

Kapoor, A. (2002). Suicide: The effect on the counselling psychologist. *Counselling Psychologist Review, 17*, 28–36.

Parkes, C. M., Laungani, P., & Young, B. (1997). *Death and Bereavement across Cultures.* London: Routledge.

Quick, J., & Cooper, C. (2003). *Stress and Strain,* 2nd edn. Oxford: Health Press.

United Nations. (1996). *Prevention of Suicide: Guidelines for the Formulation and Implementation of National Strategies.* New York: United Nations.

Wallace, P. (2004). Personal correspondence–information compiled from a number of sources including the websites cited below. Roehampton University.

Useful Website Addresses (correct as of January 2008)

www.befrienders.org

Befrienders listen to people who are lonely, despairing or considering suicide. They don't judge them, don't tell them what to do. They listen. That may not sound much – but it can make the difference between life and death.

www.mind.org.uk

Mind is a leading mental health charity in England and Wales which works to create a better life for those who experience mental distress in their lives.

www.uk-sobs.org.uk

Survivors of Bereavement by Suicide (SOBS) exists to meet the needs and break the isolation of those bereaved by the suicide of a close relative or friend. It is a self-help organisation with volunteers who have themselves been bereaved by suicide.

www.samaritans.org.uk

Samaritans is available 24 hours a day to provide confidential emotional support for people who are experiencing feelings of distress or despair, including those which may lead to suicide.

www.who.int/en

The World Health Organisation provides multiple fact sheets on the topic of suicide, including 'Preventing Suicide: A Resource at Work'.

www.ioaging.org

Institute on Aging provides information about suicide among the elderly.

www.suicidology.org

The American Association of Suicidology is an education and resource organisation, dedicated to understanding and preventing suicide.

www.apa.org

The American Psychological Association online help centre has articles on 'Coping with the Death of a Co-worker'.

Helpful Books for Those Bereaved through Suicide

Bolton, I. (1991). *My Son . . .My Son: A Guide to Healing after Death, Loss, or Suicide.* Atlanta: Bolton Press.

Fine, C. (1997). *No Time to Say Goodbye: Surviving the Suicide of a Loved One.* New York: Doubleday.

Guinan, J., & Smolin, A. (1993). *Healing after the Suicide of Loved One.* New York: Fireside.

Jamison, K. R. (1999). *Night Falls Fast: Understanding Suicide.* New York: Random House.

Wertheimer, A. (1991). *A Special Scar: Experiences of People Bereaved by Suicide.* London: Routledge.

14장

Archer, D. (1999). Exploring 'bullying' culture in the para-military organisation. *International Journal of Manpower, 20*, 94-105.

Ashforth, B. (1994). Petty tyranny in organizations. *Human Relations, 47*, 755-778.

Björkqvist, K., Österman, K., & Hjelt-Bäck, M. (1994). Aggression among university employees. *Aggressive Behavior, 20*, 173-184.

Brodsky, C. M. (1976). *The Harassed Worker.* MA. Toronto: Lexington Books, D.C.

Coyne, I., Seigne, E., & Randall, P. P. (2000). Predicting workplace victim status from personality. *European Journal of Work and Organizational Psychology, 9*, 335-349.

Einarsen, S. (1999). The nature and causes of bullying at work. *International Journalof Manpower, 20*, 16-27.

Einarsen, S. (2000). Harassment and bullying at work: A review of the Scandinavian approach. *Aggression and Violent Behavior, 5*, 379-401.

Einarsen, S., Hoel, H., Zapf, D., & Cooper, C. L. (2005). Wrokplace bullying; individual pathology or organisational culture. In V. Bowie, B. S. Fisher & C. L. Cooper (Eds.), *Workplace Violence* (pp. 229-247). Cullompton, Devon; Willan Publishing.

Einarsen, S., Hoel, H., Zapf, D., & Cooper, C. L. (2003). The concept of bullying at work: The European tradition. In S. Einarsen, H. Hoel, D. Zapf & C. L. Cooper (Eds.), *Bullying and Emotional Abuse in the Workplace: International Perspectives in Research and Practice* (pp. 3-30). London: Taylor & Francis.

Einarsen, S., Raknes, B. I., & Matthiesen, S. B. (1994). Bullying and harassment at work and their relationship to work environment quality: An exploratory study. *European Work and Organizational Psychologist, 4*, 381-401.

Einarsen, S., Tangedal, M., Skogstad, A. et al. (2007). *Det brutale arbeidsmilj ø*. Bergen: University of Bergen.

Glasø, L., Matthiesen, S. B., Nielsen, M. B., & Einarsen, S. (2007). Do targets of workplace bullying portray a general victim personality profile? *Scandinavian Journal of Psychology, 48*, 313-319.

Hoel, H., & Salin, D. (2003). Organisational antecedents of workplace bullying. In S. Einarsen, H. Hoel, D. Zapf & C. L. Cooper (Eds.), *Bullying and Emotional Abuse in the Workplace: International Perspectives in Research and Practice* (pp. 203-218). London: Taylor & Francis.

Hoel, H., Cooper, C. L., & Faragher, B. (2001). The experience of bullying in Great Britain: The impact of organizational status. *European Journal of Work and Organizational Psychology, 10*, 443-465.

Hoel, H., Einarsen, S., & Cooper, C. L. (2003). Organisational effects of bullying. In S. Einarsen, H. Hoel, D. Zapf & C. L. Cooper (Eds.), *Bullying and Emotional Abuse in the Workplace. International Perspectives in Research and Practice* (pp. 145-162). London: Taylor & Francis.

Hoel, H., Sparks, K., & Cooper, C. L. (2001). *The Cost of Violence/Stress at Work and the Benefits of Violence/Stress-free Working Environment*. Geneva: International Labour Organisation.

Keashly, L. (1998). Emotional abuse in the workplace: Conceptual and empirical issues. *Journal of Emotional abuse, 1*, 85-117.

Leymann, H. (1993). *Mobbing: Psychoterror am Arbeitsplatz und wie man sich dagegen wehren kann (Mobbing: Psychoterror in the Workplace and How One Can Defend Oneself)*. Reinbeck bei Hamburg: Rowohlt Verlag.

Leymann, H. (1996). The content and development of mobbing at work. *European Journal of Work and Organizational Psychology, 5*, 165-184.

Matthiesen, S. B., & Einarsen, E. (2001). MMPI-2 configurations among victims of bullying at work. *European Journal of Work and Organizational Psychology, 10*, 467-484.

Matthiesen, S. B., & Einarsen, S. (2007). Perpetrators and targets of bullying at work: Role stress and individual differences. *Violence and Victims, 22*, 735-753.

Merchant, V., & Hoel, H. (2003). Investigating complaints of bullying. In S. Einarsen, H. Hoel, D. Zapf & C. L. Cooper (Eds.), *Bullying and Emotional Abuse in the Workplace. International Perspectives in Research and Practice* (pp. 259-269). London: Taylor & Francis.

O'Moore, M., Seigne, E., McGuire, L., & Smith, M. (1998). Victims of workplace bullying in Ireland. *Irish Journal of Psychology, 19*, 345-357.

Rayner, C., & Hoel, H. (1997). A summary review of literature relating to workplace bullying. *Journal of Community and Applied Social Psychology, 7*, 181-191.

Rayner, C., Hoel, H., & Cooper, C. L. (2002). *Workplace Bullying. What We Know, Who Is to Blame, and What Can We Do?* London: Taylor & Francis.

Richards, J., & Daley, H. (2003). Bullying policy: Development, implementation and monitoring. In S. Einarsen, H. Hoel, D. Zapf & C. L. Cooper (Eds.), *Bullying and Emotional Abuse in the Workplace. International Perspectives in Research and Practice* (pp. 247-258). London: Taylor & Francis.

UNISON (1997). *UNISON's Members' Experience of Bullying at Work.* London: UNISON.

Vartia, M. (1991). *Bullying at Workplaces.* Paper presented at the Towards the 21st Century. Work in the 1990s. International Symposium on Future trends in the Changing Working Life, Helsinki.

Vartia, M. (1996). The sources of bullying: Psychological work environment and organizational climate. *European Journal of Work and Organizational Psychology, 5*, 203-214.

Zapf, D. (1999). Organizational work group related and personal causes of mobbing/bullying at work. *International Journal of Manpower, 20*, 70-85.

Zapf, D., & Einarsen, S. (2003). Individual antecedents of bullying. In S. Einarsen, H. Hoel, D. Zapf & C. L. Cooper (Eds.), *Bullying and Emotional Abuse in the Workplace. International Perspectives in Research and Practice.* London: Taylor & Francis.

Zapf, D., Einarsen, S., Hoel, H., & Vartia, M. (2003). Empirical findings on bullying in the workplace. In S. Einarsen, H. Hoel, D. Zapf & C. L. Cooper (Eds.), *Bullying and Emotional Abuse in the Workplace. International Perspectives in Research and Practice* (pp. 103-126). London: Taylor & Francis.

15장

Barkham, M., & Shapiro, D. A. (1990). Brief psychotherapeutic interventions for job-related distress: A pilot study of prescriptive and exploratory therapy. *Counselling Psychology Quarterly, 3*, 133-147.

Berglas, S. (2002). The very real dangers of executive coaching. *Harvard Business Review,* June, 3-8.

Bull, A. (1997). Models of counselling in organizations. In M. Carroll & M. Walton (Eds.), *Handbook of Counselling in Organizations.* London: Sage.

Carroll, M. (1996). *Workplace Counselling.* London: Sage.

CIPD, Chartered Institute of Personnel and Development. (2006). *Coaching at Work,* Vol. 1, Issue 2, p. 12 (News Section).

Cooper, C. L., Sadri, G., Allison, T., & Reynolds, P. (1990). Stress counselling in the Post Office. *Counselling Psychology Quarterly, 3*, 3-11.

Firth, J., & Shapiro, D. A. (1986). An evaluation of psychotherapy for job-related distress. *Journal of Occupational Psychology, 59*, 111-119.

Greenberg, L. S. (2002). *Emotion-focused Therapy: Coaching Clients to Work through Their Feelings.* Washington, DC: American Psychological Association.

Lambert, M. J. (2004). *Bergin and Garfield's Handbook of Psychotherapy and Behavior Change,* 5th edn. New York: John Wiley & Sons, Inc.

Linley, P. A. (2006). Coaching research: Who? What? Where? When? Why? *International Journal of Evidence Based Coaching and Mentoring, 4*, 1-7.

McLeod, J. (2001). *Counselling in the Workplace: The Facts: A Systematic Study of the Research Evidence.* Lutterworth, Leicestershire: British Association for Counselling and Psychotherapy.

McLeod, J. (2007). Counselling in the workplace: The facts: A Comprehensive Review of the Research Evidence. 2nd Edn. Rugby: BACP.

O'Neill, M. B. (2000). *Executive Coaching with Backbone and Heart: A Systems Approach to Engaging Leaders with Their Challenges.* San Francisco, CA: Jossey-Bass.

Orlans, V. (2003). Counselling psychology in the workplace. In R. Woolfe, W. Dryden & S. Strawbridge (Eds.), *Handbook of Counselling Psychology,* 2nd edn. London: Sage.

Orlans, V. (2007). From structure to process: Ethical demands of the postmodern era. *British Journal of Psychotherapy Integration, 4,* 54-61.

Orlans, V., & Edwards, D. (2001). Counselling the organisation, *Counselling at Work, 33,* 5-7.

Peltier, B. (2001). *The Psychology of Executive Coaching: Theory and Application.* Abingdon, Oxon: Routledge, Taylor & Francis Group.

Reddy, M. (1994). EAPs and their future in the UK: History repeating itself? *Personnel Review, 23,* 60-78.

Stern, L. R. (2004). Executive coaching: A working definition. *Consulting Psychology Journal: Practice and Research, 56,* 154-162.

Stober, D. R., & Grant, A. A. (Eds.) (2006). *Evidence-based Coaching Handbook: Putting Best Practices to Work for Your Clients.* Hoboken, NJ: John Wiley & Sons, Inc.

Stone, F. (1999). *Coaching, Counselling and Mentoring.* New York: American Management Association.

Vygotsky, L. (1986). *Thought and Language.* Cambridge, MA: MIT Press.

Whitworth, L., Kimsey-House, H., & Sandahl, P. (1998). *Co-active Coaching.* Mountain View, CA: Daview-Black Publishing.

16장

AXA PPP Healthcare. (2007). *Handbook for Clinical Affiliates.* Kent: AXA PPP Healthcare.

Deaney, D. (2007). Employers must act on workplace stress: Intel Corporation (UK) Limited v Daw – 7 February 2007. http://www.personneltoday.com/Articles/2007/02/20/39311/employersmustacton-workplacestressintelcorporationuklimitedvdaw-february.html.

EAPA. (2000). *Standards of Practice and Professional Guidelines for Employee Assistance Programmes.* London: Employee Assistance Professionals Association UK Chapter.

EAPA. (2007). Employee Assistance Professionals Association UK Website http://www.eapa.org.uk.

Health and Safety at Work Act. (1974). http://www.hse.gove.uk/legislation/hswa.htm

Henderson, R. (2006). Money Sickness Syndrome could affect almost half the UK population. http://www.axa.co.uk/media/pressrelease/2006/pr20060120_0900.html.

HSE. (2004). Health and Safety executive, Management standards for wok-related stress. http://www.hse.gove.uk/stress/standards.

Hughes, R., & Kinder, A. (2007). *Guidelines for Counselling at Work, Association for Counselling at Work*. Lutterworth: British Association for Counselling & Psychotherapy.

Menninger, W. C., & Levinson, H. (1954). The Menninger Foundation Survey of Industrial Mental Health. *Menninger Quarterly, 8*, 1-3.

National Audit Office: Current thinking on managing attendance. http://www.nao.org.uk/publications/nao_reports/04-05/040518_researchpaper.pdf.

National Institute for Clinical Excellence. (2005). *Post-traumatic Stress Disorder (PTSD). The Management of PTSD in Adults and Children in Primary and Secondary Care*. London: NICE.

PARN Research. (2003). http://www.eapa.org.uk/secure/articles/PARN0307.doc.

Sutherland (chairman of the Governors of St Thomas Becket RC High School) v Hutton (2002). CA, EWCA Civ 76. In the Court of Appeal (Civil Division) on appeal from Liverpool County Court., per Lady Justice Hale, Lord Justice Brooke, Lord Justice Kay see IRLA (2002) 263 at paragraph 33.

Winwood, M. A., & Karpas, T. (2002). From 'Boozed-up' to 'Stressed-out'. The continuing evolution of EAPs in the UK. Presented at the BPS Counselling Psychology Conference, Torquay, May 2002.

18장

AMA, American Psychiatric Association. (1994). *Diagnostic and Statistical Manual of Mental Disorders – IV*. AMA.

HMSO. (1996). *Disability Discrimination Act 1995, Code of Practice*. HMSO.

ILO, International Labour Office. (2000). *Mental Health in the Workplace*. ILO.

Palmer, K. T., Cox, R. A. F., & Brown, I. (2007). *Fitness for Work: The Medical Aspects*, p. 149. Oxford: Oxford University Press.

TSO. (2002). *Pathways to Work: Helping People into Employment*. TSO.

WHO, World Health Organisation. (1990). *International Classification of Diseases – 10*. WHO.

19장

Allison, T., Cooper, C. L., & Reynolds, P. (1989). Stress counselling in the workplace: The Post Office experience. *Psychologist, 2*, 384-388.

Bevan, S. (2003). *Attendance Management*. London: The Work Foundation.

Boland, R. J., Diaz, S., Lamdan, R. M., Ramchandani, D., & McCartney, J. R. (1996). Overdiagnosis of depression in the general hospital. *General Hospital Psychiatry, 18*, 28-35.

Bruyere, S., & Shrey, D. E. (1991). Disability management in industry: A joint labor management process. *Rehabilitation Counselling Bulletin, 34*, 227-242.

BSRM, British Society for Rehabilitation Medicine. (2001). *Vocational Rehabilitation: The Way Forward.* BSRM: London: BSRM.

Butler, R., Johnson, W., & Baldwin, M. (1995). Managing work disability: Why first return to work is not a measure of success. *Industrial and Labor Review, 48*: 452-467.

CIPD. (2004). *Recovery, Rehabilitation and Retention: Maintaining a Productive Workforce.* London: CIPD.

Cunningham, I., James, P., & Dibben, P. (2004). Bridging the gap between rhetoric and reality: Line managers and the protection of job security for ill workers in the modern workplace. *British Journal of Management, 15*, 273-290.

Di Guida, A. W. (1995). Negotiating a successful return to work program. *Journal of the American Association of Occupational Health Nurses, 43*, 101-106.

Dollard, M. F., Winefield, H. R., & Winefield, A. H. (1999). Predicting work stress compensation claims and return to work in welfare workers. *Journal of Occupational Health Psychology, 3*, 279-287.

Donaldson-Feilder, E. J., & Pryce, J. (2006). How can line managers help to minimise employees' workplace stress? *People Management*, 1 June, p. 48.

Department of Health. (2001). *Treatment Choice in Psychological Therapies and Counselling: Evidence Based Clinical Practice Guidelines.* London: Department of Health.

DWP, Department of Work and Pensions (2006). DWP Tabulation Tool. WPLS data. Internet WWW page at http://www.dwp.gov.uk/asd/tabtool.asp (accessed 4 November 2006).

Dwyer, D. J., & Ganster, D. C. (1991). The effects of job demands and control on employee attendance and satisfaction. *Journal of Organizational Behaviour, 12*, 595-608.

Ekberg, K. (1995). Workplace changes in successful rehabilitation. *Journal of Occupational Rehabilitation, 5*, 253-269.

Ekberg, K., & Wildhagen, I. (1996). Long-term sickness absence due to musculo-skeletal disorders: The necessary invention of work conditions. *Scandinavian Journal of Rehabilitative Medicine, 28*, 39-47.

Ekberg, K., Bjorkqvist, B., Malm, P., Bjerre-Kiely, & Axelson, O. (1994). Controlled two year follow-up of rehabilitation for disorders in the neck and shoulders. *Occupational and Environmental Medicine, 51*, 833-838.

Gjerris, A. (1997). Are depressive disorders optimally treated in general practice? *Nordic journal of Psychiatry, 51*, 49-51.

Goodman, D. (2000). Critical issues in the management of depression. *American Journal of Managed Care,*

6, S26–S30 Supplement S.

Hardy, G. E., Woods, D., & Wall, T. (2003). The impact of psychological distress on absence from work. *Journal of Applied Psychology, 88*, 306–314.

Hogarth, J., & Khan, S. (2004). *Fit for Work: The Complete Guide to Managing Sickness Absence and Rehabilitation.* London: EEF.

HSC, Health and Safety Commission. (2000). *Securing Health Together: A Long-term Occupational health Strategy for England, Scotland and Wales.* Sudbury: HSE Books.

HSE, Health and safety Executive. Statistics: Stress-related and psychiatric disorders. Internet WWW page at http: //www.hse.gov.uk/statistics/causdis/stress.htm (accessed 13 November 2006, revised 31 October 2006).

James, P., Cunningham, I., & Dibben, P. (2002). Absence management: The issues of job retention and return to work. *Human Resource Management Journal, 12*, 82–94.

James, P., Dibben, P., & Cunningham, I. (2000). Employers and the management of long-term sickness. In J. Lewis (Ed.), *Job Retention in the Context of Long-Term Sickness.* London: DFEE Publications.

Jones, J., Hodgson, J., Clegg, T. & Elliot, R. (1998). *Self-reported Work-related Illness.* Sudbury: HSE Books.

Jonsson, B. G., Persson, J., & Kilbom, A. (1988). Disorders of the cervicobrachial region among female workers in the electronics industry. *International Journal of Industrial Ergonomics, 3*, 1–12.

Kendall, E., Murphy, P., O'Neill, V., & Bursnall, S. (2000). Occupational Stress: Factors that Contribute to its Occurrence and Effective Management – A Report to the Workers' Compensation and Rehabilitation Commission. Western Australia: Work-Cover WA.

Kendall, N. A. S., Linton, S. J., & Main, C. J. (1997). *Guide to Assessing Psychosocial Yellow Flags in Acute Low Back Pain: Risk Factors for Long Term Disability and Work Loss.* Wellington, New Zealand: Accident Rehabilitation and Compensation Insurance Corporation of New Zealand and National Health Committee.

Kenny, D. (1994). The determinants of time lost from workplace injuries: The impact of the injury, the injured, the industry, the intervention and the insurer. *International Journal of Rehabilitation Research, 17*, 333–342.

Kenny, D. (1995). Barriers to occupational rehabilitation: An exploratory study of long-term injured workers. *Journal of Occupational Health and Safety, 8*, 118–139.

Larsen, H., & Brewster, C. (2003). Line management responsibility for HRM: What is happening in Europe. *Employee Relations Journal, 25*, 228–244.

Nowland, L. (1997). Applications of a systems approach to the rehabilitation assessment of clients with an occupational injury. *Australian Journal of Rehabilitation Counselling, 3*, 9–20.

Pimentel, R. (2001). *Return to Work for People with Stress and Mental Illness: A Case Management Approach*.

Pransky, G., Shaw, W., & McLellan, R. (2001). Employer attitudes, training, and return to work outcomes: A pilot study. *Assistive Technology, 13*, 131-138.

Reynolds, S., & Briner, R. B. (1993). Stress management at work: With whom, for whom and to what ends? (prepared for special edition of *British Journal of Guidance and Counselling*).

Seymour, L., & Grove, B. (2005). *Workplace Interventions for People with Common Mental Health Problems: Evidence Review and Recommendations*. London: British Occupational Health Research Foundation.

Shapiro, D. A., & Firth-Cozens, J. A. (1990). Two-year follow-up of the Sheffield Psychotherapy Project. *British Journal of Psychiatry, 157*, 389-391.

Spector, P. E., Dwyer, D. J., & Jex, S. M. (1988). Relation of job stressors to affective, health and performance outcomes: A comparison of multiple data sources. *Journal of Applied Psychology, 73*, 11-19.

Thomson, Neathey, & Rick (2003). *Best Practice in Rehabilitating Employees following Absence due to Work-Related Stress*. HSE Research Report 138. Sudbury: HSE Books.

Thurgood, J. (2000). Rehabilitation in practice: Providers and employers. In TUC, *Getting Britain Back to Work*. London: TUC.

Van der Klink, J., Blonk, R., Schene, A., & Dijk, F. van (2001). The benefits of interventions for work-related stress. *American Journal of Public Health, 91*, 270-276.

Watson Wyatt (2000). *Integrated Disability Management around the World 2000/2001*. Watson Wyatt Worldwide and Washington Business Group on Health.

Young, A., & Russell, J. (1995). Demographic, psychometric and case progression information as predictors of return-to-work in teachers undergoing occupational rehabilitation. *Journal of Occupational Rehabilitation, 5*, 219-234.

Zijlstra, F. et al. (2006). The impact of changing social structures on stress and quality of life: Individual and social perspectives. EU-funded project HPSE-CT-2002-00110.

20장

Briner, R. B. (1997). Improving stress assessment: Toward an evidecne-based approach to organizational stress interventions. *Journal of Psychosomatic Research, 43*, 61-71.

Cartwright, S., & Cooper, C. (2005). Individually targeted interventions. In J. Barling, E. K. Kelloway & M. R. Frone (Eds.), *Handbook of Work Stress* (pp. 607-622). London: Sage.

CompassPoint Nonprofit Services. (2003). *Executive Coaching Project: Evaluation of Findings*. Retrieved 28

January 2005, from www.compasspoint.org

Cooper, C. L., & Cartwright, S. (1997). An intervention strategy for workplace stress. *Journal of Psychosomatic Research, 43*, 7-16.

Cooper, C. L., Dewe, P. J., & O'Driscoll, M. P. (2001). Organizational stress: A review and critique of theory, research and applications. USA: Sage.

Cooper, C. L., Liukkonen, P., & Cartwright, S. (1996). *Stress Prevention in the Workplace: Assessing the Costs and Benefits to Organisations.* Dublin: European Foundation for the Improvement of Living and Working Conditions.

Cousins, R., Makay, C. J., Clarke, S. D. et al. (2004). Management standards and work-related stress in the UK: Practical development. *Work and Stress, 18*, 113-136.

Cox, T. (1993). *Stress Research and Stress Management: Putting Theory to Work.* London and Sudbury: HSE Books.

Employment and Social Affairs. (1999). *Health and Safety at Work: Guidance on Work Related Stress-Spice of Life-or Kiss of Death?* Luxembourg: European Commission.

Grant, A. M. (2001). Coaching for enhanced performance: Comparing cognitive and behavioural approaches to coaching. Paper presented at the 3rd International Spearman Seminar: Extending Intelligence: Enhancing and New Constructs, Sydney.

Grant, A. M. (2003). The impact of life coaching on goal attainment, metacognition and mental health. *Social Behavior and Personality, 31*, 253-264.

Grbcic, S., & Palmer, S. (2006a). A cognitive-behavioural self-help approach to stress management and prevention at work: A randomised controlled trial. Research paper presented at the Association for Rational Emotive Behaviour Therapy and Association for Multimodal Psychology Joint Conference, Greenwich, London, 24 November 2006.

Grbcic, S., & Palmer, S. (2006b). A cognitive-behavioural manualised self-coaching approacth to stress management and prevention at work: A randomised controlled trial. Research paper presented at the First International Coaching Psychology Conference, City University, London, 18 December 2006.

Green, L. S., Oades, L. G., & Grant, A. M. (2005). An evaluation of a life-coaching group programme: Initial findings from a waitlist control study. In M. Cavanagh, A. M. Grant & T. Kemp (Eds.), *Evidenced-based Coaching: Theory, Research and Practice from the Behavioural Sciences* (Vol. 1, pp. 127-141). Brisbane: Australian Academic Press.

Green, L. S., Oades, L. G., & Grant, A. M. (2006). Cognitive-behavioural, solution-focused life coaching: Enhancing goal striving, well-being and hope. *Journal of Positive psychology, 1*, 142-149.

Gyllensten, K., & Palmer, S. (2005). Can coaching reduce workplace stress? A quasi-experimental study. *International Journal of Evidence-Based Coaching and Mentoring, 3*, 75-87.

Gyllensten, K., & Palmer, S. (2006). Experiences of coaching and stress in the workplace: An interpretative phenomenological analysis. *International Coaching Psychology Review, 1*, 86-98.

Hemingway, H., & Marmot, M. (1999). Evidence based cardiology: Psychosocial factors in the aetiology and prognosis of coronary heart disease: Systematic review of prospective cohort studies. *British Medical Journal, 318*, 1460-1467.

HSE, Health and Safety Executive. (1998). *Organizational Interventions to Reduce Work Stress: Are They Effective? A Review of the Literature.* Sudbury: HSE Books.

HSE, Health and Safety Executive. (2001). *Tackling Work-Related Stress: A Manager's Guide to Improving and Maintaining Employee Health and Well-being.* Sudbury: HSE Books.

HSE, Health and Safety Executive. (2002a). Understanding the risks of stress: A cognitive approach. Retrieved 10 May 2004, from www.hse.gov.uk

HSE, Health and Safety Executive. (2002b). Interventions to control stress at work in hospital staff. Retrieved 1 November 2005, from http: //www.hse.gov.uk/stress

HSE, Health and Safety Executive. (2003). *Beacons of Excellence in Stress Prevention.* Sudbury: HSE Books.

HSE, Health and Safety Executive. (2004). *Self-reported Work-related Illness in 2003/2004: Results from the Labour Force Survey.* Sudbury: HSE Books.

HSE, Health and Safety Executive. (2007). *Managing the Causes of work-related stress: A step-by-step approach using the Management Standards.* Sudbury: HSE Books.

Jenkins, D., & Palmer, S. (2004). Job stress in National Health Service managers: A qualitative exploration of the stressor-strain-health relationship. The 'fit' and 'unfit' manager. *International Journal of Health Promotion and Education, 42*, 48-63.

Lazarus, R. S., & Folkman, S. (1984). *Stress, Appraisal, and Coping.* New York: Springer.

Mackay, C. J., Cousins, R., Kelly, P. J., Lee, S., & McCaig, R. H. (2004). Management standards and work-related stress in the UK: Policy background and science. *Work and Stress, 18*, 91-112.

Melchior, M., Caspi, A., Milne, B. et al. (2007). Work stress precipitates depression and anxiety in young, working women and men. *Psychological Medicine, 37*, 1119-1129.

Murphy, L. R. (1996). Stress management in work settings: A critical review of the health effects. *American Journal of Health Promotion, 11*, 112-135.

NIOHS, National Institute for Occupational Safety and Health. (1999). *Stress.* Retrieved 11 April 2003, from http: //www.cdc.gov/niosh

O'Broin, A., & Palmer, S. (2007). Re-appraising the coach-client relationship: The unassuming change agents in coaching. In S. Palmer & A. Whybrow (Eds.), *Handbook of Coaching Psychology: A Guide for Practitioners.* Hove: Brunner-Routledge.

Palmer, S. (2003). Whistle-stop tour of the theory and practice of stress management and prevention: Its possible role in postgraduate health promotion. *Health Education Journal, 62*, 133–142.

Palmer, S., & Strickland, L. (1996). *Stress Management: A Quick Guide.* Dunstable: Folens.

Palmer, S., Cooper, C., & Thomas, K. (2001). Model of organisational stress for use within an occupational health education/promotion or wellbeing programme: A short communication. *Health Education Journal, 60*, 378–380.

Palmer, S., Cooper, C., & Thomas, K. (2003). *Creating a Balance: Managing Stress.* London: British Library.

Paoli, P. (1997). *Second European Survey on Working Conditions.* Dublin: European Foundation for the Improvement of Living and Working Conditions.

Reynolds, S. (1997). Psychological well-being at work; Is prevention better than cure? *Journal of Psychosomatic Research, 43*, 93–102.

Rosengren, A., Hawken, S., Ôunpuu, S. et al., on behalf of the INTERHEART Study Investigators (2004). Association of psychosocial risk factors with risk of acute myocardial infarction in 11,119 cases and 13,648 controls from 52 countries (the INTERHEART study): Case-control study. *Lancet, 364*: 953–962. Retrieved 27 December 2006 from http: //download.thelancet.com/pdfs/journals

Vahtera, J., Kivimäki, M., Pentti, J. et al. (2004). Organisational downsizing, sickness absence, and mortality: 10town prospective cohort study. *British Medical Journal,* doi: 10.1135/bmj. 37972.496262.0D (published 23 February 2004). Retrieved 28 December 2006 from www.bmj.com

Van der Klink, J. J. L., Blonk, R. W. B., Schene, A. H., & van Dijk, F. J. H. (2001). The benefits of interventions for work-related stress. *American Journal of Public Health, 91*, 270–276.

Wales, S. (2003). Why coaching? *Journal of Change Management, 3*, 275–282.

White, J., Keenan, M., & Brookes, N. (1992). Stress control: A controlled comparative investigation of large group therapy for generalised anxiety disorder. *Behavioural Psychotherapy, 20*, 97–114.

Yusuf, S., Hawken, S., Ôunpuu, S. et al., on behalf of the INTERHEART Study Investiagors. (2004). Effect of potentially modifiable risk factors associated with myocardial infarction in 52 countries (the INTERHEART study): Case-control study. *Lancet, 364*, 937–952. Retrieved 27 December 2006 from http: //download.thelancet.com/pdfs/journals

21장

Ewing, D. W. (1977). *Freedom inside the Organisation: Bringing Civil Liberties to the Workplace.* New York: Dutton.

Fortado, B. (2001). The metamorphosis of workplace conflict. *Human Relations, 54*, 9.

Gershon, D. (2006). The practice of empowerment. In T. Devane & P. Holman, *The Change Handbook,* 2nd edn. San Francisco, CA: Berrett Koehler.

Gibbons, M. (2007). *Better Dispute Resolution: A Review of Employment Dispute Resolution in Great Britain.* Department of Trade and Industry UK.

Tidwell, A. C. (1998). *Conflict Resolved?* London: Pinter.

Weeks, D. (1994). *The Eight Essential Steps to Conflict Resolution.* New York, NY: Jeremy P. Tarcher/ Putman.

22장

ACW, Association for Counselling at Work. (2007). *Mission Statement. Strategic Review.* Lutterworth: British Association for Counselling and Psychotherapy.

Argyris, C. (1986). Skilled incompetence. *Harvard Business Review,* Sept/Oct.

Berridge, J., Cooper, C. L., & Highley-Marchington, C. (1997). *Employee Assistance Programmes and Workplace Counselling.* London: John Wiley & Sons, Ltd.

Brady, J. L., Healy, F. C., Norcross, J. C., & Guy, J. D. (1995). Stress in counsellors: An integrative research review. In W. Dryden (Ed.), *The Stresses of Counselling in Action.* London: Sage.

Brandes, S. D. (1976). *American Welfare Capitalism.* Chicago: University of Chicago Press.

Briar, K., & Vinet, M. (1985). Ethical questions concerning EAPs: Who is the client (company or individual)? In S. Klarreich, J. Francek & C. Moore (Eds.), *The Human Resources Management Handbook: Principles and Practice of Employee Assistance Programs* (pp. 342-359). New York: Praeger.

Buck, V. (1972). *Working Under Pressure.* London: Staples Press.

Bunce, D., (1997). What factors are associated with the outcome of individual-focused stress management interventions? *Journal of Occupational and Organisational Psychology, 70,* 1-17.

Bunce, D., & West, M. (1989). Innovation as a response to occupational stress. *Occupational Psychologist, 8,* 22-25.

Carroll, C. (1997). Balancing integration and independence. *Counselling at Work, 18,* Autumn, 5-6.

Carroll, M. (1996). *Workplace Counselling.* London: Sage.

Charles-Edwards, D. (1992). Death, bereavement and work. *Counselling Issues for Managers.* No. 1. London, CEPEC.

Clarkson, P. (1994). Code of ethics for the office. *Counselling, 5,* 282-283.

Clutterbuck, D. (1985). *Everyone Needs a Mentor: How to Foster Talent within Organisations.* London: Institute of Personnel Management.

Cooper, C., & Cartwright, S. (1994a). Healthy mind: healthy organisation: A proactive approach to occupational stress. *Human Relations, 47,* 455-471.

Cooper, C., & Cartwright, S. (1994b). Stress management and counselling, stress management interventions in the workplace: Stress counselling and stress audits. *British Journal of Guidance and Counselling, 22*, 65-73.

Cooper, C., & Melhuish, A. (1980). Occupational stress and managers. *Journal of Occupational Medicine, 22*, 588-592.

Cooper, R., & Sawaf, A. (1997). *Executive EQ.* London: Orion Books.

Craft, M. (1993). Defining the problem: what employees want. In R. Jenkins & D. Warman (Eds.), *Promoting Mental Health Policies in the Workplace* (pp. 50-61). London: HMSO.

Donaldson, J., & Gowler, D. (1975). Prerogatives, participation and managerial stress. In D. Gowler & K. Legge (Eds.), *Managerial Stress.* Epping: Gower Press.

Dooner, B. (1990). Achieving a healthier workplace: organisational action for individual health. *Health Promotion, 2.*

EAPA, Employee Assistance Professionals Association. (1990). *Standards for Employee Assistance Programs.* Virginia: Employee Assistance Professionals Association.

Flaherty, J. (1999). *Coaching: Evoking Excellence in Others.* Woburn. MA: Butterworth-Heinemann.

Foster, J. (1997). Communication and counselling: touchstones for effective change. Keynote address. Association for Counselling at Work Conference. Oxford, May.

French, Caplan & Harrison (1982). (non-referenced). In C. L. Cooper, Finding the solution: primary prevention (identifying the causes and preventing mental ill-health in the workplace). In R. Jenkins & D. Warman (Eds.), *Promoting Mental Ill-health Policies in the Workplace* (pp. 62-76). London. HMSO.

Friery, K. (2006). Workplace counselling: Who is the consumer? *Counselling at Work,* Autumn, 24-27.

Gerstein, L., Gaber, T., Cheile, D., & Duffey, K. (1993). Organisational hierarchy, employee status and use of Employee Assistance Programs. *Journal of Employee Counselling, 30*, 74-77.

Glasser, W. (1985). *Control Theory.* New York: Harper & Row.

Goleman, D. (1995). *Emotional Intelligence: Why It Can Matter More Than-IQ.* London: Bloomsbury.

Goleman, D. (1998). *Working with Emotional Intelligence.* London: Bloomsbury.

Googins, B., & Davidson, B. N. (1993). The organisation as client: Broadening the concept of Employee Assistance Programs. *Social Work, 38*, 477-484.

Goss, S., & Mearns, D. (1997). Applied pluralism in the evaluation of employee counselling. *British Journal of Guidance and Counselling, 25*, 327-344.

Highley, C., & Cooper, C. (1994). Evaluating EAPs. *Personnel Review, 23*, 46-59.

Hofstader, R. (1966). *Anti-intellectualism in American Life.* New York: Random House.

Hopkins, V. (1998). Is counselling for the organisation or employee? In L. MacWhinnie (Ed.), *An Anthology of Counselling at Work, 2-4.* Rugby. Association for Counselling at Work.

Hughes, J. M. (1991). *Counselling for Managers: An Introductory Guide.* London: Bacie.

Hughes, R. (1998). Emotional intelligence. *Counselling at Work, 23,* 3-4.

Hughes, R., & Kinder, A. (2007). *Guidelines for Counselling in the Workplace.* Lutterworth: British Association for Counselling and Psychotherapy.

Isaksson, K. (1989). Unemployment, mental health and the psychological function of work. *Scandinavian Journal of Social Medicine, 17.*

Ivancevich, J. M., Matheson, M. T., & Richards, E. P. (1985). Who's liable for stress at work? *Harvard Business Review,* March–April.

Jee, M., & Reason, E. (1992). *Action on Stress at Work.* London: Health Education Authority.

Jenkins, P. (2007). Duty of care. *Counselling at Work,* Spring, 15-16.

Keaton, B. C. (1990). The effect of voluntarism on treatment attitude in relationship to previous counselling experiences in an Employee Assistance Program. *Employee Assistance Quarterly, 6,* 57-66.

Kim, D. S. (1988). Assessing employee assistance programs: evaluating typology and models. *Clinical Supervisor, 3,* 169-187.

Kinder, A., & Park, R. (2004). From welfare to workplace counselling. *Counselling at Work,* Spring, 14-17.

Kotschessa, B. (1994). EAP research: The state of the art. *Employee Assistance Quarterly, 10,* 63-72.

Lee, S. S., & Rosen, E. A. (1984). Employee counselling services: Ethical dilemmas. *Personnel and Guidance Journal,* January, 276-280.

Loomis, L. (1986). Employee Assistance Programmes: Their impact on arbitration and litigation of termination cases. *Employee Relations Law Journal, 12,* 75-88.

Martin, P. (1997). Counselling skills training for managers in the public sector. In M. Carroll & M. Walton (Eds.), *Handbook of Counselling in Organisations* (pp. 240-259). London: Sage.

MacDonald, S. (1986). *Evaluating EAPs.* Toronto: Addiction Research Foundation.

Mayo, E. (1945). *The Social Problems of Industrial Civilisation.* Boston: Harvard University Graduate School of Business.

McLeod, J. (2001). *Counselling in the Workplace: The Facts.* Rugby: British Association for Counselling & Psychotherapy: Rugby.

McSulskis, E. (1996). Employee Assistance Programs: Effective, but underused? *HR Magazine, Society for Human Resource Management, 41,* 19.

Megranaham, M. (1989). *Counselling.* London: Institute of Personnel Management.

Midanik, L. T. (1991). Employee Assistance Programs: Lessons from history. *Employee Assistance Quarterly, 6,* 69-77.

Murphy, L. R. (1988). Workplace interventions for stress reduction and prevention. In C. L. Cooper & R. Payne (Eds.), *Causes, Coping and Consequences of Stress at Work.* Chichester: John Wiley & Sons,

Ltd.

Natale, S. (1971). *An Experiment in Empathy*. Slough, Bucks: National Foundation for Educational Research in England and Wales.

Newby, T. (1983). Counselling at work–an overview. *Counselling, 46*, 15–18.

Oberer, D., & Lee, S. (1986). The counselling psychologist in business and industry: Ethical concerns. *Journal of Business and Psychology, 1*, 148–162.

Orlans, V. (1986). Counselling services in organisations. *Personnel Review, 15*, 19–23.

Poe, R., & Courter, C. L. (1995). An executive stress hot-line. *Across the Board, 32*, 7.

Puder, M. (1983). Credibility, confidentiality and ethical issues in employee counselling programming. In J. Manuso (Ed.), *Occupational Clinical Psychology* (pp. 36–57). London: Sage.

Ratigan, B. (1989). Counselling in higher education. In W. Dryden, D. Charles-Edwards & R. Wolke (Eds.), *Handbook of Counselling in Britain* (pp. 151–167). London: Routledge.

Reddy, M. (1993). *EAPs and Counselling Provision in UK Organisations: An ICAS Report and Policy Guide*. Milton-Keynes: ICAD.

Rogers, C. (1951). *Client-centred Therapy*. London: Constable.

Roman, P. M., & Blum, T. C. (1988). Formal intervention in employee health: Comparisons of the nature and structure of employee assistance programs and health promotion programs. *Social Science and Medicine, 32*, 503–514.

Salt, H., Callow, S., & Bor, R. (1992). Confidentiality about health problems at work. *Employee Counselling Today, 4*, 10–14.

Schonberg, S. E., & Lee, S. S. (1996). Identifying the real EAP client: Ensuing ethical dilemmas. *Ethics and Behavior, 6*, 203–212.

Schwenk, E. (2006). The workplace counsellor's toolbox. *Counselling at Work*, Winter, 20–24.

Sexton, T. L., & Whiston, S. L. (1991). A review of the empirical basis of counseling: Implications for practice and training. *Counselors Education and Supervision, 30*, 330–354.

Shirley, C. E. (1985). Hitting bottom in high places. In S. Klarreich, J. Francek & C. Moore (Eds.), *The Human Resources Management Handbook: Principles and Practice of Employee Assistance Programs* (pp. 360–369). New York: Praeger.

Smith, M., Glass, G., & Miller, T. (1980). *The Benefits of Psychotherapy*. Baltimore: Johns Hopkins University Press.

Spencer, L. M. (1983). *Soft Skill Competencies*. Edinburgh: The Scottish Council for Research in Education.

Thomas, A. M. (1995). *Coaching for Staff Development*. Leicester: British Psychological Society.

Trattner, W. I. (1974). *From Poor Law to Welfare State: A History of Social Welfare in America*. New York: Free Press.

Turner, M. (1998). Executive Mentoring. In L. MacWhinnie (Ed.), *An Anthology of Counselling at Work.* Rugby: Association for Counselling at Work.

Warr, A. G. (1992). *Counselling at Work.* Plymouth: Bedford Square.

Woollcott, D. (1991). Employee Assistance Programmes: Myths and realities. *Employee Counselling Today, 3,* 14-19.

Wright, D. A. (1985). Policies and procedures: The essentials in an EAP. In S. Klarreich, J. Francek & C. Moore (Eds.), *The Human Resources Management Handbook: Principles and Practice of Employee Assistance Programs* (pp. 13-23). New York: Praeger.

Zevin, B. C. (Ed.) (1946). *Nothing to Fear: The Selected Addresses of Franklin Delano Roosevelt 1932-1945.* Boston: Houghton Mifflin.

23장

Adler, A. (1998). *Understanding Human Nature.* (C. Brett, Trans.). Center City, MN: Hazelden.

Adler, A. (1956). *The Individual Psychology of Alfred Adler: A Systematic Presentation in Selections from His Writings.* (H. L. Ansbacher & R. R. Ansbacher, Eds.). New York: Basic.

Hudson, F. (1999a). *The Adult Years.* San Francisco: Jossey-Bass.

Hudson, F. (1999b). *The Handbook of Coaching: A Comprehensive Resource Guide for Managers, Executives, Consultants, and HR.* San Francisco: Jossey-Bass.

Jung, C. G. (1933). *Modern Man in Search of a Soul.* London: Trubner.

Jung, C. G. (1953). *The Collected Works of C. G. Jung.* (H. Read, M. Fordham & G. Adler, Eds.). New York: Pantheon.

Jung, C. G. (1970). *Civilization in Transition.* (R. F. C. Hull, Trans.). Princeton, NJ: Princeton University Press.

Jung, C. G. (1976). *The Portable Jung.* (J. Campbell, Ed.; R. F. C. Hull, Trans.). New York: Penguin.

Maslow, A. (1954). *Motivational and Personality.* New York: Harper.

Maslow, A. (1962). *Toward a Psychology of Being.* Princeton, NJ: Van Nostrans.

Maslow, A. (1993). *Farther Reaches of Human Nature.* New York: Arkana.

Rogers, C. (1951). *Client-centered Therapy.* Boston: Houghton Mifflin.

FURTHER READING

Williams, P. (1980). *Transpersonal Psychology: An Introductory Guidebook.* Greeley, CO: Lutey.

Williams, P. (1997). Telephone coaching for cash draws new client market. *Practice Strategies, 2,* 11.

Williams, P. (1999). The therapist as personal coach: Reclaiming your soul! *Independent Practitioner, 19,* 204-207.

Williams, P. (2000a). Practice building: The coaching phenomenon marches on. *Psychotherapy Finances,*

26, 1-2.

Williams, P. (2000b). Personal coaching's evolution from therapy. *Consulting Today, 4*.

Williams, P. & Davis, D. (2002). Therapist as life Coach: Transforming your practice. New York, W. W. Norton.

Williams, P. & Davis, D. (2007). *Therapist as Life Coach: An Introduction for Counselors and Other Helping Professionals,* revised and expanded edn. New York, W. W. Norton.

Williams, P. & Menendez, D. (2007). *Becoming a Professional Life Coach: Lessons from the Institute for Life Coach Training.* New York, W. W. Norton.

Williams, P. & Thomas, L. (2005). *Total Life Coaching: 50+ Life Lessons, Skills, and Techniques to Enhance Your Practice and Your Life.* New York, W. W. Norton.

24장

Anon. (1999-2005). *Emergent Workforce Studies.* Fort Lauderdale FL: Spherion.

CIPD. (2006). *Annual Members Survey, Chartered Institute of Personnel and Development,* Wimbledon.

Clutterbuck, D. (2003). *Managing Work–Life Balance.* Wimbledon: CIPD.

Clutterbuck, D. (2005). *The Dynamics of Mentoring: A Longitudinal Study of Dyads in Developmental Mentoring Relationships.* Paper to European Mentoring and Coaching Council Annual Conference, Zurich.

Conway, N., & Briner, R. (2005). *Understanding Psychological Contacts at Work: A Critical Evaluation of Theory and Research.* Oxford: Oxford University Press.

Engstrom, T. (1997/8). *Personality factors' impact on success in the mentor–protege relationship.* MSc thesis to Norwegian School of Hotel Management.

Guest, D., & Conway, N. (2002). *Pressure at Work and the Psychological Contract.* London: CIPD.

Hale, R. (2000). To match or mismatch? The dynamics of mentoring as a route to personal and organisational learning. *Career Development International, 5*, 223-234.

Hesket, J. L., Sasser Jnr, W. E., & Schlesinger, L. A. (1997). *The Service Profit Chain.* USA: Simon & Schuster.

Joiner, T. A., Bartram, T., & Garreff, T. (2004). Effects of mentoring on perceived career success, commitment and turnover intentions. *Journal of American Academy of Business, 5*, 164-170.

Kleinmann, G., Siegel, P. H., & Eckstein, C. (2001). Mentoring and learning: The case of CPA firms. *Organizational Science, 3*, 383-397.

Kram, K. (1983). Phases of the mentoring relationship. *Academy of Management Journal, 26*.

Kram, K. (1985). Mentoring at Work: Developmental Relationships in Organisational Life. Glenview, IL: Scott, Foresman.

Kram, K. (2004). Mentoring and Developmental Networks in the New Career Context. *Proceedings of the 11th European Mentoring and Coaching Conference,* Brussels.

Levinson, D. J. (1978). *The Seasons of a Man's Life.* New York: Ballantine.

Turban, D. B., & Dougherty, T. W. (1994). Role of protégépersonality in receipt of mentoring and career success. *Academy of Management Journal, 37,* 688–702.

Other Useful Reading on Mentoring

Clutterbuck, D. (2004). *Everyone Needs a Mentor,* 4th edn. Wimbledon: CIPD.

Clutterbuck, D., & Lane, G. (2004). *The Situational Mentor.* Aldershot: Gower.

Cranwell–Ward, J. et al. (2004). *Mentoring: A Henley Review of Best Practice.* Palgrave, Basingstoke.

Hay, J. (1995). *Trnasformational Mentoring.* Maidenhead: McGraw–Hill.

Klaesen, N., & Clutterbuck, D. (2002). *Implementing Mentoring Schemes.* Oxford: Elsevier.

Megginson, D., & Clutterbuck, D. (2005). *Techniques in Coaching and Mentoring.* Oxford: Elsevier.

Whittaker, M., & Cartwright, A. (2000). *The Mentoring Manual.* Aldershot: Gower.

25장

Atkinson, C. (2007). Trust and the psychological contract. *Employee Relations, 29,* 227–246.

Bass, B. M., & Steidlmeier, P. (1998). *Ethics, Character and Authentic Transformational Leadership.* Bingham, NY: Center for Leadership Studies.

Burns, J. M. (1978). *Leadership.* New York: Harper & Row.

Calas, M. B., & Smircich, L. (1991). Voicing seducation to silence leadership. *Organisation Studies, 12,* 567–602.

CBI/AXA. (2007). Attending to absence: Absence and labour turnover. London: CBI.

CIPD. (2006). Recruitment, retention and turnover. Survey Report. London: CIPD.

Cooper, R. K., & Sawaf, A. (1998). *EQ: Emotional Intelligence in Leadership and Organisations.* New York; Perigee.

Cousins, R., Mackay, C. J., Clarks, S. D. et al. (2004). 'Management Standards' and work–related stress in the UK: Practical development. *Work and Stress, 18,* 113–136.

DoH, Department of Health. (2007). *New Ways of Working for Applied Psychologists – The End of the Beginning.* Appendix 2.

Dulewicz, V., & Higgs, M. (2005). Assessing leadership styles and organisational context. *Journal of Managerial Psychology, 20,* 105–123.

Durston, I. (2007). *Everything I Need to Know about Being a Manager, I Learned from My Kids.* London: Piatkus.

Firth–Cozens, J. (2001). Teams, culture and managing risk. In C. Vincent (Ed.), *Clinical Risk Management,*

2nd edn. London: BMJ Books.

Firth-Cozens, J. (2004). Organisational trust – the keystone to patient safety. *Quality and Safety in Health Care, 13*, 56–61.

Firth-Cozens, J., & Mowbray, D. (2001). Leadership and the quality of care. *Quality in Health Care, 10* Supp *11*, ii3–ii7.

Geiger, G. (1998). The impact of cultural values on escalation of commitment. *International Journal of Organisational Analysis, 6*, 165–177.

Hankinson, P. (1999). An empirical study which compares the organisational structures of companies managing the World's Top 100 brands with those managing outsider brands. *Journal of Product and Brand Management, 8.*

House, R. J. (1977). A 1976 theory of charismatic leadership. In J. G. Hunt & S. L. L. Larson (Eds.), *Leadership: The Cutting Edge* (pp. 189-207). Carbondale, IL: Southern Illinois University Press.

HSE, Health and Safety Executive. (2004). *Stress Management Standards.* London: HSE.

HSE/CIPD. (2007). Managing stress at work – a competency framework for line managers. London: CIPD. London.

Hutchinson, S., Kinnie, N., & Purcell, J. (2003). HR Practice and Business Performance: What Makes a Difference? Work and Employment Research Centre. University of Bath School of Management. Working Paper Series 2003.10

Ingram, H. (1996). Linking teamwork with performance. *Team Performance Management, 2*, 5–10.

Johnson, C. (1998). The essential principles of action learning. *Journal of Workplace Learning, 10.*

Johnston, R. (1996). *Advancing Service Quality: A Global Perspective.* New York: ISQA.

Landen, M. (2002). Emotion management: Dabbling in mystery – white witchcraft or black art? *Human Resource Development International, 5*, 507–521.

Mallak, L. A. (1998). Measuring resilience in health care provider organisations. *Health Manpower Management, 24*, 148–152.

Mangham, I. (2005). The drama of organisational life. *Organization Studies, 26*, 941–958.

Mangham, I. L., & Overington, M. A. (1987). *Organisations as Theatre: A Social Psychology of Dramatic Appearances.* Chichester: John Wiley & Sons, Ltd.

McLean Parks, J., Kidder, D. L., & Gallagher, D. G. (1998). Fitting square pegs into round holes: Mapping the domain of contingent work arrangements onto the psychological contract. *Journal of Organisational Behavior, 19*, 697–730.

Meyer, J. P., & Allen, N. J. (1997). *Commitment in the Workplace: Theory, Research, and Application.* Newbury Park, CA: Sage.

Mowbray, D. (1994). A Generalised Model of Organisational Design and Development. A pamphlet.

Cheltenham: MAS.

Mowbray, D. (2004). The Aspirations for Organisations. A Pamphlet. Cheltenham: MAS.

Mowbray, D. (2007a). *OrganisationHealth Assessment Questionnaire.* Winchcombe, Gloucestershire: OrganisationaHealth.

Mowbray, D. (2007b). *The Premier Programme.* Winchcombe, Gloucestershire: OrganisationHealth.

Mowbray, D. (2007c). *A Role for Clinical Psychologists in the Light of Health Work and Wellbeing-Caring for Our Future.* Cheltenham: MAS.

Mowday, R. T. (1998). Reflections of the study and relevance of organisation commitment. *Human Resource Management Review, 18,* 387–402.

Mowday, R. T., Porter, C. W., & Steer, R. M. (1982). *EmployeeOrganisation Linkages: The Psychology of Commitment, Absenteeism and Turnover.* New York: Academic Press.

Persaud, R. (2006). The Psychology of Seducation – Is Life a Seducation? Annual Gresham Lecture, Gresham College, London.

Pool, S. W. (2000). Organisational culture and its relationship between job tension in measuring outcomes amongst business executives. *Journal of Management Development, 19,* 32–49.

Porter, L. W., Steers, R. M., Mowday, R. T., & Boulian, P. V. (1974). Organisational commitment, job satisfaction and turnover amongst psychiatric technicians. *Journal of Applied Psychology, 59,* 603–609.

Purcell, J. (2004). The HRM–Performance Link: Why, How and When Does People Management Impact on Organisational Performance? John Lovett Memorial Lecture. University of Limerick.

Rosenfeld, P., Giacalone, R. A., & Riordan, C. A. (1995). *Impression Management in Organisations: Theory, Measurement, Practice.* London and New York: Routledge.

Spiers, C. (2003). *Tolley's Managing Stress in the Workplace.* Reed Elsevier.

Sunday Times (2007). 100 Best Companies to Work for. 11 March.

Van der Post, W. Z., de Coning, T. J., & Smit, E. V. (1998). The relationship between organisation culture and financial performance: Some South African evidence. *South African Journal of Business Management, 29,* 30–41.

Wall, T. D., Bolden, R. I., & Borril, C. S. (1997). Minor psychiatric disorder in the NHS trust staff: Occupational and gender differences. *British Journal of Psychiatry, 171,* 519–523.

West, M. A., Borrill, C., Dawson, J. et al., (2002). The link between the management of employees and patient mortality in acute hospitals. *International Journal of Human Resource Management, 13,* 1299–1310.

찾아보기

내용

저자 소개

스테파니 비어(Stephanie Beer)
영국 EAPA의 지부장, 영국 EAPA 위원회 의장

스티브 부어만 박사(Dr. Steve Boorman)
버밍엄 대학교 직업의학 연구소 선임 임상강사
로열 메일 그룹최고 의학 고문관

마크 브라이언(Mark Brayne)
다트(Dart) 센터 유럽 지국장
영국 번마우스 대학교 미디어 단과대학 방문 연구원

앤드류 버클리(Andrew Buckley)
키페포(Kepepeo) 창립자

토니 번(Tony Buon)
로버트 고든 대학교 HRM 시간 강사
스캇코치(ScotCoach) 컨설팅 회사 관리 파트너

샤론 클락 박사(Dr. Sharon Clarke)
맨체스터 대학교, 맨체스터 경영대학 조직심리학과의 선임 강사

데이빗 클러터벅 교수(Professor David Clutterbuck)
클러터벅 자문센터
유럽 멘토링 및 코칭 협회 연구위원장

필립 듀이 교수(Professor Philip Dewe)
버벡 런던 대학교 조직심리학과 조직행동 교수, 부학장

앨리슨 던(Alison Dunn)
런던 교통공사 조직건강부서 치료 서비스 책임자

에밀리 듀발(Emily Duval)
캘리포니아 샌프란시스코 골든게이트 대학교 부부 및 가족치료 전공 심리학 석사

스톨레 에이나슨 교수(Professor Ståle Einarsen)
베르겐 대학교 베르겐 따돌림 연구소의 관리책임자, 직업 및 조직심리학 교수

데이빗 페어허스트(David Fairhurst)
CIPD(the Chartered Institute of Personnel and Development) 연구원
전문적 개인과 발달을 위한 센터(the Centre for Professional Personnel and Development: CPPD) 자문부서 의장

M. 랜스 프레이저(M. Lance Frazier)
오클라호마 주립대학 조직행동 전공 박사과정
경영 아카데미, 산업조직심리학회, 서부 경영학회 학생회원

닐 그린버그(Neil Greenberg)
영국 포츠머스 해군 기지 지역사회 정신건강 부서 책임자
런던 킹스 칼리지 군 정신의학 수석 강사

크리스티나 길렌스텐(Kristina Gyllensten)
공인 상담심리사, 코치

헬게 호엘 박사(Dr. Helge Hoel)
영국 맨체스터 대학교 경영대학 강사

피터 젠킨스(Peter Jenkins)
샐포드 대학교 상담 및 심리치료 공동학장
BACP 공인 상담 훈련가

E. 켈빈 켈러웨이 교수(Professor E. Kevin Kelloway)
세인트 메리 대학교 경영학과 심리학 교수
직업 건강 및 안전을 위한 CN 센터 선임 연구원

로라 M. 리틀 박사(Dr. Laura M. Little)
오클라호마 주립대학 경영학과 방문 교수

클래디나 맥마흔(Gladeana McMahon)
코칭 협회 부회장
BACP, 경영연구소, 왕립예술학회 회원

데릭 모브레이 박사(Dr. Derek Mowbray)
노섬브리아 대학교 방문 교수
조직건강센터(Centre for OrgnisaitionHealth) 총 책임자

데보라 L. 넬슨 교수(Professor Deborah L. Nelson)
스피어스 경영대 협의회 경영행정 교수
오클라호마 주립대학교 경영학 교수

반야 올란스 교수(Professor Vanja Orlans)
미들섹스 대학교 방문교수
메타노이아 연구소(Metanoia Institute) 공동대표

스티븐 팔머 교수(Professor Stephen Palmer)
런던 시티 대학교 명예교수, 코칭심리학부 설립책임자
미들섹스 대학교 방문교수

매튜 A. 프로서(Matthew A. Prosser)
세인트 메리 대학교 산업/조직심리학 박사과정

조 릭 박사(Dr. Jo Rick)
셰필드 대학교 직업심리학부 소속 공인 직업심리학자

이반 로버트슨 교수(Professor Ivan Robertson)
맨체스터 대학교 Robertson Cooper Ltd. 관리이사

마이클 티드(Michael Teed)
세인트 메리 대학교 산업/조직심리 박사과정

고든 틴라인(Gordon Tinline)
맨체스터 대학교 Robertson Cooper Ltd. 임원

루이즈 톰슨(Dr. Louise Tomson)
노팅엄 대학교 일, 건강 그리고 조직 연구소 직장 건강 심리강사

데이빗 위버(David Weaver)
프리먼 올리버(Freeman Oliver) 사장

마이클 월턴 박사(Dr. Michael Walton)
엑세터 대학교 리더십 연구센터(the Center for Leadership Studies) 연구원
'조직의 사람들(People in Organizations Ltd.)' 이사

패트릭 윌리엄스 박사(Dr. Patrick Williams)
라이프 코치 훈련 연구소 설립자

마크 윈우드 박사(Dr. Mark Winwood)
AXA PPP 건강관리 EAP 프로그램 '근로자 지원' 개발자

데이빗 라이트 박사(Dr. David Wright)
아토스 오리진(Atos Origin) 내과의사 과장
『Journal of Occupational Medicine』 정규 심사위원

편저자 소개

앤드류 킨더(Andrew Kinder)는 공인 상담 및 직업 심리학자이고, 기업상담협회장이며 (www.counsellingwork.org.uk, 영국 상담 및 심리치료협회의 분과), 영국 심리학연구 회의 부특별회원이다. 공인된 과학자이기도 하다. 상담 및 근로자 지원 프로그램 서비스의 책임을 맡고 있는 아토스 헬스케어(Atos Healthcare)의 수석 심리학자다. 13년 이상 조직 내 스트레스, 외상, 근로자 지원 분야에서 일했고, 상담자이면서 코치로서 내담자를 보고 있으며, 그들 중 다수는 스트레스 관련 이슈를 지니고 있으나, 스트레스하에서의 수행을 최대화하고 변화와 외상 지원을 극복하면서 스트레스를 다루기 위한 다양한 수준의 여러 수업 과정을 운영해 왔다. 정신건강 현장 관리자들을 위한 가이드북인 『직장에서 정신건강을 관리하고 지원하기 위한 실제적인 가이드(A Practical Guide to Managing and Supporting Mental Health in the Workplace)』를 출간했다. 연구자로서도 활발한 활동을 하고 있는데, 고용연구원, 로열 메일 그룹, 쉐필드 대학교, 영국 직업 건강연구원과 협력하여 업무 관련 외상 이후의 조직적 개입을 위한 증거를 내놓고 있다. 스트레스, 물질오용, 외상에 관한 논문도 출간했다. 가장 최근의 출간물로는 직장에서의 상담과 관련하여 『Rick Hughes 모범운영 가이드라인(Rick Hughes best practice guidelines)』을 공동 저작했다 (BACP, Rugby). 미디어 심리학에도 관심을 가지고 있고, 리얼리티 TV 프로그램의 영향에 대한 다수의 평가를 수행했고, 사후관리 또한 제공했다.

릭 휴즈(Rick Hughes)는 기업상담, 근로자 지원 프로그램(EAP), 여러 국제 EAP 제공자와 자문회사를 상대로 일하는 근로자 발달 영역에서 광범위한 경험을 지니고 있다. 영국 상담 및 심리치료협회 기업상담 분과(Counseling in Workplace of the British Association for Counselling and Psychotherapy)의 수석 고문이다. 또한 기업상담협회(Association for Counselling at Work: ACW) 부의장이며, 코칭 협회(Association for Coaching: AC)의 창립멤버이기도 하다. 에딘버러 대학교 경영대학 MBA 과정 초빙강사도 역임했다. 『인간 중심 상담 훈련의 경험(Experience of Person-Centered Counselling Training)』(2000, PCCS Books)의 공동저자이고, 『기업상담의 인류학II』(2004, BACP)의 편저자이며, 『기업상담 (Counseling at Work)』 저널의 현 편저자다. 동료 편저자와 함께, ACW와 영국 상담 및 심리치료협회(the British Association for Counseling and Psychotherapy: BACP)를 대표해서『기업상담을 위한 가이드라인(Guidelines for Counseling in the Workplace)』을 함께 집필했다. 명예 연구 장학기금을 받은 스트라스클라이드 대학교에 재직하는 데이브 먼즈 교수의 지도하에「정서 접근-근로자 지원 프로그램 역할의 확장」이라는 논문으로 MPhil 학위를 지니고 있다.

　　캐리 L. 쿠퍼(Cary L. Cooper))는 랭카스터 대학교 경영대학의 조직심리학 및 건강학과 교수이며, 랭카스터 대학교 부총장이다. 100편 이상(직무 스트레스, 직장에서의 여성, 산업 및 조직심리학 분야)의 저서가 있고, 학술저널에 400편 이상의 학술 논문을 썼으며, 전국지(national newspaper), TV, 라디오에 자주 기고하고 있다.『조직행동 저널(Journal of Organizational Behavior)』의 창립 편저자이며, 의학저널인『스트레스와 건강(Stress and Health)』[이전에 '스트레스 의학(Stress Medicine)']의 공동 편저자이기도 하다. 영국 심리학연구회, 로열 예술 연구회, 로열 의학 연구회, 로열 건강 연구회, 영국 경영 학술원의 연구원이며, 사회과학 학술원 회원이다. 영국 경영 학술원의 직전 회장이었고, 공인 경영 연구원의 동반자이며, 미국 경영 학술원의 첫 영국인 연구원 중 한 명이기도 하다(경영과학에 헌신하여 경영 학술원으로부터 특별 서비스상을 1998년에 수여받기도 했다). 2001년에 캐리는 조직 건강에의 기여를 인정받아 여왕 생신 명예 리스트에서 CBE를 수여받았다. 또한 아스톤 대학교(Aston University)(DSc), 헤리엇-와트 대학교(Heriot-Watt University)(DLitt), 미들섹스 대학교(Middlesex University)(Doc. Univ), 울버햄튼 대학교(Wolverhampton University)(DBA) 등에서 명예박사학위를 받았고, 로열 의학대학(Royal College of Physicians)의 조직 의학 교원에 속하는 명예 연구원 자격이 있으며, 2006년에는 로열 의학대학의 명예 연구기금(an Honorary Fellowship of the Royal College of Physicians: Hon FRCP)을 수여받기도 했다.

역자 소개

김선경(Kim, Sunkyung)

서울대학교 교육학과(교육상담전공)에서 석사학위와 박사학위를 취득했다. 1급 상담심리사(한국상담심리학회)이고, 기업상담학회(한국상담학회) 회장을 맡고 있으며, 현재 차의과학대학교 교수로 재직 중이다. (주)삼성전자 기흥사업장 여성상담소 소장을 역임했고, 앨라배마대학교(The University of Alabama)에서 외래교수로 활동했다. 주요 연구로는 「초등교사 소진 하위 요인의 분리적 관련성: 학생의 문제행동과 교장의 변혁적 리더십」(2017), 「A Cross-Cultural Comparison of Fears in Turkish, South Korean, and American Students」(2016), 「기업상담소 방문 결정 이유에 관한 개념도 연구」(2012) 등이 있다.

왕은자(Wang, Eunja)

서울대학교 교육학과(교육상담전공)에서 석사학위와 박사학위를 취득했다. 기업상담학회(한국상담학회) 수련감독급 전문상담사이며, 1급 상담심리사(한국상담심리학회)이다. 현재 한국상담대학원대학교 상담학과 산업조직상담전공 교수로 재직하고 있다. 주요 저·역서는 『근로자 지원 프로그램, EAP』(2017), 『기업상담』(2010), 『조직관리 인사관리관점에서 접근한 기업상담』(2014) 등이 있다. 기업, 학교, 군대와 같은 조직에 대한 상담 적용, 코칭 상담 및 상담 프로그램과 같은 상담 전략의 확장에 관심을 갖고 노력하고 있다.

김수임(Kim, Sooim)

서울대학교 교육학과(교육상담전공)에서 석사학위와 박사학위를 취득했다. 현재 차의과학대학교 상담심리학과 교수로 재직 중이며, 기업상담학회(한국상담학회) 수련감독급 전문상담사(한국상담학회 기업상담분과)와 1급 상담심리사(한국상담심리학회)이다. (주)삼성전기 전문상담원과 (주)SK이노베이션의 외래상담 전문가를 역임하였다. 주요 연구로는 「조직팀장의 경험수용이 팀효과성에 미치는 영향: 리더십유연성의 매개효과와 배려리더십의 조절효과」(2016), 「대기업 대졸신입사원의 이직고민 경험에 대한 현상학적 연구」(2016), 「중소기업의 EAP 상담운영 경험에 관한 현상학적 연구」(2017) 등이 있다.

직장인의 웰빙을 위한
기업상담의 통합적 접근
Employee Well-being Support: A Workplace Resource

2019년 1월 20일 1판 1쇄 인쇄
2019년 1월 30일 1판 1쇄 발행

엮은이 • Andrew Kinder · Rick Hughes · Cary L. Cooper
옮긴이 • 김선경 · 왕은자 · 김수임
펴낸이 • 김진환
펴낸곳 • ㈜ **학지사**

04031 서울특별시 마포구 양화로 15길 20 마인드월드빌딩
대표전화 • 02-330-5114   팩스 • 02-324-2345
등록번호 • 제313-2006-000265호

홈페이지 • http://www.hakjisa.co.kr
페이스북 • https://www.facebook.com/hakjisa

ISBN 978-89-997-1734-5 93180

정가 23,000원

이 도서의 국립중앙도서관 출판시도서목록(CIP)은 서지정보유통지
원시스템 홈페이지(http://seoji.nl.go.kr)와 국가자료공동목록시스템
(http://www.nl.go.kr/kolisnet)에서 이용하실 수 있습니다.
(CIP 제어번호: CIP2019000089)

교육문화출판미디어그룹 **학지사**

심리검사연구소 **인싸이트** www.inpsyt.co.kr
원격교육연수원 **카운피아** www.counpia.com
학술논문서비스 **뉴논문** www.newnonmun.com
간호보건의학출판 **학지사메디컬** www.hakjisamd.co.kr